JSSC

उत्पाद सिपाही (पेपर - I)

नवीनतम संस्करण
अभ्यास किट

10 टेस्ट्स
10 मॉक टेस्ट्स

वास्तविक परीक्षा प्रारूप पर आधरित टेस्ट

✓ पूर्णतः संशोधित और अद्यतन
✓ सभी बहुविकल्पीय प्रश्नो का विस्तृत विश्लेषण

शीर्षक	: JSSC उत्पाद सिपाही (पेपर – I)
लेखक का नाम	: Mr. Rohit Manglik
प्रकाशक	: EduGorilla Community Pvt. Ltd.
प्रकाशक का पता	: 12/651 प्रथम तल, अरविन्दो पार्क के सामने, निकट जामा मस्जिद, इंदिरा नगर लखनऊ, उत्तर प्रदेश, 226016, भारत।

कॉपीराइट EduGorilla

अस्वीकरण EduGorilla

Compiled and created by EduGorilla Community Pvt. Ltd

EduGorilla Community Pvt. Ltd. द्वारा मुद्रित

रोहित मांगलिक
सीईओ, EduGorilla

प्रिय छात्रों,

एक बहुत ही प्रचलित कहावत है कि "सफलता उन्हीं को मिलती है जो उसके लिए कड़ी मेहनत करते हैं।" लेकिन मैंने लोगों को उनकी परीक्षाओं के लिए दिन-रात एक करके मेहनत करते हुए देखा है, पर फिर भी वे सफल नहीं हो पाते। तो वहीं दूसरी ओर, कुछ लोग बस आधी मेहनत करके परीक्षा में सफलता प्राप्त करते हैं। तो, क्या वे किस्मत वाले हैं? नहीं मेरा मानना है, कि ऐसा इसलिए है क्योंकि वे सिर्फ कड़ी नहीं बल्कि कुशल तरीके से अपनी तैयारी करते हैं। इसी तरह आपको भी अपनी परीक्षाओं की तैयारी के लिए अपनी योजना बनानी चाहिए, ताकि आपकी भी सफलता की संभावना बढ़ सके। तो तैयार हो जाइये EduGorilla के साथ अपनी परीक्षा में चयन होने की संभावना को 16 गुना बढ़ाने के लिए।

EduGorilla आपको न केवल कड़ी मेहनत करने में मदद करता है, बल्कि एक स्मार्ट और योजनाबद्ध तरीके से तैयारी करने में भी सहायता प्रदान करता है। EduGorilla की तैयारी पैकेज के साथ आप अपने परीक्षा में चयन होने के रास्ते को सहज और मनोरंजक बना सकते हैं। अपनी तैयारी के लिए सही रास्ता खोजना मुश्किल हो सकता है, यदि आप ये नहीं जानते कि आपको किस दिशा में जाना है। चिंता न करें हम आपके साथ खड़े हैं! EduGorilla आपकी सफलता में आपका मार्गदर्शक बनेगा। हमारे तैयारी पैकेज के साथ आप रणनीतिक रूप से तैयारी कर, अपनी परीक्षा में सिर्फ एक ही प्रयास में सफल हो सकते हैं।

EduGorilla के तैयारी पैकेज में शामिल हैं-

- टेस्ट सीरीज़
- किताबें

हमारे तैयारी पैकेज को सभी तरह के नये बदलवों, विशेषज्ञों की राय एवं छात्रों के प्रतिक्रिया के अनुसार तैयार किया गया है। जो आपको परीक्षा के प्रत्येक चरण की चयन प्रक्रिया को पार करने के योग्य बनाता है।

हमारी किताबें शिक्षकों और विशेषज्ञों द्वारा आपकी परीक्षा के लिए तैयार की गई हैं, 150+ वर्षों के अनुभव के साथ; ताकि आपको आसान, कुशल और प्रभावी शिक्षण प्रदान किया जा सके। हमारी स्मार्ट किताबें न सिर्फ आपको प्रश्नों के उत्तर देने की समझ देती हैं, अपितु आपके अभ्यास के लिए समान रूप के प्रश्न भी प्रदान करती हैं।

EduGorilla की सक्षम टेस्ट सीरीज आपको वास्तविक अनुभव और आत्मविश्वास प्रदान करती हैं, जिसके माध्यम से आप केवल एक प्रयास में अपनी ऑफलाइन अथवा ऑनलाइन परीक्षा पास कर सकते हैं। वर्तमान में हम 94,000+ मॉक टेस्ट्स और 1,480+ प्रतियोगी एवं शैक्षणिक परीक्षाओं की तैयारी कराते हैं।

अर्थात, EduGorilla आपकी तैयारी में आपकी सहायता करने का कोई भी मौका नहीं छोड़ता है और परीक्षा के सभी चरणों को कवर करता है, ताकि परीक्षा की तैयारी के लिए आपको कहीं और भटकना ना पड़े।

हम आपको डिफेन्स, बैंकिंग, टीचिंग और अन्य राष्ट्रीय एवं राज्य स्तरीय परीक्षाओं के लिए सम्पूर्ण तैयारी पैकेज प्रदान करते हैं। अत: इससे कोई फर्क नहीं पड़ता कि आप किस परीक्षा के लिए तैयारी कर रहे हैं, क्योंकि आप सफलता हासिल करेंगे।

आपको परीक्षा की शुभकामनाएं!

रोहित मांगलिक,
संस्थापक और मुख्य कार्यकारी अधिकारी, EduGorilla

प्रस्तावना

EduGorilla छात्रों को उनकी परीक्षा में सफल होने के लिए मार्गदर्शन प्रदान करता है। जिसको ध्यान में रखते हुए हमारे कुल 150+ वर्षों का अनुभव रखने वाले प्रतिष्ठित विशेषज्ञों ने कड़े प्रयासों के द्वारा "JSSC : उत्पाद सिपाही (पेपर - I)" को तैयार किया है। इस किताब के प्रश्नों को हाल ही में परीक्षा के पाठ्यक्रम और पैटर्न में हुए सभी बदलावों को ध्यान में रखकर बनाया गया है। वो प्रश्न जिनकी JSSC उत्पाद सिपाही (पेपर - I) परीक्षा में आने कि संभवना काफी प्रबल है, उनको इस किताब मे रखा गया है। आप EduGorilla की "JSSC : उत्पाद सिपाही (पेपर - I)" के माध्यम से अपनी सफलता की संभावना को 16 गुना बढ़ा सकते हैं।

EduGorilla ये अपनी संपूर्ण तैयारी पैकेज के माध्यम से साकार करता है। इस किट में आपको प्रश्न अच्छी तरह अवधारित एवं संरचित रूप मे मिलेंगे जिन्हे आपकी जरूरतों के अनुसार बनाया गया है। इसके माध्यम से आपको स्मार्ट तरीके से परीक्षा के लिए अभ्यास करने में मदद मिलेगी। साथ ही आपको सहायक, समाधान और स्मार्ट उत्तर पत्रिका भी प्रदान की जायेंगी। जिससे आप अपना मूल्यांकन स्वयं कर सकते हैं। आप स्वयं की समीक्षा कर, उन सभी बिन्दुओं पर खुद को बेहतर तरीके से तैयार कर सकते हैं।

EduGorilla आपको अपनी परीक्षा में सफ़लता दिलाने और आपके लक्ष्य को हासिल करने में आपकी सहायता करने का वादा करता हैं। हम अपने प्रतिभागियों पर पूरा भरोसा करते हैं और उन्हें मेरिट सूची के शीर्ष पर देखते हैं। शीर्ष स्थान की ओर आपका पहला कदम है हमारे साथ तैयारी शुरू करना। EduGorilla की "JSSC : उत्पाद सिपाही (पेपर - I)" की विशेषताएं कुछ इस प्रकार हैं।

► अच्छी तरह से शोध किया हुआ पाठ्यक्रम

► उच्च गुणवत्ता

► विस्तृत उत्तर और विश्लेषण

► स्मार्ट उत्तर पत्रिका

► परीक्षा सुसंगत प्रश्न

इस प्रकार EduGorilla आपकी तैयारी को मजबूत और आपको परीक्षा में सफल होने के योग्य बनाता है।

JSSC उत्पाद सिपाही (पेपर - I)
परीक्षा की योग्यता, परीक्षा पैटर्न, विषय को जानने
के लिए **QR** कोड को स्कैन करें।

Book ID: 1353

विषय-सूची

Hindi Language

Ques (1-8): निर्देश : निम्नलिखित गद्यांश को पढ़कर पूछे गए प्रश्नों के सही/सबसे उपयुक्त उत्तर वाले विकल्प को चुनिए।

जंगल काटकर मैंने गाँव खड़े किए, कस्बे और नगर बनाए। मैं भूमि के साथ बिकता रहा फिर धीरे-धीरे मैंने महानगर बनाए, जिनमें कारखानों, मिलों का दैत्य शोर और धुआँ उगलने लगा। मैं उनकी चिमनियों की छाया में रात-दिन पसीना बहाता रहा। बैलगाड़ी से रथ बने। हमने भाप से चलने वाले इंजन गढ़ लिए। इंजन, जो ज़मीन पर दौड़ते थे, पानी पर तैरते थे। बैलगाड़ी रेल बनी और नाव जहाज़। रेल पानी में आग लगा घंटों में सैकड़ों मील दौड़ने लगी। जहाज़ आसमान जूमती लहरों पर तूफ़ानों में नाचने लगे, पर मैं वहीं का वहीं रह गया। वहीं का वहीं मज़दूर।

1. 'मिलों का <u>दैत्य शोर</u> .... ।' में रेखांकित पदों का आशय है:
   (a) मिलों से निकलने वाली धीमी ध्वनि
   (b) मिलों से निकलने वाली भयानक ध्वनि
   (c) मिलों से निकलने वाली दैत्याकार ध्वनि
   (d) मिलों से निकलने वाली दैत्यों की ध्वनि

2. 'रात-दिन पसीना बहाना।' वाक्य से तात्पर्य है:
   (a) गर्मी के कारण पसीना बहना
   (b) रात-दिन पसीना आना
   (c) अथक परिश्रम करना
   (d) धनार्जन हेतु सारा दिन पसीना बहाना पड़ता है

3. 'बैलगाड़ी से रथ बने। भाप से चलने वाले इंजन गढ़ लिए।' का भाव है:
   (a) मनुष्य ने विकास की राह पकड़ ली
   (b) मनुष्य को बैलगाड़ी से रथ बनाना आ गया
   (c) भाप वाले इंजनों का आविष्कार कर लिया
   (d) बैलगाड़ी से रथ बनाना सरल कार्य था

4. गद्यांश में किसकी बात कही गयी है ?
   (a) जंगल काटने   (b) बैलगाड़ी
   (c) रेलगाड़ी   (d) मज़दूर

5. 'धीरे-धीरे' शब्द युग्म है:
   (a) विलोम शब्द   (b) पुनरुक्त शब्द
   (c) यौगिक शब्द   (d) रूढ़ शब्द

6. 'जंगल काटकर मैंने गाँव खड़े किए, कस्बे और नगर बनाए।' वाक्य का आशय है कि:
   (a) गाँव, कस्बे और नगर बनाने के लिए जंगल काट दिए गए।
   (b) गाँवों, कस्बों और नगरों के लिए जंगल काटना अनिवार्य था।
   (c) जंगल की भूमि साफ़ करके गाँव, कस्बों और नगरों का निर्माण किया।
   (d) जंगल की अधिकता के कारण गाँवों, कस्बों और नगरों का निर्माण असंभव था।

7. 'रेल पानी में आग लगा घंटों में सैकड़ों मील दौड़ने लगी।' से तात्पर्य है:
   (a) भाप वाले इंजनों की सहायता से तेज गति के यातायात के साधन बना लिए।
   (b) पानी में आग लगाने से रेल दौड़े लगी।
   (c) पानी में आग लगाना कठिन कार्य है।
   (d) पानी और आग का साथ संभव नहीं है।

8. 'फिर धीरे-धीरे <u>मैंने</u> महानगर बनाए।' वाक्य में रेखांकित शब्द ____ कारक है।
   (a) कर्म   (b) कर्ता
   (c) करण   (d) संप्रदान

Ques (9-16): निर्देश - निम्नलिखित गद्यांश को ध्यानपूर्वक पढ़कर दिए गए प्रश्नों के सबसे उपयुक्त विकल्प को चुनकर उत्तर दीजिए।

नीलकंठ और राधा की सबसे प्रिय ऋतु तो वर्षा ही थी। मेघों के उमड़ आने से पहले ही वे हवा में उसकी सजल आहट पा लेते थे और तब उनकी मंद केका की गूंज- अनुगूँज तीव्र से तीव्रतर होती हुई मानो बूँदों के उतरने के लिए सोपान-पंक्ति बनने लगती थी। मेघ गर्जन के ताल पर ही उसके तन्मय नृत्य का आरम्भ होता और फिर मेघ जितना अधिक गरजता, बिजली जितनी आधिक चमकती, बूँदों की रिमझिमाहट जितनी तीव्र होती जाती, नीलकंठ के नृत्य का वेग उतना ही अधिक बढ़ता जाता और उसी केका का स्वर उतना ही मंद से मंदतर होता जाता। वर्षा के थम जाने पर वह दाहिने पंजे पर दाहिना पंख और बाएँ पर बायाँ पंख फैलाकर सुखाता। कभी-कभी वे दोनों एक-दूसरे के पंखों से टपकने वाली बूँदों को चोंच से पी-पीकर पंखों का गीलापन दूर करते रहते। इस आंदोन्सव की रागिनी में बेमेल स्वर कैसे बज उठा, यह भी एक करुण कथा है। एक दिन मुझे किसी कार्य से नखासकोने से निकलना पड़ा और बडे मियाँ ने पहले के समान कार को रोक लिया। एक बार किसी पिंजड़े की ओर नहीं देखूँगी, यह संकल्प करके मैंने बड़े मियाँ की विरल दाढ़ी और सफ़ेद डोरे से कान में बँधी ऐनक को ही अपने ध्यान का केंद्र बनाया।

9. 'हवा में उसकी सजल आहट' का भाव है-
   1. हवा में पानी की बूंदों का होना
   2. हवा में नमी का अहसास
   3. हवा में धूल का अहसास
   4. खूब जोरदार बारिश का होना
   (a) 1   (b) 2
   (c) 3   (d) 4

10. नीलकंठ के केका की गूँज तीव्र क्यों होती है?
   1. बारिश होने के अनुभव से
   2. मेघों के उमड़ आने से
   3. मेघ की गर्जना से
   4. बिजली की चमक से
   (a) 1   (b) 2
   (c) 3   (d) 4

11. मेघ गर्जना के ताल पर नृत्य कौन करता है?
   1. राधा
   2. बिजली
   3. नीलकंठ
   4. बारिश की बूँदें
   (a) 1   (b) 2
   (c) 3   (d) 4

12. पंखों का गीलापन दूर करने के लिए क्या किया जाता था?
   1. पंखों को झाड़ दिया जाना
   2. चोंच से पंखों का पानी पीना
   3. धूप में पंखों को फैलाना
   4. हवा में पंखों को फैलाना
   (a) 1   (b) 2
   (c) 3   (d) 4

13. 'सोपान' पंक्ति का प्रयोग हुआ है-
   1. काले मेघों के नीचे उतरने के लिए
   2. बारिश की बूँदों के गिरने के लिए
   3. हवा की बहती ध्वनियों के लिए
   4. बिजली के कड़कने के लिए
   (a) 1   (b) 2
   (c) 3   (d) 4

14. आनंदोत्सव का संधि-विच्छेद है-
   1. आनंद का उत्सव
   2. आनंदो + उत्सव
   3. आनंदो + त्सव
   4. आनंद + उत्सव
   (a) 1   (b) 2
   (c) 3   (d) 4

15. 'गूँज-अनुगूँज' के स्थान पर कौन-सा शब्द प्रयोग किया जा सकता है?
1. प्रतिध्वनि
2. टंकार
3. आवाज
4. पुकार

(a) 1   (b) 2
(c) 3   (d) 4

16. 'सजल' किस प्रकार का शब्द है?
1. संज्ञा
2. सर्वनाम
3. विशेषण
4. विशेष्य

(a) 1   (b) 2
(c) 3   (d) 4

Ques (17-20): निर्देश: नीचे दिए गए अनुच्छेद को पढ़कर पूछे गए प्रश्न के सही/सबसे उपयुक्त उत्तर वाले विकल्प को चुनिए।

राष्ट्रीय पर्वों और सांस्कृतिक समारोहों के दौरान गीत गाए जाएँ, कविताएँ सुनी और सुनायी जाएँ, इसे लेकर माता-पिताओं, स्कूल और समाज में व्यापक सहमति है लेकिन गीत-कविताएँ बच्चों के जीवन में रच-बस जाएँ, वे उनका भरपूर आनंद लेने लगें, खुद तुकबंदियाँ करने लगें, रचने लगें, यह माता-पिता को मंज़ूर नहीं। माता को लगता है ऐसा करते हुए तो वे उस राह से भटक जाएँगे जिस राह पर वे उन्हें चलाना चाहते हैं। जिस राह से वे उन्हें अपनी सोची हुई मंज़िल पर पहुँचाना चाहते हैं। उनकी इस इच्छा में यह निहित है कि बच्चे वैसा कुछ भी नहीं करें जो वे करना चाहते हैं बल्कि वे वैसा करें जैसा माता-पिता चाहते है। उनके भीतर बच्चे के स्वतंत्रतापूर्वक सीखने की प्रक्रिया के प्रति सतत संदेह और गहरा डर बना रहता है। यही हाल स्कूल का भी है। गीत-कविता स्कूल और कक्षाओं की रोज़मर्रा की गतिविधि का हिस्सा बन जाए यह स्कूल को मंज़ूर नहीं। स्कूल को लगता है इस सबके लिए समय कहाँ है। यह पाठ्य-पुस्तक से बाहर की गतिविधि है। शिक्षक और शिक्षा अधिकारी चाहते हैं शिक्षक पहले परीक्षा परिणाम बेहतर लाने के लिए काम करें।

दूसरी ओर हमारी संस्कृति और समाज में गीत-कविता की जो जगहें थीं वे जगहें लगातार सीमित हुई हैं। गीत गाने, सुनने-सुनाने के अवसर हुआ करते थे, वे अवसर ही गीत-कविताओं को गुनगुनाते रह सकने के लिए याद करने को प्रेरित करते थे। सहेजने और रचने के लिए प्रेरित करते थे। उनमें कुछ जोड़ने के लिए प्रेरित करते थे। इस सबके लिए अतिरिक्त प्रयासों की ज़रूरत नहीं पड़ती थी, वह जीवन-शैली का स्वाभाविक हिस्सा था। बच्चों के लिए पढ़ाई से अधिक खेलने-कूदने के लिए समय और जगहें थीं। खेलने-कूदने की मस्ती के दौरान ही उनके बीच से स्वतः ही नये खेलों, तुकबंदियों और खेलगीतों और बालगीतों का सृजन भी हो जाया करता था। उनकी ये रचनाएँ चलन में आ जाया करती थीं, जबान पर चढ़ जाती थीं और सालों-साल उनकी टोलियों के बीच बनी रहती थीं। समय के साथ उनमें कुछ कमी पाए जाने पर संशोधित होती रहती थीं।

17. गीत-कविता स्कूलों को भी पसंद नहीं है, क्योंकि उन्हें लगता है कि:

(a) स्कूली पढ़ाई-लिखाई से इसका कोई संबंध नहीं है
(b) इससे बच्चों का बहुत समय नष्ट होता हैं
(c) इससे परीक्षा परिणाम देर से आएँगे
(d) यह सीखना बहुत ही कठिन काम है

18. गीत-कविता के बारे में कौन-सा कथन सही नहीं है?

(a) ये संस्कृति का अभिन्न हिस्सा हैं।
(b) ये जीवन-शैली का स्वाभाविक हिस्सा हैं।
(c) ये भाषा-सृजनात्मकता को पोषित करते हैं।
(d) समाज में इनकी व्यापक सहमति नहीं है।

19. शिक्षा-व्यवस्था गीत-कविता को किस दृष्टि से देखती है?

(a) बाधक के रुप में   (b) साधक के रुप में
(c) सहयोगी के रुप में   (d) संपूरक के रुप में

20. अनुच्छेद के आधार पर गीत-कविता के बारे में कौन-सा कथन सही नहीं है?

(a) स्कूल और परिवार इसकी महत्ता को समझ नहीं रहे।
(b) इनसे बच्चे अपनी राह से भटक जाएँगे।
(c) ये बच्चों को शब्दों से खेलने का अवसर देते है।

(d) बच्चे इनका भरपूर आनंद लेते हैं।

21. 'हींग' का सही तत्सम शब्द है:

(a) हींगू   (b) हिंगू
(c) हींगु   (d) हिंगु

22. 'एकल' शब्द का तद्भव रूप है-

(a) अकल   (b) अकिल
(c) अकेला   (d) उपरोक्त में से कोई नहीं

23. निम्न विकल्पों में से उस विकल्प का चयन करें जो तत्सम शब्द का सही विकल्प है।

(a) कान   (b) पत्ता
(c) काष्ठ   (d) डंडा

24. इन शब्दों में से तद्भव शब्द पहचानिए।

(a) उपवास   (b) वधू
(c) शत   (d) अचरज

25. इन शब्दों में से तत्सम शब्द पहचानिए।

(a) अज्ञानी   (b) अदरक
(c) किवाड़   (d) गाँव

26. 'पराधीन' में कौन-सा उपसर्ग है?

(a) पर   (b) प्रा
(c) परा   (d) इनमें से कोई नहीं

27. 'राष्ट्र' में 'ईय' प्रत्यय लगने पर कौन-सा नया शब्द बनेगा?

(a) राज्यीय   (b) राष्ट्रिय
(c) राष्ट्रीय   (d) राष्ट्रीयता

28. 'विज्ञान' में कौन-सा उपसर्ग लगा है?

(a) इ   (b) विज्ञ
(c) विज्ञ   (d) वि

29. 'पत्नी' शब्द के पर्यायवाची शब्द है-

(a) विभावरी, रजनी   (b) चंचला, तड़ित
(c) भार्या, प्राणप्रिया   (d) वधू, तनुजा

30. 'आविर्भाव' का विलोम शब्द है-

(a) तिरोभाव   (b) विरक्ति
(c) अंत   (d) अधोगति

31. किस विकल्प में सही विलोम-युग्म नहीं है?

(a) अमावस्या-पूर्णिमा   (b) आचार-अनाचार
(c) गुप्त-मुक्त   (d) कुटिल-सरल

32. 'वनिता' शब्द का पर्यायवाची शब्द है-

(a) महिला   (b) शफरी
(c) विधु   (d) जानकी

33. किस विकल्प में सही विलोम-युग्म है?

(a) नेकी-भलाई   (b) तरुण-किशोर
(c) विभक्त-पृथक   (d) दीर्घकाय-कृशकाय

34. नीचे पाँच वाक्य दिए गए हैं, उन वाक्यों को ध्यान से पढ़िए व अशुद्ध वाक्य का चयन कीजिये।

(a) मैं मंगलवार के दिन व्रत रखता हूँ।
(b) अब विंध्याचल हरा-भरा हो गया।
(c) उत्साह शीर्षक निबंध अच्छा है।
(d) प्रातःकाल घूमना चाहिए।

35. निम्नलिखित चार विकल्पों में से, उस विकल्प का चयन करें, जो अशुद्ध वाक्य के शुद्ध रूप का सबसे अच्छा विकल्प है।
आटा पिसाने के लिए उस घर से दूर जाना पड़ता है।

(a) आटा बनाने के लिए उसे घर से दूर जाना पड़ता है।

(b) गेहूं रखाने के लिए उसे घर से दूर जाना पड़ता है।

(c) आटा चखने के लिए उसे घर से दूर जाना पड़ता है।

(d) गेहूं पिसाने के लिए उसे घर से दूर जाना पड़ता है।

36. निम्नलिखित प्रश्न में, चार विकल्पों में से उस विकल्प का चयन करें जो दिए गए वाक्य का सही अर्थ वाला विकल्प है।

अनायास का शाब्दिक अर्थ क्या होता है?

(a) अत्यंत आवश्यक　　(b) उद्देश्यपूर्ण यात्रा

(c) बिना मेहनत के　　(d) लगातार

37. 'अधजल गगरी छलकत जाय' इस कहावत का अर्थ है:

(a) गगरी भरी न होने के कारण छलकना

(b) अल्प ज्ञान पर इतराना

(c) ज्ञान प्रदर्शन करना

(d) अज्ञान प्रकट करना

38. 'बालू से तेल निकालना' मुहावरे का अर्थ है:

(a) शीघ्र नष्ट होने वाली वस्तु　　(b) असम्भव काम करना

(c) पूर्णतः स्वस्थ होना　　(d) बहुत साधन सम्पन्न होना

39. 'तुम मेरी कही हर बात को पत्थर की लकीर समझो' वाक्य में प्रयुक्त मुहावरे का अर्थ बताइए?

(a) पूरी तरह घबरा जाना।　　(b) स्थिर होना।

(c) जली कुटी सुनाना।　　(d) संयोग का साथ।

40. 'अतिशय भक्ति चोर का लक्षण' - मुहावरे का सही अर्थ होगाः

(a) स्वावलंबी होना

(b) अनहोनी बात

(c) बहुत बड़ा अन्तर

(d) ढोंग करने वाला कपटी होता है

41. लोकोक्ति और उसके अर्थ के जोड़े में से कौन-सा जोड़ा गलत है?

(a) आँख का अंधा नाम नयनसुख – गुण के विपरीत नाम

(b) अक्ल बड़ी या भैंस – बल की अपेक्षा बुद्धि अधिक शक्तिशाली होती है

(c) उल्टा चोर कोतवाल को डाँटे – अपना दोष न मानकर दूसरे पर मढ़ना

(d) आ बैल मुझे मार – बैल को मारना

42. निम्न में से कौन-सा 'रौद्र रस' का स्थायी भाव है?

(a) क्रोध　　(b) उत्साह

(c) जुगुप्सा　　(d) निर्वेद

43. 'भय' किस रस का स्थायी भाव है?

(a) अद्भुत रस　　(b) वीभत्स रस

(c) रौद्र रस　　(d) भयानक रस

44. 'रति' किस रस का स्थायी भाव है?

(a) शांत रस　　(b) वीर रस

(c) श्रृंगार रस　　(d) वीभत्स रस

45. छंद का सर्वप्रथम उल्लेख कहाँ मिलता है?

(a) ऋग्वेद　　(b) यजुर्वेद

(c) सामवेद　　(d) उपनिषद्

46. रोला के चार पद तथा उल्लाला के दो पदों के योग से निर्मित कौन-सा छंद है?

(a) चौपाई　　(b) सोरठा

(c) कुण्डलिया　　(d) छप्पय

47. "गुरु गोविंद दोउ खड़े, काके लागूं पांय। बलिहारी गुरु आपने, गोविंद दियो बताय।।" - में कौन सा छंद है?

(a) चौपाई　　(b) सोरठा

(c) दोहा　　(d) रोला

48. इनमें से कौन सा संधि-शब्द सही है?

(a) ग्रीष्म + ऋतु = ग्रीष्मर्तु

(b) सत् + नारी = सद्ब्नारी

(c) एक + एक = एकेक

(d) पितृ + उपदेश = पित्रोपदेश

49. 'संवाद' के लिए सही संधि विच्छेद को चुनिए।

(a) सम + वाद　　(b) शम + वाद

(c) सम् + वाद　　(d) साम् + वाद

50. 'संशय' के लिए सही संधि विच्छेद को चुनिए।

(a) सम् + सय　　(b) सम + शय

(c) सम् + शय　　(d) सम् + षय

51. 'अलंकार' शब्द का शाब्दिक अर्थ बताइए।

(a) व्याकरण शास्त है　　(b) सौन्दर्य

(c) अभूषण या गहना　　(d) साड़ी

52. वर्णों की आवृत्ति को कौन-सा अलंकार कह सकते हैं?

(a) अनुप्रास अलंकार　　(b) छेकानुप्रास अलंकार

(c) यमक अलंकार　　(d) श्लेष अलंकार

Ques (53-55): निर्देश: निम्नलिखित में कौन सा अलंकार है?

53. नहिं पराग नहिं मधुर, मधु नहिं विकास येहि काल। अली कली ही सों बढ्यो, आगे कौन हवाल।

(a) रूपक　　(b) विशेषोक्ति

(c) अन्योक्ति　　(d) अतिशयोक्ति

54. मखमल के झूले पड़े हाथी-सा टीला।

(a) रूपक　　(b) उपमा

(c) उत्प्रेक्षा　　(d) उल्लेख

55. तरनि तनूजा तट तमाल तरुवर बहु छाए।

(a) अनुप्रास　　(b) यमक

(c) उत्प्रेक्षा　　(d) उपमा

56. निम्नलिखित शब्दों में से कौन-सा शब्द अनेकार्थी नहीं है?

(a) कनक　　(b) अनंत

(c) महावीर　　(d) हत्या

57. निम्नलिखित में से कौन सा शब्द "अतिथि" का अनेकार्थी शब्द नहीं है?

(a) संन्यासी　　(b) आम

(c) अग्नि　　(d) अभ्यागत

58. 'दोना, नाव, मानव रहित विमान' के लिए कौन-सा अनेकार्थी शब्द उचित है?

(a) ताल　　(b) धर्म

(c) द्रोण　　(d) नागर

59. विशेषण और विशेष्य के योग से कौन-सा समास बनता है?

(a) द्विगु　　(b) द्वन्द्व

(c) कर्मधारय　　(d) इनमे से कोई नहीं

60. समास कितने भेद होते है?

(a) तीन　　(b) नौ

(c) छः　　(d) आठ

61. राधा-कृष्ण में कौन सा समास है?

(a) द्वंद　　(b) द्विगु

(c) तत्पुरुष　　(d) अव्ययीभाव

62. निर्देश: वाक्यांशों के लिए एक उचित विकल्प चुनें-
जो इन्द्र पर विजय प्राप्त कर चुका हो।
 (a) इन्द्रजेय   (b) इन्दु
 (c) इन्द्रजीत   (d) जितेन्द्रिय

63. निर्देश: वाक्यांशों के लिए एक उचित विकल्प चुनें-
उच्च कुल में पैदा व्यक्ति।
 (a) धनी   (b) सवर्ण
 (c) श्रेष्ठ   (d) कुलीन

64. निर्देश : दिए गए वाक्यांश के लिए एक शब्द बताएं।
'जो कंदमूल खाता हो'
 (a) अल्पहारी   (b) फ़लाहारी
 (c) शाकाहारी   (d) मांसाहारी

65. निम्नलिखित में से कौन-सा शब्द देशज है?
 (a) सरसों   (b) भिन्डी
 (c) जगमग   (d) उपरोक्त सभी

66. निम्नलिखित में से देशज शब्द का चयन कीजिए।
 (a) मुग़ल   (b) बेगम
 (c) सुराग   (d) डिबिया

67. निम्न में से कौन सा शब्द विदेशी मूल का नहीं है?
 (a) कायल   (b) चाय
 (c) तम्बाकू   (d) विज्ञापन

68. निर्देश: निम्नलिखित वाक्यों में एकएक स्थान रिक्त है। उचित विकल्प
चुनकर चिह्नित करें।
गाँधीजी का अर्थशास्त्र धर्म और _____ पर आधारित है।
 (a) न्याय   (b) यश
 (c) प्रशासन   (d) अहिंसा

Ques (69-71): निर्देश: रिक्त स्थान को भरने के लिए उपयुक्त शब्द का
चयन करें।

69. रात्रि के_________ से आकाश में तारे चमक उठे है।
 (a) नामुमकिन   (b) प्रकोप
 (c) प्रभाव   (d) अंधकार

70. इस नाटक का_________ अंत तक बना रहता है।
 (a) आश्चर्य   (b) रहस्य
 (c) कौतूहल   (d) दर्द

71. धन का अभाव समस्याओं को हल करने में_________ नहीं होना
चाहिए।
 (a) साधक   (b) बाधक
 (c) सार्थक   (d) उपयोगी

72. निम्नलिखित प्रश्न में चार शब्द दिए गए हैं जिसमें तीन पुल्लिंग है एवं
एक स्त्रीलिंग। जो शब्द स्त्रीलिंग है उसे पहचानें।
 (a) पुस्तक   (b) नेत्र
 (c) हिमालय   (d) सोना

73. 'कर्ता' शब्द का स्त्रीलिंग शब्द बताएँ
 (a) कर्ता   (b) कीर्ता
 (c) कर्त्री   (d) कृत्रा

74. दिये गये चार शब्दों में से तीन समान लिंग के हैं-
विसंगत विकल्प को चुने।
 (a) कविता   (b) पहाड़
 (c) मिठाई   (d) प्यास

75. निम्नलिखित में से कौन-सा शब्द "पुल्लिंग शब्दों" की श्रेणी में नहीं
आता है?

 (a) सन्तान   (b) गुस्सा
 (c) बचपन   (d) हीरा

76. कौन-सा शब्द हमेशा एकवचन में प्रयुक्त होता है?
 (a) समाचार   (b) व्यापारीगण
 (c) पानी   (d) अधिकारीवर्ग

77. " जनता काफी आक्रोशित थी।" रेखांकित शब्द में कौन-सा वचन
प्रयुक्त हुआ है?
 (a) बहुवचन   (b) एकवचन
 (c) द्विवचन   (d) इनमें से कोई नहीं

78. दिए गए विकल्पों में से कौन सा वाक्य एकवचन का उचित उदाहरण
होगा।
 (a) लोग बोलते रहे हैं।
 (b) शेर जंगल का राजा है।
 (c) स्त्रियाँ हमेशा संघर्ष करती हैं।
 (d) छात्रगण बहुत व्यस्त होते हैं।

79. 'सुरेश गीत गा रहा था' वाक्य में काल है:
 (a) अपूर्ण भूत   (b) पूर्ण भूत
 (c) सामान्य भूत   (d) आसन्न भूत

80. निम्नलिखित में कौन सा विकल्प सही है ?
 (a) आश्रिता ने पत्र लिखा – पूर्ण भूतकाल
 (b) लड़की गाँव जाती है – सामान्य वर्तमानकाल
 (c) लड़का जा रहा है – अपूर्ण भूतकाल
 (d) पिताजी जाएंगे – संभाव्य भविष्यतकाल

English Language

Ques (81-89): Direction: Read the passage carefully and
choose the best answer to the question out of the four
alternatives.

More than a million people immigrate to the United States to
start new lives every year, and if they are arriving in New York,
one of the first sights that they will see is the Statue of Liberty.
The Statue of Liberty stands on Liberty Island, near Manhattan
in New York. Though she is often thought to be resident of New
York, Liberty Island is actually federal property, which means
that the Statue of Liberty belongs to the whole country. The
Statue of Liberty is not only the tallest statue in America, it is
also one of the most recognizable American symbols.

The Statue of Liberty is huge. From the tip of the torch to the
pedestal on which she stands, she is just over 151 feet tall.
If you include the pedestal in your measurement, she stands
more than 305 feet off of the ground. That's more than 30
basketball hoops or an entire football field. Her waist size is 35
feet, which would make it awfully tough to find pants, and the
tablet she holds is 23 feet long. Don't worry though; she hasn't
had any trouble holding that tablet yet with her 8 foot index
finger. Talk about heavy handed...

Though America financed and built the pedestal on which the
Statue of Liberty stands, the statue itself was a gift from France.
In this way the complete work, much like the United States, is
a product of both American and French contributions. At one
time America was ruled by the British. The founding fathers
of America chose to fight against Great Britain for the
independence of their country. France supported America by
providing money, men, and weapons of war. Had it not been for
French contributions during the Revolutionary War, America
would not exist in the way that it does today; therefore, it
is quite fitting that the Statue of Liberty, which represents
freedom, came to being by a joint American and French effort.
On October 28th, 1886, just over one-hundred years after
America declared its independence from Great Britain, the
Statue of Liberty was completed and dedicated by its designer,

Frédéric Auguste Bartholdi.

81. What is given to be the exact measurement of the height of the Statue of Liberty (including its pedestal)?
- (a)   305 feet
- (b)   184 feet
- (c)   279 feet
- (d)   151 feet

82. Which city is the closest to the Statue of Liberty in the U.S.?
- (a)   New York city
- (b)   Manhattan
- (c)   New Jersey
- (d)   Queens

83. According to the passage, which of the following statements is incorrect?
- (a)   America gained its freedom from Great Britain a century before Statue of Liberty was completed
- (b)   The statue of Liberty is the tallest statue in the world
- (c)   The Statue of Liberty represents Liberty
- (d)   The statue of Liberty is the property of the whole country

84. What does Statue of Liberty represent?
- (a)   Liberty
- (b)   Allied nation
- (c)   Strength
- (d)   Camaraderie

85. The Statue of Liberty was a gift from which country?
- (a)   France
- (b)   England
- (c)   U.S.A
- (d)   Russia

86. According to the passage, who is so integral to Tibetan life?
- (a)   P.M. Modi
- (b)   Dalai Lama
- (c)   Tibetan Community
- (d)   None of the above

87. What has been made clear by Beijing?
- (a)   that Dalai Lama will be their last leader.
- (b)   that it will let Dalai Lama enter its nation again.
- (c)   that it will appoint its own pick as the next Dalai Lama.
- (d)   that it will respect Dalai Lama's future decisions.

88. 'Dalai Lama' is a rare example of the fusion of?
- (a)   Political and religion
- (b)   Political and temporal
- (c)   Temporal and religion
- (d)   All of the above

89. Prime Minister Narendra Modi wished Dalai Lama on his which birthday?
- (a)   87th
- (b)   86th
- (c)   89th
- (d)   90th

Ques (90-91): Direction: Read the following passage carefully and answer the question given below it.

These mismatched graduates face poorer prospects and lower earnings than their peers who embark on careers that are a better fit for the knowledge and skills they have acquired through three or four years of study. It suggests that traditional career advice isn't working. The problem isn't necessarily that too many students are taking the wrong course. There is little evidence that graduates are studying the "wrong" subjects, according to the UUK research, since most are on courses that offer subject knowledge and employability skills that are very much in demand. Politicians complain of a, but graduates face an "experience gap" – with many employers preferring to recruit young people who have spent a couple of years in the workplace rather than raw recruitments from the university. To help graduates find the right jobs for them, lots of universities are experimenting with new ways to make their career advice more accessible and meaningful. At the University of Kent, students can use an online Careers Explorer service to match their skills to career options, and a work-study scheme that provides bursaries for work experience. Students at the University of Dundee can take employability modules in parallel with their academic work, including online and personal career planning sessions.

90. Which among the following is the same meaning to the word 'Embark'?
- (a)   Acuteness
- (b)   Savvy
- (c)   Knack
- (d)   Commence

91. What are universities doing in order to help graduates find the right jobs for them?
- (a)   Referring to recruit young people
- (b)   Experimenting with new ways to make their careers advice more accessible
- (c)   Experimenting with new ways to make their careers advice more meaningful
- (d)   Both (B) and (C)

Ques (92-100): Directions: Read the passage given below and answer the questions that follow by selecting the correct/most appropriate options.

1. Delhi, as I remember those days, was very different from what the city is now. The Delhi Transport Corporation was not in existence, nor were there taxis, auto rickshaws or the smokin' Harley Davidsons, popularly known as phatphatis, carrying ten people at a time. The only mode of transport was the tonga. There was tram service in some parts of the old city. Today, the Delhi Metro Rail Project proposes to use some of these earlier routes. In course of time, the phatphatis replaced the tongas and became the cheapest mode of travelling long distances within Delhi. Sometimes, in 1998, these vehicles were banned from the roads of Delhi, bringing to an end the era of the smokin' Harley Davidsons, which had served Delhi for many decades considering the quantum leap in vehicular traffic in Delhi, the future travel in the Capital, in all likelihood, will be underground.

My husband was a member of a lending library paying a subscription of Rs. 3 per month for two books at a time- there was no deposit in those days. There were no pavement book shops; these appeared when the British began to leave. They dumped all their books on second-hand book dealers and many people got some of their most precious possessions from them. Among the popular writers of crime fiction were Edgar Wallace, Philips Oppenheim, Agatha Christie and Peter Cheney, although few people seem to read them these days. My favourite women writers were Mrs. Henry Wood, Mary Corellie, Margret Kennedy and above all Pearl S. Buck, who was to become the inspiration for a turning point in my life. Of these the present generation may have heard only of the last name. Life was leisurely and living was easy. There was no rat race leading to unnecessary stress.

92. Which of the following words is most similar in meaning to the word, 'banned' as used in the passage (para 1)?
- (a)   Rejected
- (b)   Prohibited
- (c)   Prosecuted
- (d)   Penalised

93. People quenched their thirst for reading during the British rule by:
- (a)   Borrowing books from their friends.
- (b)   Buying books from the pavement shops.

(c) Borrowing books from lending libraries.

(d) Buying pirated editions of popular fiction.

94. Over the years, Delhi has undergone many changes. Which of the following has not been affected by change?

(a) Literary tastes   (b) Quality of life

(c) Morals and manners (d) Traffic landscape

95. Which part of speech is the underlined word in the following sentence?

The <u>only</u> mode of the transport for the public was the tonga.

(a) Preposition   (b) Conjunction

(c) Adjective   (d) Pronoun

96. Which of the following adjectives is not appropriate when we think of life in Delhi in old times?

(a) Challenging   (b) Peaceful

(c) Simple   (d) Stress free

97. Which of the following words is the most opposite in meaning to word, 'leisurely' as used in the passage (para 2)?

(a) Risky   (b) Hurried

(c) Fearful   (d) Threatening

98. According to author, the quantum leap in vehicular traffic will necessitate/lead to:

(a) widening of existing roads.

(b) construction of more roads.

(c) more efficient traffic management.

(d) underground travel.

99. Which of the following options is not supported by evidence in the passage?

(a) The phatpatis were the cheapest mode of transport.

(b) They spewed a lot of smoke.

(c) They served Delhi for many decades.

(d) Tonga was the only mode of transport.

100. Which part of the following sentence contains an error?

The soldiers,/(a) along with their captain/(b) was ready/(c) to attack the enemy./(d)

(a) (a)   (b) (d)

(c) (b)   (d) (c)

101. **Direction:** In the following question, out of the given four alternatives, select the one which is opposite in the meaning of the given word.

Demure

(a) Strong   (b) Shy

(c) Backward   (d) Afraid

102. **Direction:** Select the most appropriate ANTONYM of the given word.

CHIVALROUS

(a) Indignant   (b) Valiant

(c) Cowardly   (d) Annoyed

103. Which of the following can be made plural by using the suffix 's'?

(a) leaf   (b) wife

(c) glass   (d) robber

104. Select the correct suffix to get the meaningful word of 'Incred'.

(a) ly   (b) less

(c) ness   (d) ible

Ques (105-107): Direction: The question consists of a sentence, the parts of which have been jumbled. These parts have been labelled P, Q, R and S. Given below each sentence are four sequences namely (A), (B), (C) and (D). You are required to rearrange the jumbled parts of the sentence and mark your response accordingly.

105. to be successful (P) / what it is (Q) / as a human being (R) / have you ever considered (S)

The correct sequence should be:

(a) SQPR   (b) RQPS

(c) QRSP   (d) PRSQ

106. there is in all instance a single, (P) / surrender to the idea that (Q) / authoritative truth to be discovered and defended (R) / many people today are willing to (S)

The correct sequence should be:

(a) RPSQ   (b) SPRQ

(c) RPQS   (d) SQPR

107. for yourself the implications of death, (P) / if you do not reflect and understand (Q) / from one preacher to another (R) / you will go endlessly (S)

The correct sequence should be:

(a) SRPQ   (b) QPSR

(c) RSPQ   (d) QRSP

108. **Direction:** Fill in the blanks with an appropriate article:

I woke up in _______ middle of the night.

(a) the   (b) a

(c) an   (d) No article

109. **Direction:** Choose the correct gerund from the options given below.

I don't remember __________ anything about the picnic.

(a) Been telling   (b) having told

(c) being told   (d) to tell

110. **Direction:** Identify the correct tense form in the given sentence.

Her husband abruptly ended his performance.

(a) Simple present tense

(b) Simple past tense

(c) Present perfect continuous tense

(d) Present continuous tense

111. Choose the most suitable preposition.

We have been in Sector: 8, Gandhinagar __________1997.

(a) for   (b) from

(c) about   (d) since

112. **Direction :** Select the option that expresses the given sentence in active voice.

Nothing can be achieved without hard work.

(a) One has achieved nothing without hard work.

(b) One will achieve nothing without hard work

(c) One could achieve nothing without hard work.

(d) One can achieve nothing without hard work.

113. **Direction :** Identify the segment in the sentence which contains a grammatical error. If there is no error, select 'No error'.

You should tell these children to complete their projects himself.

(a) You should tell
(b) No error
(c) These children to complete
(d) Their projects himself

114. **Direction** : Identify the segment that contains a grammatical error. If there is no error, select 'No error'.
Open your books at page tenth.

(a) No error   (b) Open your
(c) page tenth   (d) books at

115. **Direction** : Identify the segment in the sentence which contains a grammatical error. If there is no error, select 'No error'.
If you are going downhill you can go much fast.

(a) No error
(b) If you are going downhill
(c) Much fast
(d) You can go

116. **Direction:** Select the most appropriate indirect form of the given sentence.
Esha said, "Avika is not going to school today as she has fever."

(a) Esha said that Avika had not gone to school that day as she was having fever.
(b) Esha said that Avika was not going to school today as she has fever.
(c) Esha said that Avika was not going to school that day as she had fever.
(d) Esha said that Avika is not going to school today as she has fever.

117. **Direction:** Choose the most appropriate meaning of the given idiom in bold.
Isn't it strange that though we live in the same city, I get to see my sister **once in a blue moon** ?

(a) Everyday   (b) All the time
(c) Frequently   (d) Occasionally

118. **Direction:** Choose the most appropriate meaning of the given idiom in bold.
Toward the end of the lecture, he seemed to **run out of steam.**

(a) To run out of an engine
(b) To lose enthusiasm and stop doing something
(c) To run the engine by steam
(d) A very loud and noisy rain storm

119. **Direction:** In the question given below out of four alternatives, choose the one which can be substituted for the given sentence.
A person who renounces the world and practices self-discipline in order to attain salvation

(a) Sceptic   (b) Ascetic
(c) Devotee   (d) Antiquarian

120. **Direction:** Which of the option (A), (B) and (C) given below, should replace the phrase printed in bold in the sentence to make it grammatically correct? If the sentence is correct as it is given and no correction is required, mark (D) as the answer.

A new scientific report finds human behaviors are driving the extinction **for non-human species on a severely rate.**

(a) For non-human spice at a severely
(b) Of non-humanly species on a severe
(c) Of non-human species at a severe
(d) No correction required

// Smart Answer Sheet //

	Correct	Percentage of students who answered correctly.
	Skipped	Percentage of students who skipped.

Q.	Ans.	Correct / Skipped	Q.	Ans.	Correct / Skipped	Q.	Ans.	Correct / Skipped
1	B	77.02% / 19.88%	2	C	56.17% / 41.33%	3	A	32.08% / 67.89%
4	D	58.27% / 39.28%	5	B	64.35% / 30.89%	6	C	54.88% / 43.41%
7	A	41.73% / 32.28%	8	B	63.09% / 34.17%	9	B	89.0% / 10.31%
10	A	77.31% / 12.02%	11	C	78.39% / 13.91%	12	B	82.44% / 12.12%
13	B	45.3% / 41.99%	14	D	88.0% / 10.74%	15	A	69.95% / 30.0%
16	C	59.62% / 39.49%	17	A	50.15% / 31.32%	18	D	55.33% / 35.64%
19	A	81.97% / 17.58%	20	A	68.47% / 31.52%	21	D	83.8% / 14.24%
22	C	84.99% / 12.85%	23	C	60.0% / 33.44%	24	D	84.06% / 14.82%
25	A	66.57% / 31.59%	26	C	48.16% / 38.12%	27	C	44.62% / 46.32%
28	D	42.66% / 33.49%	29	C	84.14% / 13.12%	30	A	57.55% / 37.48%
31	C	88.19% / 11.79%	32	A	69.48% / 30.5%	33	D	64.71% / 31.27%
34	A	78.9% / 12.29%	35	D	68.05% / 31.89%	36	C	62.4% / 30.58%
37	B	86.61% / 12.33%	38	B	55.55% / 32.11%	39	B	47.08% / 42.51%
40	D	84.99% / 12.67%	41	D	46.07% / 52.89%	42	A	42.95% / 36.38%
43	D	50.01% / 32.61%	44	C	80.66% / 16.33%	45	A	21.83% / 77.21%
46	D	55.09% / 41.13%	47	C	43.54% / 35.32%	48	A	80.54% / 11.7%
49	C	67.19% / 32.27%	50	C	53.26% / 42.53%	51	C	82.41% / 15.91%
52	A	51.98% / 44.99%	53	C	44.97% / 34.12%	54	B	84.33% / 13.66%
55	A	86.43% / 10.52%	56	D	82.16% / 11.33%	57	B	42.14% / 43.02%
58	C	67.19% / 31.29%	59	C	57.22% / 38.61%	60	C	62.25% / 35.67%
61	A	40.39% / 47.05%	62	C	65.77% / 33.06%	63	D	67.82% / 30.61%
64	C	79.44% / 12.12%	65	D	32.95% / 67.02%	66	D	49.95% / 40.33%
67	D	57.66% / 30.53%	68	A	47.49% / 37.46%	69	D	63.08% / 35.93%
70	C	43.37% / 53.97%	71	B	63.73% / 33.56%	72	A	67.96% / 31.0%
73	C	67.58% / 31.09%	74	B	79.23% / 16.43%	75	A	66.61% / 31.56%
76	C	59.94% / 38.76%	77	B	55.36% / 32.09%	78	B	56.49% / 42.39%
79	A	42.64% / 49.54%	80	B	32.72% / 67.23%	81	A	43.13% / 53.41%
82	B	41.09%	83	B	54.62%	84	A	67.59%

		31.49%			44.16%			30.87%
85	A	79.87% 14.79%	86	B	19.73% 72.66%	87	C	50.66% 36.87%
88	B	47.64% 49.86%	89	B	55.82% 35.5%	90	D	76.56% 16.66%
91	D	87.4% 12.53%	92	B	89.33% 10.07%	93	C	43.41% 49.83%
94	A	84.73% 11.68%	95	C	87.25% 12.47%	96	A	85.63% 13.0%
97	B	40.4% 50.47%	98	D	81.39% 12.08%	99	B	86.8% 10.12%
100	D	11.27% 86.26%	101	A	11.49% 81.89%	102	C	57.17% 42.82%
103	D	77.44% 14.25%	104	D	68.42% 30.93%	105	A	65.91% 30.27%
106	D	68.25% 31.06%	107	B	55.03% 39.97%	108	A	77.02% 16.78%
109	C	69.75% 30.19%	110	B	49.51% 45.82%	111	D	79.34% 10.23%
112	D	56.59% 37.61%	113	D	55.78% 37.06%	114	C	59.53% 36.0%
115	C	84.24% 10.03%	116	C	51.35% 43.22%	117	D	76.87% 20.16%
118	B	25.34% 68.42%	119	B	54.4% 41.27%	120	C	58.21% 34.14%

// Hints and Solutions //

1(B). 'मिलों का दैत्य शोर .... ।' में रेखांकित पदों का आशय मिलों से निकलने वाली भयानक ध्वनि है।

2(C). 'रात-दिन पसीना बहाना।' वाक्य से तात्पर्य अधिक परिश्रम करना है।

3(A). 'बैलगाड़ी से रथ बने। भाप से चलने वाले इंजन गढ़ लिए।' का भाव "मनुष्य ने विकास की राह पकड़ ली" है।

4(D). गद्यांश में मज़दूर की बात कही गयी है।

5(B). 'धीरे-धीरे' शब्द युग्म पुनरुक्त शब्द है।

6(C). 'जंगल काटकर मैंने गाँव खड़े किए, कस्बे और नगर बनाए।' वाक्य का आशय है कि जंगल की भूमि साफ करके गाँव, कस्बों और नगरों का निर्माण किया।

7(A). 'रेल पानी में आग लगा घंटों में सैकड़ों मील दौड़ने लगी।' से तात्पर्य भाप वाले इंजनों की सहायता से तेज गति के यातायात के साधन बना लिए है।

8(B). 'फिर धीरे-धीरे मैंने महानगर बनाए।' वाक्य में रेखांकित शब्द कर्ता कारक है।

9(B). हवा में उसकी सजल आहट का भाव हवा में उसकी नमी का एहसास है।
गद्यांश के अनुसार, मेघों के उमड़ आने से पहले ही वे हवा में उसकी सजल आहट पा लेते थे और तब उनकी मंद केका की गूँज-अनुगूँज तीव्र से तीव्रतर होती हुई मानो बूँदों के उतरने के लिए सोपान-पंक्ति बनने लगती थी।

10(A). नीलकण्ठ के केका की गूँज बारिश होने के अनुभव से तीव्र होती है।
गद्यांश के अनुसार, मेघ गर्जन के ताल पर ही उसके तन्मय नृत्य का आरम्भ होता और फिर मेघ जितना अधिक गरजता, बिजली जितनी अधिक चमकती, बूँदों की रिमझिमाहट जितनी तीव्र होती जाती, नीलकंठ के नृत्य का वेग उतना ही अधिक बढ़ता जाता और उसी केका का स्वर उतना ही मंद से मंदतर होता जाता।

11(C). गद्यांश के अनुसार, मेघ गर्जन के ताल पर ही उसके तन्मय नृत्य का आरम्भ होता और फिर मेघ जितना अधिक गरजता, बिजली जितनी अधिक चमकती, बूँदों की रिमझिमाहट जितनी तीव्र होती जाती, नीलकंठ के नृत्य का वेग उतना ही अधिक बढ़ता जाता

और उसी केका का स्वर उतना ही मंद से मंदतर होता जाता।

12(B). पंखों का गीलापन दूर करने के लिए मोर एक-दूसरे के पंखों से चोंच से पानी पीते हैं।
गद्यांश के अनुसार, कभी-कभी वे दोनों एक-दूसरे के पंखों से टपकने वाली बूँदों को चोंच से पी-पीकर पंखों का गीलापन दूर करते रहते।

13(B). 'सोपान' पंक्ति का प्रयोग बारिश की बूँदों के गिरने के लिए किया गया है।
गद्यांश के अनुसार, मेघों के उमड़ आने से पहले ही वे हवा में उसकी सजल आहट पा लेते थे और तब उनकी मंद केका की गूँज-अनुगूँज तीव्र से तीव्रतर होती हुई मानो बूँदों के उतरने के लिए सोपान-पंक्ति बनने लगती थी।

14(D). 'आनंदोत्सव' का सही संधि-विच्छेद आनंद + उत्सव होगा।
आनंद + उत्सव शब्द मिकर 'आनंदोत्सव' शब्द बनाते है तथा आनंद + उत्सव = आनंदोत्सव में अ + उ = का मेल हो रहा है। इसलिए इसमें गुण सन्धि होगी।
गुण संधि: यदि 'अ' या 'आ' के बाद 'इ' या 'ई', 'उ' या 'ऊ' और 'ऋ' आए, तो दोनों मिलकर क्रमशः 'ए', 'ओ' और 'अर्' हो जाते हैं। जैसे-
- देवेन्द्र = देव + इंद्र = अ + इ = ए
- चंद्रोदय = चंद्र + उदय = अ + उ = ओ

15(A). गूँज-अनुगूँज शब्द के स्थान पर 'प्रतिध्वनि' शब्द का प्रयोग किया जा सकता है।
प्रतिध्वनि - जब किसी स्रोत से उत्पन्न ध्वनि आगे जाकर किसी वस्तु (जैसे दीवार, पहाड़) से टकराकर पुन: स्रोत के पास वापस लौटती है तो इसे प्रतिध्वनि कहते हैं। वस्तुत: यह ध्वनि के परावर्तन का परिणाम है जो कुछ देर बात स्रोत के पास वापस पहुंच जाती है। उदाहरण के लिये कुंएँ में आवाज लगाने पर अपनी ही आवाज थोड़ी देर बाद सुनाई पड़ती है।

16(C). सजल विशेषण शब्द है। संज्ञा या सर्वनाम की विशेषता बताने वाले शब्द विशेषण कहलाते हैं। ये शब्द संज्ञा के साथ लगकर संज्ञा की विशेषता बताते हैं।
उदाहरण- मीरा बहुत सुन्दर लड़की है।
मोहन एक मेहनती विद्यार्थी है।
पहले वाक्य में मीरा एक लड़की का नाम है, और वह संज्ञा है सुन्दर शब्द विशेषण है, जो संज्ञा की विशेषता बता रहा है। इसलिए यह शब्द विशेषण कहलाएगा।
दूसरे वाक्य में भी मेहनती शब्द मोहन की विशेषता बता रहा है इस प्रकार स्पष्ट है कि मेहनती शब्द विशेषण है।

17(A). गीत-कविता स्कूलों को भी पसंद नहीं है, क्योंकि उन्हें लगता है कि स्कूली पढ़ाई-लिखाई से इसका कोई संबंध नहीं है।

18(D). गीत-कविता के बारे में कथन- "समाज में इनकी व्यापक सहमति नहीं है।" सही है।

19(A). शिक्षा-व्यवस्था गीत-कविता को बाधक के रुप में दृष्टि से देखती है।

20(A). अनुच्छेद के आधार पर गीत-कविता के बारे में स्कूल और परिवार इसकी महत्ता को समझ नहीं रहे कथन सही नहीं है।

21(D). हींग का तत्सम शब्द हिंगु होता है।
- हिंगु का अर्थ हींग होता है।
- यह भोज्य पदार्थ में प्रयोग होने वाला एक मसाला है।

22(C). 'एकल' शब्द का तदभव रूप 'अकेला' है। जो शब्द संस्कृत के मूल रूप से विकृत होकर सीधे हिंदी में प्रयोग होते हैं, उन्हें तन्द्रव शब्द कहते हैं।

23(C). 'काष्ठ' शब्द तत्सम शब्द है। क्योंकि यह शब्द संस्कृत से ज्यों के त्यों प्रयोग में लिए जा रहा हैं।
काष्ठ शब्द का तन्द्रव शब्द 'काठ' होता है।
अन्य विकल्प:

तत्सम	तन्द्रव

कर्ण	कान
पर्ण	पत्ता
दंड	डंडा

24(D). 'अचरज' शब्द तद्भव है।
अचरज का तत्सम आश्चर्य होता है।

25(A). 'अज्ञानी' शब्द तत्सम है।
* अदरक का तत्सम शब्द आर्द्रक होता है।
* किवाड़ का तत्सम शब्द कपाट होता है।
* गाँव का तत्सम शब्द ग्राम होता है।

26(C). 'पराधीन' में "परा" उपसर्ग है। पराधीन का अर्थ = जो दूसरे के अधीन हो।

27(C). 'राष्ट्र' में 'ईय' प्रत्यय लगाने पर 'राष्ट्रीय' शब्द बनेगा। दिये गये विकल्पों में शेष शब्द सही नहीं है।

28(D). प्रश्नगत विकल्पों में 'वि' विजान शब्द में उपसर्ग के रूप में लगा हुआ है। जो किसी शब्द के पूर्व में प्रयुक्त होकर उसके अर्थ में विशेषता लाते हैं, उपसर्ग कहलाते हैं-
जैसे- वि + ज्ञान = विज्ञान।

29(C). 'पत्नी' शब्द के पर्यायवाची 'भार्या, प्राणप्रिया' है। 'पत्नी' के अन्य पर्यायवाची शब्द हैं- गृहिणी, प्रिया, सहगामिनी, अर्द्धांगिनी आदि।

30(A). 'आविर्भाव" का सही विलोम शब्द 'तिरोभाव' है। आविर्भाव का अर्थ – प्रकट होना, उत्पत्ति। तिरोभाव का अर्थ – अदृश्य हो जाना, अदर्शन।

31(C). 'गुप्त-मुक्त' सही विलोम-युग्म नहीं है। गुप्त का अर्थ- 'छिपा हुआ' होता है। मुक्त का अर्थ- 'स्वतंत्र, छूटा हुआ' होता है।

32(A). 'वनिता' शब्द का पर्यायवाची शब्द 'महिला' है। 'वनिता' के अन्य पर्यायवाची शब्द हैं- योषिता, स्त्री, औरत, नारी, योषा, आदि।

33(D). 'दीर्घकाय-कृशकाय' सही विलोम-युग्म है। 'दीर्घकाय' का अर्थ- शारीरिक दृष्टि से बड़े डील-डौल वाला। 'कृशकाय' का अर्थ- दुबले-पतले शरीर वाला ।

34(A). दिए गये विकल्पों में से 'मैं मंगलवार के दिन व्रत रखता हूँ' अशुद्ध है।
मैं मंगलवार के दिन व्रत रखता हूँ" अशुद्ध वाक्य। वाक्य में 'के दिन' के स्थान पर पर 'को' प्रयुक्त होगा। वाक्य का सही रूप होगा 'मैं मंगलवार को व्रत रखता हूँ'।

35(D). उपरोक्त सभी विकल्पों में शुद्ध वाक्य 'गेहूं पिसाने के लिए उसे घर से दूर जाना पड़ता है।'
अन्य विकल्पों में क्रिया संबंधी अशुद्धि है।
वाक्य में क्रिया का प्रयोग कर्ता के लिंग एवं वचन के अनुसार किया जाता है अन्यथा वह वाक्य अशुद्ध समझा जाता है। इस अशुद्धि को वाक्य की क्रिया संबंधी अशुद्धि कहा जाता है। कर्ता द्वारा जो कार्य किया जाता है वह क्रिया कहलाता है।

36(C). अनायास अर्थात बिना मेहनत के।
यह क्रिया-विशेषण शब्द है।
जो शब्द क्रिया की विशेषता बताते हैं क्रिया विशेषण शब्द कहलाते हैं।

37(B). 'अधजल गगरी छलकत जाय' इस कहावत का अर्थ "अल्प ज्ञान पर इतराना" है।
वाक्य प्रयोग - वह दसवीं में दो बार फेल हो चुका है और बातें ऐसी करता है जैसे कितना होशियार हो सही कहा गया है अधजल गगरी छलकत जाए।

38(B). 'बालू से तेल निकालना' मुहावरे का अर्थ "असम्भव काम करना" है।
वाक्य प्रयोग- यदि सरकार के पास पैसे नहीं है तो वह क्या "बालू से तेल निकालकर" पैसे लाएगी।

39(B). 'पत्थर की लकीर' मुहावरे का सही अर्थ है – स्थिर होना। अन्य

40(D). 'अतिशय भक्ति चोर का लक्षण' - मुहावरे का सही अर्थ होगा - ढोंग करने वाला कपटी होता है।
वाक्य प्रयोग - चुनाव के समय में सभी नेता महात्मा गाँधी के विचारों की बात करने लग जाते हैं, इन्हें देखकर प्रतीत हो जाता है कि ये अतिशय भक्ति चोर के लक्षण दिखा रहे हैं।

41(D). उपर्युक्त लोकोक्ति और उसके अर्थ के जोड़े में से 'आ बैल मुझे मार – बैल को मारना' गलत है।
* 'आ बैल मुझे मार' का अर्थ 'मुसीबत का कारण स्वयं बनना' होता है।
* वाक्य प्रयोग - मोहन को लड़ाई के बीच में बोलने की क्या ज़रूरत थी? इसे ही कहते हैं आ बैल मुझे मार।

42(A). 'रौद्र रस' का स्थायी भाव क्रोध है।
"रौद्र रस" की विशेषताएँ निम्नलिखित है:
* "रौद्र रस" काव्य का एक रस है, जिसमें स्थायी भाव अथवा 'क्रोध' का भाव होता है।
* धार्मिक महत्व के आधार पर इसका वर्ण रक्त एवं देवता रुद्र है।

43(D). भयानक रस'भय' नामक स्थायी भाव 'भयानक रस' का है।
जब किसी भयानक व्यक्ति या वस्तु को देखने, उससे संबंधित वर्णन सुनने या किसी दुखद घटना का स्मरण करने से मन में जो व्याकुलता उत्पन्न होती है उसे भयानक रस कहते हैं।

44(C). 'रति' श्रृंगार रस का स्थायी भाव है।
श्रृंगार रस की विशेषताएँ निम्नलिखित है:
* नायक और नायिका के मन में संस्कार रूप में स्थित रति या प्रेम जब रस की अवस्था को पहुँचकर आस्वादन के योग्य हो जाता है, तब वह 'श्रृंगार रस' कहलाता है।
* श्रृंगार रस को रसराज कहा जाता है।
* श्रृंगार रस का विषय नायक या नायिका है।
* उद्दीपन विभाव – नायिका के कुच, नितम्बादि अंग, एकान्त, वन-उपवन, चन्द्र-ज्यौत्स्ना, वसन्त, पुष्प, नायिका अथवा अनुभाव की चेष्टाएँ – हावभाव, तिरछी चितवन, मुस्कान।
* संचारी भाव – तैंतीस संचारियों में उग्रता, मरण, आलस्य, जुगुप्सा को छोड़कर शेष सभी संचारी भाव, मुख्यतः लज्जा, शर्म, चपलता।

45(A). छंद का सर्वप्रथम उल्लेख "ऋग्वेद" में मिलता है।
प्राचीन काल के ग्रंथों में संस्कृत में कई प्रकार के छंद मिलते हैं, जो वैदिक काल जितने प्राचीन हैं। वेद के सूक्त व ऋचाएँ भी छंदबद्ध हैं। महर्षि पिंगल द्वारा रचित 'छंदशास्त्र' इस विषय का मूल ग्रंथ है। छंद पर चर्चा सर्वप्रथम ऋग्वेद में हुई है। इस कथन की पुष्टि ऐतिहासिक रूप से कर दी गयी है, कि छंद का प्रयोग सबसे पहले ऋग्वेद में किया गया था।

46(D). छप्पय विषम मात्रिक छंद है। यह संयुक्त छंद है, जो रोला (11+13) के चार पद तथा उल्लाला (15+13) के दो पदों के योग से बनता है।
यह छह पंक्तियों का छंद होता है।
उदाहरण-
डिगति उर्वि अति गुर्वि, सर्व पब्बे समुद्रसर।
ब्याल बधिर तेहि काल, बिकल दिगपाल चराचर।
दिग्गयन्द लरखरत, परत दसकण्ठ मुखखभर।
सुर बिमान हिम भानु, भानु संघटित परस्पर।
चौंकि बिरंचि शंकर सहित,कोल कमठ अहि कलमल्यौ।
ब्रह्मण्ड खण्ड कियो चण्ड धुनि, जबहिं राम शिव धनु दल्यौ।।

47(C). "गुरु गोविंद दोऊ खड़े, काके लागूं पांय। बलिहारी गुरु आपने, गोविंद दियो बताय।।" में दोहा छंद है।
दोहा छंद की विशेषताएँ निम्नलिखित है:
* यह अर्द्धसम मात्रिक छंद है।
* दोहा छंद में पहले और तीसरे चरण में 13 - 13 मात्राएँ तथा दूसरे और चौथे चरण में 11 - 11 मात्राएँ होती हैं।
* दूसरे व चौथे चरण के अन्त में 1 लघु अवश्य होना चाहिए।

48(A). उपर्युक्त विकल्पों में से विकल्प "ग्रीष्म + ऋतु :- ग्रीष्मर्तु" सही है

तथा अन्य विकल्प असंगत है।
* ग्रीष्म + ऋतुः ग्रीष्मर्तु
* अ + ऋ: अर्

गुण संधि: दो असमान स्वरों के मिलने पर दोनों नये तीसरे स्वर में बदल जाते हैं। इसकी पहचान संधि युक्त पद में ए तथा ओ की मात्रा होती हैं।

अर्थात अ और आ स्वरों के बाद हस्व और दीर्घ इ, उ, ऋ स्वर आए तो संधि करते समय इनके स्थान पर क्रमश ऐ, ओ, अर का आदेश हो जाता हैं।

अन्य विकल्प:
* पितृ + उपदेश: पित्रुपदेश (यण संधि)
* सत् + नारी: सन्नारी (व्यंजन संधि)
* एक + एक: एकैक (वृद्धि संधि)

49(C). संवाद के लिए सही संधि विच्छेद सम् + वाद है।
यह व्यंजन संधि का उदाहरण है।
व्यंजन संधि में यदि म् + कोई व्यंजन आये तो म् के पूर्व वर्ण पर अनुस्वार आयेगा या बाद वाले वर्ण के वर्ग का पंचम वर्ण आयेगा। जैसे - सम् + कीर्तन = संकीर्तन (क वर्ग का पंचम वर्ण ङ), सम् + भावना = सम्भावना (प वर्ग का पंचम वर्ण म) ।

50(C). दिए गए विकल्पों में से ' संशय' के लिए सही संधि विच्छेद ' सम् + शय है।
यहाँ व्यंजन संधि है।
व्यंजन संधि में यदि म् + कोई व्यंजन आये तो म् के पूर्व वर्ण पर अनुस्वार आयेगा या बाद वाले वर्ण के वर्ग का पंचम वर्ण आयेगा। जैसे - सम् + कीर्तन = संकीर्तन (क वर्ग का पंचम वर्ण ङ), सम् + भावना = सम्भावना (प वर्ग का पंचम वर्ण म) ।

51(C). अलंकार का शाब्दिक अर्थ होता है कि आभूषण, यह दो शब्दों से मिलकर बनता है-अलम + कार। जिस प्रकार स्त्री की शोभा आभूषणों से होती है उसी प्रकार काव्य की शोभा अलंकार से होती है। इसे ऐसे भी समझ सकते हैं कि जो शब्द आपके वाक्यांश को अलंकृत करें वह अलंकार कहलाता है।

52(A). वर्णों की आवृत्ति को अनुप्रास अलंकार कह सकते हैं । अनुप्रास का अर्थ है दोहराना। जहां कारण उत्पन्न होता है अर्थात् काव्य में जहां एक ही अक्षर की आवृत्ति बार-बार होती है, वहां अनुप्रास अलंकार होता है। (जब किसी काव्य पंक्ति में कोई वर्ण की आवृत्ति होती है वहां अनुप्रास अलंकार होता है।)

53(C). 'नहिं पराग नहिं मधुर, मधु नहिं विकास येहि काल। अली कली ही सों बढ्यो, आगे कौन हवाल।' जयसिंह द्वारा अपनी नवोढ़ा पत्नी पर आसक्ती के कारण इस दोहे द्वारा व्यंग किया गया है। यहां अन्योक्ति अलंकार है।
जहां उपमान के माध्यम से उपमेय का वर्णन हो। उपमान अप्रस्तुत एवं उपमेय प्रस्तुत हो , वहां अन्योक्ति अलंकार होता है।

54(B). 'मखमल के झूले पड़े हाथी-सा टीला।' पंक्तियों में उपमा अलंकार है।
उपर्युक्त काव्य-पंक्ति में टीला उपमेय है, मखमल के झूल पड़े 'हाथी' उपमान है, 'सा' वाचक है; किन्तु इसमें साधारण धर्म नहीं है। वह छिपा हुआ है। कवि का आशय है– 'मखमल के झूले पड़े 'विशाल' हाथी-सा टीला' यहां विशाल जैसा कोई साधारण धर्म लुप्त है; अतः इस प्रकार की उपमा का प्रयोग 'लुप्तोपमा अलंकार कहलाता है।

55(A). 'तरनि तनूजा तट तमाल तरुवर बहु छाए।'
उपर्युक्त पंक्तियों में अनुप्रास अलंकार है क्योंकि यहां 'त' की आवृत्ति कई बार हुई है। जहां काव्य में एक वर्ण की आवृत्ति होती है वहाँ वृत्यानुप्रास होता है। इस पंक्ति में त वर्ण की आवृत्ति हो रही है इसलिए इसमें वृत्यानुप्रास का प्रयोग हुआ है।

56(D). हत्या शब्द को छोड़कर सभी शब्दों के एक से ज्यादा अर्थ हैं।

57(B). आम "अतिथि" का अनेकार्थी शब्द नहीं है।
"अतिथि" के अनेकार्थी शब्द संन्यासी, मेहमान, साधु, यात्री, अपरिचित व्यक्ति, यज्ञ में सोमलता लाने वाला, अग्नि, अभ्यागत है।

58(C). 'दोना, नाव, मानव रहित विमान' के लिए 'द्रोण' शब्द है। दिए गए सभी शब्द 'द्रोण' के अनेकार्थी हैं जिसका अर्थ होता है लकड़ी का रथ।
अन्य विकल्प:
* ताल – संगीत का ताल, झील
* धर्म – सम्प्रदाय, स्वभाव
* नागर – चतुर, नागरमोथा

59(C). कर्मधारय समास में समस्त पद का उत्तरपद प्रधान होता है। यह विशेषण और विशेष्य के योग से बनता है, जैसे - नीलकमल। यहाँ पर 'कमल' विशेष्य एवं 'नील' विशेषण है।

60(C). 'समास' शब्द का अर्थ है-संक्षिप्त करने की प्रक्रिया या संक्षीपीकरण अर्थात् जब दो या दो से अधिक शब्दों को पास-पास लाकर एक नया सार्थक शब्द बनाया जाता है तो शब्दों को इस तरह संक्षेप करने की प्रक्रिया को समास कहते हैं।
समास के छः भेद होते है :-
(क) अव्ययीभाव समास
(ख) तत्पुरुष समास
(ग) कर्मधारय समास
(घ) द्विगु समास
(ङ) द्वंद्व समास
(च) बहुव्रीहि समास

61(A). राधा-कृष्ण में द्वंद्व समास है | जिस समास में समस्तपद के दोनों पद प्रधान हों या दोनों पद सामान हों एवं दोनों पदों को मिलाते समय 'और', 'अथवा', 'या', 'एवं' आदि योजक लुप्त हो जाएँ, वह समास द्वंद्व समास कहलाता है।

62(C). 'जो इन्द्र पर विजय प्राप्त कर चुका हो' वह 'इन्द्रजीत' कहलाता है।

63(D). उच्च कुल में पैदा होने वाला व्यक्ति 'कुलीन' कहलाता है।

64(C). दिए गए वाक्य के लिए उपयुक्त एक शब्द शाकाहारी है।

65(D). उपर्युक्त विकल्पों में से 'उपरोक्त सभी' देशज हैं।

शब्द	परिभाषा	उदाहरण
तत्स म श ब्द	ऐसे शब्द जिन्हें बिना किसी परिवर्तन के संस्कृत से हिन्दी में शामिल कर लि या गए हों।	जैसे - आम् र, उष्ट्र, ऐश्वर् य, षष्ठी आ दि।
तद्भव शब्द	ऐसे शब्द जो संस्कृत से हिंदी में आने पर उनका रूप बदल गया।	जैसे - आग, खीर, छत आदि।
देशज शब्द	ऐसे शब्द जो देश की अन्य या क्षेत्रीय भाषा से हिंदी में सम्मिलित हुए ।	जैसे – सर सों, भिन्डी, जगमग आ दि।
विदे शज/ आग त/ वि देशी शब्द	अन्य देश की भाषा से आये हुए शब्द जो हिंदी भाषा में सम्मिलित हुए। इन विदेशी भाषाओं में मुख्यतः अरबी, फा रसी, तुर्की, उर्दू, अंग्रेजी व पुर्तगाली शा मिल हैं।	जैसे - अदा लत, ऑफि सर, बुखार, हज़म आ दि।
संकर शब्द	हिंदी में वे शब्द जो अलग-अलग भाषा ओं के शब्दों को मिलाकर बनाए गए हैं, संकर शब्द कहलाते हैं।	जैसे - उप- बोली, भोज न-घर, छाया दार, फलदा र इत्यादि।

66(D). उपर्युक्त विकल्पों में 'डिबिया' देशज शब्द है। अतिरिक्त विकल्प विदेशज शब्द के उदाहरण हैं।
देशज शब्द: वे शब्द जिनकी उत्पत्ति के मूल का पता न हो परन्तु वे प्रचलन में हों। ऐसे शब्द देशज शब्द कहलाते हैं। ये शब्द आम तौर पर क्षेत्रीय भाषा में प्रयोग किये जाते हैं।
विदेशज शब्द: विदेशी भाषाओं से हिंदी में आये शब्दों को विदेशी शब्द कहा जाता है। इन विदेशी भाषाओं में मुख्यतः अरबी,

फारसी, तुर्की, अंग्रेजी व पुर्तगाली शामिल है।
अन्य विकल्प:

शब्द	शब्द प्रकार
मुग़ल	तुर्की
बेगम	तुर्की
सुराग	तुर्की

67(D). 'विज्ञापन' विदेशी भाषा का शब्द नहीं है।
विज्ञापन शब्द की उत्पत्ति दो शब्दों की मेल से हुई है - वि+ज्ञापन
विज्ञापन का अर्थ है - जानकारी कराना, सूचित करना।

68(A). न्याय शब्द यहाँ रिक्त स्थान की पूर्ति हेतु सार्थक है। इसलिए
विकल्प 'न्याय' उपयुक्त है। अन्य विकल्प असंगत है।
पूर्ण सार्थक वाक्य - गाँधीजी का अर्थशास्त्र धर्म और न्याय पर
आधारित है।

69(D). रात्रि के अंधकार से आकाश में तारे चमक उठे है।
अन्य विकल्प :

शब्द	अर्थ	शब्द का वाक्य मे प्रयोग
नामुमकिन	असंभव	बीती सदी में कई ऐसी महत्वपूर्ण नौकरियां थीं जिनके बारे में आज आपके लिए सोचना भी शायद नामुमकिन है।
प्रकोप	अत्यधिक क्रोध	डेंगू के लगातार बढ़ते प्रकोप के बीच सरकारी तंत्र की लचर कार्यप्रणाली जिस तरह आमजन के जीवन पर भारी पड़ रही है, वह बेहद ही चिंताजनक है।
प्रभाव	अस्तित्व में आना	कोरोना की वजह से कई देशों पर बहुत प्रभाव पड़ा।

70(C). इस नाटक का कौतूहल अंत तक बना रहता है।
'कौतूहल' शब्द का अर्थ → किसी नई और विलक्षण चीज या
रहस्य मयी बात को जानने,सीखने आदि के लिए मन में होनेवाली
प्रबल इच्छा। किसी अदभुत या विलक्षण विषय में होने वाली
जिज्ञासा।

71(B). **वाक्य -** धन का अभाव समस्याओं को हल करने में बाधक नहीं
होना चाहिए।
अन्य विकल्प :

शब्द	अर्थ	शब्द का वाक्य मे प्रयोग
साधक	साधना करनेवाला	रमन था कि अपने काम में किसी **साधक** की तरह जुटा रहता था।
सार्थक	अर्थवाला	जब हम किसी बच्चे का नाम रखते हैं तो वह **सार्थक** ही होता है ।
अनुपयोगी	जो किसी उपयोग में न आए	सालों से अनुपयोगी पड़े ढांचे को आधार बनाते हुए आर्किटेक्ट कंपनी इसे नए सिरे से डिजाइन कर रहे हैं।

72(A). पुस्तक शब्द स्त्रीलिंग है।
स्त्रीलिंग की परिभाषा – संज्ञा के जिस रूप से किसी वस्तु की स्त्री
या मादा जाति का बोध होता है, उसे स्त्रीलिंग कहते हैं।

73(C). 'कर्ता' शब्द का स्त्रीलिंग 'कर्त्री' होगा।
शब्द के जिस रूप से किसी व्यक्ति या वस्तु के पुरुष जाति अथवा
स्त्री जाति के होने का ज्ञान हो, उसे लिंग कहते है।

74(B). 'पहाड़' शब्द पुल्लिंग है, जबकि बाकी सब स्त्रीलिंग है।
'पहाड़' शब्द का वाक्य प्रयोग - वह पहाड़ बहुत बड़ा है। - यहाँ
बड़ी है शब्द का उपयोग करना अनुचित होगा अर्थात 'पहाड़'
शब्द पुल्लिंग है।

75(A). 'सन्तान' शब्द उभयलिंगी है।
'सन्तान' शब्द का वाक्य प्रयोग - राजा की संतानें अच्छी हैं। - यहाँ
संतानें अच्छा हैं - का प्रयोग करना अनुचित होगा अर्थात संतान
शब्द उभयलिंगी है।

76(C). 'पानी' शब्द सदा एकवचन में प्रयुक्त होता है। शेष विकल्पों का
प्रयोग बहुवचन में किया जाता है।
- 'समाचार, व्यापारीगण, अधिकारीवर्ग' ये तीनों शब्द बहुवचन
हैं।
- समाचार शब्द सदा बहुवचन में प्रयोग किया जाता है।
- व्यापारी अपने हिसाब का पूरा ध्यान रखते हैं। व्यापारी का
बहुवचन व्यापारीगण होगा।
- बहुत दिनों की बात है, मैं एक बड़ी रियासत का एक विश्वस्त
अधिकारी था। अधिकारी का बहुवचन अधिकारीवर्ग होगा।
- अतः स्पष्ट है कि 'मुस्कराहट' एकवचन है और अन्य विकल्प
'प्यास, व्यापारीगण, अधिकारीवर्ग' बहुवचन शब्द हैं।

वचन- भाषाविज्ञान में वचन (नम्बर) एक संज्ञा, सर्वनाम, विशेषण
और क्रिया आदि की व्याकरण सम्बन्धी श्रेणी है, जो इनकी संख्या
की सूचना देती है। हिंदी में वचन के दो भेद हैं- एक वचन एवम
बहुवचन।

77(B). " जनता काफी आक्रोशित थी।" रेखांकित शब्द में एकवचन
प्रयुक्त हुआ है।
'जनता' एकवचन है। 'जनता' एक समूहवाचक संज्ञा है।
वचन - संज्ञा, सर्वनाम, विशेषण और क्रिया के जिस रूप से संख्या
का बोध हो उसे वचन कहते हैं।

78(B). उपर्युक्त विकल्पों में वाक्य 'शेर जंगल का राजा है।' एकवचन का
उदाहरण है। अन्य विकल्पों में लोग (बहुत सारे), स्त्रियाँ (स्त्री),
छात्रगण (छात्रों का समूह)' ये शब्द बहुवचन के उदाहरण हैं।

79(A). सुरेश गीत गा रहा था' वाक्य में अपूर्ण भूत काल है, क्योंकि भाव
पूर्ण होने का नहीं बल्कि अपूर्णता का है।
काल: क्रिया के जिस रूप से कार्य के होने के समय का पता चले
उसे काल कहते हैं।

80(B). दिए गये विकल्पों में 'लड़की गाँव जाती है - सामान्य
वर्तमानकाल' सही विकल्प है क्योंकि सामान्य वर्तमानकाल
अर्थात क्रिया के जिस रूप से क्रिया का वर्तमान समय में सामान्य
रूप से होने का पता चले। इसमें क्रिया के साथ ता है , ते है , ती है
आदि आते है।

81(A). The Statue of Liberty is huge. From the tip of the
torch to the pedestal on which she stands, she is
just over 151 feet tall. If you include the pedestal in
your measurement, she stands more than **305 feet
off of the ground.**
Thus, it can be concluded that the Statue of Liberty
(including its pedestal) is of **305 feet.**

82(B). The Statue of Liberty stands on Liberty Island, near
Manhattan in New York.
Thus, it can be concluded that the Manhattan is
closest to the Statue of Liberty.

83(B). **The Statue of Liberty is not only the tallest
statue in America, it is also one of the most
recognizable American symbols.**
Thus, it can be concluded that The statue of Liberty
is not the tallest statue in the world.

84(A). Had it not been for French contributions during the
Revolutionary War, America would not exist in the

way that it does today; therefore, it is quite fitting that the **Statue of Liberty, which represents freedom** , came to being by a joint American and French effort.

Thus, it can be concluded that **The Statue of Liberty represents Liberty.**

85(A). Though America financed and built the pedestal on which the Statue of Liberty stands, **the statue itself was a gift from France.**

Thus, it can be concluded that **The Statue of Liberty was a gift from France.**

86(B). Refer to the last line of the first paragraph: **The Dalai Lama,** a revered guest not just of the Indian State but of Indian citizens, is a rare example of the fusion of political and temporal, where he has brought the finest traditions of Buddhism, non-violence and compassion, in the battle against China's occupation of Tibet. While India is careful to distance itself from any of his political activities, **the PM's call is a good step in showing India's continued respect for the institution and person so integral to Tibetan life.**

It can be deduced that PM's call is a good step in showing continued respect for the institution and **'Dalai Lama', a person so integral to Tibetan life.**

87(C). The correct answer is **'that it will appoint its own pick as the next Dalai Lama.'**

We see that it is mentioned in the second sentence of the second paragraph, "Beijing has made it clear that it will appoint its own pick as the next Dalai Lama. "

Thus, all other options get eliminated.

88(B). The correct answer is 'political and temporal'.

It is mentioned in the second sentence of the first paragraph, " The Dalai Lama, a revered guest not just of the Indian State but of Indian citizens, is a rare example of the fusion of political and temporal, where he has brought the finest traditions of Buddhism, non-violence and compassion, in the battle against China's occupation of Tibet."

89(B). We see that it is mentioned in the first sentence of the first paragraph, "By wishing Dalai Lama on his 86th birthday on the phone, and publicly tweeting about it, Prime Minister Narendra Modi has done well in opening up a discussion on India's Tibet policy."

90(D). In the passage -

These mismatched graduates face poorer prospects and lower earnings than their peers who **embark** on careers that are a better fit for the knowledge and skills they have acquired through three or four years of study.

Embark - Begin

Commence - Start

Acuteness - A quick and penetrating intelligence

Savvy - The ability to make good judgements

Knack - A special ready capacity that is hard to analyze or teach

91(D). To help graduates find the right jobs for them, lots of universities are experimenting with new ways to make their career advice more accessible and meaningful.

92(B). Prohibited words is most similar in meaning to the word, 'banned' as used in the passage (para 1).

Prohibited means that has been forbidden; banned.

For example: Smoking in the cinema is strictly prohibited.

93(C). People quenched their thirst for reading during the British rule by borrowing books from lending libraries.

In the second paragraph of the passage, it is clearly mentioned that "My husband was a member of a lending library paying a subscription of Rs. 3 per month for two books at a time- there was no deposit in those days. There were no pavement book shops; these appeared when the British began to leave".

94(A). Over the years, Delhi has undergone many changes. Literary tastes has not been affected by change.

In the second paragraph of the passage, it is clearly mentioned that " Among the popular writers of crime fiction were Edgar Wallace, Philips Oppenheim, Agatha Christie and Peter Cheney, although few people seem to read them these days. My favourite women writers were Mrs. Henry Wood, Mary Corellie, Margret Kennedy and above all Pearl S. Buck, who was to become the inspiration for a turning point in my life. Of these the present generation may have heard only of the last name".

95(C). The underlined word 'only' is an adjective i.e. a word naming an attribute of a noun, such as sweet, red, or technical.

An adjective is a word that modifies a noun or noun phrase or describes its referent. Its semantic role is to change information given by the noun.

96(A). Challenging adjectives is not appropriate when we think of life in Delhi in old times.

I n the second paragraph of the passage, it is clearly mentioned that "Life was leisurely and living was easy. There was no rat race leading to unnecessary stress".

97(B). Hurried is the most opposite in meaning to word, 'leisurely' as used in the passage (para 2).

Hurried means done in a hurry; rushed.

For example: She hurried to her bathroom.

98(D). According to author, the quantum leap in vehicular traffic will necessitate/lead to underground travel.

In the first paragraph of the passage, it is clearly mentioned that "Sometimes, in 1998, these vehicles were banned from the roads of Delhi, bringing to an end the era of the smokin' Harley Davidsons, which had served Delhi for many decades considering the quantum leap in vehicular traffic in Delhi, the future travel in the Capital, in all likelihood, will be underground".

99(B). 'They spewed a lot of smoke', is not supported by evidence in the passage.

According to the passage in the first paragraph, it is clearly mentioned that:

- "The only mode of transport was the tonga."
- "In course of time, the phatphatis replaced the tongas and became the cheapest mode of travelling long distances within Delhi."
- "Sometimes, in 1998, these vehicles were banned from the roads of Delhi, bringing to an end the era of the smokin' Harley Davidsons, which had served Delhi for many decades considering the quantum leap in vehicular traffic in Delhi, the future travel in the Capital, in all likelihood, will be underground".

100(D). The error lies in the usage of 'was' instead of 'were'.
As along with is present in the sentence, the main verb or the helping verb will be according to the first subject or the subject preceding the phrase along with i.e soldiers not the subject succeeding it i.e captain.
As soldiers indicate that we are talking about plural subject, the usage of the helping verb were is appropriate here.

101(A). The antonym of 'Demure' is 'Strong'.
Demure(adjective): reserved, modest, and shy (typically used of a woman).
- Example: He loved the way she could be wanton and sensual one minute, then bashful and demure the next.
Strong(adjective): having the power to move heavy weights or perform other physically demanding tasks.
- Example: She cut through the water with her strong arms.

102(C). The appropriate antonym of chivalrous is cowardly.
Chivalrous means " courteous and gallant, especially towards women; courageous."
- Cowardly: Lacking courage
- Indignant: F eeling or showing anger or annoyance at what is perceived as unfair treatment
- Valiant: P ossessing or showing courage or determination
- Annoyed: S lightly angry; irritated

103(D). Robber word can be made plural by using suffix 's'.
The plural of 'robber' is 'robbers'. (robber + s)
The marked option robber means a person who steals things.
Example: The robber broke into the house and stole the gold ring lying on the table.

104(D). The word Incredible consists of the root word 'Incred' combined with the suffix '-ible' which means 'capable of being'.
Incredible means impossible, or very difficult, to believe
Example: An incredible story.

105(A). The correct sequence should be SQPR. "Have you ever considered, what it is to be successful as a human being ."

106(D). The correct sequence should be SQPR. " Many people today are willing to surrender to the idea that there is in all instance a single authoritative truth to be discovered and defended."

107(B). The correct sequence is QPSR. " If you do not reflect and understand the implications of death, you will go endlessly from one preacher to another."

108(A). **Correct Sentence is:** I woke up in **the** middle of the night.
We are talking about something specific: the 'middle' refers to a specific point in time. Hence, we should use the definite article 'the'.

109(C). The correct statement is: I don't remember being told anything about the picnic.
Being here is most commonly understood to be functioning as a gerund, which means it's dressed up like the 'ing' form of a verb and the present participle but functioning like a noun. 'being told' is the most appropriate word to fill the blank.

110(B). The Simple past tense is used when a work is done in the past, or an action has happened in the past.
Structure: Subject+ Past form of the verb+ rest of the sentence.
- Example- I came here yesterday.
The above sentence is in the past tense, signified by the past form of the verb.

111(D). When there is a state in the past that is still continuing in the present 'since' is used. Here, it is the same case.
So, the complete sentence is, " We have been in Sector: 8, Gandhinagar since 1997."

112(D). Active voice - One can achieve nothing without hard work.
The process of transformation as follows:
- 'One' will be added. Because the given sentence has no subject it is a general statement that is why true everywhere.
- Therefore, 'one' is used as a subject.
- 'Can be achieved' will be changed into 'can achieve' in the active voice.
- The rest of the sentence will be written as it is.

113(D). The correct answer is- Their projects himself.
You should tell these children to complete their projects himself.
Correct sentence: You should tell these children to complete their projects theirselves/theirself.

114(C). The correct answer is: Open your books at page ten.
As nouns the difference between tenth and ten is that tenth is the person or thing in the tenth position while ten is (uncountable) the number following nine. As a adjective tenth is the ordinal form of the number ten. As a numeral ten is (cardinal) a numerical value equal to 10.
So, in this question we need a cardinal because pages of book are countable.

115(C). The correct sentence is : If you are going downhill you can go much faster.
For comparison and that rule works for all adjective ending by '"er" and "est"
Example: Your car is faster than my car --> comparaison between both cars.

116(C). The correct answer is 'Esha said that Avika was not going to school that day as she had fever'.
The process of transformation as follows:
- 'Said' will not change because the Reporting Verb has no object.
- Comma and inverted commas will be removed.
- The conjunction 'That' will be added.
- 'Is not' will be changed into 'was not'.
- 'Today' will be changed into 'That day'.
- 'Has' will be changed into 'Had'.

117(D). 'Once in a blue moon' is an idiomatic phrase that means occasionally or very rarely. For Example: Peter only comes out for a drink once in a blue moon now that he has kids.
The sentence means: Isn't it strange that though we live in the same city, I get to see my sister occasionally?

118(B). The meaning of the given idiom 'run out of steam' is 'to lose one's energy, motivation, or enthusiasm to continue doing something.'

119(B). One word substitution is Ascetic.

Ascetic: Characterized by severe self-discipline and abstention from all forms of indulgence, typically for religious reasons.

Sceptic: A person inclined to question or doubt accepted opinions.

Devotee: A person who is very interested in and enthusiastic about someone or something.

Antiquarian: Relating to or dealing in antiques or rare books.

120(C). Here, usage of the preposition 'for' is erroneous. Instead of it, 'of' should be used as the preposition 'of' is followed by a noun expressing the object of the verb underlying the first noun.

Secondly, the preposition 'on' should be replaced by 'at' as we use 'at' while referring to 'rates' in general.

Next, usage of the adverb 'severely' is also ungrammatical. Here, the adjective 'severe' must be used in place of 'severely' as the word before the noun 'rate' has to be an adjective and not an adverb.

Clearly, among the given choices, option (C) replaces the bold part most appropriately.

The correct sentence therefore will be:

A new scientific report finds human behaviors are driving the extinction **of non-human species at a severe rate** .

Hindi Language

Ques (1-9): निर्देश: नीचे दिए गए गद्यांश को पढ़कर सबसे उचित विकल्प का चयन कीजिए:

समाज में पाठशालाओं, स्कूलों अथवा शिक्षा की दूसरी दुकानों की कोई कमी नहीं है। छोटे से छोटे बच्चे को माँ-बाप स्कूल भेजने की जल्दी करते हैं। दो-ढाई साल के बच्चे को भी स्कूल में बिठाकर आ जाने का आग्रह भी हर घर में बना हुआ है।

इसके विपरीत हर घर की दूसरी सच्चाई यह भी है कि कोई भी माँ-बाप बालकों के बारे में, और साथ ही सच्चा एवं अच्छा माता-पिता अथवा अभिभावक होने का शिक्षण कहीं से भी प्राप्त नहीं करता। माता-पिता बनने से पहले किसी भी नौजवान जोड़े को यह नहीं सिखाया जाता है कि माँ – बाप बनने का अर्थ क्या है? इससे पहले किसी भी जोड़े को यह भी नहीं सिखाया जाता कि अच्छे और सच्चे दाम्पत्य की शुरुआत कैसे की जानी चाहिये? पति-पत्नी होने का अर्थ क्या है? यह भी कोई नहीं बताता। परिणाम साफ है कि जीवन शुरू होने से पहले ही घर टूटने – बिखरने लगते हैं। घर बसाने की शाला न आज तक कहीं खुली है और न खुलती दिखती है। समाज और सत्ता दोनों या तो इस संकट के प्रति सजग नहीं है या फिर इसे अनदेखा कर रहे हैं।

1. लेखक के लिए किस प्रकार का शिक्षण प्राप्त करना जरूरी है?

(a) बच्चों को किसी भी प्रकार की शिक्षा देने का

(b) अच्छे माता-पिता बनने का

(c) छोटे-छोटे बच्चों को उच्च विद्यालयों में प्रवेश दिलाने का

(d) पति-पत्नी बनने का

2. माता-पिता को बच्चों की सही शिक्षा के बारे में जानना क्यों जरूरी है?

(a) ताकि बच्चों को उच्च डिग्रियाँ प्राप्त करवाई जा सकें।

(b) ताकि बच्चे स्वयं प्रवेश लेने योग्य बन सकें।

(c) जिससे बेहतर समाज का निर्माण किया जा सके।

(d) बच्चों को ज्ञानवान बनाया जा सके।

3. समाज और सत्ता किसके प्रति सजग नहीं है?

(a) ज्ञानवान समाज न बन पाने के घोर संकट के प्रति

(b) घर बसाने की शिक्षा देने वाली शाला खोलने के प्रति

(c) माता-पिता द्वारा बच्चों का पालन-पोषण न करने के प्रति

(d) अभिभावकों के द्वारा शिक्षा प्राप्त न करने के प्रति

4. लेखक के अनुसार सबसे पहले क्या जानना ज़रूरी है?

(a) बच्चों के बारे में

(b) बच्चों की शिक्षा के बारे में

(c) माता-पिता के शिक्षा-स्तर को

(d) दाम्पत्य की शरूआत कैसे की जानी चाहिए

5. 'माता-पिता' किस प्रकार का शब्द-युग्म है?

(a) सार्थक शब्द युग्म

(b) निरर्थक शब्द युग्म

(c) पुनरुक्त शब्द युग्म

(d) सार्थक-निरर्थक शब्द युग्म

6. 'भी' शब्द क्या है?

(a) क्रिया-विशेषण

(b) संबंधवाचक

(c) निपात

(d) क्रिया

7. 'इसके विपरीत हर घर की दूसरी <u>सच्चाई</u> यह भी है कि ____' वाक्य के रेखांकित अंश का समानार्थी शब्द क्या है?

(a) वास्तविक

(b) वास्तविकता

(c) सद्वचन

(d) सूक्ति

8. घर के टूटने-बिखरने का मुख्य कारण क्या है?

(a) माता-पिता बनने का अर्थ न जानना

(b) दाम्पत्य का अर्थ न जानना

(c) घर बसाने की जल्दी करना

(d) बच्चों के बारे में न जानना

9. हर घर में किस चीज़ का आग्रह बना हुआ है?

(a) बहुत छोटे बच्चे को स्कूल में पढ़ाने का

(b) बहुत छोटे बच्चे को दुकान भेजने का

(c) बहुत छोटे बच्चे को स्कूल में बिठाकर आने का

(d) बच्चों को स्कूल न भेजने का

Ques (10-19): निर्देश : नीचे दिए गए अनुच्छेद को पढ़कर पूछे गए प्रश्न के सही/सबसे उपयुक्त उत्तर वाले विकल्प को चुनिए।

राज भाषा का अर्थ राजा या राज्य की भाषा है। बह भाषा जिसमें शासक या शासन का काम होता है। राष्ट्रभाषा बह है जिसका व्यवहार राष्ट्र के सामान्य जन करते हैं। राजभाषा का क्षेत्र सीमित होता है। राष्ट्रभाषा सारे देश की संपर्क भाषा है। राष्ट्र भाषा के साथ जनता का भावात्मक लगाव रहता है। क्योंकि उसके साथ जनसाधारण की सांस्कृतिक परंपरायें जुड़ी रहती हैं। राजभाषा के प्रति वैसा सम्मान हो तो सकता है, लेकिन नहीं भी हो सकता है । क्योंकि वह अपने देश की भी हो सकती है। किसी गैर देश से आए शासक की भी हो सकती है। लोकतांत्रिक व्यवस्था में आज हिन्दी राजभाषा के रूप में ही बिराजित है। 14 सितंबर 1949 ई को भारत के संविधान में हिन्दी को मान्यता प्रदान की गई है। संविधान की धारा? 20 के अनुसार संसद का कार्य हिन्दी में या अंग्रेज़ी में किया जाता है। धारा 210 के अंतर्गत राज्यों के विधानमंडलों का कार्य अपने-अपने राज्य की राजभाषा या हिन्दी में या अंग्रेजी में किया जा सकता है। धारा 343 के अनुसार संघ की राजभाषा हिन्दी और लिपि देवनागरी होगी । इस भाषा का प्रसार तथा प्रचार केलिए महात्मा गाँधी का योगदान रहा है। धारा 344 में राष्ट्रपति को शासकीय कार्य में हिन्दी भाषा का प्रयोग अधिक करने के लिए कहा गया है।

10. राष्ट्रभाषा के प्रमुख लक्षणों मे से इनमें से कौन सा व्यवहार नहीं है?

(a) क्षेत्र सीमित होता है

(b) सामान्य जन भाषा है

(c) सारे देश की संपर्क भाषा है

(d) जनता की भावानात्मक तथा सांस्कृतिक भाषा है

11. इस अनुच्छेद का निम्न में से उचित शीर्षक चुनिए।

(a) राजाभाषा और राष्ट्रभाषा

(b) भावनात्मक भाषा

(c) जनभाषा

(d) बोलचाल की भाषा

12. इस अनुच्छेद के सार में किस भाषा को ज्यादा ज़ोर देनी की बात कही गयी है?

(a) भारतीय सभी भाषाओं को

(b) हिन्दी भाषा को

(c) संविधानिक भाषा को

(d) दक्षिण की भाषा को

13. भारतीय किस भाषा को विश्व भाषा बनने की ज्यादा संभावना है?

(a) कन्नड़

(b) मराठी

(c) गुजराती

(d) हिन्दी

14. धारा 344 किसे हिन्दी भाषा का प्रयोग ज्यादा शासकीय कार्य के लिए करने की बात कही गई है?

(a) मुख्यमंत्री

(b) प्रधानमंत्री

(c) राष्ट्रपति

(d) शासक गण

15. हिन्दी भाषा के प्रचार एवं प्रसार में किसका योगदान रहा?

(a) महात्मा गांधीजी

(b) जवाहर लाल नेहरू

(c) सुभाष चंद्र बोस

(d) जय प्रकाश नारायण

16. संघ की राजभाषा हिन्दी तथा लिपि देवनागरी का उल्लेख किसमें है?

(a) भारत में

(b) संविधान

(c) संविधान के 343 धारा में

(d) सभी धारा के अंतर्गत

17. राजभाषा का अर्थ क्या है?

(a) देश की भाषा

(b) नगर की भाषा

(c) राजा या राज्य की भाषा

(d) विदेशियों की भाषा

18. हिन्दी भाषा की लिपि क्या है?

(a) द्राविड (b) देवनागरी

(c) ब्राही (d) खरोष्टी

19. राज्य विधानमंडलों के कार्य कलाप संबंधी भाषा का उल्लेख संविधान की किस धारा करती है?

(a) धारा 210 (b) धारा 343

(c) धारा 344 (d) धारा 345

20. निर्देश: निम्नलिखित गद्यांश को पढ़कर पूछे गए प्रश्नों के सही/सबसे उपयुक्त उत्तर वाले विकल्प को चुनिए।

कई दिनों तक परिश्रमपूर्वक खोजने के बाद भी जीवक को ऐसी कोई वनस्पति प्राप्त नहीं हुई जिसमें औषधीय गुण न हों। वह तक्षशिला विश्वविद्यालय के विशाल परिसर के बाहर दूर-दूर तक जाकर ढूँढ़ चुका था, अनेक अज्ञात वनस्पतियों का परीक्षण भी कर चुका था पर उसे सफलता हाथ नहीं लगी। अंततः उसे खाली हाथ आचार्य के पास लौटना पड़ा। लौटते हुए वह विचार कर रहा था - आचार्य से अपनी असफलता बताकर क्या उत्तीर्ण हुआ जा सकता है? नहीं। उसे अभी और परिश्रम करना पड़ेगा। उसकी शिक्षा अधूरी है। उसने धरती माता के वात्सल्य का अनुभव किया था। प्राणियों के पोषण और रक्षण के लिए प्रकृति द्वारा दिए गए वरदानों से वह परिचित हुआ था। उसके मन में यह बात कचोट रही थी कि प्रकृति से इतनी अमूल्य जैव-संपदा पाकर हम कृतज्ञ क्यों नहीं होते? कितने जड़मति हैं वे लोग जो इसे नष्ट करते हैं?

जीवक को कौन-सी बात कचोट रही थी?

(a) मानव-जाति प्राकृतिक संपदा का उपयोग क्यों करती है?

(b) मानव-जाति प्रकृति पर उपकार क्यों नहीं करती है?

(c) मानव-जाति प्रकृति की पूजा क्यों नहीं करती है?

(d) मानव-जाति प्रकृति का आभार क्यों नहीं मानती है?

21. दिए गए विकल्पों में से तत्सम शब्द को चुनें:

(a) उछाह (b) ओखली

(c) कपोत (d) किसान

22. निर्देश: दिए गए शब्द का तद्भव शब्द बताइए।

शर्करा

(a) शर्किर (b) शरकृ

(c) शक्कर (d) शककर

23. 'सुवरन' शब्द है:

(a) तद्भव (b) तत्सम

(c) विदेशी (d) देशज

24. निम्नलिखित में तद्भव शब्द है:

(a) भ्रमर (b) अग्नि

(c) मस्तक (d) मछली

25. इनमें कौन सा शब्द तद्भव है?

(a) मधुप (b) भ्रमर

(c) मधुकर (d) भँवरा

26. सम उपसर्ग का 'म्' किस शब्द में सुनाई पड़ता है?

(a) संयम (b) संवाद

(c) संभावना (d) (B) और (C) दोनों

27. 'प्रत्यर्पण' शब्द में _____ उपसर्ग लगा है।

(a) प्र (b) प्रति

(c) प्रत्य (d) पर

28. 'कड़ुआहट' शब्द में _____ प्रत्यय है।

(a) हट (b) ट

(c) आहट (d) आह

29. दिए गए विकल्पों में से 'इति' शब्द का विलोम क्या होगा?

(a) अथ (b) अथक

(c) अति (d) पृथक

30. दिए गए विकल्पों में से 'पक्षी' किसका पर्यायवाची है?

(a) भूधर (b) मीन

(c) वृन्द (d) विहग

31. 'पृथ्वी' किसका पर्यायवाची शब्द है?

(a) भूधर (b) अवनि

(c) धरणीधर (d) विटप

32. निम्नलिखित में से 'आग' का पर्यायवाची शब्द नहीं है।

(a) वारि (b) वहि

(c) पावक (d) अनल

33. दिए गए शब्द का पर्यायवाची ज्ञात कीजिए।

प्रसून

(a) चन्द्रमा (b) लपट

(c) पुष्प (d) वृक्ष

34. निम्न में से कौन-सी वर्तनी सही है?

(a) चारदीवारी (b) चहारदीवारी

(c) चारदिवारी (d) चाहरदीवारी

Ques (35-36): निर्देश : निम्न प्रश्न में एक वाक्य दिया गया है जो चार भागों में विभाजित है। वाक्य को पढ़कर यह पता लगाइए कि इसके किसी भाग में भाषा, व्याकरण, वाक्य रचना या शब्दों के गलत प्रयोग का कोई दोष है या नहीं। यदि है तो वाक्य के किसी एक भाग में होगा।

35. मुझे कल/ दो किलो/ लीची खरीदने हैं/ कोई त्रुटि नहीं।

(a) मुझे कल (b) दो किलो

(c) लीची खरीदने हैं (d) कोई त्रुटि नहीं

36. अपने-अपने किताबें/ बस्ते में/ डाल लो / कोई त्रुटि नहीं।

(a) अपने-अपने किताबें (b) बस्ते में

(c) डाल लो (d) कोई त्रुटि नहीं

37. 'अर्श पर होना' - मुहावरे का अर्थ क्या है?

(a) प्यार करना

(b) क्रोधित होना

(c) अपने को बहुत बड़ा समझना

(d) उद्देश्य की सिद्धि

38. "कच्ची गोली खेलना"- इस लोकोक्ति का अर्थ क्या है?

(a) असंभव कार्य करना (b) गोली न सुखाना

(c) अनुभवहीन होना (d) तमाशा करना

39. "आई तो रोजी नहीं तो रोजा"- इस लोकोक्ति का अर्थ क्या है?

(a) कमाया तो खाया नहीं तो भूखे

(b) किसी से कोई वास्ता न रखना

(c) अन्याय न करना

(d) धोखा देना

40. 'गुड़ गोबर कर देना'- मुहावरे का उचित अर्थ बताइए।

(a) कोई बखेड़ा खड़ा करना

(b) गायब कर देना

(c) बना बनाया काम बिगाड़ देना

(d) अपनी हानि करके मौज उड़ाना

41. 'हथियार डाल देना'- मुहावरे का सही अर्थ बताइए।

(a) मात्र कल्पना करते रहना (b) हथियार गिरा देना

(c) हथियार उठा लेना (d) हार मान लेना

42. नायक-नायिका के मिलन की स्थिति का वर्णन किस रस के अंतर्गत किया जाता है?

(a) वीर रस   (b) करुण रस
(c) भक्ति रस   (d) श्रृंगार रस

43. रस के कितने अंग हैं:
(a) पांच   (b) नौ
(c) चार   (d) तीन

44. "रक्त मांस के सड़े पंक से उमड़ रही है।
महा घोर दुर्गन्ध, रुद्ध हो उठती श्वासा ।"
उपर्युक्त पंक्तियों में इनमें से कौन सा रस है?
(a) अद्भुत   (b) रौद्र
(c) वीभत्स   (d) करुण

45. किस छंद के चरण के अंत में जगण और तगण वर्जित है?
(a) चौपाई   (b) दोहा
(c) छप्पय   (d) हरिगीतिका

46. 13 - 11 मात्राओं पर यति और चार चरण किस छंद में होते हैं?
(a) चौपाई   (b) छप्पय
(c) दोहा   (d) बरवै

47. निम्न में कौन मात्रिक छंद है?
(a) दोहा   (b) चौपाई
(c) रोला   (d) उपरोक्त सभी

48. सूर्योदय शब्द में कौन-सी संधि प्रयुत है?
(a) दीर्घ संधि   (b) वृद्धि संधि
(c) गुण संधि   (d) यण् संधि

49. 'व्याप्त' शब्द में कौन-सी संधि है?
(a) गुण   (b) दीर्घ
(c) अयादि   (d) यण

50. मनोहर' शब्द में कौन-सी संधि प्रयुक्त है?
(a) व्यंजन   (b) विसर्ग
(c) यण   (d) स्वर

51. "सोहत ओढ़े पीत पट, श्याम सलोने गात। मनहु नीलमणि शैल पर, आतप परयो प्रभात।।" इसमें कौन-सा अलंकार है ?
(a) यमक   (b) उत्प्रेक्षा
(c) रूपक   (d) श्लेष

52. जहाँ बिना कारण के कार्य का होना पाया जाए वहाँ कौन सा अलंकार होता है?
(a) विरोधाभास   (b) विभावना
(c) विशेषोक्ति   (d) भ्रांतिमान

53. जहाँ बिना कारण के कार्य का होना पाया जाए, वह कौन-सा अलंकार होता है?
(a) विरोधाभास   (b) विभावना
(c) वक्रोक्ति   (d) विशेषोक्ति

54. सखिन्ह सहित हरषी अति रानी।
सूखत धानु पराजनु पानी।
इस पंक्ति में अलंकार है:
(a) संभावना   (b) विभावना
(c) उत्प्रेक्षा   (d) श्लेष

55. सौ सिवधनु मृनाल की नाई।
तोरहूँ राम गणेन गोसाई।
इस पंक्ति में किस अलंकार का प्रयोग है?
(a) विभावना   (b) वक्रोक्ति
(c) अर्थान्तरन्यास   (d) उपमा

56. 'पत्र' शब्द का अनेकार्थक शब्द समूह निम्न है:

(a) पवित्र, पत्रा, साँप   (b) पत्रा, पंख, मोती
(c) पत्ता, चिट्ठी, पंख   (d) पानी, पत्र, सूर्य

57. कौन सा शब्द "रस" का अनेकार्थी नहीं है?
(a) सार   (b) सुख
(c) अमृत   (d) धर्म

58. निम्नलिखित में से बेमेल अनेकार्थक शब्द कौन सा है?
(a) गो - गाय, इन्द्रिय, स्वर्ग
(b) खत - पत्र, आख्यान, खजाना
(c) दर्रा - पद्धति, उपाय, व्यवहार
(d) ठाकुर - देवता, ईश्वर, स्वामी

59. 'सत्यप्रिय' में निम्नलिखित में से कौन-सा समास है?
(a) तत्पुरुष समास   (b) कर्मधारय समास
(c) बहुव्रीहि समास   (d) द्वंद्व समास

60. जब किसी समास में दोनों शब्द प्रधान हों, तब उसे क्या कहते हैं?
(a) द्वंद्व समास   (b) द्विगु समास
(c) प्रधान समास   (d) तत्पुरुष समास

61. 'जनप्रिय' शब्द में कौन-सा समास है?
(a) करण तत्पुरुष समास   (b) अपादान तत्पुरुष समास
(c) अधिकरण तत्पुरुष समास   (d) कर्म तत्पुरुष समास

62. 'जिसकी आशा न की गई हो' उसे क्या कहा जाता है?
(a) अप्रत्याशित   (b) प्रत्यक्ष
(c) अनायास   (d) आश्रित

63. 'जिसका वर्णन नहीं हो सकता' उसे क्या कहा जाता है?
(a) अवर्णनीय   (b) अल्पभाषी
(c) अभेद्य   (d) दर्शनीय

64. **निर्देश:** दिए गए वाक्य के लिए एक शब्द का चयन कीजिए।
'जो परिणय सूत्र में न बँधा हो'
(a) अज्ञ   (b) अभियोगी
(c) सद्यःपरिणीत   (d) अपरिणीत

65. निम्नलिखित में से आसार शब्द ________ है।
(a) तत्सम   (b) विदेशज
(c) तन्द्व   (d) देशज

66. निम्न विकल्पों में से कौन- सा शब्द विदेशी शब्द है?
(a) बहस   (b) लोटा
(c) जगमग   (d) घोटाला

67. 'अलमारी' कौन सी भाषा का शब्द है?
(a) फारसी   (b) अरबी
(c) पुर्तगाली   (d) संस्कृत

68. दिय गये वाक्यों में रिक्त स्थानों की उचित शब्दों द्वारा पूर्ति के लिए चार विकल्प दिये गये हैं। उपयुक्त विकल्प चुनिये-
मेरी .... बीमार है।
(a) स्त्री   (b) पत्नी
(c) महिला   (d) सौभाग्यवती

Ques (69-71): निर्देश: रिक्त स्थान को भरने के लिए उपयुक्त शब्द का चयन करें।

69. निरंतर आगे ________ हुए जीवन को ________ बनाओ।
(a) चढ़ते, सार्थक   (b) लड़ते, सार्थक
(c) बढ़ते, सार्थक   (d) निखरते, सार्थक

70. गुलामी की प्रथा से ________ होकर साहित्यकारों ने

अनेक मर्मस्पर्शी कहानियाँ लिखी हैं।
- (a) व्यथित
- (b) उत्क्षिप्त
- (c) आह्लादित
- (d) उत्थित

71. आभूषण मनुष्य की ______ बढ़ाते हैं।
- (a) प्रेम
- (b) शक्ति
- (c) शोभा
- (d) तेज

72. "भगवान" का स्त्रीलिंग शब्द होगाः
- (a) देवी
- (b) भगवती
- (c) भाग्यवान
- (d) लक्ष्मी

73. निम्न में से कौन सा शब्द स्त्रीलिंग है?
- (a) सिन्धु
- (b) मक्खन
- (c) सोमवार
- (d) अरावली

74. "सनसनाहट" लिंग की दृष्टि से किस प्रकार का शब्द है?
- (a) पुल्लिंग
- (b) स्त्रीलिंग
- (c) नपुंसकलिंग
- (d) उभयलिंग

75. 'मंत्री' शब्द का लिंग क्या है?
- (a) पुल्लिंग
- (b) स्त्रीलिंग
- (c) नपुंसकलिंग
- (d) उभयलिंग

76. नीचे दिए गए शब्द का सही बहुवचन वाला विकल्प पहचानिए।
मामा
- (a) मामें
- (b) मामियाँ
- (c) मामाओं
- (d) मामा

77. निम्न में से कौन शब्द हमेशा बहुवचन में प्रयुक्त होता है?
- (a) हस्ताक्षर
- (b) समाचारपत्र
- (c) चिड़िया
- (d) तिजोरी

78. बादल के संतृप्त होने के बाद **वर्षा** शुरू हो जाती है। में **वर्षा** का बहुवचन रूप क्या होगा?
- (a) वर्षाएं
- (b) वर्षाओं
- (c) वर्षा
- (d) वर्षागण

79. 'मोहन गाता है' यह वाक्य संदिग्ध वर्तमान काल में किस प्रकार का होता है?
- (a) मोहन गाया
- (b) मोहन ने गाया होगा
- (c) मोहन गाता होगा
- (d) मोहन गायेगा

80. 'मैं अभी खाकर उठा हूँ' इस वाक्य में कौन सा काल है?
- (a) आसन्न भूतकाल
- (b) अपूर्ण वर्तमान काल
- (c) वर्तमान काल
- (d) भविष्य काल

English Language

Ques (81-89): Direction: For the following question, you have one brief passage with 15 question. Read the passage carefully and choose the best answer to each question out of the four alternatives.

Buddha was one of the world's great religious teachers. His real name was Gautam Siddharth. He was born in the year 500 B.C. He was born a prince. His father was the King of Kapilavastu. But he did not want to become a king. He wanted to find out the meaning of life. He left his place as a young man. He went out to seek the truth. For years he lived the hard life of poverty. He went to many teachers. But they could not help him. At least, the light came to him. He was thinking deeply under a Bodhi tree near Gaya. He became the 'Buddha' or the 'Enlightened One'.

81. "Buddha was one of the world's great religious teachers." –What part of speech is 'great'?
- (a) Conjunction
- (b) Adjective
- (c) Noun
- (d) Adverb

82. Buddha left his home in the palace:
- (a) To look for his mother
- (b) To get married
- (c) To find out the meaning of life
- (d) To help the people

83. "He was thinking deeply under a___________"
- (a) Mango tree
- (b) Peepal tree
- (c) Neem tree
- (d) Bodhi tree

84. 'Buddha' means:
- (a) Mahavir
- (b) Mahatma
- (c) Mahaan
- (d) The Enlightened one

85. What is the opposite gender noun of 'prince'?
- (a) Princess
- (b) Queen
- (c) Duchess
- (d) Senorita

86. The opposite of 'under' is:
- (a) Above
- (b) Below
- (c) Through
- (d) Into

87. Buddha was:
- (a) Born a Muslim
- (b) Born in a poor family
- (c) Born a teacher
- (d) Born a prince

88. Another word for 'poverty' is:
- (a) Prosperity
- (b) Growth
- (c) Pennilessness
- (d) Luxury

89. "At last light came to him." What does this 'light' mean?
- (a) Electricity
- (b) Knowledge
- (c) Candle
- (d) Ignorance

Ques (90-100): Direction: After reading the passage choose the best answer to the given question based on what is stated or implied in the passage and in any accompanying graphics (such as a table or graph).

Questions 11-21 are based on the following passages.
Passage 1
Heaven has appointed to one sex the superior, and to the other the subordinate station, and this without any reference to the character or conduct of either. It is therefore as much for the dignity as it is
5 for the interest of females, in all respects to conform to the duties of this relation. . . . But while woman holds a subordinate relation in society to the other sex, it is not because it was designed that her duties or her influence should be any the less important, or
10 all-pervading. But it was designed that the mode of gaining influence and of exercising power should be altogether different and peculiar....
A man may act on society by the collision of intellect, in public debate; he may urge his measures
15 by a sense of shame, by fear and by personal interest; he may coerce by the combination of public sentiment; he may drive by physical force, and he does not outstep the boundaries of his sphere. But all the power, and all the conquests that are lawful to
20 woman, are those only which appeal to the kindly, generous, peaceful and benevolent principles.
Woman is to win every thing by peace and love; by making herself so much respected, esteemed and loved, that to yield to her opinions and to gratify her

25 wishes, will be the free-will offering of the heart. But this is to be all accomplished in the domestic and social circle. There let every woman become so cultivated and refined in intellect, that her taste and judgment will be respected; so benevolent in feeling
30 and action; that her motives will be reverenced;—so unassuming and unambitious, that collision and competition will be banished;—so "gentle and easy to be entreated," as that every heart will repose in her presence; then, the fathers, the husbands, and the
35 sons, will find an influence thrown around them, to which they will yield not only willingly but proudly....

A woman may seek the aid of co-operation and combination among her own sex, to assist her in her
40 appropriate offices of piety, charity, maternal and domestic duty; but whatever, in any measure, throws a woman into the attitude of a combatant, either for herself or others—whatever binds her in a party conflict—whatever obliges her in any way to exert
45 coercive influences, throws her out of her appropriate sphere. If these general principles are correct, they are entirely opposed to the plan of arraying females in any Abolition movement.

Passage 2

The investigation of the rights of the slave has led
50 me to a better understanding of my own. I have found the Anti-Slavery cause to be the high school of morals in our land—the school in which human rights are more fully investigated, and better understood and taught, than in any other. Here a
55 great fundamental principle is uplifted and illuminated, and from this central light, rays innumerable stream all around.

Human beings have rights, because they are moral beings: the rights of all men grow out of their moral
60 nature; and as all men have the same moral nature, they have essentially the same rights. These rights may be wrested from the slave, but they cannot be alienated: his title to himself is as perfect now, as is that of Lyman Beecher:1 it is stamped on his moral
65 being, and is, like it, imperishable. Now if rights are founded in the nature of our moral being, then the mere circumstance of sex does not give to man higher rights and responsibilities, than to woman. To suppose that it does, would be to deny the
70 self-evident truth, that the "physical constitution is the mere instrument of the moral nature." To suppose that it does, would be to break up utterly the relations, of the two natures, and to reverse their functions, exalting the animal nature into a monarch,
75 and humbling the moral into a slave; making the former a proprietor, and the latter its property. When human beings are regarded as moral beings, sex, instead of being enthroned upon the summit, administering upon rights and
80 responsibilities, sinks into insignificance and nothingness. My doctrine then is, that whatever it is morally right for man to do, it is morally right for woman to do. Our duties originate, not from difference of sex, but from the diversity of our
85 relations in life, the various gifts and talents committed to our care, and the different eras in which we live.

90. In **Passage 2**, Grimké makes which point about human rights?

(a) They are viewed differently in various cultures around the world

(b) They retain their moral authority regardless of whether they are recognized by law

(c) They are sometimes at odds with moral responsibilities

(d) They have become more advanced and refined throughout history

91. In **Passage 1**, Beecher implies that women's effect on public life is largely

(a) overlooked, because few men are interested in women's thoughts about politics

(b) indirect, because women exert their influence within the home and family life

(c) unnecessary, because men are able to govern society themselves

(d) symbolic, because women tend to be more idealistic about politics than men are

92. As used in **line 12**, "peculiar" most nearly means:

(a) eccentric　　(b) surprising

(c) distinctive　　(d) infrequent

93. Based on the passages, both authors would agree with which of the following claims?

(a) Women have moral duties and responsibilities

(b) Men often work selflessly for political change

(c) The ethical obligations of women are often undervalued

(d) Political activism is as important for women as it is for men

94. Which choice provides the best evidence for the answer to the previous question?

(a) Lines 6-10 ("But... all-pervading")

(b) Lines 13-14 ("A man... debate")

(c) Lines 16-18 ("he may coerce... sphere")

(d) Lines 41-46 ("but whatever... sphere")

95. As used in **line 2**, "station" most nearly means:

(a) region　　(b) studio

(c) district　　(d) rank

96. What is Grimké's central claim in **Passage 2**?

(a) The rights of individuals are not determined by race or gender

(b) Men and women must learn to work together to improve society

(c) Moral rights are the most important distinction between human beings and animals

(d) Men and women should have equal opportunities to flourish

97. Beecher would most likely have reacted to lines 65-68 ("Now... woman") of **Passage 2** with:

(a) sympathy, because she feels that human beings owe each other a debt to work together in the world

(b) agreement, because she feels that human responsibilities are a natural product of human rights

(c) dismay, because she feels that women actually have a more difficult role to play in society than men do

(d) disagreement, because she feels that the natures of men and women are fundamentally different

98. In **Passage 1** , Beecher makes which point about the status of women relative to that of men?

(a) Women depend on men for their safety and security, but men are largely independent of women

(b) Women are inferior to men, but women play a role as significant as that played by men

(c) Women have fewer rights than men do, but women also have fewer responsibilities

(d) Women are superior to men, but tradition requires women to obey men

99. Which choice provides the best evidence for the answer to the previous question?

(a) Lines 58-61 ("Human... same rights")

(b) Lines 61-65 ("These... imperishable")

(c) Lines 71-76 ("To suppose... property")

(d) Lines 77-81 ("When... nothingness

100. Which choice best states the relationship between the two passages?

(a) Passage 2 illustrates the practical difficulties of a proposal made in Passage 1

(b) Passage 2 takes issue with the primary argument of Passage 1

(c) Passage 2 provides a historical context for the perspective offered in Passage 1

(d) Passage 2 elaborates upon several ideas implied in Passage 1

101. **Direction:** Select the option that is opposite in meaning to the underlined word and mark your response accordingly.
I don't know why he gets so upset about something so <u>trivial.</u>

(a) Unimportant   (b) Amusing

(c) Important   (d) Interesting

102. **Direction:** Select the option that is opposite in meaning to the underlined word and mark your response accordingly.
We've had a week of <u>gloomy</u> weather.

(a) sincere   (b) clear

(c) hopeful   (d) dark

103. Which of the following is the prefix for 'possible'?

(a) im   (b) pre

(c) un   (d) extra

104. Select the word with the correct prefix.

(a) Imperceptible   (b) Nonperceptible

(c) Inperceptible   (d) Preperceptible

Ques (105-107): Direction: In the following question, parts of a sentence have been jumbled and labeled as P, Q, R, and S. You are required to rearrange the jumbled parts of the sentence and mark your response accordingly by selecting the correct option.

105. P: speed is a potent reason
Q: the industrial growth at a terrific
R: in a big city
S: of pollution

(a) QPRS   (b) SPRQ

(c) QPSR   (d) SPQR

106. P: Scientists have
Q: the effects of
R: warned us about

S: climate variation

(a) PQRS   (b) PRSQ

(c) PQSR   (d) PRQS

107. P. she has
Q. more
R. diligent
S. than we suspected her to possess

(a) PQRS   (b) PQSR

(c) PRQS   (d) PSQR

108. **Direction:** Choose the appropriate articles for the given sentence:
There was _____ signboard at _____ entrance of the boutique informing passersby about its launch, next month.

(a) a, the   (b) an, an

(c) an, the   (d) an, a

109. **Direction:** Choose the correct gerund from the options given below.
________ makes a fullman; _________ makes an exact man.

(a) Read, write   (b) Reads, write

(c) Reading, writes   (d) Reading, writing

110. **Direction:** Fill in the blank to make the sentence in simple past tense.
I expected to fail the exam, but I _____ after all.

(a) passes   (b) passed

(c) pass   (d) will be passing

111. Choose the most suitable preposition.
Every weekend, we put the trash can ____________ for garbage collection.

(a) Up   (b) At

(c) Into   (d) Out

112. **Direction** : Select the most appropriate passive form of the given sentence.
The flood victims of Assam have to make highway their home every year.

(a) Highway has to be made their home every year by the flood victims of Assam.

(b) Highway has been made their home every year by the flood victims of Assam.

(c) Highway is being made their home every year by the flood victims of Assam.

(d) Highway has made the flood victims of Assam their home every year.

113. **Direction:** Parts of the following sentence are given as options. Identify the segment that contains a grammatical error.
The bus broke down because we had to walk some distance.

(a) because we   (b) The bus broke down

(c) some distance   (d) had to walk

114. **Direction:** Parts of the following sentence are given as options. Identify the segment that contains a grammatical error.
Her handwriting is definitely more beautiful than your.

(a) is definitely   (b) than your

(c) more beautiful   (d) Her handwriting

115. **Direction** : Parts of the following sentence are given as options. Identify the segment that contains a grammatical error.

He won't come to school tomorrow, won't he?

(a) He won't come　　(b) tomorrow

(c) to school　　(d) won't he

116. Direction : Select the most appropriate indirect form of the given sentence.

"Good gracious! It's snowing!" he said.

(a) He remarked that it is snowing.

(b) He happily said that it is snowing.

(c) He said that good gracious it's snowing.

(d) He exclaimed with astonishment that it was snowing.

117. Direction : Choose the most appropriate meaning of the given idiom in bold.

He expects everyone to do the work on his behalf, **once bitten, twice shy.**

(a) A bad experience cause to believe caution

(b) Bitten by an animal

(c) Having bad experiences one after the other

(d) None of these

118. Direction: Choose the most appropriate meaning of the given idiom in bold.

My neighbour's son is very mischievous and always **getting in everyone's hair.**

(a) Throwing things at them

(b) Pulling their hair

(c) Entertaining them

(d) Annoying them

119. Direction: Select the most appropriate word for the given group of words.

A slowly moving mass or river of ice

(a) glacier　　(b) typhoon

(c) avalanche　　(d) blizzard

120. Direction : Replace the phrase in bold with the correct option given below.

There are very few **people in the world that doesn't** like ice cream.

(a) people whom don't　(b) people who don't

(c) people which don't　(d) No correction

// Smart Answer Sheet //

Correct — Percentage of students who answered correctly.

Skipped — Percentage of students who skipped.

Q.	Ans.	Correct / Skipped	Q.	Ans.	Correct / Skipped	Q.	Ans.	Correct / Skipped
1	B	52.94% / 31.96%	2	C	84.59% / 14.66%	3	B	47.77% / 31.36%
4	D	47.23% / 48.98%	5	A	43.86% / 46.19%	6	C	41.16% / 48.6%
7	B	87.97% / 11.15%	8	B	40.16% / 38.12%	9	C	45.28% / 35.31%
10	A	28.85% / 67.11%	11	A	42.17% / 34.38%	12	B	51.32% / 30.8%
13	D	50.56% / 45.76%	14	C	68.53% / 31.26%	15	A	52.66% / 42.92%
16	C	42.0% / 41.74%	17	C	14.75% / 80.83%	18	B	56.38% / 34.08%
19	A	48.18% / 51.63%	20	D	85.43% / 13.79%	21	C	65.7% / 33.41%
22	C	86.35% / 11.84%	23	A	64.07% / 31.81%	24	D	54.29% / 44.98%

Q.	Ans.	Correct / Skipped	Q.	Ans.	Correct / Skipped	Q.	Ans.	Correct / Skipped
25	D	88.83% / 10.51%	26	D	43.58% / 37.98%	27	B	85.69% / 10.88%
28	C	66.97% / 32.87%	29	A	79.04% / 12.44%	30	D	58.09% / 33.21%
31	B	41.47% / 38.45%	32	A	41.92% / 34.74%	33	C	63.24% / 36.57%
34	B	23.13% / 73.34%	35	C	13.47% / 75.44%	36	A	63.04% / 30.04%
37	C	65.25% / 32.23%	38	C	65.14% / 34.34%	39	A	54.96% / 40.76%
40	C	54.09% / 35.72%	41	D	80.02% / 11.33%	42	D	54.74% / 38.68%
43	C	55.52% / 42.5%	44	C	64.46% / 32.88%	45	A	63.53% / 36.36%
46	C	66.79% / 30.84%	47	D	64.16% / 35.72%	48	C	67.98% / 30.81%
49	D	62.37% / 34.47%	50	B	41.42% / 47.07%	51	B	54.83% / 36.88%
52	B	69.13% / 30.03%	53	B	42.15% / 36.44%	54	C	45.3% / 32.73%
55	D	47.2% / 49.6%	56	C	88.42% / 10.98%	57	D	67.52% / 30.57%
58	C	56.22% / 36.92%	59	C	78.89% / 12.55%	60	A	55.91% / 33.18%
61	D	23.51% / 67.11%	62	A	69.78% / 30.12%	63	A	54.21% / 43.66%
64	D	88.36% / 11.14%	65	B	62.4% / 33.01%	66	A	76.94% / 19.22%
67	C	49.37% / 30.66%	68	B	63.05% / 35.59%	69	C	27.87% / 67.67%
70	A	86.25% / 12.81%	71	C	15.18% / 72.72%	72	B	76.59% / 15.36%
73	A	81.97% / 13.65%	74	B	62.09% / 30.26%	75	D	86.61% / 10.09%
76	D	49.64% / 49.55%	77	A	56.6% / 34.89%	78	C	77.18% / 18.37%
79	C	69.33% / 30.08%	80	A	52.17% / 41.89%	81	B	15.88% / 72.0%
82	C	61.27% / 34.09%	83	D	45.28% / 43.29%	84	D	55.67% / 40.93%
85	A	88.86% / 10.12%	86	A	69.59% / 30.06%	87	D	52.39% / 38.45%
88	C	50.72% / 46.69%	89	B	26.95% / 72.69%	90	B	43.1% / 40.77%
91	B	50.13% / 39.22%	92	C	22.83% / 72.7%	93	A	69.76% / 30.14%
94	A	87.17% / 11.08%	95	D	43.99% / 47.84%	96	A	79.32% / 17.33%
97	D	21.9% / 77.84%	98	B	65.86% / 31.1%	99	B	83.1% / 15.19%
100	B	54.05% / 45.33%	101	C	57.63% / 39.76%	102	C	48.71% / 32.15%
103	A	81.79% / 10.78%	104	A	16.47% / 74.19%	105	C	85.87% / 11.59%
106	D	56.48% / 38.29%	107	A	67.97% / 31.22%	108	A	89.16% / 10.58%
109	D	46.98% / 31.24%	110	B	54.87% / 32.17%	111	D	86.32% / 13.59%
112	A	44.12% / 55.34%	113	A	61.78% / 32.76%	114	B	55.76% / 30.32%
115	D	46.01% / 42.27%	116	D	86.24% / 12.59%	117	A	50.98% / 38.92%
118	D	18.96% / 80.92%	119	A	49.25% / 48.98%	120	B	65.96% / 30.59%

// Hints and Solutions //

1(B). प्रस्तुत गद्यांश में लेखक का कहना है कि सभी को अच्छे माता-पिता बनने का शिक्षण प्राप्त करना जरूरी है।

2(C). माता-पिता को बच्चों की सही शिक्षा के बारे में जानना इसलिए आवश्यक है कि अच्छी शिक्षा-दीक्षा से वे एक बेहतर समाज का निर्माण कर सकते हैं। समाज से ही बढ़ते हुए एक अच्छे राष्ट्र का निर्माण भी संभव है।

3(B). समाज और सत्ता 'घर बसाने की शिक्षा देने वाली शाला खोलने के प्रति' सजग नहीं है।

4(D). गद्यांश की पंक्तियों "माता-पिता बनने से पहले किसी भी नौजवान जोड़े को यह नहीं सिखाया जाता है कि माँ – बाप बनने का अर्थ क्या है? इससे पहले किसी भी जोड़े को यह भी नहीं सिखाया जाता है कि अच्छे और सच्चे दाम्पत्य की शुरुआत कैसे की जानी चाहिये?" से स्पष्ट है कि सबसे पहले 'दाम्पत्य की शरूआत कैसे की जानी चाहिए' जानना ज़रूरी है।

5(A). 'माता-पिता' शब्द-युग्म एक 'सार्थक शब्द-युग्म' है।

6(C). 'भी' शब्द 'निपात' है। किसी भी बात पर अधिक भार देने के लिए जिन शब्दों का प्रयोग किया जाता है, निपात कहलाता है।

7(B). 'इसके विपरीत हर घर की दूसरी सच्चाई यह भी है कि____' वाक्य के रेखांकित अंश का समानार्थक शब्द 'वास्तविकता' है।

8(B). गद्यांश की पंक्तियों - परिणाम साफ है कि जीवन शुरू होने से पहले ही घर टूटने - बिखरने लगते हैं।" से स्पष्ट होता है कि घर के टूटने-बिखरने का मुख्य कारण 'दाम्पत्य का अर्थ न जानना' है।

9(C). गद्यांश की पंक्तियों- "दो-ढाई साल के बच्चे को भी स्कूल में बिठाकर आ जाने का आग्रह भी हर घर में बना हुआ है।" से स्पष्ट होता है कि हर घर में 'बहुत छोटे बच्चे को स्कूल में बिठाकर आने का' आग्रह बना हुआ है।

10(A). राष्ट्रभाषा किसी भी भाषा का प्रारंभिक रूप बोली होती हैं सामाजिक, धार्मिक, आर्थिक, राजनीतिक आदि कारणों से कोई बोली विकसित होकर भाषा का रूप धारण कर लेती है। उसका प्रयोग क्षेत्र विस्तृत हो जाता है। भिन्न-भिन्न बोलियों के प्रयोक्ता समाज-जीवन के विभिन्न क्षेत्रों में उस भाषा का प्रयोग करने लगते हैं। विद्वानों के प्रयासों से भाषा के रूप को स्थायित्व मिलता है और इसका एक आदर्श तथा मानक रूप बन जाता है। शिष्ट जन उस मानक रूप का प्रयोग करने लगते हैं तथा सामान्य जन यत्किंचित क्षेत्रीय प्रभाव के साथ उस भाषा का प्रयोग करने लगते हैं। विद्वानों के प्रयासों से भाषा के रूप को स्थायित्व मिलता है और इसका एक आदर्श तथा मानक रूप बन जाता है शिष्ट जन उस मानक रूप का प्रयोग करने लगते हैं तथा सामान्य जन यत्किंचित क्षेत्रीय प्रभाव के साथ उस भाषा का प्रयोग करते रहते हैं।

11(A). अनुच्छेद 344 का राजाभाषा और राष्ट्रभाषा में से उचित शीर्षक। अनुच्छेद 344 - राजभाषा के संबंध में आयोग और संसद की समिति-राष्ट्रपति, इस संविधान के प्रारंभ से पांच वर्ष की समाप्ति पर और तत्पश्चात ऐसे प्रारंभ से दस वर्ष की समाप्ति पर, आदेश द्वारा, एक आयोग गठित करेगा जो एक अध्यक्ष और आठवीं अनसूची में विनिदिष्ट विभिन्न भाषाओं का प्रतिनिधित्व करने वाले ऐसे अन्य सदस्यों से मिलकर बनेगा जिनको राष्ट्रपति नियक्त करे और आदेश में आयोग द्वारा अनसरण की जाने वाली प्रक्रिया परिनिश्चित की जाएगी।

12(B). भारत के संविधान के भाग 17 के अनुच्छेद 345, 346 और अनुच्छेद 347 में राज्य की राजभाषाओं के संबंध में उल्लेख किया गया है। संघ सरकार का इसमें कोई हस्तक्षेप नहीं है।

13(D). भारतीय हिन्दी भाषा को विश्व भाषा बनने की ज्यादा संभावना है। जनतांत्रिक आधार पर हिंदी विश्व भाषा है क्योंकि उसके बोलने-समझने वालों की संख्या संसार में तीसरी है। विश्व के 132 देशों में जा बसे भारतीय मूल के लगभग 2 करोड़ लोग हिंदी माध्यम से ही अपना कार्य निष्पादित करते हैं। एशियाई संस्कृति में अपनी विशिष्ट भूमिका के कारण हिंदी एशियाई भाषाओं से अधिक एशिया की प्रतिनिधि भाषा है।

14(C). धारा 344 में राष्ट्रपति ने हिन्दी भाषा का प्रयोग ज्यादा शासकीय कार्य करने के लिए कहा है।
राजभाषा हिंदी के प्रयोग के लिए संविधान राजभाषा अधिनियम, राजभाषा नियम, राजभाषा संकल्प, महामहिम राष्ट्रपति के आदेश, संसदीय राजभाषा समिति की सिफारिशों पर पारित आदेश तथा राजभाषा। संघ की राजभाषा हिंदी और लिपि देवनागरी होगी, संघ के शासकीय प्रयोजनों के लिए प्रयोग होने वाले अंकों का रूप भारतीय अंकों का अंतर्राष्ट्रीय रूप होगा।

15(A). हिन्दी भाषा के प्रचार एवं प्रसार में महात्मा गांधीजी का योगदान रहा है।
हमारे राष्ट्रपिता महात्मा गांधी को इस बात का अत्यधिक सदमा था कि भारत जैसे बड़े और महान राष्ट्र की कोई राष्ट्रभाषा नहीं है। इसलिए राष्ट्रपिता महात्मा गांधी ने विखंडित पड़े संपूर्ण भारत को एकसूत्र में बांधने के लिए, उसे संगठित करने के लिए एक राष्ट्रभाषा की आवश्यकता का अहसास करते हुए कहा था - 'राष्ट्रभाषा के बिना राष्ट्र गूंगा है।' उन्होंने भारत वर्ष के इस गूंगेपन को दूर करने के लिए भारत के अधिकतम राज्यों में बोली एवं समझी जाने वाली हिन्दी भाषा को उपयुक्त पाकर संपूर्ण भारत की राष्ट्रभाषा के रूप में प्रतिष्ठित, स्थापित किया।

16(C). संघ की राजभाषा हिन्दी तथा लिपि देवनागरी का उल्लेख संविधान के 343 धारा में है।
अनुच्छेद 343 - संघ की राजभाषा हिंदी और लिपि देवनागरी होगी, संघ के शासकीय प्रयोजनों के लिए प्रयोग होने वाले अंकों का रूप भारतीय अंकों का अंतर्राष्ट्रीय रूप होगा। संविधान सभा ने लम्बी चर्चा के बाद 14 सितम्बर सन् 1949 को हिन्दी को भारत की राजभाषा स्वीकारा गया।

17(C). राजभाषा का अर्थ राजा या राज्य की भाषा है।
संविधान सभा ने लम्बी चर्चा के बाद 14 सितम्बर सन् 1949 को हिन्दी को भारत की राजभाषा स्वीकारा गया। इसके बाद संविधान में अनुच्छेद 343 से 351 तक राजभाषा के सम्बन्ध में व्यवस्था की गयी। इसकी स्मृति को ताजा रखने के लिये 14 सितम्बर का दिन प्रतिवर्ष हिन्दी दिवस के रूप में मनाया जाता है।

18(B). हिंदी भाषा की लिपि देवनागरी लिपि हैं। हिन्दी भाषा देवनागरी लिपि में लिखी जाती है। देवनागरी लिपि में हिन्दी के अलावा संस्कृत, पालि, मराठी, कोंकणी, सिन्धी भोजपुरी, मगही, कश्मीरी, अंगिका, नेपाली, गढ़वाली, बोडो, संथाली, मैथिली आदि भाषाएँ भी लिखी जाती हैं।
देवनागरी लिपि का दूसरा नाम 'नागरी लिपि' हैं और शुरुआत में देवनागरी लिपि को ब्राह्मी लिपि भी कहा जाता था। भाषा विज्ञान की शब्दावली में यह 'अक्षरात्मक लिपि' कहलाती है।

19(A). राज्य विधानमंडलों के कार्य कलाप संबंधी भाषा का उल्लेख संविधान की धारा 210 करती है।
अनुच्छेद 210: विधान-मंडल में प्रयोग की जाने वाली भाषा।
- भाग 17 में किसी बात के होते हुए भी, किंतु अनुच्छेद 348 के उपबंधों के अधीन रहते हुए, राज्य के विधान-मंडल में कार्य राज्य की राजभाषा या राजभाषाओं में या हिंदी में या अंग्रेजी में किया जाएगा।
- परंतु यथास्थिति, विधान सभा का अध्यक्ष या विधान परिषद का सभापति अथवा उस रूप में कार्य करने वाला व्यक्ति किसी सदस्य को, जो पूर्वोक्त भाषाओं में से किसी भाषा में अपनी पर्याप्त अभिव्यक्ति नहीं कर सकता है, अपनी मातृभाषा में सदन को संबोधित करने की अनुज्ञा दे सकेगा।

20(D). गद्यांश के अनुसार, जीवक को यह बात कचोट रही थी कि "मानव-जाति प्रकृति का आभार क्यों नहीं मानती है?"।

21(C). दिए गए विकल्पों में "कपोत" तत्सम शब्द है जिसका तद्भव "कबूतर" होता है।
अन्य दिए गए तद्भव शब्दों का सही तत्सम है-
उछाह - उत्साह
ओखली - उलूखल
किसान - कृषक

22(C). दिए गए विकल्पों में से 'शर्करा' शब्द का उचित तद्भव शब्द

'शक्कर' होगा। अन्य विकल्प अनुचित हैं। शक्कर विदेशज शब्द है जिसे चीनी, खांड भी कहते हैं।

शब्द	परिभाषा	उदाहरण
तत्सम	ऐसे शब्द जो संस्कृत से ज्यों के त्यों लिए गए , तत्सम होते हैं।	कूप , उष्ण , पंचम आदि
तद्भव	संस्कृत से हिंदी में आने पर जिन शब्दों का रूप बदल गया हो , तद्भव कहलाते हैं।	आग , काम , पाँच आदि।

23(A). 'सुवरन' शब्द तद्भव है। सुवरन का अर्थ एक बहुमूल्य पीली धातु जिसके गहने आदि बनते हैं ।
वे शब्द जिनकी उत्पत्ति संस्कृत शब्दों से हुई है, तद्भव होते हैं। वे शब्द जो संस्कृत के ज्यों के त्यों हिन्दी में प्रचलित है तत्सम कहलाते हैं। वे शब्द जो विदेशी जाति या परिवारों से है जैसे - अरबी, फारसी, तुर्की, रूसी, चीनी, जापानी, पुर्तगाली आदि विदेशी भाषा। वे शब्द जो ग्रामीण क्षेत्र में प्रचलित हो देशज शब्द कहलाते हैं। जैसे - उड़द, उसारा, कच्चा, उठेरा, ठोक्का, पगड़ी, कटोरा, तावा आदि।
अत: विकल्प (A) सही है।

24(D). मछली एक तद्भव शब्द है इसका तत्सम 'मत्स्य' होता है। भ्रमर, अग्नि तथा मस्तक तत्सम शब्द हैं। भ्रमर का तद्भव रूप 'भौंरा', अग्नि का तद्भव रूप 'आग' तथा मस्तक का तद्भव रूप 'माथा' होता है।

25(D). भँवरा शब्द तद्भव है। इसका तत्सम रूप भ्रमर होता है। ऐसे शब्द जो संस्कृत से ज्यों-के-त्यों लिए जाते हैं, तत्सम शब्द कहलाते हैं।

26(D). उपसर्ग शब्द या शब्दांश के पहले जुड़कर किसी भी शब्द के अर्थ में विशेषता को लाती है।
संवाद एवं संभावना दोनों ही शब्दों में सम् उपसर्ग का 'म्' सुनाई पड़ता है।

27(B). उपसर्ग ऐसे शब्दांश जो किसी शब्द के पूर्व जुड़ कर उसके अर्थ में परिवर्तन कर देते हैं या उसके अर्थ में विशेषता ला देते हैं।
'प्रत्यर्पण' शब्द में 'प्रति' उपसर्ग लगा है।
प्रति + अर्पण = प्रत्यर्पण बना है। प्रति उपसर्ग से निर्मित अन्य शब्द हैं। प्रत्युपकार, प्रत्येक आदि।

28(C). प्रत्यय वे शब्द हैं जो दूसरे शब्दों के अन्त में जुड़कर, अपनी प्रकृति के अनुसार, शब्द के अर्थ में परिवर्तन कर देते हैं।
'कड़ुआहट' शब्द में 'आहट' प्रत्यय है। 'आहट' प्रत्यय से निर्मित अन्य शब्द हैं- चिल्लाहट, बुलाहट, सुगबुगाहट आदि।

29(A). दिए गए विकल्पों में से 'इति' शब्द का विलोम अथ है।
इति का अर्थ - अंत
अथ का अर्थ - शुरुआत

30(D). दिए गए विकल्पों में से ' विहग ' पक्षी का पर्यायवाची शब्द है।
एक ही अर्थ में प्रयुक्त होने वाले शब्द जो बनावट में भले ही अलग हों, पर्यायवाची या समानार्थी शब्द कहलाते हैं।
' पक्षी ' के अन्य पर्यायवाची शब्द- खग, परिन्दा, नभचर आदि हैं।

31(B). दिए गए विकल्पों में 'अवनि' शब्द पृथ्वी का पर्यायवाची शब्द है।
एक ही अर्थ में प्रयुक्त होने वाले शब्द जो बनावट में भले ही अलग हों, पर्यायवाची या समानार्थी शब्द कहलाते हैं।
'पृथ्वी' के अन्य पर्यायवाची शब्द – धरा, वसुधा, वसुंधरा, ईला, अचला, आदि हैं।

32(A). वारि, यहाँ सही विकल्प है। अन्य विकल्प असंगत है।
जल का पर्यायवाची वारि है।
ऐसे शब्द जो दिखने में असमान हो किन्तु अर्थ समान हो, पर्यायवाची शब्द कहलाते है।

33(C). पुष्प, यहाँ सही विकल्प है। अन्य विकल्प असंगत है।
प्रसून का अर्थ पौधों में वह अंग जो गोल या लंबी पंखुड़ियों का बना होता है और जिसमें फल उत्पन्न करने की शक्ति होती है।
ऐसे शब्द जो दिखने में असमान हो किन्तु अर्थ समान हो,

पर्यायवाची शब्द कहलाते है।

34(B). दिए गए विकल्पों में 'चहारदीवारी' वर्तनी सही है। चहारदीवारी का अर्थ- 'मकान या मैदान के चारों ओर बनी हुई दीवार' होता है।

35(C). दिए गये वाक्य में वचन सम्बन्धी त्रुटि है। यहाँ 'खरीदने हैं' लिखा गया है जबकि 'खरीदना है' सही प्रयोग है। इस आधार पर मुझे कल दो किलो लीची खरीदना है सही वाक्य है।

36(A). दिए गये वाक्य में शब्द सम्बन्धी त्रुटि है। यहाँ 'अपने-अपने किताबें' लिखा गया है जबकि किताबें स्त्रीलिंग शब्द है इसीलिए यहाँ 'अपनी-अपनी' का प्रयोग उचित है। इस आधार पर अपनी-अपनी किताबें बस्ते में डाल लो सही वाक्य है।

37(C). 'अर्श पर होना' मुहावरे का अर्थ है - अपने को बहुत बड़ा समझना।
वाक्य प्रयोग - भ्रष्टाचार में लिप्त बाबूजी बड़ी शेखी बघारते थे, एक मामले में निलंबित होने पर वे अर्श से फर्श पर आ गए।

38(C). "कच्ची गोली खेलना" लोकोक्ति का अर्थ है अनुभवहीन होना।
वाक्य प्रयोग : रमेश के अधिकारी ने उसके काम में गलतियां निकालने की बहुत कोशिश की लेकिन उसने भी कच्ची गोलियां नहीं खेली थी।

39(A). "आई तो रोजी नहीं तो रोजा" लोकोक्ति का अर्थ है कमाया तो खाया नहीं तो भूखे।
वाक्य प्रयोग : फेरी वाले का क्या, यदि कुछ माल बिक जाता है तो खाना खा लेता है वरना भूखा सो जाता है। सच है, आई तो रोजी नहीं तो रोजा।

40(C). 'गुड़ गोबर कर देना' - मुहावरे का अर्थ है- 'बना बनाया काम बिगाड़ देना।'

41(D). 'हथियार डाल देना'- मुहावरे का अर्थ है- हार मान लेना। वाक्य प्रयोग – दुश्मन सेना का गोला बारूद खत्म हो गया तो सेना ने हथियार डाल दिए।

42(D). नायक-नायिका के मिलन की स्थिति का वर्णन श्रृंगार रस के अंतर्गत किया जाता है।
इस रस का स्थायी भाव 'रति' है। इस रस के दो भेद हैं- संयोग श्रृंगार और वियोग श्रृंगार।
- संयोग श्रृंगार - बरतस लालच लाल की मुरली धरी लुकाय, सौंह करें, भौंहनि हँसै, देन कहे नटि जाए।
- वियोग श्रृंगार - भूषण वसन विलोकत सीय के प्रेम विवस मन कंप, पुलक तनु नीरज नीर भाए पिय के।

43(C). रस के चार अंग हैं।

स्था ई भा व	स्थाई भाव रस का पहला एवं सर्वप्रमुख अंग है। भाव शब्द की उत्पत्ति ' भ् ' धातु से हुई है। जिसका अर्थ है संपन्न होना या विद्यमान होना। आचार्य भरतमुनि ने स्थाई भाव आठ ही माने हैं – रति, हास्य , शोक , क्रोध , उत्साह , भय , जुगुप्सा और विस्मय। वर्तमान समय में इसकी संख्या 9 कर दी गई है तथा निर्वेद नामक स्थाई भाव की परिकल्पना की गई है।
वि भा व	रस का दूसरा अनिवार्य एवं महत्वपूर्ण अंग है। भावों का विभाव करने वाले अथवा उन्हें आस्वाद योग्य बनाने वाले कारण विभाव कहलाते हैं। विभाव कारण हेतु निर्मित आदि से सभी पर्यायवाची शब्द है। विभाव का मूल कार्य सामाजिक हृदय में विद्यमान भावों की महत्वपूर्ण भूमिका मानी गई है। विभाव के अंग – १ आलंबन विभाव और २ उद्दीपन विभाव
अ नु भा व	रस योजना का तीसरा महत्वपूर्ण अंग है। आलंबन और उद्दीपन के कारण जो कार्य होता है उसे अनुभव कहते हैं। शास्त्र के अनुसार आश्रय के मनोगत भावों को व्यक्त करने वाली शारीरिक चेष्टाएं अनुभव कहलाती है। भावों के पश्चात उत्पन्न होने के कारण इन्हें अनुभव कहा जाता है। अनुभवों की संख्या 4 कही गई है – सात्विक , कायिक , मा

	नसिक और आहार्य। इनकी संख्या 8 मानी गई है – स्तंभ, स्वेद, रोमांच, स्वरभंग, कंपन, विवरण, अश्रु, प्रलय
संचारी भाव	मानव रक्त संचरण करने वाले भाव ही संचारी भाव कह लाते हैं यह तत्काल बनते हैं एवं मिटते हैं संचारी भावों की संख्या 33 मानी गई है - निर्वेद, स्तब्ध, गिलानी, शंका या भ्रम, आलस्य, दैन्य, चिंता, स्वप्न, उन्माद, बीड़ा, सफलता, हर्ष, आवेद, जड़ता, गर्व, विषाद, निद्रा, स्वप्न, उन्माद, त्रास, धृति, समर्थ, उग्रता, व्याधि, मरण, वितर्क आदि।

44(C). "रक्त मास के सड़े पंक से उमड़ रही है,महा घोर दुर्गंध रुद्ध हो उठती श्वासा।" में वीभत्स रस है।
- उपर्युक्त पंक्तियों से घृणा एवं जुगुप्सा का भाव उत्पन्न हो रहा है।
- अतः इस वजह से यहां पर वीभत्स रस है।
- वीभत्स रस का स्थायी भाव घृणा एवं जुगुप्सा है।

45(A). चौपाई छंद के चरण के अंत में जगण और तगण वर्जित है।
चौपाई में चार चरण होते हैं, प्रत्येक चरण में 16 मात्राएँ होती हैं।
चरण के अन्त में जगण अथवा तगण नहीं होना चाहिए, अन्तिम दो वर्ण गुरु-लघु भी नहीं होने चाहिए।

46(C). 13 - 11 मात्राओं पर यति और चार चरण दोहा छंद में होते हैं।
दोहा छंद में पहले और तीसरे चरण में 13 - 13 मात्राएँ तथा दूसरे और चौथे चरण में 11 - 11 मात्राएँ होती हैं। दूसरे व चौथे चरण के अन्त में 1 लघु अवश्य होना चाहिए।
जैसे- बड़ा हुआ तो क्या हुआ, जैसे पेड़ खजूर।
पंथी को छाया नहीं, फल लागैं अति दूर।

47(D). उपरोक्त विकल्पों में से सभी मात्रिक छंद है।
जिन छंदों में मात्राओं की संख्या निश्चित होती है, उन्हें मात्रिक छंद कहा जाता है। जैसे - अहीर, तोमर, मानव; अरिल्ल, पद्धरि/पद्धटिका, चौपाई; पीयूषवर्ष, दोहा, सुमेरु, राधिका, रोला, दिक्पाल, रूपमाला, गीतिका, सरसी, सार, हरिगीतिका, तांटक, वीर या आल्हा

48(C). 'सूर्योदय' शब्द में 'गुण स्वर संधि' है। जब 'अ' अथवा 'आ' के पश्चात लघु या दीर्घ इ, उ, ऋ आये तो क्रमशः ए, ओ, अर् हो जाता है।
उदाहरण:
- देव + इन्द्र = देवेन्द्र
- जल + ऊर्मि = जलोर्मि
- महा + ऋषि = महर्षि

49(D). 'व्याप्त' शब्द में 'यण संधि' है। जब ह्रस्व या दीर्घ इ/ई, उ/ऊ, ऋ के पश्चात कोई असमान स्वर आये, तो इ/ई, उ/ऊ, ऋ के स्थान पर क्रमशः यू, व, र् हो जाता है।
उदाहरण:
- वि + आप्त = व्याप्त
- अनु + अय = अन्वय
- मातृ + आज्ञा = मात्राज्ञा

50(B). 'मनोहर' शब्द में 'विसर्ग संधि' प्रयुक्त है। यदि विसर्ग (:) के पूर्व 'अ' और उसके बाद स्पर्शी व्यंजन का तीसरा, चौथा, पाँचवाँ वर्ण, 'य, र, व, ल' तथा 'ह' आये तो अ और विसर्ग (:) (अः) के स्थान पर 'ओ' हो जाता है।
उदाहरण-
- मनः + रमा = मनोरमा
- यशः + दा = यशोदा

51(B). "सोहत ओढ़े पीत पट, श्याम सलोने गात। मनहु नीलमणि शैल पर, आतप परयो प्रभात।।" पद में उत्प्रेक्षा अलंकार है। उत्प्रेक्षा का अर्थ है संभावना या कल्पना अर्थात एक वस्तु को दूसरी वस्तु मान लिया जाना। जहां उपमेय में उपमान की संभावना या कल्पना की जाये, वहां उत्प्रेक्षा अलंकार होता है। इस उदाहरण में भगवान श्रीकृष्ण को नीलमणि पर्वत और पीत पट को प्रभात की किरण माना गया है।

52(B). जहाँ बिना कारण के ही कार्य सिद्ध हो जाए वहाँ विभावना अलंकार होता है।
उदाहरण: "बिनु पद चलई, सुने बिनु काना। कर बिनु कर्म, करै विधि नाना ॥"

53(B). जहाँ पर कारण के न होते हुए भी कार्य का हुआ जाना पाया जाए वहाँ पर विभावना अलंकार होता है। अर्थात हेतु क्रिया (कारण) का निषेध होने पर भी फल की उत्पत्ति विभावनालंकार है। यह अलंकार के भेदों में से एक हैं।

54(C). सूखत धानु पराजनु पानी अर्थात - सखियों सहित रानी अत्यंत हर्षित हुईं, मानो सूखते हुए धान पर पानी पड़ गया हो। इस पंक्ति में उत्प्रेक्षा अलंकार का प्रयोग हुआ है।

55(D). सौ सिवधनु मृनाल की नाई, तोरहुँ राम गणेन गोसाई। - यहां पर 'सौ सिवधनु' की तुलना 'राम गोसाई' से की गई है। इस प्रकार यहां 'उपमा' देने के कारण उपमा अलंकार का प्रयोग है।

56(C). 'पत्र' शब्द का अनेकार्थक शब्द पत्ता, चिट्ठी, पंख है।
अनेकार्थी शब्द: ऐसे शब्द, जिनके अनेक अर्थ होते है, अनेकार्थी शब्द कहलाते है।

57(D). रस का अर्थ- स्वाद, जलीय अंश।
रस के अनेकार्थी- सुख, स्वाद, जल, अमृत, सार।
धर्म, रस का अनेकार्थी नहीं है।

58(C). दर्रा - पद्धति, उपाय, व्यवहार। यह असंगत विकल्प है।
सही शब्द: ढर्रा है।
ढर्रा - पद्धति, उपाय, व्यवहार

59(C). 'सत्यप्रिय' शब्द में बहुव्रीहि समास है।
- जिस समास में कोई पद प्रधान न होकर (दिए गए पदों में) किसी अन्य पद की प्रधानता होती है, वहाँ बहुव्रीहि समास होता है। यह अपने पदों से भिन्न किसी विशेष संज्ञा का विशेषण है।
- 'सत्यप्रिय' का समास-विग्रह है- सत्य प्रिय है जिसे अर्थात् विशेष व्यक्ति।
- 'सत्यप्रिय' शब्द में कोई पद प्रधान नहीं है, अपितु ये किसी तीसरे शब्द का बोध करा रहा है, इसलिए, इसमें बहुव्रीहि समास है।

60(A). जब किसी समास में दोनों शब्द प्रधान हों, तब उसे 'द्वंद्व समास' कहते हैं।
- जिस समास में पूर्वपद और उत्तरपद दोनों ही प्रधान हों अर्थात् अर्थ की दृष्टि से दोनों का स्वतंत्र अस्तित्व हो और उनके मध्य संयोजक शब्द का लोप हो, तब वह द्वंद्व समास कहलाता है।
- उदाहरण- भूल-चूक : भूल या चूक, सुख-दुख : सुख या दुःख, गौरीशंकर : गौरी और शंकर।

61(D). 'जनप्रिय' में कर्म तत्पुरुष समास होगा।
- 'जनप्रिय' शब्द का समास-विग्रह है- जन को प्रिय।
- कर्म विभक्ति वाले समास को कर्म तत्पुरुष समास कहते हैं। इसमें 'को' विभक्ति का लोप होता है। इसलिए, यहाँ कर्म तत्पुरुष समास है।
- तत्पुरुष समास वह होता है, जिसमें उत्तरपद प्रधान होता है, और समास करते वक्त बीच की विभक्ति का लोप हो जाता है।

62(A). दिए गए वाक्य के लिए उपयुक्त एक शब्द अप्रत्याशित है।
प्रत्यक्ष - वह वस्तु जो आँखों के सामने हो।
अनायास - बिना प्रयत्न के।
आश्रित - किसी और पर निर्भर होना।

63(A). दिए गए वाक्य के लिए उपयुक्त एक शब्द अवर्णनीय है।
अल्पभाषी - जो ज्यादा न बोलता हो
अभेद्य - जिसको भेदा न जा सके
दर्शनीय - दर्शन करने या देखने योग्य

64(D). 'अपरिणीत' अर्थात 'जो परिणय सूत्र में न बँधा हो'।
'अज्ञ' का अर्थ क्या है - जो कुछ भी नहीं जानता हो।

अभियोगी : जिस पर अभियोग लगाया गया हो।

अल्पज्ञ : जो बहुत थोड़ा जानता हो।

65(B). 'आसार' शब्द विदेशज शब्द है, अन्य सभी विकल्प असंगत हैं।

विदेशज: विदेशी भाषाओं से हिंदी में आये शब्दों को विदेशी शब्द कहा जाता है। इन विदेशी भाषाओं में मुख्यतः अरबी, फारसी, तुर्की, अंग्रेजी व पुर्तगाली शामिल है। जैसे- अदा, अजब, अजीब, अमीर आदि।

66(A). 'बहस' विदेशी शब्द है, अन्य विकल्प असंगत है। इसलिए, विकल्प (A) "बहस" सही उत्तर होगा।

बहस 'अरबी' भाषा का शब्द है। अत: यह विदेशी शब्द की श्रेणी में आता है। लोटा ,जगमग, घोटाला, इडली ये सभी शब्द देशज शब्द है।

67(C). 'अलमारी' पुर्तगाली भाषा का शब्द है। 'अलमारी' के पर्यायवाची शब्द हैं - शेल्फ़, आला, निधानी आदि।

68(B). मेरी पत्नी बीमार है।

69(C). दिए गए विकल्पों में से रिक्त स्थानों में उचित शब्द क्रमश: 'बढ़ते, सार्थक' होगा।

पूर्ण वाक्य है - निरंतर आगे <u>बढ़ते</u> हुए जीवन को <u>सार्थक</u> बनाओ। अन्य विकल्प इसके सही उत्तर नहीं होंगे।

70(A). पूर्ण सार्थक वाक्य- गुलामी की प्रथा से व्यथित होकर साहित्यकारों ने अनेक मर्मस्पर्शी कहानियाँ लिखी हैं।

- व्यथित का अर्थ है : दुखी, संत्रस्त।
- अन्य विकल्प असंगत है।

71(C). आभूषण मनुष्य की शोभा बढ़ाते हैं।

72(B). संस्कृत के 'वान' और 'मान' प्रत्ययान्त विशेषण शब्दों में 'वान' तथा 'मान ' को क्रमश: 'वती' और 'मती ' कर देने से स्त्रीलिंग बन जाते हैं।

जैसे - पुत्रवान - पुत्रवती, श्रीमान् - श्रीमती, बुद्धिमान् - बुद्धिमती, बलवान - बलवती, भगवान् - भगवती इत्यादि।

73(A). सिन्धु शब्द स्त्रीलिंग है क्योंकि नदियों के नाम स्त्रीलिंग होते हैं। जबकि दिनो, पर्वतो तथा द्रव्यवाचक संज्ञा के नाम पुल्लिंग होते हैं।

74(B). जिन शब्दों के अन्त में आई, वट, हट आदि प्रत्यय हों वे प्राय: स्त्रीलिंग होते हैं; जैसे- सिलाई, बुनाई, कटाई, लिखावट, बनावट, घबराहट, चिल्लाहट, सरसराहट, सनसनाहट इत्यादि।

75(D). 'मंत्री' शब्द उभयलिंग है।

जिन शब्दों का प्रयोग पुल्लिंग तथा स्त्रीलिंग दोनों में किया जाता है, उसे उभयलिंग कहा जाता है।

जैसे- प्रधानमन्त्री, मुख्यमन्त्री, इंजीनियर, डॉक्टर, राज्यपाल आदि उभयलिंगी शब्द हैं।

76(D). मामा का बहुवचन शब्द मामा होगा।

संबद्ध दर्शाने वाली कुछ संज्ञायें एकवचन और बहुवचन में एक समान रहती है। जैसे- ताई, मामा, दादा, नाना, चाचा आदि। मामा माँ के भाई को कहते हैं जिसका तत्सम शब्द 'मातुल' होता है।

77(A). हस्ताक्षर शब्द हमेशा बहुवचन में प्रयुक्त होता है। प्राण, दर्शन और हस्ताक्षर हिंदी में वे गिने-चुने शब्द हैं जो हमेशा बहुवचन वचन में ही प्रयुक्त होता है।

78(C). 'वर्षा' शब्द सदैव एकवचन में प्रयोग किया जाता है। जैसे - इस बार आगरा में बहुत कम वर्षा हुई। इस प्रकार 'वर्षा' का बहुवचन 'वर्षा' ही रहेगा। इसलिए सही विकल्प 'वर्षा' है।

79(C). 'मोहन गाता है' सामान्य वर्तमान काल का वाक्य है जिसका संदिग्ध वर्तमान काल है 'मोहन गाता होगा'। अन्य विकल्प असंगत हैं। अतः सही विकल्प 'मोहन गाता होगा' है।

संदिग्ध वर्तमान काल: जिस क्रिया के वर्तमान समय में पूर्ण होने में संदेह हो, उसे संदिग्ध वर्तमानकाल कहते हैं।

उदाहरण: राम पढ़ता होगा, आज दूकान खुली होगी।

80(A). ' मैं अभी खाकर उठा हूँ' वाक्य में 'आसन्न भूतकाल' है।

स्पष्टीकरण:

काल	परिभाषा	उदाह रण
आस न्न भूत काल	क्रिया के जिस रूप से यह बोध हो कि क्रिया अभी अभी ही पूर्ण हुई हैं वहाँ आसन्न भूतकाल होता है।	मैंने से ब खा या है। वह अ भी आ या है।

अन्य विकल्प:

काल- क्रिया के जिस रूप से किसी कार्य के करने या होने का समय पता चले, वह काल कहलाता है। उदाहरण- हैं, थे, होंगी आदि। काल तीन प्रकार के होते है-

काल	परिभाषा	उदाह रण
वर्त मा न काल	क्रिया के जिस रूप से वर्तमान में चल रहे समय का पता चले, उसे वर्तमान काल कहते है। वर्त मान काल के पाँच भेद होते है- (i)**सामान्य व र्तमानकाल** (ii)**अपूर्ण वर्तमानकाल** (iii)**पूर्ण व र्तमानकाल** (iv)**संदिग्ध** वर्तमानकाल (v)**तत् कालिक** वर्तमानकाल (vi)**संभाव्य वर्तमानका ल**	वह ते ज आ वाज में गा ना सु न रहा है। मेरा म न चा य पीने का क र रहा है।
भू त काल	क्रिया के जिस रूप से बीते हुए समय का पता चले, उसे भूतकाल कहते है। भूतकाल के छह भेद होते है- (i)**सामान्य भूतकाल** (ii)**आसन भूतकाल** (iii)**पूर्ण भूतकाल** (iv)**अपूर्ण भूतका ल** (v)**संदिग्ध भूतकाल** (vi)**हेतुहेतुमद् भूत**	मैंने पू रा खा ना खा लिया था। हेमंत को घ र छो ड़ दि या था।
भ वि ष्य त काल	क्रिया के जिस रूप से भविष्य में होने वाली क्रिया का पता चले उसे भविष्यतकाल की क्रिया कहते है।	वह स ब उ ठा ले जाए गा। कल उस का बो रिया- बिस्त र यहाँ से उठ जाए गा।

81(B). 'Great' is adjective.

Let us explore the given options:

- 'Conjunction' is a word used to connect clauses or sentences or to coordinate words in the same clause (e.g. and, but, if).
- 'Adjective' is a word naming an attribute of a noun.
- 'Noun' is a word (other than a pronoun) used to identify any of a class of people, places, or things

(common noun), or to name a particular one of these (proper noun).

- 'Adverb' is a word or phrase that modifies or qualifies an adjective, verb, or other adverb or a word group, expressing a relation of place, time, circumstance, manner, cause, degree, etc.

82(C). Buddha left his home in the palace to find out the meaning of life.

The seventh and the eighth sentence of the passage respectively says "He wanted to find out the meaning of life" and "He left his place as a young man". Here, the personal pronoun 'he' is used for the 'Buddha'.

83(D). He was thinking deeply under a Bodhi tree.

The second-last line or sentence of the passage says "He was thinking deeply under a Bodhi tree near Gaya". Here, the personal pronoun 'he' is used for the 'Buddha'.

84(D). 'Buddha' means "the Enlightened One".

The last line or sentence of the passage says - He became the 'Buddha' or the 'Enlightened One'.

85(A). The opposite gender noun of 'prince' is princess.
Let us explore the given options:
- 'Princess' is the daughter of a monarch.
- 'Queen' is a king's wife.
- 'Duchess' is the wife or widow of a duke.
- 'Senorita' is a title or form of address used of or to a Spanish-speaking unmarried woman, corresponding to Miss.

86(A). The opposite of 'under' is above.
Let us explore the given options:
- 'Above' means in or to a higher place.
- 'Below' means in or to a lower place.
- 'Through' means used as a function word to indicate movement into at one side or point and out at another and especially the opposite side of.
- 'Into' means used as a function word to indicate entry, introduction, insertion, superposition, or inclusion.

87(D). Buddha was born a prince.

The fourth line or sentence of the passage says "He was born a prince". Here, the personal pronoun 'he' is used for the 'Buddha'.

88(C). The another word for poverty is pennilessness.
The word 'poverty' means the state of being inferior in quality or insufficient in amount.
Let us explore the given options:
- 'Prosperity' means the state of being prosperous (bringing wealth and success).
- 'Growth' means the process of increasing in amount, value, or importance.
- 'Pennilessness' means the state of a person having no money; very poor.
- 'Luxury' means a state of great comfort or elegance, especially when involving great expense.

89(B). Here light means knowledge.
Let us explore the given options:
- 'Electricity' is a form of energy resulting from the existence of charged particles (such as electrons or protons).
- 'Knowledge' means facts, information, and skills acquired through experience or education; the theoretical or practical understanding of a subject.
- 'Candle' is a cylinder or block of wax or tallow with a central wick which is lit to produce light as it burns.
- 'Ignorance' means a lack of knowledge or information.

90(B). In Passage 2, Grimké makes the point that human rights are not fleeting or changeable but things that remain, regardless of the circumstances, because they are tied to humans' moral nature. She emphasizes that human rights exist even if societal laws attempt to contradict or override them, citing slavery as an example: "These rights may be wrested from the slave, but they cannot be alienated: his title to himself is as perfect now, as is that of Lyman Beecher: it is stamped on his moral being, and is, like it, imperishable" (lines 61-65).

91(B). In the third paragraph (lines 22-37), Beecher suggests that women can be "so much respected, esteemed and loved" by those around them that men will accede to their wishes: "then, the fathers, the husbands, and the sons, will find an influence thrown around them, to which they will yield not only willingly but proudly . . . ." These lines show that Beecher believes women can influence society by influencing the men around them; in other words, women have an indirect influence on public life.

92(C). When describing how men and women can influence society, Beecher says the ways they can do so "should be altogether different and peculiar" (lines 11-12). In the context of the "altogether different" ways men and women can influence society, the word "peculiar" implies being unique or distinctive.

93(A). While Beecher and Grimké clearly disagree regarding a woman's role in society, the passages suggest that both authors share the belief that women do have moral duties and responsibilities in society. In Passage 1, Beecher writes that "while woman holds a subordinate relation in society to the other sex, it is not because it was designed that her duties or her influence should be any the less important, or all-pervading" (lines 6-10). She suggests that women do have an obligation to use their influence to bring about beneficial changes in society. In Passage 2, Grimké asserts that all people "are moral beings" (lines 58-59) and that both men and women have "rights and responsibilities" (line 68). She concludes that "whatever it is morally right for man to do, it is morally right for woman to do" (lines 81-83).

94(A). The previous question asks what point Beecher makes regarding the relationship between men and women in her society, with the answer being that women are considered inferior but can still have influence. This is supported in lines 6-10: "But while woman holds a subordinate relation in society to the other sex, it is not because it was designed that her duties or her influence should be any the less important, or all-pervading."

95(D). Regarding the dynamic of men and women in society, Beecher says that one sex is given "the subordinate station" while the other is given the "superior" station (lines 1-2). In the context of how one gender exists in comparison to the other, the word "station" suggests a standing or rank.

96(A). In Passage 2, Grimké makes the main point that people have rights because they are human, not because of their gender or race. This is clear in lines 58-60, when Grimké states that "human beings have rights, because they are moral beings: the rights of all men grow out of their moral nature" and lines 65-68, when Grimké writes, "Now if rights are founded in the nature of our moral being, then the mere circumstance of sex does not give to man higher rights and responsibilities, than to woman."

97(D). In lines 65-68 of Passage 2, Grimké writes, "Now if rights are founded in the nature of our moral being, then the mere circumstance of sex does not give to man higher rights and responsibilities, than to woman." In other words, gender does not make men's rights and duties superior to women's. Beecher, on the other hand, begins Passage 1 by stating that "heaven has appointed to one sex the superior, and to the other the subordinate station," suggesting that men and women have fundamentally different natures. Therefore, Beecher most likely would have disagreed with Grimké's assertion.

98(B). In Passage 1, Beecher makes the point that even if women in her society are perceived as being inferior to men, they are still able to effect considerable influence on that society: "But while woman holds a subordinate relation in society to the other sex, it is not because it was designed that her duties or her influence should be any the less important, or all-pervading" (lines 6-10).

99(B). The previous question asks what point Grimké makes about human rights in Passage 2, with the answer being that they exist and have moral authority whether or not they are established by societal law. This is supported in lines 61-65: "These rights may be wrested from the slave, but they cannot be alienated: his title to himself is as perfect now, as is that of Lyman Beecher: it is stamped on his moral being, and is, like it, imperishable."

100(B). In Passage 1, Beecher asserts that men and women naturally have different positions in society: "Heaven has appointed to one sex the superior, and to the other the subordinate station" (lines 1-2). She goes on to argue that a woman should act within her subordinate role to influence men but should not "exert coercive influences" that would put her "out of her appropriate sphere" (lines 44-46). In Passage 2, Grimké takes issue with the idea that men and women have different rights and roles. She asserts that as moral beings all people have the same inherent rights and states that "the mere circumstance of sex does not give to man higher rights and responsibilities, than to woman" (lines 66-68).

101(C). Let us see the meaning of trivial:
Trivial (Adjective): having little value or importance
- Example: Mental harassment in the workplace is not a trivial matter.

Let us see the meanings of the given options:
Unimportant- lacking in importance or significance.
Amusing- causing laughter and providing entertainment.
Important- of great significance or value.
Interesting- arousing curiosity or interest; holding or catching the attention.
From the meanings of the given words, we can say that the word 'important' is the opposite of the meaning of the underlined word 'trivial'.

102(C). Let us see the meaning of gloomy:
Gloomy (Adjective): having or showing a lack of hope
- Example: The vet is rather gloomy about my cat's chances of recovery.

Let us see the meanings of the given options:
Sincere- free from pretence or deceit; proceeding from genuine feelings.
Clear- easy to perceive, understand, or interpret.
Hopeful- having hope or causing you to hope; believing or causing you to believe that something desired will happen.
Dark- sad and without hope.
From the meanings of the given words, we can say that the word 'hopeful' is the opposite of the meaning of the underlined word 'gloomy'.

103(A). The 'im' prefix is correct. Because adding 'im' before 'possible' will make a meaningful word. The meaning of it is as follows:
Impossible: If an action or event is impossible, it cannot happen or be achieved
Example: It was impossible to sleep because of the noise.

104(A). Imperceptible is the word with the correct prefix. Of the given options, the word perceptible is made opposite by adding the prefix 'im'.
Imperceptible means so slight, gradual, or subtle as not to be perceived.
Example: His head moved in an almost imperceptible nod.

105(C). Correct sentence: Industrial growth at a terrific speed is a potent reason of pollution in a big city.
- The sentence should start with the subject Q, industrial growth at a terrific.
- Terrific is an adjective and it should be followed by a noun speed (P).
- P should be followed by S because of the presence of structure: preposition + noun.
- Thus, the correct order is 'QPSR'.

106(D). Correct sentence: Scientists have warned us about the effects of climate variation.
- In this sentence, we can see that there are different parts like Subject, helping verb, main verb, noun + the continuation of the object.
- Therefore, the sequence of words that should be followed is: Subject + helping verb (P) + main verb (R) + noun (Q) + the continuation of the object (S).
- Thus, the correct order is 'PRQS.'

107(A). Correct sentence: She has more diligent than we suspected her to possess.
- In this sentence, we can see that there are different parts like Subject, verb, comparative part (more noun.......than), and the continuation of the object.
- Therefore, the sequence of words that should be followed is: Subject + verb (P) + comparative part (more noun.......than) (Q, R)+ the continuation of the object(S).
- Thus, the correct order is 'PQRS'.

108(A). There was a signboard at the entrance of the boutique informing passersby about its launch, next month.

The indefinite article 'a/an' is used to refer to non-specific things. 'a' is used with the words that begin with a consonant sound.

- Example: a guitar, a chair, a signboard, etc.

The definite article, ' the ' is used to refer to something specific .

- Example: The prime minister of India, the oranges of Nagpur, etc.

In the given sentence, 'the entrance is of a specific boutique'. So, ' the ' will be used.

109(D). The correct statement is: Reading makes a fullman; writing makes an exact man.

A Gerund is a Verbal Noun. In the given option only option 'reading' and 'writing' fulfill the desired condition, both the word acting are noun and are verb having the 'ing' form.

110(B). The given sentence is in simple past form. Simple past tense tells us about an action completed in the past time.

For writing sentence in simple past form, general rule that followed:

Subject + 2nd form of the verb + object. All other given options are inappropriate. So, the correct answer will be:

"I expected to fail the exam, but I passed after all" is the correct answer.

111(D). Every weekend, we put the trash can out for garbage collection.

'Put out' is a phrasal verb whose meaning is 'to take something out of your house and leave it, for example for someone to collect. Here 'put out' means to put the garbage can for the garbage collection man.

112(A). Passive form-The highway has to be made their home every year by the flood victims of Assam.

Present perfect tense-

Active voice – subject +has/have +V^3 +object

Passive voice – object + has/have +been + V^3+by+ subject {contradiction(in case if situation is repeating): object + has/have +to +be + V^3+by+ subject}

113(A). All in all, when the reason is given first and then the result or action, we must use 'that is why', 'therefore', or 'then after'.

So, when we observe the above sentences, we get to know that there should be "that's why" instead of "because".

So the correct sentence is- The bus broke down that is why we had to walk some distance.

114(B). In the given sentence, a comparative degree has been used.

During the comparison, we normally compare the same type of part of speech with others.

Here, Her handwriting is being compared with your handwriting. But the sentence can not be ended with the possessive determiner 'your'. We normally end such sentences with the possessive pronoun and in this case, it should be 'yours'.

So, the sentence would be - Her handwriting is definitely more beautiful than yours.

115(D). Given sentence is in the form of 'a Tag question'.

Generally in tag question sentences:

When the statement is negative (first part), the tag question should be positive (the second part).

The sentence should be - He won't come to school tomorrow, will he?

116(D). The given sentence is the exclamatory sentence that expresses wonder or astonishment.

- 'Said or said to' is changed as per the sense contained in the sentence.
- Inverted commas (,") converted into that.
- Interjections like hurrah, alas, or good gracious will be removed and the rest of the sentence is changed per the simple sentence rule.

Indirect sentence should be - 'He exclaimed with astonishment that it was snowing.'

117(A). **Once bitten, twice shy** means "a bad experience cause to believe caution".

Other meanings: It can be said when you are frightened to do something again because you had the unfriendly experience of doing so for the first time.

118(D). Getting in everyone's hair - to annoy everyone, usually by being present all the time.

For Example: My sister has a habit of getting in everyone's hair whenever there is an important discussion.

119(A). The most appropriate word for the given group of words is "glacier".

Let us explore the given options:

- 'Typhoon' is a tropical storm in the region of the Indian or western Pacific oceans.
- 'Avalanche' is a mass of snow, ice, and rocks falling rapidly down a mountainside.
- 'Blizzard' is a severe snowstorm with high winds.

120(B). "Who" is always used to refer to people. "That" is always used when you are talking about an object.

So, people in the world that doesn't are replaced with people in the world who don't to make the sentence grammatically correct.

There are very few **people in the world who don't** like ice cream.

Hindi Language

Ques (1-4): निर्देश: गद्यांश को पढ़कर निम्नलिखित प्रश्न में सबसे उचित विकल्प चुनिए।

मैं दिखाना चाहती हूँ कि हम आलोचनात्मक शिक्षाशास्त्र के जरिए चीजों पर पर्दा डालने की कोशिश नहीं करते, क्योंकि अब तो यही चलन बन गया है। हम आमतौर पर कहते हैं – अरे, सीखने का कितना खुशनुमा माहौल है और देखो, बच्चे कैसे-कैसे प्रयोग कर रहे हैं, वगैरह। मगर अब ये खुशनुमा ढंग से सीखना भी एक ढर्रा बन गया है, इसको बहुत बेजान बना दिया गया है। हम अकसर सोचते हैं कि बस कोई गतिविधि करना ही काफी है, भले ही वो बिल्कुल निरर्थक हो, भले ही बच्चे उसके जरिए कुछ न सीख रहे हों। बस गतिविधियाँ करवाने की मारामारी मची हुई है। आज हमारे यहाँ यही हालात हैं। इसलिए मुझे लगता है कि हमें इस बारे में एक नए सिरे से सोचना चाहिए। बेशक, गतिविधि का महत्त्व है मगर बच्चों को वो चीजें मत सिखाइए जो बाद में आनी हैं। मसलन, उन्हें नंबर लाइन सिखाकर उसके आधार पर टाइम लाइन की बात मत कीजिए। हर चीज को एक संदर्भ में कीजिए। इसकी वजह यह है कि बच्चे इसी तरह सीखते हैं। संख्याएँ संदर्भ से ही आती हैं। संख्या एक बहुत अमूर्त धारणा है। एक बच्चे के लिए 'दो' समझना अमूर्त बात है। वह कैसे समझेगा कि किसी चीज के 'दो' होने का क्या मतलब है?

1. बच्चों के सीखने के तरीके में सबसे अधिक क्या महत्त्वपूर्ण है?

   (a) संख्या
   (b) सन्दर्भ
   (c) गतिविधि
   (d) उपरोक्त सभी

2. गद्यांश में किसके ढर्रा बन जाने की बात की गई है?

   (a) प्रयोग करने से
   (b) खुशनुमा माहौल से
   (c) खुशनुमा ढंग से सीखने से
   (d) गतिविधि करने से

3. गद्यांश के अनुसार:

   (a) गतिविधि कराना उचित नहीं है
   (b) गतिविधियों का निरन्तर प्रयोग करते रहना चाहिए
   (c) गतिविधि के जरिए बच्चे कुछ नहीं सीखते
   (d) गतिविधि सार्थक होनी चाहिए

4. बच्चों के लिए क्या मुश्किल है?

   (a) संख्या जैसी अमूर्त अवधारणा को समझना
   (b) गतिविधियों का महत्त्व समझना
   (c) संख्याओं के महत्त्व को समझना
   (d) गतिविधियों के माध्यम से सीखना

Ques (5-12): निर्देश : नीचे दिए गए गद्यांश को पढ़कर सबसे उचित विकल्प का चयन कीजिए:

जीवन में बहुत अंधकार है और अंधकार की ही भाँति अशुभ और अनीति। कुछ लोग इस अंधकार को स्वीकार कर लेते है और तब उनके भीतर जो प्रकाश तक पहुँचने और पाने की आकांक्षा थी, वह क्रमशः क्षीण होती जाती है। मैं अंधकार की इस स्वीकृति को मनुष्य का सबसे बड़ा पाप कहता हूँ। यह मनुष्य का स्वयं अपने प्रति किया गया अपराध है। उसके दूसरों के प्रति किए गए अपराधों का जन्म इस मूल पाप से ही होता है। यह स्मरण रहे कि जो व्यक्ति अपने ही प्रति इस पाप को नहीं करता है, वह किसी के भी प्रति कोई पाप नहीं कर सकता है। किन्तु कुछ लोग अंधकार के स्वीकार से बचने के लिए उसके अस्वीकार में लग जाते हैं। उनका जीवन अंधकार के निषेध का ही सतत उपक्रम बन जाता है।

5. गद्यांश में 'अंधकार' शब्द किस ओर संकेत करता है?

   (a) पाप की ओर
   (b) बुराइयों और कठिनाइयों की ओर
   (c) अपराधों की ओर
   (d) गरीबी की ओर

6. लेखक ने किसे सबसे बड़ा पाप कहा है?

   (a) प्रकाश पाने की क्षीण आकांक्षा
   (b) मनुष्य का अपने प्रति पाप न करना

7. जब व्यक्ति स्वयं के प्रति किए गए अन्याय, शोषण के विरुद्ध आवाज़ नहीं उठाता तो:

   (a) इससे दूसरों के प्रति अन्याय, शोषण को बढ़ावा मिलता है
   (b) वह केवल अपने प्रति अन्याय करता है
   (c) इससे शांति का माहौल बना रहता है
   (d) वह दंड का अधिकारी बन जता है

8. 'अंधकार का निषेध' किस ओर संकेत करता है?

   (a) अन्याय, शोषण, बुराइयों को सदा के लिए समाप्त करना
   (b) समाज में फैले अंधकार को प्रकाश में बदल देना
   (c) समाज को अंधकार से मुक्त कराने के लिए प्रयत्नशील रहना
   (d) यह मानना कि समाज में अन्याय, शोषण, बुराइयाँ नहीं है

9. इस गद्यांश का मुख्य उद्देश्य है:

   (a) अंधकार और प्रकाश की व्याख्या करना
   (b) अन्याय और बुराइयों को दूर करने के लिए प्रेरित करना
   (c) तरह-तरह के लोगों की विशेषताएँ बताना
   (d) पाप और पुण्य की व्याख्या काना

10. इस गद्यांश में 'उपक्रम' का अर्थ है:

   (a) आरंभ, शुरुआत
   (b) तैयारी, योजना
   (c) तैयारी, योजना
   (d) व्यवसाय, कार्य

11. <u>जीवन में</u> बहुत अंधकार है। रेखांकित अंश में कौन-सा कारक है?

   (a) अपादान कारक
   (b) अधिकरण कारक
   (c) करण कारक
   (d) सम्प्रदान कारक

12. " .... और अंधकार की ही भाँति अशुभ और अनीति है।" वाक्य में निपात है:

   (a) ही
   (b) की
   (c) है
   (d) और

Ques (13-20): निर्देश: दिए गए गद्यांश को ध्यानपूर्वक पढ़िए तथा पूछे गए प्रश्नों के उत्तर दीजिए।

उस धन को व्यर्थ समझा जाए जिसे सहेज-सहेज कर दशकों तक संचित किया गया और अंत में वह न तो अपने और न ही परिजनों के काम आ सका क्योंकि उसकी अब उतनी आवश्यकता न रही। धन की भाँति जिस ज्ञान, विद्या, कौशल या विचार को इनके किरदारों ने सीलबंद कर दिया, उसका लोप हो जाना भी निश्चित है। उसके पल्लवित होने, विस्तार पाने और निखरने के आसार ख़त्म कर दिए गए। नैतिक दृष्टि से ऐसे किरदारों को अपराधी या मानवता विरोधी कहना अनुचित ना होगा क्योंकि प्रकृति के दिए गुणों का लाभ ज़रूरतमंदों तक नहीं पहुँचाया गया। सही ज्ञान वही है जिसका उपयोग समाज के हित में किया जा सके। सेवानिवृति या कारोबार को तिलांजलि देने के बाद बिस्तर पकड़ लेने वाले आराम परस्त व्यक्ति नीरस, उत्साहविहीन, मशीनी जीवन बिताने को अभिशप्त इसलिए होते हैं, क्योंकि वह बाँटने के लायक ज्ञान, अनुभव और हुनर स्वयं तक सीमित रखते हैं। यह प्राकृतिक विधान के प्रतिकूल है और इसका मूल्य चुकाना पड़ता है। ऐसी प्रवृति के व्यक्ति को गुमसुमी या हताशा बड़ी आसानी से लील सकती है। समाज से सायास दूरी बनाने का अर्थ है- अलग-थलग पड़कर मन से बीमार होना।

13. किन व्यक्तियों का जीवन नीरस और उत्साहविहीन होता है?

   1. जो अपने काम से निवृत्त हो जाते हैं।
   2. जो अपने हुनर को स्वयं तक सीमित रखते हैं।
   3. जो बहुत अधिक सफल होते हैं।
   4. जो संदैव काम ही करते रहते हैं।

   (a) 1
   (b) 2
   (c) 3
   (d) 4

14. लेखक ने सही ज्ञान किसे माना है?

1. जिसके रहते व्यक्ति ज्ञानी कहलाए।
2. जिसके माध्यम से धन कमाया जा सके।
3. जिसके आधार पर सफलता प्राप्त की जा सके।
4. जिसका उपयोग समाज के हित में किया जा सके।
(a) 1   (b) 2
(c) 3   (d) 4

15. मन से बीमार हो जाने का प्रमुख कारण है:
1. स्वयं को अपराधी मानना।
2. केवल अपने परिजनों तक सीमित रहना।
3. समाज में घुलमिल कर रहना।
4. समाज का अभिन्न अंग बनकर रहना।
(a) 1   (b) 2
(c) 3   (d) 4

16. 'बिस्तर पकड़ लेना' का अर्थ है:
1. बिस्तर को कसकर जकड़ना।
2. बीमारी हो जाना।
3. बिस्तर का प्रबंध करना।
4. विश्राम के बारे में विचार करना।
(a) 1   (b) 2
(c) 3   (d) 4

17. "नैतिक" शब्द में प्रत्यय है:
1. इक
2. ईक
3. क
4. तिक
(a) 1   (b) 2
(c) 3   (d) 4

18. ज्ञान के संदर्भ में प्रकृति के नियमों के विरुद्ध क्या है?
1. दूसरों की भलाई के लिए ज्ञान का प्रयोग करना।
2. ज्ञान, स्वयं के अनुभव और विचारों को दूसरों के साथ साझा न करना।
3. स्वयं के अनुभव और विचारों को प्रसारित करना।
4. स्वयं के अनुभव और विचारों से लाभान्वित होना।
(a) 1   (b) 2
(c) 3   (d) 4

19. ज्ञान और कौशल कब विलुप्त हो जाते हैं?
1. जब उनका अधिकाधिक प्रयोग किया जाता है।
2. जब सभी तक इनकी पहुँच बनाई जाती हैं।
3. जब उन्हें स्वयं तक सीमित रखा जाता है।
4. जब इनमें नवाचार किया जाता है।
(a) 1   (b) 2
(c) 3   (d) 4

20. सेवानिवृत्ति का समास विग्रह है:
1. सेवा और निवृत्ति
2. सेवा से निवृत्ति
3. सेवा में निवृत्ति
4. सेवा के लिए निवृत्ति
(a) 1   (b) 2
(c) 3   (d) 4

21. निम्नलिखित में से कौन-सा शब्द तद्भव है?
(a) भ्रमर   (b) व्याघ्र
(c) क्षीर   (d) कोयल

22. निम्नलिखित में से कौन-सा शब्द तत्सम नहीं है?
(a) अक्षर   (b) अक्षवाट
(c) ईर्ष्या   (d) उल्लू

23. 'गृध्र' शब्द का तदभव रूप है:

24. आर्द्रक का तद्भव क्या है?
(a) अदरक   (b) आर्द्र
(c) अद्रख   (d) अदरख

25. इनमें से कौन-सा तत्सम शब्द है?
(a) आँत   (b) आक
(c) अंक   (d) अँजुरी

26. किस शब्द में उपसर्ग नहीं है?
(a) पराजय   (b) पराधीन
(c) पराक्रम   (d) पराभव

27. 'कार' प्रत्यय से निर्मित नहीं है:
(a) बेकार   (b) कलाकार
(c) कुम्भकार   (d) तक्षकार

28. मूल शब्द व प्रत्यय का विभाजन अशुद्ध है:
(a) कठौती = कठ + औती   (b) बुढ़ौती = बूढ़ा + औती
(c) कनौती = कान + औती   (d) बपौती = बाप + औती

29. 'ओजस्वी' का निम्न में से कौन सा सही विलोम शब्द है?
(a) ओजहिन   (b) औझहीन
(c) ओजाहीन   (d) ओजहीन

30. ' एकरूपता ' का निम्न में से कौन सा सही विलोम शब्द है?
(a) अनेकरूप   (b) अनेकरूष
(c) आनेकरूप   (d) अनेकारूप

31. 'चिरन्तन' का सही विलोम शब्द है।
(a) नश्वर   (b) अचिन्तन
(c) अचर   (d) अचेतन

32. 'धूप' का विलोम शब्द निम्न में से कौन-सा है?
(a) छाँह   (b) चाव
(c) रात   (d) शाम

33. "वसन" का पर्यायवाची शब्द नहीं है:
(a) पट   (b) आकाश
(c) परिधान   (d) चीर

34. निम्न चार विकल्पों में से शुद्ध वर्तनी वाला शब्द पहचानिए:
(a) पैतरिक   (b) पाइत्रिक
(c) पैतृक   (d) पैत्रिक

35. इनमें वर्तनी की दृष्टि से कौन सा शब्द सही नहीं है?
(a) घनीष्ठ   (b) परिशिष्ट
(c) अनिष्ट   (d) स्वादिष्ट

36. निम्न में से कौन सी वर्तनी सही है?
(a) कोतुहल   (b) कौतुहल
(c) कौतूहल   (d) कुतुहल

37. निम्नलिखित प्रश्न में, चार विकल्पों में से, उस विकल्प का चयन करे जो दिए गए मुहावरे का सही अर्थ वाला विकल्प है।
मूंग की दाल खाने वाला।
(a) सोच समझकर काम करना
(b) सीधा-साधा व्यक्ति
(c) कमजोर
(d) सुंदर होना

38. निम्नलिखित प्रश्न में, चार विकल्पों में से; उस विकल्प का चयन करें जो

दिए गए मुहावरे का सही अर्थ वाला विकल्प है।
शहद लगाकर चाटना।
- (a) किसी चीज़ को व्यर्थ लेकर बैठे रहना
- (b) कीमती होना
- (c) पसंदीदा होना
- (d) बढ़ा-चढ़ा कर कहना

39. निम्नलिखित प्रश्न में, चार विकल्पों में से, उस विकल्प का चयन करें जो दिए गए मुहावरे का सही अर्थ वाला विकल्प है।
हिसाब बैठना।
- (a) सही लगना
- (b) ध्यान देना
- (c) पूछताछ करना
- (d) सुभीता होना

40. निम्नलिखित प्रश्न में, चार विकल्पों में से, उस सही विकल्प का चयन करें जो दी गई लोकोक्तियोका सही अर्थ वाला विकल्प है।
'प्रभुता पाई, काहि मद नाहीं '
- (a) शक्ति पाने पर व्यक्ति अभिमानी हो जाता है
- (b) बड़ा होकर भी कुछ न पाना
- (c) बेकार चीज
- (d) असंभव कार्य

41. निम्नलिखित में से उस विकल्प का चयन करें जो 'आँखों का पानी ढल जाना' मुहावरे का अर्थ व्यक्त करता है।
- (a) धोखा देना
- (b) लज्जारहित हो जाना
- (c) सजग होना
- (d) आसानी से बचना

42. 'एक और अजगरहि लखि, एक ओर मृगराय।
विकल बटोही बीच ही परयो मूर्छा खाए।'
इस काव्य पंक्ति में कौन सा रस है?
- (a) रौद्र रस
- (b) अद्भुत रस
- (c) भयानक रस
- (d) वीभत्स रस

43. पद्यांश में प्रस्तुत रस का चयन कीजिए:
"कौन हो तुम वसंत के दूत,
विरस पतझड़ में अति सुकुमार,
घन तिमिर में चपला की रेखा,
तपन में शीतल मंद बयार।"
- (a) शांत
- (b) करुण
- (c) वियोग श्रृंगार
- (d) संयोग श्रृंगार

44. 'मेरे तो गिरधर गोपाल दूसरों न कोई। जाके सिर मोर मुकुट मेरो पति सोई।' इसमें कौन-सा रस है?
- (a) श्रृंगार रस
- (b) वीर रस
- (c) हास्य रस
- (d) भयानक रस

45. किस छंद में वर्णों की गणना होती है?
- (a) मात्रिक
- (b) वर्णिक
- (c) मुक्त
- (d) वर्णिक वृत

46. किस छंद में 26 मात्राएँ होती हैं तथा 14 - 12 पर यति होती है?
- (a) रोला छंद
- (b) सोरठा छंद
- (c) गीतिका छंद
- (d) छप्पय छंद

47. निम्नलिखित पंक्तियों में कौन सा छंद है?
यों किधर जा रहे हैं बिखर, कुछ बनता इससे कहीं।
संगठित ऐटमी रूप धर, शक्ति पूर्ण जीतो मही।।
- (a) चौपाई
- (b) उल्लाला
- (c) सोरठा
- (d) बरवै

48. 'व्यवहार' का सही संधि-विच्छेद है-
- (a) वि + अव + हार
- (b) व्यव + हार
- (c) व्य + वहार
- (d) व्य + व + हार

49. 'सावधान' का सही संधि-विच्छेद है-

50. 'निश्चल' का सही संधि-विच्छेद है-
- (a) निः + चल
- (b) निश् + चल
- (c) निस् + चल
- (d) निः + अचल

51. काली घटा का घमण्ड घटा
नभ मण्डल तारक वृंद खिले।
प्रस्तुत पंक्तियों में कौन-सा अलंकार है?
- (a) लाटानुप्रास
- (b) यमक
- (c) श्लेष
- (d) वक्रोक्ति

52. को तुम? है घनश्याम हम,
तो बरसो कित जाय।
नहि, मनमोहन है प्रिये,
फिर क्यों पकरत पायँ।।
प्रस्तुत पंक्तियों में कौन-सा अलंकार है?
- (a) लाटानुप्रास
- (b) यमक
- (c) श्लेष
- (d) वक्रोक्ति

53. 'अस कहि कुटिल भई उठि ठाढी। मानहुँ रोष-तरंगिनी बाढी' - में 'मानहुँ' के द्वारा कौन सा अलंकार बनता है?
- (a) रूपक अलंकार
- (b) उत्प्रेक्षा अलंकार
- (c) उपमा अलंकार
- (d) अन्योक्ति अलंकार

54. "तापस बाला-सी गंगा कूल" में कौन-सा अलंकार है?
- (a) श्लेष
- (b) उत्प्रेक्षा
- (c) रूपक
- (d) उपमा

55. 'अलंकार' शब्द का शाब्दिक अर्थ क्या है?
- (a) सजावट
- (b) गहना या आभूषण
- (c) प्रेम
- (d) सुंदरता

56. निम्नलिखित में से बेमेल अनेकार्थक शब्द हैं-
- (a) गो - गाय, इन्द्रिय, स्वर्ग
- (b) खत - पत्र, आख्यान, खजाना
- (c) दर्रा - पद्धति, उपाय, व्यवहार
- (d) बाल - बालक, केश, बाला

57. निम्नलिखित अनेकार्थी शब्द को एक अर्थ के साथ लिखा गया है, 'प्रमत्त-स्वेच्छाचारी' दूसरा अर्थ ज्ञात करें।
- (a) उन्मत्त
- (b) प्रपीड़ित
- (c) परितप्त
- (d) उत्कृष्ट

58. 'अंजन' का अनेकार्थी शब्द समूह है।
- (a) काजल, रात, माया
- (b) अपाहिज, नेत्रों के कोने, तिलक
- (c) नेत्रों के कोने, तिलक, माया
- (d) अपाहिज, नेत्रों के कोने, काजल

59. 'पंचवटी' में कौन सा समास है?
- (a) तत्पुरुष समास
- (b) बहुब्रीहि समास
- (c) कर्मधारय समास
- (d) द्विगु समास

60. 'त्रिलोचन' का सामासिक विग्रह होगाः
- (a) तीन नेत्रों वाला अर्थात् गणेश
- (b) तीन नेत्रों वाला अर्थात् शिव-पुत्र
- (c) तीन नेत्रों वाला अर्थात् ब्रह्मा
- (d) तीन नेत्रों वाला अर्थात् शिव

61. 'प्रयोगशाला' का सामासिक विग्रह होगाः
- (a) प्रयोग के लिए कार्यशाला
- (b) प्रयोग के लिए शाला

(c) प्रयोग के लिए पाठशाला　(d) प्रयोग के लिए धर्मशाला

62. 'किसी को जीत लेने का इच्छुक' वाक्यांश के लिए एक शब्द होगा:
(a) द्विज　(b) जिगीषु
(c) अछूता　(d) अछूत

Ques (63-64): निर्देश: नीचे दिए गए शब्द के लिए अर्थव्यंजक चार-चार विकल्प दिए गए है। सर्वाधिक उपयुक्त अर्थव्यंजक विकल्प चुनकर लिखें।

63. गयन्द
(a) बड़ा घोड़ा　(b) जंगली भैंसा
(c) गैंडा　(d) बड़ा हाथी

64. प्रायोगिक
(a) जिसका प्रयोग कई वस्तुओं के योग से किया जाए
(b) जिसका पहले प्रयोग किया जा चुका हो
(c) जिसका प्रयोग भविष्य में हो
(d) जिसका नित्य प्रयोग किया जाए

65. किस वाक्य में विदेशी शब्द नहीं है?
(a) कटोरे में कपास रख दो।
(b) मोनू को चेचक हो गया है।
(c) पेन से अपना नाम लिख दो।
(d) दारोगा जी ने बुलाया है।

66. किस वाक्य में कोई विदेशी शब्द नहीं है?
(a) घंटा बजा तब तक मैं स्कूल पहुँच चुका था
(b) कक्षाध्यापक संस्कृत पढ़ा रहे थे
(c) मेरी बस-यात्रा बहुत सुविधाजनक रही
(d) उसे रेल्वे स्टेशन पहुँचने में आधा घंटा लगा

67. निम्नलिखित में से कौन-सा शब्द देशज है?
(a) मुसाफिर　(b) गुंडा
(c) टाँग　(d) पिकनिक

68. रिक्त स्थान को भरने के लिए उपयुक्त शब्द का चयन करें।
सबने ______ बजाई ।
(a) तालियाँ　(b) बोलियाँ
(c) बाजा　(d) गाल

69. रिक्त स्थान को भरने के लिए उपयुक्त शब्द का चयन करें ।
जो करे वह ______ ।
(a) जागे　(b) भरे
(c) मरे　(d) सोये

70. रिक्त स्थान को भरने के लिए उपयुक्त शब्द का चयन करें ।
राजीव छत ______ सो रहा है ।
(a) पर　(b) से
(c) में　(d) अंदर

71. निर्देश: उचित शब्द चुनकर रिक्त स्थान की पूर्ति कीजिए:-
दूध का रंग ______ है।
(a) काला　(b) सफ़ेद
(c) नीला　(d) भूरा

72. पुल्लिंग संज्ञा के स्थान पर स्त्रीलिंग कर देने से 'काला' विशेषण का क्या रूप होगा?
(a) काले　(b) काला
(c) कालों　(d) काली

73. 'कव्वाली' शब्द में कौन सा लिंग है?
(a) पुल्लिंग　(b) स्त्रीलिंग
(c) नपुंसकलिंग　(d) उभयलिंग

74. निम्न में से-कौन शब्द स्त्रीलिंग है?

(a) सौभाग्य　(b) सुन्दरता
(c) काव्य　(d) चन्द्र

75. निम्न में से कौन-सा शब्द पुल्लिंग है?
(a) आशा　(b) आज्ञा
(c) गरिमा　(d) सागर

76. 'घोंसला का बहुवचन शब्द दिए गए विकल्पों में से कौन-सा है?'
(a) घोसलों　(b) घोसला-घोसला
(c) घोसलिं　(d) घोंसले

77. नीचे दिए गए शब्द का सही बहुवचन रूप वाला विकल्प पहचानिए-
'डाकिया'
(a) डाकियो　(b) डाकियाँ
(c) डाकिएँ　(d) डाकिए

78. साधु शब्द का बहुवचन रूप क्या होगा
(a) साधुओं　(b) साधुऐ
(c) साधू　(d) इनमें से कोई नहीं

79. निम्नलिखित प्रश्न में, चार विकल्पों में से, क्रिया का सही रूप वाला विकल्प पहचानिये।
स्कूल बस पांच मिनट ______ । (आना - सामान्य भविष्यत् काल)
(a) में आ गई　(b) में आएगी
(c) में आ के गई　(d) में आ के चली गई

80. निर्देश : निम्नलिखित प्रश्न में, चार विकल्पों में से, उस सही विकल्प का चयन करें जो निर्देशानुसार वाक्य परिवर्तन वाला सही विकल्प है। हाथी ने केला खाया। (कर्मवाच्य)
(a) हाथी केला खाता है
(b) हाथी केला खा लिया
(c) हाथी द्वारा केला खाया गया
(d) हाथी केला खाया

English Language

Ques (81-90): Direction: After reading the passage choose the best answer to the given question based on what is stated or implied in the passage and in any accompanying graphics (such as a table or graph).

Questions 11-21 are based on the following passage and supplementary material.

The news is a form of public knowledge.

Unlike personal or private knowledge (such as the health of one's friends and family; the conduct of a private hobby; a secret liaison), public knowledge
5 increases in value as it is shared by more people. The date of an election and the claims of rival candidates; the causes and consequences of an environmental disaster; a debate about how to frame a particular law; the latest reports from a war zone—these are all
10 examples of public knowledge that people are generally expected to know in order to be considered informed citizens. Thus, in contrast to personal or private knowledge, which is generally left to individuals to pursue or ignore, public knowledge is
15 promoted even to those who might not think it matters to them. In short, the circulation of public knowledge, including the news, is generally regarded as a public good which cannot be solely demand-driven.
20 The production, circulation, and reception of public knowledge is a complex process. It is generally accepted that public knowledge should be authoritative, but there is not always

common agreement about what the public needs to
25 know, who is best placed to relate and explain it, and
how authoritative reputations should be determined
and evaluated. Historically, newspapers such as The
Times and broadcasters such as the BBC were widely
regarded as the trusted shapers of authoritative
30 agendas and conventional wisdom. They embodied
the Oxford English Dictionary's definition of
authority as the "power over, or title to influence, the
opinions of others." As part of the general process of
the transformation of authority whereby there has
35 been a reluctance to uncritically accept traditional
sources of public knowledge, the demand has been
for all authority to make explicit the frames of value
which determine their decisions. Centers of news
production, as our focus groups show, have not been
40 exempt from this process. Not surprisingly perhaps
some news journalists feel uneasy about this
renegotiation of their authority:
Editors are increasingly casting a glance at the
"most read" lists on their own and other websites
45 to work out which stories matter to readers and
viewers. And now the audience—which used to
know its place—is being asked to act as a kind of
journalistic ombudsman, ruling on our
credibility (broadcast journalist, 2008).
50 The result of democratizing access to TV news
could be political disengagement by the majority
and a dumbing down through a popularity
contest of stories (online news editor, 2007).
Despite the rhetorical bluster of these statements,
55 they amount to more than straightforward
professional defensiveness. In their reference to an
audience "which used to know its place" and
conflation between democratization and "dumbing
down," they are seeking to argue for a particular
60 mode of public knowledge: one which is shaped by
experts, immune from populist pressures; and
disseminated to attentive, but mainly passive
recipients. It is a view of citizenship that closes down
opportunities for popular involvement in the making
65 of public knowledge by reinforcing the professional
claims of experts. The journalists quoted above are
right to feel uneasy, for there is, at almost every
institutional level in contemporary society,
skepticism towards the epistemological authority of
70 expert elites. There is a growing feeling, as expressed
by several of our focus group participants, that the
news media should be "informative rather than
authoritative"; the job of journalists should be to
"give the news as raw as it is, without putting their
75 slant on it"; and people should be given "sufficient
information" from which "we would be able to form
opinions of our own."
At stake here are two distinct conceptions of
authority. The journalists we have quoted are
80 resistant to the democratization of news:
the supremacy of the clickstream (according to
which editors raise or lower the profile of stories
according to the number of readers clicking on them
online); the parity of popular culture with "serious"
85 news; the demands of some audience members for
raw news rather than constructed narratives.

Percentage of Respondents Seeing News Stories
as Inaccurate or Favoring One Side

	1985	1992	2003	2007	2011
News organizations...					
• Get the facts straight	55	49	36	39	25
• Often have inaccurate stories	34	44	56	53	66
• Don't know	11	7	8	8	9
• Are pretty independent	37	35	23	23	15
• Are often influenced by powerful people and organizations	53	58	70	69	80
• Don't know	10	7	7	8	5
On political and social issues, news organizations...					
• Deal fairly with all sides	34	31	26	26	16
• Tend to favor one side	53	63	66	66	77
• Don't know	13	6	8	8	7

81. Which statement is best supported by the information presented in the table?

(a) Between 1985 and 2011, the proportion of inaccurate news stories rose dramatically.

(b) Between 1992 and 2003, the proportion of people who believed that news organizations were biased almost doubled.

(c) Between 2003 and 2007, people's views of the accuracy, independence, and fairness of news organizations changed very little.

(d) Between 2007 and 2011, people's perception that news organizations are accurately increased, but people's perception that news organizations are fair diminished.

82. According to the passage, which expectation do traditional authorities now face?

(a) They should be uninfluenced by commercial considerations.

(b) They should be committed to bringing about positive social change.

(c) They should be respectful of the difference between public and private knowledge.

(d) They should be transparent about their beliefs and assumptions.

83. Which choice provides the best evidence for the answer to the given question?

(a) "Unlike people"

(b) "The production process"

(c) "As part decisions"

(d) "Editors viewers"

84. The authors most likely include the extended quotations in lines to:

(a) present contradictory examples.

   (b)   cite representative opinions.

   (c)   criticize typical viewpoints.

   (d)   suggest viable alternatives.

85. Which choice provides the best evidence for the answer to the given question?
   (a)   "Thus them"
   (b)   "They others"
   (c)   "Not surprisingly authority"
   (d)   "There own"

86. "Raw" most nearly means:
   (a)   unfiltered   (b)   exposed
   (c)   harsh   (d)   inexperienced

87. The authors indicate that the public is coming to believe that journalists' reports should avoid:
   (a)   personal judgments about the events reported.
   (b)   more information than is absolutely necessary.
   (c)   quotations from authorities on the subject matter.
   (d)   details that the subjects of news reports wish to keep private.

88. Based on the table, in which year were people the most trusting of the news media?
   (a)   1985   (b)   1992
   (c)   2003   (d)   2011

89. "Common" most nearly means:
   (a)   numerous   (b)   familiar
   (c)   widespread   (d)   ordinary

90. The 2011 data in the table best serve as evidence of:
   (a)   "political disengagement by the majority"
   (b)   "the professional claims of experts"
   (c)   "skepticism towards the epistemological authority of expert elites"
   (d)   "the supremacy of the clickstream"

Ques (91-100): Direction: After reading the passage choose the best answer to the given question based on what is stated or implied in the passage and in any accompanying graphics (such as a table or graph).

Questions 32-42 are based on the following passage.

We are told that it is not within the "province of woman," to discuss the subject of slavery; that it is a "political question," and we are "stepping out of our sphere," when we take part in its discussion. It is not
5 true that it is merely a political question, it is likewise a question of justice, of humanity, of morality, of religion; a question which, while it involves considerations of immense importance to the welfare and prosperity of our country, enters deeply into the
10 home-concerns, the every-day feelings of millions of our fellow beings. Whether the laborer shall receive the reward of his labor, or be driven daily to unrequited toil—whether he shall walk erect in the dignity of conscious manhood, or be reckoned
15 among the beasts which perish—whether his bones and sinews shall be his own, or another's—whether his child shall receive the protection of its natural guardian, or be ranked among the live-stock of the estate, to be disposed of as the caprice or interest of
20 the master may dictate—... these considerations are all involved in the question of liberty or slavery. And is a subject comprehending interests of such

magnitude, merely a "political question," and one in which woman "can take no part without losing
25 something of the modesty and gentleness which are her most appropriate ornaments"? May not the "ornament of a meek and quiet spirit" exist with an upright mind and enlightened intellect, and must woman necessarily be less gentle because her heart is
30 open to the claims of humanity, or less modest because she feels for the degradation of her enslaved sisters, and would stretch forth her hand for their rescue?
By the Constitution of the United States, the
35 whole physical power of the North is pledged for the suppression of domestic insurrections, and should the slaves, maddened by oppression, endeavor to shake off the yoke of the taskmaster, the men of the North are bound to make common cause with the
40 tyrant, and put down, at the point of the bayonet, every effort on the part of the slave, for the attainment of his freedom. And when the father, husband, son, and brother shall have left their homes to mingle in the unholy warfare, "to become the
45 executioners of their brethren, or to fall themselves by their hands,"1 will the mother, wife, daughter, and sister feel that they have no interest in this subject? Will it be easy to convince them that it is no concern of theirs, that their homes are rendered desolate, and
50 their habitations the abodes of wretchedness? Surely this consideration is of itself sufficient to arouse the slumbering energies of woman, for the overthrow of a system which thus threatens to lay in ruins the fabric of her domestic happiness; and she
55 will not be deterred from the performance of her duty to herself, her family, and her country, by the cry of political question.
But admitting it to be a political question, have we no interest in the welfare of our country? May we not
60 permit a thought to stray beyond the narrow limits of our own family circle, and of the present hour? May we not breathe a sigh over the miseries of our countrymen, nor utter a word of remonstrance against the unjust laws that are crushing them to the
65 earth? Must we witness "the headlong rage or heedless folly," with which our nation is rushing onward to destruction, and not seek to arrest its downward course? Shall we silently behold the land which we love with all the heart-warm affection of
70 children, rendered a hissing and a reproach throughout the world, by this system which is already tolling the death-bell of her decease among the nations? No: the events of the last two years have cast their dark shadows before, overclouding the bright
75 prospects of the future, and shrouding the destinies of our country in more than midnight gloom, and we cannot remain inactive. Our country is as dear to us as to the proudest statesman, and the more closely our hearts cling to "our altars and our homes," the
80 more fervent are our aspirations that every inhabitant of our land may be protected in his fireside enjoyments by just and equal laws; that the foot of the tyrant may no longer invade the domestic sanctuary, nor his hand tear asunder those whom
85 God himself has united by the most holy ties. Let our course, then, still be onward!

91. Which choice best summarizes the first paragraph?
   (a)   Smith explains a conventional viewpoint and presents evidence supporting it
   (b)   Smith rejects a claim and elaborates on her reasons for doing so

(c) Smith introduces her subject and provides historical background for understanding it

(d) Smith identifies a problem and proposes steps to remedy it

92. According to Smith, the US Constitution requires which action on the part of the Northern free states if slaves were to revolt?

    (a) The Northern states would have to sever ties with the slave states

    (b) The Northern states would have to give shelter to refugees from the slave states

    (c) The Northern states would have to help the slave states fight the slaves' rebellion

    (d) The Northern states would have to provide financial assistance to the rebelling slaves

93. In the passage, Smith argues that it is possible for women to engage in which activity?

    (a) Acting according to humanitarian principles while preserving their femininity

    (b) Adhering to personal morality while being politically neutral

    (c) Contributing to their family's financial security while meeting social expectations

    (d) Resisting calls for war while still opposing slavery

94. As used in line 52, "slumbering" most nearly means:

    (a) Lethargic   (b) Drowsy

    (c) Dormant   (d) Unconscious

95. In context, what is the main effect of Smith's use of the word "tyrant" in lines 40 and 83?

    (a) It identifies a specific individual as oppressive

    (b) It highlights the threat of aggression from abroad

    (c) It critiques the limited roles for women in antislavery movements

    (d) It emphasizes the unjustness of slavery

96. Which statement provides the best description of a technique that Smith uses throughout the passage to advance her main point?

    (a) She presents claims in the form of rhetorical questions that mostly have implicit negative answers

    (b) She criticizes her opponents by quoting self-contradictory remarks they have made

    (c) She illustrates each of her central ideas with an emotionally powerful anecdote

    (d) She emphasizes the reasonableness of her views by presenting them as though they are universally held

97. In the passage, Smith most strongly suggests that slavery affects the United States by:

    (a) Lowering the country's reputation in the international community

    (b) Leading many women to disavow their allegiance to the country

    (c) Causing violent conflicts in many areas of the country

    (d) Weakening the authority of the country's government

98. Which choice provides the best evidence for the answer to the previous question?

    (a) Lines 26-33 ("May... rescue")

    (b) Lines 42-47 ("And when... subject")

    (c) Lines 51-54 ("Surely... happiness")

    (d) Lines 77-82 ("Our... laws")

99. Smith's main purpose in the passage is to:

    (a) Accuse fellow abolitionists of overlooking the contributions that women have made to the movement

    (b) Argue that the causes of abolition and women's rights are continuations of the spirit of the American Revolution

    (c) Make the case that women's rights are meaningless while slavery exists

    (d) Encourage women to see their participation in the abolitionist cause as just and important

100. Which choice provides the best evidence for the answer to the previous question?

    (a) Lines 48-50 ("Will it... wretchedness")

    (b) Lines 59-61 ("May... hour")

    (c) Lines 68-73 ("Shall... nations")

    (d) Lines 73-77 ("No: the... inactive")

101. **Direction:** Select the option that is opposite in meaning to the underlined word and mark your response accordingly.

Despite the language <u>barrier</u>, they soon became good friends.

    (a) obstruction   (b) tactic

    (c) goal   (d) assistance

102. **Direction:** Select the option that is opposite in meaning to the underlined word and mark your response accordingly.

The survey appears to <u>contradict</u> the industry's claims.

    (a) oppose   (b) reject

    (c) confirm   (d) console

103. Choose the correct suffix to get the noun of the word 'refer'.

    (a) ly   (b) ee

    (c) ty   (d) et

104. Which one of the following suffixes can be added to the word 'Paint' to form a noun?

    (a) er   (b) ly

    (c) en   (d) ion

105. **Direction:** Rearrange the following parts of a sentence to form a meaningful sentence.

Work is the one thing
P: and without it
Q: that is necessary
R: to keep the world going
S: we all should die

    (a) QPSR   (b) RPQS

    (c) QRPS   (d) SRPQ

106. **Direction:** Sentences of a paragraph are given below in jumbled order. Arrange the sentences in the right order to form a meaningful and coherent paragraph.

A: The Prime Minister along with
B: Speaking at an online meeting of medical staff,
C: The Health Minister has announced an
D: Insurance policy for Health care workers.

(a) ABCD   (b) BACD
(c) ACBD   (d) ADCB

107. Direction: Rearrange the following parts (A, B, C and D) in the proper sequence to obtain a correct sentence.

A. Millions were impoverished as the crisis overwhelmed large segments of the economy and social fabric.

B. An estimated 2.1–3 million, out of a population of 60.3 million, died of starvation, malaria and other diseases aggravated by malnutrition, population displacement, unsanitary conditions and lack of health care.

C.Historians have frequently characterised the famine as "man-made", asserting that wartime colonial policies created and then exacerbated the crisis.

D. The Bengal famine of 1943 was a major famine in the Bengal province in British India during World War II.

(a) ADBC   (b) BADC
(c) DBAC   (d) CABD

108. Direction: Fill in the blank with an appropriate article:

__________ king of Scotland saw __________ spider trying to climb up to __________ ceiling of the cave.

(a) The, a, the
(b) A, a, the
(c) No articles, a. no article
(d) The, a, no articles

109. Direction: Choose the correct gerund from the options given below.

My passion is __________.

(a) read   (b) to read
(c) reading   (d) is to read

110. Direction : Fill in the blank using appropriate tense forms from the options given.

I'm sure I _____ them at the party last night.

(a) am seeing   (b) was seeing
(c) have seen   (d) saw

111. Direction: Pick out the most effective word from the choices below to fill in the blanks to make the sentence meaningfully complete.

Mary passed me _____ her bicycle.

(a) at   (b) in
(c) above   (d) on

112. Direction: Select the correct active form of the given sentence.

I am trusted by all my friends.

(a) I have trusted all my friends.
(b) I trust all my friends.
(c) All my friends trust me.
(d) I have been trusted all my friends.

113. Direction: Parts of the following sentence are given as options. Identify the segment that contains a grammatical error.

My grandmother is quite concerned to my progress at school.

(a) My grandmother   (b) to my progress
(c) is quite concerned   (d) at school

114. Direction: Parts of the following sentence are given as options. Identify the segment that contains a grammatical error.

Before take this medicine you should consult a doctor.

(a) Before take   (b) a doctor
(c) this medicine   (d) you should consult

115. Direction: Parts of the following sentence are given as options. Identify the segment that contains a grammatical error.

He gave such a long speech but everybody felt bored.

(a) a long speech   (b) but everybody
(c) He gave such   (d) felt bored

116. Direction : Select the most appropriate direct form of the given sentence.

She wondered if she had enough money to buy a pullover.

(a) She said, "I wonder that she has enough money to buy a pullover."
(b) She said, "I wonder if I have enough money to buy a pullover."
(c) She said, "I wondered that she has enough money to buy a pullover."
(d) She said, "I am wondering that she has enough money to buy a pullover."

117. Direction : Identify the words that are contextually similar to the phrase/idiom given in bold and mark that as your answer.

If I say "I am going to **hit the books** now".

(a) Take a short break from studying
(b) Throw my books away
(c) To study
(d) Worry about study

118. Direction: Which of the given options best describes the meaning of the phrase.

"To stew in one's own juice"?

(a) To eat healthy food
(b) To suffer the results of one's own actions
(c) To eat unhealthy food
(d) To suffer the results of other's actions

119. Direction : Select the word which means the same as the group of words given.

A large single detached house with single or double story.

(a) Suite   (b) Apartment
(c) Bungalow   (d) Penthouse

120. Direction: Which of the option (A), (B) and (C) given below, should replace the phrase printed in bold in the sentence to make it grammatically correct? If the sentence is correct as it is given and no correction is required, mark (D) as the answer.

Preserving and to restore forests are an effective step toward mitigating climate change, and comes with a host of other benefits.

(a) Preserving to restore forests is
(b) Preserving and restoring forests is
(c) To preserve restoring of forests is
(d) No correction required

// Smart Answer Sheet //

	Correct	Percentage of students who answered correctly.
	Skipped	Percentage of students who skipped.

Q.	Ans.	Correct / Skipped	Q.	Ans.	Correct / Skipped	Q.	Ans.	Correct / Skipped
1	B	62.19% / 32.99%	2	C	89.98% / 10.01%	3	D	47.96% / 40.51%
4	A	67.15% / 31.91%	5	B	81.26% / 16.33%	6	D	87.92% / 10.31%
7	A	83.21% / 14.08%	8	D	77.28% / 14.02%	9	B	56.21% / 30.62%
10	D	81.06% / 11.38%	11	B	48.38% / 44.25%	12	A	76.87% / 22.35%
13	B	86.37% / 13.57%	14	D	76.17% / 22.03%	15	B	48.89% / 40.12%
16	B	82.89% / 11.57%	17	A	87.28% / 12.45%	18	B	47.5% / 46.67%
19	C	55.3% / 30.29%	20	B	86.0% / 10.34%	21	D	78.97% / 13.9%
22	D	87.89% / 10.71%	23	D	64.5% / 33.16%	24	A	78.93% / 10.42%
25	C	84.2% / 13.45%	26	B	84.5% / 12.24%	27	A	40.9% / 58.15%
28	A	65.36% / 32.52%	29	D	64.26% / 31.86%	30	A	59.04% / 31.34%
31	A	66.19% / 33.35%	32	A	89.78% / 10.08%	33	B	64.54% / 31.68%
34	C	40.34% / 38.81%	35	A	56.47% / 37.56%	36	C	59.72% / 37.27%
37	B	63.58% / 33.54%	38	A	65.97% / 30.11%	39	D	66.44% / 31.31%
40	A	50.91% / 33.55%	41	B	87.54% / 10.43%	42	C	49.95% / 47.32%
43	D	27.73% / 71.18%	44	A	50.09% / 43.11%	45	D	57.21% / 30.52%
46	C	41.93% / 54.32%	47	B	30.02% / 69.28%	48	A	41.5% / 36.87%
49	D	43.64% / 35.0%	50	A	84.14% / 11.66%	51	B	80.23% / 19.72%
52	D	31.2% / 68.25%	53	B	54.42% / 44.87%	54	D	43.48% / 38.7%
55	B	87.59% / 11.56%	56	C	89.25% / 10.02%	57	A	65.06% / 34.27%
58	A	22.1% / 70.05%	59	D	59.41% / 39.34%	60	D	68.73% / 31.13%
61	B	89.24% / 10.49%	62	B	47.87% / 33.96%	63	D	51.46% / 48.36%
64	B	64.55% / 33.49%	65	A	14.44% / 81.69%	66	B	58.96% / 35.3%
67	C	62.88% / 30.46%	68	A	43.15% / 34.0%	69	B	55.42% / 43.2%
70	A	25.48% / 68.61%	71	B	66.84% / 32.8%	72	D	87.25% / 12.27%
73	B	85.0% / 13.39%	74	B	88.9% / 10.76%	75	D	48.41% / 49.85%
76	D	64.25% / 34.38%	77	D	59.12% / 36.69%	78	D	69.08% / 30.29%
79	B	48.83% / 31.72%	80	C	65.08% / 33.82%	81	C	65.69% / 30.63%
82	D	25.7% / 73.05%	83	C	68.04% / 31.07%	84	B	42.22% / 47.63%
85	D	12.92% / 80.65%	86	A	59.81% / 30.19%	87	A	20.73% / 67.47%
88	A	81.0% / 12.29%	89	C	57.81% / 39.51%	90	C	68.62% / 30.38%
91	B	32.94% / 67.05%	92	C	19.39% / 67.43%	93	A	41.43% / 30.81%
94	C	48.54% / 45.85%	95	D	49.08% / 35.67%	96	A	67.89% / 31.53%
97	A	19.78% / 72.97%	98	A	65.23% / 33.88%	99	D	20.64% / 79.22%
100	C	58.34% / 37.13%	101	D	57.86% / 36.69%	102	C	43.14% / 35.73%
103	B	42.43% / 56.59%	104	A	46.75% / 47.07%	105	C	57.14% / 37.03%
106	B	66.41% / 30.31%	107	C	61.68% / 36.94%	108	A	84.14% / 15.6%
109	C	45.18% / 38.1%	110	D	63.74% / 33.82%	111	D	66.0% / 31.45%
112	C	68.26% / 31.72%	113	B	43.95% / 46.73%	114	A	78.21% / 20.04%
115	B	14.58% / 68.64%	116	B	63.65% / 32.94%	117	C	46.93% / 46.64%
118	B	40.5% / 38.2%	119	C	78.98% / 15.53%	120	B	46.77% / 44.1%

// Hints and Solutions //

1(B). गद्यांश की पंक्तियों "इसकी वजह यह है कि बच्चे इसी तरह सीखते हैं। संख्याएँ संदर्भ से ही आती हैं" के अनुसार बच्चों के सीखने के तरीके में सबसे अधिक महत्वपूर्ण संदर्भ है।

2(C). आजकल प्रत्येक स्कूल में गतिविधि पर विशेष ध्यान दिया जाता है और इस प्रकार यह खुशनुमा ढंग से सीखने की रीति बन गई है, अत: गद्यांश में खुशनुमा ढंग से सीखने को ढर्रा बन जाने की बात कही है।

3(D). यद्यपि गतिविधियाँ बच्चों में सीखने के प्रति उत्सुकता पैदा करती हैं किन्तु उसका एक सार्थक उद्देश्य होना आवश्यक है। उपरोक्त गद्यांश के अनुसार बच्चों को करवाई जाने वाली गतिविधियाँ सार्थक होनी चाहिए।

4(A). गद्यांश की पंक्तियों "एक बच्चे के लिए 'दो' समझना अमूर्त बात है। वह कैसे समझेगा कि किसी चीज के 'दो' होने का क्या मतलब है?" इसलिए, बच्चों के लिए संख्या जैसी अमूर्त अवधारणा को समझना मुश्किल है।

5(B). गद्यांश में 'अंधकार' शब्द बुराइयों और कठिनाइयों की ओर संकेत करता है। गद्यांश के अनुसार- "जीवन में बहुत अंधकार है और अंधकार की ही भांति अशुभ और अनीति है।"

6(D). लेखक ने "अंधकार को स्वीकार कर लेना" को सबसे बड़ा पाप कहा है। गद्यांश के अनुसार- "मैं अंधकार की इस स्वीकृति को मनुष्य का सबसे बड़ा पाप कहता हूँ।"

7(A). जब व्यक्ति स्वयं के प्रति किए गई अनाय, शोषण के विरुद्ध आवाज़ नहीं उठाता तो इससे दूसरों के प्रति अन्याय, शोषण को बढ़ावा मिलता है। गद्यांश के अनुसार- मैं अंधकार की इस स्वीकृति को मनुष्य का सबसे बड़ा पाप कहता हूँ। यह मनुष्य का स्वयं अपने प्रति किया गया अपराध है। उसके दूसरों के प्रति किए गए अपराधों का जन्म इस मूल पाप से ही होता है।

8(D). 'अंधकार का निषेध' "यह मानना कि समाज में अन्याय, शोषण, बुराइयाँ नहीं है" की ओर संकेत करता है। गद्यांश के अनुसार- किन्तु कुछ लोग अंधकार के स्वीकार से बचने के लिए उसके अस्वीकार में लग जाते हैं। उनका जीवन अंधकार के निषेध का ही सतत उपक्रम बन जाता है।

9(B). इस गद्यांश का मुख्य उद्देश्य अन्याय और बुराइयों को दूर करने के लिए प्रेरित करना है। उपर्युक्त गद्यांश में अंधकार को स्वीकार करने को बहुत बड़ा पाप माना गया है अर्थात अन्याय व बुराइयों को सहना बहुत बड़ा पाप है।

10(D). इस गद्यांश में 'उपक्रम' का अर्थ 'व्यवसाय, कार्य' है।

11(B). रेखांकित शब्द 'जीवन में', "में" आने पर अधिकरण कारक है। "जीवन में बहुत अंधकार है" वाक्य में अंधकार का आधार जीवन बता रहा है जिस कारण से इसमें अधिकरण कारक है।

12(A). " .... और अंधकार की ही भाँति अशुभ और अनीति है।" वाक्य में निपात "ही" है।

13(B). उपर्युक्त गद्यांश के आधार पर उन व्यक्तियों का जीवन नीरस और उत्साहविहीन होता है जो अपने हुनर को स्वयं तक सीमित रखते हैं।
गद्यांश के अनुसार, सेवानिवृत्ति या कारोबार को तिलांजलि देने के बाद बिस्तर पकड़ लेने वाले आराम परस्त व्यक्ति नीरस, उत्साहविहीन, मशीनी जीवन बिताने को अभिशप्त इसलिए होते हैं, क्योंकि वह बाँटने के लायक ज्ञान, अनुभव और हुनर स्वयं तक सीमित रखते हैं।

14(D). लेखक के अनुसार सही ज्ञान वह है जिसका उपयोग समाज के हित में किया जा सके।
गद्यांश के अनुसार, नैतिक दृष्टि से ऐसे किरदारों को अपराधी या मानवता विरोधी कहना अनुचित ना होगा क्योंकि प्रकृति के दिए गुणों का लाभ ज़रूरतमंदों तक नहीं पहुँचाया गया। सही ज्ञान वही है जिसका उपयोग समाज के हित में किया जा सके।

15(B). मन से बीमार हो जाने का प्रमुख कारण केवल अपने परिजनों तक सीमित रहना, समाज से दूरी बना लेना है।
गद्यांश के अनुसार, ऐसी प्रवृत्ति के व्यक्ति को गुमसुमी या हताशा बड़ी आसानी से लील सकती है। समाज से सायास दूरी बनाने का अर्थ है - अलग-थलग पड़कर मन से बीमार होना।

16(B). 'बिस्तर पकड़ लेना' का अर्थ है- बीमारी हो जाना।
गद्यांश के अनुसार, सेवानिवृत्ति या कारोबार को तिलांजलि देने के बाद बिस्तर पकड़ लेने वाले आराम परस्त व्यक्ति नीरस, उत्साहविहीन, मशीनी जीवन बिताने को अभिशप्त इसलिए होते हैं, क्योंकि वह बाँटने के लायक ज्ञान, अनुभव और हुनर स्वयं तक सीमित रखते हैं।

17(A). 'नैतिक' शब्द में 'इक' प्रत्यय लगा है।
प्रत्यय: प्रत्यय वे शब्दांश या अव्यय होते हैं जो किसी शब्द के अन्त में जुड़कर उसके अर्थ में नवीनता ला देते हैं।
उदाहरण - समाज + इक = सामाजिक
सुगन्ध + इत = सुगन्धित

18(B). व्यक्ति जब ज्ञान, स्वयं के अनुभव और विचारों को दूसरों के साथ साझा नहीं करते तब वह ज्ञान के संदर्भ में प्रकृति के नियमों के विरूद्ध हो जाता है।
गद्यांश के अनुसार, सेवानिवृत्ति व्यक्ति नीरस, उत्साहविहीन, मशीनी जीवन बिताने को अभिशप्त इसलिए होते हैं, क्योंकि वह बाँटने के लायक ज्ञान, अनुभव और हुनर स्वयं तक सीमित रखते हैं। यह प्राकृतिक विधान के प्रतिकूल है और इसका मूल्य चुकाना पड़ता है। व्यक्ति जब अपने ज्ञान, स्वयं के अनुभव और विचारों को दूसरों के साथ साझा नहीं करते, तब वह ज्ञान के संदर्भ में प्रकृति के नियमों के विरुद्ध हो जाता है।

19(C). व्यक्ति जब अपने ज्ञान और कौशल को स्वयं तक सीमित रखता है तब वह विलुप्त हो जाता है।
गद्यांश के अनुसार, धन की भाँति जिस ज्ञान, विद्या, कौशल या विचार को इनके किरदारों ने सीलबंद कर दिया, उसका लोप हो जाना भी निश्चित है। अर्थात जिस प्रकार वह धन व्यर्थ है जो किसी ज़रूरतमंद के काम न आयी हो, उसी प्रकार ज्ञान, विद्या, कौशल या विचारों को स्वयं तक सीमित रखने से उसका विलुप्त हो जाना भी निश्चित है।

20(B). 'सेवानिवृत्ति' शब्द का समास विग्रह है- सेवा से निवृत्ति (अपादान तत्पुरुष समास)
सामासिक शब्दों के बीच के संबंधों को स्पष्ट करना समास विग्रह कहलाता है।
तत्पुरुष समास में पहला पद (पूर्व पद) गौण व बाद (उत्तर) पद प्रधान होता है और दोनों पदों के बीच का कारक चिह्न लुप्त हो जाता है तथा विग्रह करने पर प्रकट हो जाता है।
उदाहरण - गंगाजल - गंगा का जल।
काव्यनिपुण - काव्य में निपुण।

21(D). कोयल तद्भव शब्द है। इसका तत्सम कोकिल होता है। भ्रमर का तद्भव शब्द भौंरा, व्याघ्र का तद्भव शब्द बाघ, तथा क्षीर का तद्भव शब्द खीर होता है।

22(D). 'उल्लू तद्भव शब्द है जिसका तत्सम शब्द 'उलूक' है। अच्छर

शब्द, अक्षर का, ईर्षा शब्द ईर्ष्या का, अखाड़ा शब्द अक्षवाट का तद्भव रूप होता है।

23(D). गृध्र शब्द का तदभव रूप है - गीध, जिसका अर्थ गिद्ध, गीध पक्षी, जटायु, संपाति आदि पौराणिक पक्षी है।

24(A). आर्द्रक का तद्भव 'अदरक' है।
अन्य विकल्प :
- आर्द्रि का अर्थ : गीला या नम।
- अद्रख और अदरख : यह गलत वर्तनी वाले शब्द है सही शब्द अदरक होगा।

25(C). ' अंक ' तत्सम शब्द है। अंक का तद्भव रूप आँक है।
अन्य विकल्प :
- आँत शब्द का तत्सम अंत्र होगा।
- आक शब्द का तत्सम रूप अर्क है।
- अँजुरी शब्द का तत्सम रूप अंजलि है।

26(B). "पराधीन" शब्द में उपसर्ग नहीं है।
पराधीन शब्द में पर + अधीन = पराधीन, ऐसा विग्रह होता है।
- पर: उपसर्ग
- अधीन: मूल शब्द

27(A). 'कार' प्रत्यय से निर्मित "बेकार" नहीं है। अन्य सभी 'कार' प्रत्यय से निर्मित है।
वे शब्द जो किसी शब्द के अंत में जुड़कर उसके अर्थ में अपनी प्रकृति के अनुसार बदलाव कर देते हैं, प्रत्यय कहलाते है।

28(A). मूल शब्द व प्रत्यय का विभाजन "कठौती = कठ + औती" अशुद्ध है।
कठौती शब्द का शुद्ध विभाजन - काठ + औती है।
कठौती का अर्थ- लकड़ी का एक पात्र।
कठ का अर्थ- काठ, लकड़ी।

29(D). दिए गए विकल्पों में से ' ओजस्वी ' का विलोम शब्द ओजहीन है।
ओजस्वी का विलोम- शब्द ओजहीन, निस्तेज।

30(A). दिए गए विकल्पों में से 'एकरूपता' शब्द का विलोम 'अनेकरूप' है। अन्य विकल्प असंगत है।
विपरीत (उल्टा) अर्थ बताने वाले शब्दों को विलोम शब्द कहते हैं। जैसे- रात - दिन, सुख - दुःख आदि।

31(A). 'चिरन्तन' का सही विलोम शब्द 'नश्वर' है।
विपरीत (उल्टा) अर्थ बताने वाले शब्दों को विलोम शब्द कहते हैं।
उदाहरण: रात-दिन, धरती-आकाश

32(A). 'धूप'' का सही विलोम शब्द 'छाँह' है।
'धूप' का अर्थ - घाम, सूर्य का प्रकाश।
'छाया' का अर्थ - अंधकार पूर्ण वातावरण जहाँ प्रकाश की किरणें आड़/आवरण आदि के कारण न पहुँच सकें।

33(B). आकाश, वसन का पर्याय नहीं है।
आकाश के पर्यायवाची - नभ, गगन, अम्बर, व्योम, अनन्त, आसमान
वसन के पर्यायवाची - चीर, परिधान, पट, वस्त्र, कपड़ा

34(C). उपरोक्त विकल्पों में सही विकल्प 'पैतृक' है।
पैतृक विशेषण शब्द है जिसका अर्थ पिता संबंधी, पुश्तैनी या पुरखों होता है।

35(A). 'घनीष्ठ' वर्तनी की दृष्टि से गलत शब्द है।
वर्तनी की दृष्टि से सही शब्द 'घनिष्ठ' है।
'घनिष्ठ' का मूल अर्थ है- जिसके साथ अत्यधिक मित्रता का संबंध हो।

36(C). दिए गए विकल्पों में 'कौतूहल' वर्तनी सही है। कौतूहल का अर्थ- 'किसी वस्तु को देखने या जानने की इच्छा या चाहत, जिज्ञासा' है।

37(B). मुहावरा - मूंग की दाल खाने वाला
अर्थ - सीधा-साधा व्यक्ति
वाक्य - रवि तो एकदम मूंग की दल खाने वाला व्यक्ति है।

38(A). मुहावरा - शहद लगाकर चाटना

अर्थ - किसी चीज़ को व्यर्थ लेकर बैठे रहना

वाक्य - अब झगड़े की बात को शहद लगाकर मत चाटो, भूल जाओ उसे।

39(D). मुहावरा - हिसाब बैठना

अर्थ - सुभीता होना (ऐसी स्थिति जो किसी व्यक्ति या बात के लिए अनुकूल हो)

वाक्य - पढ़ाई के लिए सीता की कही बात मुझे हिसाब में बैठी हुई लग रही है।

40(A). 'नहिं कोउ अस जनमा जग माहीं, प्रभुता पाई, काहि मद नाहीं ' यह पंक्ति गोस्वामी तुलसीदास जी की है।

जिसमें उन्होंने बताया है कि संसार में ऐसा कोई नहीं है जिसको प्रभुता पाइ घमंड न हुआ हो

लोकोक्ति - 'प्रभुता पाई, काहि मद नाहीं '

अर्थ - शक्ति पाने पर व्यक्ति अभिमानी हो जाता है ।

वाक्य - प्रकाश का सरकारी नौकरी में चयन होने के बाद उसका तो व्यवहार ही परिवर्तित हो गया। इसलिए सही कहा गया 'प्रभुता पाइ काहु मद नाहीं।'

41(B). "आँखों का पानी ढल जाना" मुहावरे का अर्थ 'लज्जारहित हो जाना' है।

वाक्य प्रयोग – अब तो वह लड़की किसी की नहीं सुनती, लगता है, उसकी आँखों का पानी ढल गया है।

42(C). उपरोक्त काव्य पंक्ति में 'भयानक रस' है।

दिए गए उदाहरण में एक मुसाफिर अजगर और सिंह के मध्य फसने एवं उससे जो भय उत्पन्न हो रहा है उसका वर्णन किया गया है।

किसी बलवान शत्रु या भयानक वस्तु को देखने पर उत्पन्न भय ही भयानक रस है।

भय नामक स्थाई भाव जब अपने अनुरूप आलंबन, उद्दीपन एवं संचारी भावों का सहयोग प्राप्त कर आस्वाद का रूप धारण कर लेता है तो इसे भयानक कहा जाता है।

43(D). "कौन हो तुम वसंत के दूत,

विरस पतझड़ में अति सुकुमार,

घन तिमिर में चपला की रेखा,

तपन में शीतल मंद बयार।"

दिए गए पद्यांश में कवि ने नायिका के रूप का वर्णन किया है जोकि उसे संयोगवश मिला है। इस प्रकार मनु आगंतुक से कहते हैं कि वे तो अपने जीवन को पतझड़ के समान मानते हैं और उस नारी को वसंत का दूत समझते हैं तथा यह स्पष्ट कर देना चाहते हैं कि उन्हें उसकी बातें सुनकर यह आशा हो चली है कि उसके जीवन से शीघ्र ही सरसता और मधुरता का आगमन होगा। दिए गए पद्यांश में प्रस्तुत रस संयोग श्रृंगार है। संयोग श्रृंगार, श्रृंगार रस का एक भेद जिसमें नायक नायिका के मिलन आदि का वर्णन होता है।

जब पति-पत्नी / प्रेमी-प्रेमिका / नायक-नायिका के मन में स्थाई भाव रति जागृत होकर आस्वादन के योग्य हो जाता है, तो इसे श्रृंगार रस कहा जाता है। श्रृंगार रस में प्रेम का वर्णन होता है। जब विभाव, अनुभाव और व्यभिचारी के संयोग से रति नामक स्थायी भाव रस रूप में परिणत हो, तो उसे श्रृंगार रस कहते हैं।

44(A). उपरोक्त काव्य पंक्ति इन पंक्तियों में श्रृंगार रस' की प्रतीत होती है।

क्योंकि इस पद में मीरा कृष्ण के प्रेम में मग्न हैं, उन्होंने कृष्ण को ही अपना सर्वस्व मान लिया है।

वो कृष्ण के प्रति प्रेम व्यक्त करने में स्वयं को धन्य मानती हैं और वह कृष्ण के प्रति प्रेम के आनंद में निमग्न हो जाती हैं।

45(D). वर्णिक वृत्त छंद में वर्णों की गणना की जाती है।

वर्णिक वृत्त छंद की विशेषताएँ निम्नलिखित है:

- इसमें चार चरण होते है। प्रत्येक चरण में आने वाले लघु-गुरु का क्रम सुनिश्चित होता है।

- वर्णों की गणना पर आधारित छंद वर्णिक छंद कहलाते है।

46(C). "गीतिका छंद" में 26 मात्राएँ होती हैं तथा 14 - 12 पर यति होती

है।

"गीतिका छंद" की विशेषताएँ निम्नलिखित है:

- गीतिका एक सम मात्रिक छंद है।

- इसके प्रत्येक पंक्ति में 26 मात्राएँ होती है, तथा प्रत्येक पद 14 - 12 या 12 - 14 मात्राओं की यति के अनुसार होते है।

- पदांत में लघु-गुरू होना अनिवार्य है।

उदाहरण-

हे प्रभो आनंददाता ज्ञान हमको दीजिये

शीघ्र सारे दुर्गुणों से दूर हमको कीजिये लीजिये

हमको शरण में हम सदाचारी बने

ब्रहाचारी धर्म रक्षक वीर व्रतधारी बनें

47(B). यों किधर जा रहे हैं बिखर, कुछ बनता इससे कहीं।

संगठित ऐटमी रूप धर, शक्ति पूर्ण जीतो मही।।

उपरोक्त पंक्तियों में उल्लाला छंद है।

उल्लाला में 28 मात्राएँ होती हैं, जिसमें पहले और तीसरे चरण में 15-15 दूसरे और चौथे चरण में 13-13 मात्राएं होती है। यह अर्ध सम मात्रिक छन्द है।

48(A). 'व्यवहार' का सही संधि-विच्छेद वि + अव + हार है, इसमें यण संधि है।

इसमें 'अव' मूल शब्द 'वि' उपसर्ग तथा 'हार' प्रत्यय है।

जब संधि करते समय इ, ई के साथ कोई अन्य स्वर हो तो 'य' बन जाता है, जब उ, ऊ के साथ कोई अन्य स्वर हो तो 'व्' बन जाता है, जब ऋ के साथ कोई अन्य स्वर हो तो 'र' बन जाता है।

49(D). 'सावधान' का सही संधि-विच्छेद स + अवधान (अ + अ = आ) दीर्घ संधि है।

दीर्घ संधि: जब दो शब्दों की संधि करते समय (अ, आ) के साथ (अ, आ) हो तो 'आ' बनता है, जब (इ, ई के साथ (इ, ई) हो तो 'ई' बनता है, जब (उ, ऊ) के साथ (उ, ऊ) हो तो 'ऊ' बनता है।

50(A). 'निश्चल' का सही संधि-विच्छेद ' निः + चल' है। यह ' विसर्ग संधि उदाहरण है।

विसर्ग संधि : जब संधि करते समय विसर्ग के बाद स्वर या व्यंजन वर्ण के आने से जो विकार उत्पन्न होता है, हम उसे विसर्ग संधि कहते हैं। यदि विसर्ग के बाद च, छ और श, हो तो विसर्ग का श्, ट, ठ और ष हो तो ष् और त, थ, स हो तो विसर्ग का स् हो जाता है।

51(B). प्रस्तुत पंक्तियों में यमक अलंकार है क्योंकि इसमें घटा शब्द की आवृत्ति दो बार हुई है।

52(D). उपरोक्त पंक्तियो में वक्रोक्ति अलंकार है।

जहाँ बात किसी एक आशय से कही जाए और सुनने वाला उससे भिन्न दूसरा अर्थ लगा दे, वहाँ वक्रोक्ति अलंकार होता है।

53(B). 'अस कहि कुटिल भई उठि ठाढी। मानहुँ रोष-तरंगिनी बाढी' - में 'मानहुँ' पंक्ति में मानहुँ के द्वारा उत्प्रेक्षा अलंकार है।

उत्प्रेक्षा अलंकार

परिभाषा:- "जहाँ उपमेय में उपमान की सम्भावना की जाती है, वहाँ 'उत्प्रेक्षा' अलंकार होता है।"

उत्प्रेक्षा को व्यक्त करने के लिए प्रायः मनु, मनहुँ, मानो, जानेहुँ, जानो आदि वाचक शब्दों का प्रयोग किया जाता है।

54(D). "तापस बाला-सी गंगा कूल" में उपमा अलंकार है। यहाँ गंगा उपमेय है, तापस बाला उपमान है, कल (सौंदर्य) सामान्य गुण धर्म है।

55(B). 'अलंकार' शब्द का शाब्दिक अर्थ गहना या आभूषण है।

अलंकार, कविता-कामिनी के सौन्दर्य को बढ़ाने वाले तत्व होते हैं। शब्द तथा अर्थ की जिस विशेषता से काव्य का श्रृंगार होता है उसे ही अलंकार कहते हैं। भारतीय साहित्य में अनुप्रास, उपमा, रूपक, अनन्वय, यमक, श्लेष, उत्प्रेक्षा, संदेह, अतिशयोक्ति, वक्रोक्ति आदि प्रमुख अलंकार हैं। इसके अलावा अन्य अलंकार भी हैं।

56(C). दर्रा - पद्धति, उपाय, व्यवहार यह बेमेल विकल्प है। सही शब्द : ढर्रा है।

ढर्रा का अर्थ- किसी काम को करने का बँधा हुआ तरीका, शैली,

पद्धति या ढंग

57(A). 'प्रमत्त-स्वेच्छाचारी' अर्थात 'मतवाला, मनमाना, उन्मत्त'। 'प्रमत्त' का अनेकार्थी शब्द 'स्वेच्छाचारी, मतवाला, मनमाना, उन्मत्त' है।
अन्य विकल्प:-
प्रपीड़ित अर्थात 'बहुत अधिक सताना या कष्ट देना'।
परितप्त अर्थात 'अत्यधिक दुःखी एवं संतप्त'।
उत्कृष्ट अर्थात 'श्रेष्ठ, उत्तम'।

58(A). दिए गए विकल्पों में सही उत्तर विकल्प 1 'काजल, रात, माया' हैं। अन्य विकल्प इसके अनुचित उत्तर हैं।
अनेकार्थी शब्द - जिन शब्दों के एक से अधिक अर्थ होते हैं, उन्हें 'अनेकार्थी शब्द' कहते है।
उदाहरण- काक- कौआ, लँगड़ा आदमी, अतिधृष्ट।

59(D). 'पंचवटी' शब्द में द्विगु समास है।
'पंचवटी' का समास विग्रह होगा 'पांच वटों का समूह'।
इसमें 'पांच' संख्यावाचक विशेषण प्रयोग हुआ है।
द्विगु समास: जिस समास में पूर्वपद (पहला पद) संख्यावाचक विशेषण हो।

60(D). 'त्रिलोचन' का सामासिक विग्रह ' तीन नेत्रों वाला अर्थात् शिव ' होगा।
'त्रिलोचन' शब्द में बहुव्रीहि समास है।
इसमें सांकेतिक अर्थ (शिव) को इंगित किया गया है।
बहुव्रीहि समास: जिस समास में दोनों पद प्रधान नहीं होते हैं और दोनों पद मिलकर किसी अन्य विशेष अर्थ की ओर संकेत कर रहे होते हैं।

61(B). 'प्रयोगशाला' का सामासिक विग्रह ' प्रयोग के लिए शाला ' होगा ।
'प्रयोगशाला' शब्द में तत्पुरुष समास है।
प्रयोगशाला में 'के लिए' कारक का प्रयोग हुआ है।
तत्पुरुष समास: जिस समास में उत्तरपद प्रधान हो तथा समास करने के उपरांत विभक्ति (कारक चिन्ह) का लोप हो।

62(B). दिए गए विकल्पों में 'जिगीषु' दिए गए वाक्यांश के लिए उचित शब्द है।
• जिगीषु: किसी को जीत लेने का इच्छुक
• अछूता: जो छूआ न गया हो
• द्विज: दो बार जन्म लेने वाला (ब्राह्मण, पक्षी, दांत)
• अछूत: जो छूने योग्य न हो

63(D). गयन्द का अर्थ व्यंजक 'बड़ा हाथी' होता है। एक शाकाहारी स्तनपायी चौपाया जो अपने स्थूल और विशाल आकार तथा सूँड के कारण सब जानवरों से विलक्षण होता है।

64(B). जिसका पहले प्रयोग किया जा चुका हो का अर्थ प्रायोगिक होता है।

65(A). 'कटोरे में कपास रख दो।'- वाक्य में विदेशी शब्द नहीं है। अन्य सभी वाक्यों में विदेशी शब्द है।
विकल्प (B) में चेचक (C) में पेन तथा (D) में दरोगा विदेशी शब्द है।

66(B). "कक्षाध्यापक संस्कृत पढ़ा रहे थे" वाक्य में कोई विदेशी शब्द नहीं है।
विकल्प (A) में स्कूल (C) में बस (D) में स्टेशन विदेशी शब्द है।

67(C). उपर्युक्त विकल्पों में से 'टाँग' एक देशज शब्द है।
वे शब्द जो क्षेत्रीय भाषा में प्रयुक्त होते है तथा ये देश की विभिन्न बोलियों से लिए जाते है, वे शब्द देशज शब्द कहलाते है। इन्हें आवश्यकता अनुसार उपयोग किया जाता है और ये बाद में प्रचलन में आकर हमारी भाषा का हिस्सा बन जाते है।
उदाहरण - उटपटांग, काका, खटपट।

71(B). दूध का रंग सफ़ेद है।
दूध का सफ़ेद रंग कैसिन की उपस्थिति के कारण होता है। कैसिन दूध में मुख्य प्रकार के प्रोटीन में से एक है जो कैल्शियम और फॉस्फेट के साथ मिलकर छोटे कण बनाते हैं जिन्हें मिसेल

कहा जाता है। जब प्रकाश इन कैसिन मिसेल्स से टकराता है तो यह प्रकाश को अपवर्तित और बिखरने का कारण बनता है जिसके परिणामस्वरूप दूध सफेद दिखाई देता है।

72(D). पुल्लिंग संज्ञा के स्थान पर स्त्रीलिंग कर देने से 'काला' विशेषण का सही रूप 'काली' होगा।
जो शब्द संज्ञा की विशेषता बताते हैं विशेषण कहलाते हैं।

73(B). 'कव्वाली' शब्द में स्त्रीलिंग है।
• कव्वाली - भजन का सूफ़ी प्रकार।
• कव्वाली विदेशज शब्द है।
• वे शब्द जो किसी अन्य भाषा से हिन्दी में स्वीकार कर लिए गए हैं विदेशज शब्द कहलाते हैं।

74(B). 'सुन्दरता' शब्द स्त्रीलिंग है।
स्त्रीलिंग: जिस संज्ञा शब्द से स्त्री जाति का बोध होता है, उसे स्त्रीलिंग कहते है।
जैसे:
• **सजीव** - माता, रानी, घोड़ी, माता, लड़की, गाय, भैस, बकरी, शेरनी, नारी, राजकुमारी।
• **निर्जीव पदार्थ** - सूई, कुर्सी, गर्दन इत्यादि।
• **भाव** - लज्जा, बनावट इत्यादि।

75(D). 'सागर' शब्द पुल्लिंग है।
पुल्लिंग: जिन संज्ञा शब्दों से पुरुष जाति का बोध होता है, उसे पुल्लिंग कहते है।
जैसे-
• **सजीव** - कुत्ता, बालक, खटमल, पिता, राजा, घोड़ा, बन्दर, हंस, बकरा, लड़का इत्यादि।
• **निर्जीव पदार्थ** - मकान, फूल, नाटक, लोहा, चश्मा इत्यादि।
• **भाव** - दुःख, लगाव, इत्यादि।

76(D). घोंसला का बहुवचन शब्द 'घोंसले' है।
संज्ञा, सर्वनाम, विशेषण और क्रिया के जिस रूप से संख्या का बोध हो, उसे 'वचन' कहते हैं।
जैसे- फ्रिज में सब्जियाँ रखी हैं। तालाब में मछलियाँ तैर रही हैं।

77(D). 'डाकिया' शब्द का बहुवचन डाकिए है।
डाकिया:
• परिभाषा - डाक विभाग का वह कर्मचारी जो पत्र, मनीआर्डर आदि घर-घर पहुँचाता है
• वाक्य में प्रयोग - डाकिया यहाँ चार बजे आता है।
• बहुवचन - डाकिए
• समानार्थी शब्द - पोस्टमैन
• लिंग - पुल्लिंग
• संज्ञा के प्रकार - जातिवाचक
• मूल शब्द - डाक
• प्रत्यय - इया
• गणनीयता - गणनीय
• संधि - स्वर

78(D). साधु सही उत्तर है। वे शब्द जो किसी वस्तु की बहुलता को प्रकट करते हैं उन्हें बहुवचन के रूप में जाना जाता है। लड़के, कुत्ते, बिल्लियाँ आदि बहुवचन के कुछ उदाहरण हैं। हालाँकि, कुछ शब्द ऐसे हैं जो साधु, बैग आदि दोनों रूपों में समान हैं।

79(B). (आना - सामान्य भविष्यत् काल) में स्कूल बस पांच मिनट में आएगी।
सामान्य भविष्यत् काल: क्रिया के जिस रूप से उसके भविष्य में सामान्य ढंग से होने का पता चलता है, उसे सामान्य भविष्यत् काल कहते हैं।

80(C). 'हाथी ने केला खाया' कर्तृवाच्य है, जिसका कर्मवाच्य होगा - 'हाथी द्वारा केला खाया गया'।
कर्तृवाच्य से कर्मवाच्य बनाने के लिए –
(i) यदि कर्ता के बाद 'ने' परसर्ग लगा है तो उसे हटाकर द्वारा, से, के द्वारा लगाया जाता है।
(ii) क्रिया का प्रयोग कर्म के लिंग पुरुष और वचन के अनुसार करके 'जा' धातु को उचित रूप जोड़ देते हैं।

81(C). The table shows that from 2003 to 2007, the percentage of people who believed news organizations "get the facts straight" rose only minimally, from 36 to 39%, while their perception of the independence and fairness of those organizations changed not at all, remaining at 23% and 26%, respectively.

82(D). Although the passage initially states that traditional news authorities were once implicitly "trusted" regarding the content they produced, it goes on to note that "as part of the general process of the transformation of authority the demand has been for all authority to make explicit the frames of value which determine their decisions". The modern audience, in other words, wants to hear not only the stories a news organization produces but also the values that form the foundation of that organization's beliefs.

83(C). The question asks what expectations traditional authorities now face, with the answer being that they must make their perspectives or beliefs clear to the audience. This is supported in: "As part of the general process of the transformation of authority the demand has been for all authority to make explicit the frames of value which determine their decisions."

84(B). Two quotes are provided one highlighting the way editors work differently in modern times due to the demands of the audience and one offering an opinion about the perceived negative effects of that new reality of the news. Those extended quotations were added by the authors most likely because they provide concrete examples of how some journalists feel about modern news dissemination.

85(D). The question asks what the public is beginning to believe should be avoided in news stories, with the answer being the personal opinions or feelings of journalists. This is supported: "There is a growing feeling that the news media should be 'informative rather than authoritative'; the job of journalists should be to 'give the news as raw as it is, without putting their slant on it'; and people should be given 'sufficient information' from which 'we would be able to form opinions of our own.'"

86(A). The passage states the modern belief that the job of journalists should be to 'give the news as raw as it is, without putting their slant on it.' In this context, the word "raw" means unfiltered or in its most basic state.

87(A). The passage explains that although the major news organizations were once considered "trusted shapers" of public knowledge, that perception is changing due to the "growing feeling that the news media should be 'informative rather than authoritative'; the job of journalists should be to 'give the news as raw as it is, without putting their slant on it'; and people should be given 'sufficient information' from which 'we would be able to form opinions of our own'". In other words, the audience now wants raw facts about the world, not facts constructed in support of a certain opinion.

88(A). The table shows that in 1985, 55% of respondents believed news organizations "get the facts straight," which was the highest percentage for that choice for any of the years provided.

89(C). The passage states that "there is not always common agreement about what the public needs to know." In this context, a "common" agreement is a widespread one shared by many people.

90(C). The 2011 data in the table indicate that only 25% of respondents believed news organizations were accurate, 15% believed they were independent, and 16% believed they were fair. Combined, these data support the idea put forth that modern audiences are becoming skeptical of the authority of experts.

91(B). In the first sentence of the passage, Smith relays a claim: "We are told that it is not within the 'province of woman,' to discuss the subject of slavery; that it is a 'political question,' and we are 'stepping out of our sphere,' when we take part in its discussion." In the next sentence, Smith rejects this claim: "It is not true that it is merely a political question, it is likewise a question of justice, of humanity, of morality, of religion." She then argues that the subject of slavery "involves considerations of immense importance to the welfare and prosperity of our country, enters deeply into the home-concerns, the every-day feelings of millions of our fellow beings" and expands upon this point by providing an example of the difference, under slavery, between laborers who are enslaved and those who are within the "dignity of conscious manhood." Therefore, the best summary of the first paragraph is that Smith rejects a claim and elaborates on her reasons for doing so.

92(C). In the first sentence of the third paragraph, Smith states "by the Constitution of the United States, the whole physical power of the North is pledged for the suppression of domestic insurrections, and should the slaves, maddened by oppression, endeavor to shake off the yoke of the taskmaster, the men of the North are bound to make common cause with the tyrant, and put down, at the point of the bayonet, every effort on the part of the slave, for the attainment of his freedom." In other words, according to Smith, if slaves were to revolt, the US Constitution would require that Northern states help the slave states fight the slaves' rebellion.

93(A). In the first sentence of the second paragraph, Smith relays the sentiment, presumably voiced by those opposed to women abolitionists, that "woman 'can take no part [in the debate over slavery] without losing something of the modesty and gentleness which are her most appropriate ornaments.'" Smith opposes this view in the following sentence: "must woman necessarily be less gentle because her heart is open to the claims of humanity, or less modest because she feels for the degradation of her enslaved sisters, and would stretch forth her hand for their rescue?" The leading tone of this rhetorical question makes it clear that Smith would answer it with a "no." Thus, Smith argues that it is possible for women to act according to humanitarian principles while preserving their femininity.

94(C). In the last sentence of the third paragraph, Smith argues that the threat of a war precipitated by slavery "is of itself sufficient to arouse the slumbering energies of woman" to speak out against slavery's injustice. In other words, women have the potential to protest slavery, but they have been relatively inactive, or dormant, up until now. Therefore, the word "slumbering," as used in this sentence, most nearly means dormant.

95(D). The word "tyrant" describes a cruel and unfair ruler. It is first used in the first sentence of the third paragraph, when Smith argues that in the event of a slave rebellion in the slave states, "the men of the North are bound to make common cause with the tyrant, and put down, at the point of the bayonet, every effort on the part of the slave, for the attainment of his freedom." The word occurs again in the seventh sentence of the last paragraph, when Smith asserts the strength of women's "aspirations that every inhabitant of our land may be protected . . . by just and equal laws" so that "the foot of the tyrant may no longer invade the domestic sanctuary." In both instances, the word "tyrant" is used to represent slaveholders and their allies. Thus, Smith's use of "tyrant" emphasizes the unjustness of slavery.

96(A). Throughout the passage, Smith poses questions that aren't answered explicitly until the last paragraph, but the leading tone of the speech makes it clear that the implied answer to these questions is "no." In the second paragraph, Smith questions her critics' claim that upholding humanitarian values undermines conventional feminine virtues. In the third paragraph, she wonders how women can "have no interest" in the subject of slavery when it could lead to the destruction of their families through war. In the last paragraph, she asks women numerous questions and then answers them with a "no." Thus, a technique that Smith uses throughout the passage to advance her main point is to present her claims in the form of rhetorical questions that mostly have implicit negative answers.

97(A). The fifth sentence of the last paragraph poses the following question: "Shall we silently behold the land which we love with all the heart-warm affection of children, rendered a hissing and a reproach throughout the world, by this system which is already tolling the death-bell of her decease among the nations?" In other words, the continuation of slavery in the United States is being criticized "throughout the world," such that the existence of slavery affects the United States by lowering the country's reputation in the international community.

98(A). The previous question asks which activity Smith argues it is possible for women to engage in. The answer, that she argues that women can act according to humanitarian principles while preserving their femininity, is best supported in the last sentence of the second paragraph: "must woman necessarily be less gentle because her heart is open to the claims of humanity, or less modest because she feels for the degradation of her enslaved sisters, and would stretch forth her hand for their rescue?" The leading tone of this rhetorical question makes it clear that Smith would answer it with a "no." In other words, Smith believes that women can uphold humanitarian principles while maintaining conventional feminine virtues.

99(D). In the passage, Sara T. Smith addresses the Second Anti-Slavery Convention of American Women. In the second sentence of the first paragraph, Smith states that confronting slavery is "a question of justice" and that it involves "considerations of immense importance to the welfare and prosperity of our country." In the third paragraph, Smith argues that women shouldn't be deterred from participating in the abolitionist cause. In the last paragraph, she argues that women "cannot remain inactive" in confronting slavery as "our country is as dear to us as to the proudest statesman. . . . Let our course, then, still be onward!" Therefore, Smith's main purpose in the passage is to encourage women to see their participation in the abolitionist cause as just and important.

100(C). The previous question asks how Smith most strongly suggests that slavery affects the United States. The answer, that slavery affects the United States by lowering the country's reputation in the international community, is best supported by the fifth sentence of the last paragraph: "Shall we silently behold the land which we love with all the heart-warm affection of children, rendered a hissing and a reproach throughout the world, by this system which is already tolling the death-bell of her decease among the nations?"

101(D). Let us see the meaning of barrier:
Barrier (Noun): anything that prevents people from being together or understanding each other.
Example: Shyness is one of the biggest barriers to making friends.
Let us see the meanings of the given options:
Obstruction-the action of obstructing or the state of being obstructed.
Tactic-an action or strategy carefully planned to achieve a specific end.
Goal- the object of a person's ambition or effort; an aim or desired result.
Assistance- anything that helps people to get together or understanding each other.
From the meanings of the given words, we can say that the word 'assistance' is the opposite of the meaning of the underlined word 'barrier'.

102(C). Let us see the meaning of contradict:
Contradict (Verb): deny the truth of (a statement) by asserting the opposite.
Example: No one dared to contradict him, so he brought in anyone he knew.
Let us see the meanings of the given options:
Oppose- disagree with and attempt to prevent, especially by argument.
Reject- dismiss as inadequate, unacceptable, or faulty.
Confirm- establish the truth or correctness of (something previously believed or suspected to be the case).
Console- comfort (someone) at a time of grief or disappointment.
From the meanings of the given words, we can say that the word 'confirm' is the opposite of the meaning of the underlined word 'contradict'.

103(B). "ee" is the correct suffix to the word 'refer'. The suffix "ee" means 'someone who is'.
The root word 'refer' is a verb that means 'to mention or to cite'.
'Referee' is a noun that means 'umpire'.
Example: Interview + ee = Interviewee (someone who is giving the interview)

104(A). When we add 'er' at the end of Paint to make it a noun.
Painter means an artist who paints pictures.

Paint: It is a verb that means cover the surface of (something) with paint, as decoration or protection.
Example: a German landscape painter.

105(C). The first sentence has the subject 'work' and in this sentence 'is' is a linking verb after this verb the subject complement is mentioned which is 'the one thing' hence to complete this sentence we need a clause so that it will be thoroughly explained.
So, there is a relative clause mentioned in sentence 'Q' which is going to be the first sentence.
In the second sentence, we need to tell why is it necessary? hence the reason is given in the sentence 'R' which is going to be our second sentence.

106(B). The first sentence introduces the activity that is on going 'B' i.e 'Speaking at an online meeting of medical staff'.
The second sentence 'A' indicates the presence of the Prime minister, i.e WHO is speaking? 'The Prime Minister along with'.
The Prime Minister is with whom?. The third sentence 'C' i.e 'The Health Minister has announced an'.
The final statement follows 'C' and is 'D' i.e. 'Insurance policy for Health care workers'. It shows what was being announced and the reason for the announcement.

107(C). DBAC is the correct sequence.
D is the sentence that establishes the subject matter which is the 'Bengal Famine'. Hence, it'll be the first sentence after rearrangement.
Sentence B- talks about the statistics related to the famine. Hence, B follows D.
Sentence A- is the logical successor of sentence B as it talks about the effects of the crisis.
Sentence C- follows A as it introduces the observations or thoughts of the historians regarding the famine.

108(A). **Correct sentence is: The** king of Scotland saw **a** spider trying to climb up to **the** ceiling of the cave.
The indefinite articles 'a' and 'an' are used to modify a non-specific or non-particular noun. The article 'a' precedes a noun that begins with a consonant sound and the article 'an' precedes a noun which begins with a vowel sound. The definite article 'the' is used to modify a specific or particular noun.
The word, 'spider' is a common noun. In the given sentence, it does not refer to any specific spider. Hence, an indefinite article ('a' or 'an') is to be used before this word. As the word, 'spider' starts with a consonant sound, the article 'a' is to be used before it. In both options (A) and (D), this is correctly indicated.
The word cave is preceded by the definite article 'the'. Hence, we know that it refers to a specific cave. The ceiling of such a specific cave should also refer to a specific ceiling. Hence, the noun phrase, 'ceiling of the cave' should be preceded by the definite article, 'the'. Option (A) indicates this correctly and is the correct answer.

109(C). The correct statement is: My passion is reading.
'reading' is a predicate nominative, a word (or group of words) that completes a linking verb and renames the subject. The verb is, a form of the linking verb to be, is followed by reading, which renames the subject my passion.

110(D). "Last night" indicates past tense, and the incident took place at a moment of time or it happened for once. So, it must be in the simple past tense. Thus "saw" is the appropriate choice.
"I'm sure I saw them at the party last night" is the correct sentence.

111(D). Mary passed me **on** her bicycle.
Pass on: to give something to someone, after someone else gave it to you.
Example: Some organizations passed on substantially less money to the candidates.
The rest of the prepositions don't add up with the given verb.
So, according to the given rule, we will use 'on' in the blank part.

112(C). The correct active form is, All my friends trust me.
The given sentence is in the passive voice and it is in the present simple tense.
When we convert this sentence into an active voice, the subject 'I' of the passive voice becomes the object 'me', the object 'All my friends' becomes the subject.
The passive format "am + V3 (trusted)" should be converted into the active format "V1 (trust)".
This is the active and passive voice rule for the present simple tense.

113(B). The correct answer is "to my progress".
- In the given sentence, the word 'to' used is incorrect.
- The preposition 'about' should be used instead of the word 'to'.
- The preposition 'about' means on the subject of; concerning.
- The phrase "concerned about" means worried and feeling concerned about something.
Correct Sentence: My grandmother is quite concerned about my progress at school.

114(A). Correct Sentence: Before taking this medicine you should consult a doctor.
The verbs/adjectives/phrases given below are followed by 'V$_1$ + ing':
- with a view to, addicted to, before, given/taken to, prone to, in addition to, look forward to, owing to, etc.
According to the rule, 'taking' will be used in the 3rd part of the sentence.

115(B). Correct Answer: He gave such a long speech that everybody felt bored.
The erroneous Part 'but everybody' should be 'that everybody'.
We know that 'such' is followed either by 'as' or 'that'.
Such that: to show a cause or an effect (result) of the remarkable situation mentioned in the main clause.
- Example: It was such a beautiful meteor storm that we watched it all night.
- The above sentence show cause and effect.

116(B). The given sentence is in the indirect form (exclamatory sentence).
- The exclamation 'wondered' will be changed into 'said', and it will be used in the second part of the sentence (reported speech) in the

present tense.
- There will be inverted commas (, ") after that.
- The pronoun will be changed according to the simple sentence rule.

Direct sentence will be - 'She said, "I wonder if I have enough money to buy a pullover.'

117(C). Hit the Books means: To study
Example: "Danny was in danger of failing, so before his last math test he left the show early to go home and hit the books".

118(B). To stew in one's own juice: Be left to suffer the consequences of one's own actions.
For example:
- Let him stew in his own juices for a while.
- He's run into debt again, but this time we're leaving him to stew in his own juice.

From the above lines, we can say that To suffer the results of one's own actions is the correct meaning of the given phrase.

119(C). A large single detached house with single or double story. - Bungalow
Bungalow: A house that usually has only one story (= level), sometimes with a smaller upper story set in the roof and windows that come out from the roof.
There were small, white bungalows dotted over the hillside.

120(B). The bold part lacks parallelism. To bring parallelism the infinitive 'to restore' has to be replaced by the gerund 'restoring' here.
Secondly, as ' **Preserving and restoring forests is'** implying 'one' idea, the verb to be used has to be singular in number. Therefore, 'are' should be replaced by 'is' to make the sentence correct.
Clearly, among the given choices, option (B) replaces the bold part most appropriately.
The correct sentence will therefore be:
Preserving and restoring forests is an effective step toward mitigating climate change, and comes with a host of other benefits.

Hindi Language

Ques (1-8): निर्देश: गद्यांश को पढ़कर सबसे उचित विकल्प चुनिए ।

भारतीय रंगमंच अपने मूल में, संबद्ध विचारों में और अपने विकास में पूरी तरह स्वतंत्र था। इसका मूल उद्गम ऋग्वेद की उन ऋचाओं और संवादों में खोजा जा सकता है जिनमें एक हद तक नाटकीयता है। रामायण और महाभारत में नाटकों का उल्लेख मिलता है कृष्ण-लीला से संबंधित गीत, संगीत और नृत्य में इसने आकार ग्रहण करना आरंभ कर दिया था। ई. पूर्व छठी या सातवीं शताब्दी के महान वैयाकरण पाणिनि ने कुछ नाट्य-रूपों का उल्लेख किया है। रंगमंच की कला पर रचित नाट्यशास्त्र को ईसा की तीसरी शताब्दी की रचना कहा जाता है। ऐसे ग्रंथ की रचना तभी हो सकती थी, जब नाट्य कला पूरी तरह विकसित हो चुकी हो और नाटकों की सार्वजनिक प्रस्तुति आम बात हो!

अब तक मिले संस्कृत नाटकों में प्राचीनतम नाटक अश्वघोष के हैं। वह ईसवी सन् के आरंभ के ठीक पहले या बाद में हुआ था। ये ताड़-पात्र पर लिखित पांडुलिपियों के अंश मात्र हैं और आश्चर्य की बात यह है कि ये गोबी रेगिस्तान की सरहदों पर तूफान में मिले हैं। अश्वघोष धर्मपरायण बौद्ध हुआ। उसने बुद्धचरित नाम से बुद्ध की जीवनी लिखी। यह ग्रंथ बहुत प्रसिद्ध हुआ और बहुत समय पहले भारत, चीन और तिब्बत में बहुत लोकप्रिय हुआ। यूरोप को प्राचीन भारतीय नाटक के बारे में पहली जानकारी 1789 ई में तब हुई जब कालिदास के शकुन्तला का सर विलियम जोन्स कृत अनुवाद प्रकाशित हुआ। सर विलियम जोंस के अनुवाद के आधार पर जर्मन, फ्रेंच, डेनिश और इटालियन में भी इसके अनुवाद हुए। गेटे पर इसका प्रभाव पड़ा और उसने शकुन्तला की अत्यधिक प्रशंसा की।

1. पाणिनि मूलतः ______________ हैं।
   1. नाटककार
   2. वैयाकरण
   3. कथाकार
   4. गीतकार

   (a) 1 (b) 2
   (c) 3 (d) 4

2. कालिदास के 'शकुंतला' रचना का अनुवाद किस भाषा में नहीं हुआ?
   1. रूसी
   2. जर्मन
   3. फ्रेंच
   4. इटालियन

   (a) 1 (b) 2
   (c) 3 (d) 4

3. नाटकों का उल्लेख कहाँ मिलता है?
   1. रामायण और महाभारत में
   2. रामायण और बुद्धचरित में
   3. बुद्धचरित और महाभारत में
   4. महाभारत और व्याकरण में

   (a) 1 (b) 2
   (c) 3 (d) 4

4. गद्यांश के आधार पर भारतीय रंगमंच का स्त्रोत होना चाहिए:
   1. ऋग्वेद की ऋचाएँ
   2. रामायण के छन्द
   3. महाभारत के श्लोक
   4. कृष्ण-लीला के पद

   (a) 1 (b) 2
   (c) 3 (d) 4

5. बुद्धचरित किसकी कृति है?
   1. सर विलियम जोन्स
   2. कालिदास
   3. अश्वघोष
   4. विशाखदत्त

   (a) 1 (b) 2
   (c) 3 (d) 4

6. अश्वघोष के नाटक ____________ पर लिखे गए।
   1. भोज-पत्र
   2. कदली-पत्र
   3. वट-पत्र
   4. ताड़-पत्र

   (a) 1 (b) 2
   (c) 3 (d) 4

7. 'विकसित' शब्द में मूल शब्द और प्रत्यय हैं:
   1. विकास+इत
   2. विक+इत
   3. विकास+त
   4. विकसि+त

   (a) 1 (b) 2
   (c) 3 (d) 4

8. कौन-सा शब्द भिन्न है?
   1. भारत
   2. जर्मन
   3. पाणिनि
   4. नाटक

   (a) 1 (b) 2
   (c) 3 (d) 4

Ques (9-12): निर्देशः : अधोलिखितं गद्यांशं पठित्वा तदाधारितप्रश्नानां विकल्पात्मकोत्तरेभ्यः समीचीनमुत्तरं चिनुत।

मानवजीवनस्य नास्ति कोऽप्यंशो यत्र गोभिर्नोपक्रियते। यथा माता पुत्रं रक्षति पालयति, तथैव गौरपि रक्षति पालयति दुग्धादिना। अतिसरला मुग्धा चास्य आकृतिः। तृणानि चरित्वा अमृतमयं दुग्धं ददाति मानवेभ्यः। अल्प वत्सा बलीवर्दा भूत्वा हलशकटादिषु युज्यन्ते। गावो हि श्वेताः, कृष्णा, कपिलाः, पीताः, कर्बुराश्चेति नैकविधाः। कृषिप्रधानस्य भारतस्य मान एव सर्वस्वम्। गोजाता वृषा हलैर्भूमिं कर्षन्ति, उर्वराश्च कुर्वन्ति। तैरेव क्षेत्राणि सिच्यन्ते कूपेभ्यो जलमुद्धृत्य। परिपक्वं च सस्यं तैरेव संशोध्यते गृहमानीयते च।

ऐहलौकिक-पारलौकिकश्रेयःसाधनस्य धर्मस्य गावः प्रधानमङ्गम्। गोदुग्ध-दधि-घृतैः पुष्टानि भवन्ति शरीराणि। आयुर्वेदशास्त्रे षु दुग्धेषु गोदुग्धमेव उत्तमदुग्घ्तम्, सर्वरोगेषु गोदुग्धस्यैवोपयोग: क्रियते। गव्यं धृतं बलं ददाति।

यत्र भारते पुरा दुग्धदधि-घृतानां नद्यः प्रवहन्ति स्म तत्र हा ! दुग्धदधिघृतादयो हि दुर्लभा सञ्जाताः। कथमद्य वयं बलिनो भवेम, शुष्कभोजनाशिनामस्माकं कथं दीर्घम् आयुः स्यात्। अद्यत्वे, स्वतन्त्रे देशे आशास्महे यद गोवंशस्य रक्षा क्रियेत राष्ट्रं च समृद्धं स्यात्। पुनः शोभनानि दिनानि पश्येम।

गवां सेवया लौकिकं श्रेयः लभ्यते इतीहास एवात्र प्रमाणम्। को न जानाति यद्रघुवंशावतंसो राजा दिलीपो गोसेवया पुत्ररत्नं लेभे। गौतमशिष्यस्य सत्यकामस्यापि गोसेवयैव तत्त्वज्ञानं बभूव ।

भारतसंस्कृतिर्गां मातरं मन्यते। वस्तुतः सा मातैव। सा सर्वाण्यपि साम्येन पालयति। न केवलं गोरक्षकेभ्य एव ददाति सुखानि, अपि तु गोघातकेभ्यो ऽ पि तथैव सुखानि वितरति। कुपुत्रो जायेत कचिदपि कुमाता न भवति।

9. अस्य गद्यांशस्य मुख्योद्देश्यं किमस्ति ?
   (a) गोसेवा (b) पशुसेवा
   (c) मानवप्रेम (d) प्राणिभिः सह सद्व्यवहार:

10. गोनाम् कृषिकार्यैः कः सम्बन्धः?
   (a) गावः दुग्धेन, घृतेन च मानवान् पोषयन्ति
   (b) गोदुग्धेन सर्वरोगाः नश्यन्ति
   (c) गो-दुग्धैः, घृतादिभिश्च युवानः पुष्टाः भवन्ति तदा ते कृषिकार्यं कुर्वन्ति
   (d) गोजाता वृषा हलैर्भूमिं कर्षन्ति

11. गावः कस्य प्रधानम् अङ्गम्?
   (a) मानवरक्षणस्य (b) कृषेः कार्यस्य
   (c) धर्मस्य (d) भारतीय-अर्थव्यवस्थायाः

12. गव्य-घृतस्य किं वैशिष्ट्यम्?
   (a) गव्यं घृतं बलं ददाति

(b) गव्यघृतं बहुकालंयावत् विकृतं न भवति

(c) भारतीयसंस्कृतौ गावः पूज्याः सन्ति

(d) गौ: निर्विशेषं सुखं दधाति

Ques (13-20): निर्देश : नीचे दिए गए गद्यांश को पढ़कर संबसे उचित विकल्प का चयन कीजिए:

जिनमें सहिष्णुता की भावना होती है, केवल ऐसे लोग अध्यापक होने योग्य होते हैं। जिनका बच्चों से प्यार भरा लगाव होता है, उनमें धैर्य स्वभावत: आ जाता है। अध्यापकों को जिस अंतर्निहित गंभीर समस्या से जूझना पड़ता है, वह यह है कि उन्हें जिनको देखना है वे शक्ति और प्रभुता में उनकी बराबरी के नहीं होते। अध्यापक के लिए एकदम तुच्छ या बिना किसी कारण के या फिर वास्तविक की बजाए किसी काल्पनिक कारण के चलते अपने छात्रों के सामने धैर्य खो देना, उनकी खिल्ली उड़ाना, उन्हें अपमानित या दंडित करना एकदम आसान और संभव है। जो एक निर्बल अधीन राष्ट्र पर शासन करते हैं, उनमें न चाहते हुए भी गलत काम करने की प्रवृत्ति पाई जाती है।

उसी तरह ऐसे अध्यापक होते हैं जो बच्चों के ऊपर अपने प्रभुत्व का शिकार हो जाते हैं। जो शासन के अयोग्य होते हैं, उन्हें न केवल कमज़ोर लोगों पर अन्याय करते हुए कोई अपराध-बोध नहीं होता, बल्कि ऐसा करने में उन्हें एक खास तरह का मजा मिलता है। बच्चे अपनी माँ की गोद में क्रमज़ोर, असहाय और अश्ञानी होते हैं। माता के हृदय में स्थित प्रचुर प्यार ही उनकी रक्षा की एकमात्र गारंटी होता है। इसके बाधगूद हमारे परों में इस बात के उदाहरण कम नहीं कि कैसे हमारे स्वाभाविक प्यार पर धीरज का अभाव और उद्धत प्राधिकार विजय प्राप्त कर लेते हैं और बच्चों को अनुचित कारणों से दंडित होना पड़ता है।

13. किस तरह के लोग कमज़ोर लोगों पर अन्याय करते हैं?

    (a) जो निर्बल होते हैं।

    (b) जो अध्यापक होते हैं।

    (c) जिनमें शासन करने की योग्यता नहीं होती।

    (d) जो दण्ड देने में कुशल हैं।

14. इस गद्यांश का मुख्य भाव यह है कि:

    (a) अध्यापक में धैर्य, ममत्व, सहिष्णुता और तार्किकता होनी चाहिए।

    (b) अध्यापक को सदा निलिप्त भाव से पेश आना चाहिए।

    (c) केवल उचित कारणों पर ही अध्यापक बच्चों को अवश्य दंड दें।

    (d) अध्यापक में अपराध-बोध होना चाहिए।

15. बच्चे अपनी माँ की गोद में ही स्वयं को सुरक्षित समझते हैं, क्योंकि:

    (a) माँ सदैव उनकी गलतियाँ माफ़ करती रहती है।

    (b) केवल माँ ही उनका लालन-पालन करती रहती है।

    (c) माँ के पास सुरक्षा की शक्ति परिपूर्ण है।

    (d) माँ के हृदय में स्नेह होता है।

16. कौन-सा शब्द-समूह शेष शब्द-समूहों से भिन्न है?

    (a) अयोग्य, अज्ञानी, अभाव

    (b) अन्याय, अपराध, अपमानित

    (c) अभाव, अपमानित, अधीन

    (d) असहाय, अपराध, अनुचित

17. "इत' प्रत्यय से बनने वाला शब्द है:

    (a) नीत   (b) दंडित

    (c) अनुचित   (d) कृत

18. अध्यापक के लिए उचित विशेषण शब्द है:

    (a) धैर्य   (b) सहिष्णु

    (c) ज्ञान   (d) योग्यता

19. लेखक के अनुसार अध्यापक बनने योग्य वही होते हैं जो:

    (a) अत्यंत ज्ञानवान् होते हैं।

    (b) उच्च डिग्री प्राप्त होते हैं।

    (c) धैर्यवान् होते हैं।

(d) बच्चों से बहुत ज़्यादा शक्तिशाली होते हैं।

20. विद्यालयों में बच्चों को बिना किसी कारण दंडित करना:

    (a) असंभव है।

    (b) अध्यापक की धैर्यहीनता का चिहन है।

    (c) अध्यापकीय प्रवृत्ति है।

    (d) दुर्लभ है।

21. निम्नलिखित में कौन-सा शब्द तत्सम है?

    (a) उज्ज्वल   (b) इकट्ठा

    (c) कँवल   (d) उपरोक्त

22. निम्नलिखित में कौन-सा तत्सम-तद्भव जोड़ी का सही विकल्प नहीं है?

    (a) सूत्र-सूत   (b) हस्त - हाथ

    (c) चक्र - गोला   (d) ग्राहक - गाहक

23. निम्नलिखित में से कौन सा शब्द तत्सम नहीं है?

    (a) गायक   (b) नायक

    (c) शावक   (d) उपखान

24. निम्नलिखित में से कौन सा शब्द तद्भव नहीं है?

    (a) उपज   (b) तद्भव

    (c) उपला   (d) उबाल

25. निम्नलिखित में से कौन सा शब्द तत्सम नहीं है?

    (a) उर्वर   (b) कोंकण

    (c) उलझन   (d) कोण

26. 'प्रति' उपसर्ग हिंदी भाषा में किस भाषा से आया है?

    (a) हिंदी   (b) संस्कृत

    (c) अंग्रेजी   (d) फारसी

27. जो संज्ञा, सर्वनाम आदि शब्दों से जुड़कर नए शब्दों की रचना करते हैं, वे कौन से प्रत्यय कहलाते हैं?

    (a) तद्धित प्रत्यय   (b) कृदंत प्रत्यय

    (c) संस्कृत प्रत्यय   (d) अनीय प्रत्यय

28. निम्नलिखित शब्दों में से कौन सा शब्द संबंधवाची है?

    (a) देव   (b) देवी

    (c) दैवीय   (d) देवता

29. 'स्वर्ग' शब्द का विलोम है:

    (a) बैकुंठ   (b) देवलोक

    (c) नरक   (d) परमधाम

30. निम्नलिखित में से कौन-सा शब्द ' कमल' का पर्यायवाची नहीं है?

    (a) नीरज   (b) उत्पल

    (c) अरविन्द   (d) वारिद

31. निम्नलिखित में से कौन-सा शब्द ' सूर्य' का पर्यायवाची नहीं है?

    (a) दिनकर   (b) दिवाकर

    (c) हिमकर   (d) प्रभाकर

32. निम्नलिखित में से कौन-सा शब्द ' बिजली' का पर्यायवाची नहीं है?

    (a) तड़ित   (b) चंचला

    (c) सौदामिनी   (d) चंचरी

33. निम्नलिखित में से कौन-सा शब्द ' हवा' का पर्यायवाची नहीं है?

    (a) अनल   (b) अनिल

    (c) पवन   (d) समीर

34. सही वर्तनी वाले शब्द का चयन करें।

    (a) जनमंध   (b) जन्मांध

    (c) जनमाध   (d) जन्मांद

35. निम्नलिखित में से कौन सा वाक्य शुद्ध है?
    (a) भीड़ किसी का भी नहीं सुनता।
    (b) बैल ने खेत में बहुत उत्पात मचाई।
    (c) मन से शुद्ध लोग सबके प्रिय हो जाते हैं।
    (d) अनुज के साथ एक छोटी बच्ची था।

36. निम्नलिखित में से शुद्ध वाक्य है।
    (a) सारा राज्य उसके लिए धाती थी।
    (b) ऐसी एकाध बातें और देखने में आती हैं।
    (c) यह काम आप पर निर्भर है।
    (d) मैं अपनी बात का स्पष्टीकरण करने को तैयार हूँ।

37. किस मुहावरे का भावार्थ सही नहीं है?
    (a) घड़ों पानी पड़ना = बहुत वर्षा होना
    (b) सूरज पर थूकना = किसी निर्दोष पर लांछन लगाना
    (c) नाक भौं सिकोड़ना = अरुचि और अप्रसन्नता प्रकट करना
    (d) थूककर चाटना = कहकर मुकर जाना

38. 'तीन तेरह होना' मुहावरे का अर्थ निम्न में से कौन सा है?
    (a) तितर-बितर होना   (b) सोलह होना
    (c) इकट्ठा होना   (d) बैठ जाना

39. 'अकेला चना भाड़ नहीं फोड़ता' का अर्थ है:
    (a) एक चना किसी काम का नहीं
    (b) एक चना शक्तिहीन होता है
    (c) अकेला व्यक्ति किसी बड़े कार्य को नहीं कर सकता
    (d) एक चने से भूख नहीं मिटती

40. 'खिचड़ी पकाना' मुहावरे का अर्थ है:
    (a) भोजन बनाना
    (b) चावल-दाल मिलाकर बनाना
    (c) किसी षड्यंत्र की तैयारी करना
    (d) किसी के लिए खाना पकाना

41. **निर्देशः** निम्नलिखित प्रश्न में मुहावरे के अर्थ के लिए चार विकल्प दिए गए हैं। इनमें से उचित विकल्प का चयन कीजिए।
    लकीर का फकीर होना
    (a) किसी की बात न सुनना
    (b) पुराने रीति-रिवाजों में जकड़ा होना
    (c) बड़ों की आज्ञा मानना
    (d) सीधी राह पर चलना

42. करुण रस का स्थायीभाव है:
    (a) उत्साह   (b) रति
    (c) करूणा   (d) शोक

43. निम्न में से किस पंक्ति में वियोग श्रृंगार रस है?
    (a) अरे बता दो मुझे कहाँ प्रवासी है मेरा,
        इसी बावले से मिलने को डाल रही है हूँ मैं फेरा।।
    (b) पद पाताल सीस अजधामा, अपर लोक अंग-अंग विश्रामा,
        करही अनीति जाई न बरनि, सीतही देखी विप्र धेनु सुर धरनी।।
    (c) अखिल भुवन चर अचर सब, हरिमुख में लखि मात,
        चकित भई गदगद वचन, विकसित वग पुलकात।।
    (d) सीता गई तुम भी चले मै भी न जिउंगा यहाँ,
        सुग्रीव बोले साथ में सब जाएँगे वानर वहाँ।।

44. श्रृंगार रस का स्थायी भाव है:
    (a) हास   (b) उत्साह
    (c) रति   (d) शोक

45. शिल्पगत आधार पर 'दोहे' का उल्टा छंद कौन-सा है?
    (a) रोला   (b) चौपाई
    (c) सोरठा   (d) बरवै

46. छप्पय किस प्रकार का छंद है?
    (a) सम मात्रिक   (b) विषम मात्रिक
    (c) अर्द्धसम मात्रिक   (d) इनमें से कोई नहीं

47. किस छंद का प्रथम व अंतिम शब्द एक-सा होता है?
    (a) कुंडलिया   (b) रोला
    (c) दोहा   (d) सोरठा

48. 'सदानन्द' का सन्धि विच्छेद कीजिए।
    (a) सत्+आनन्द   (b) सत+आनन्द
    (c) सद+आनन्द   (d) सदा+आनन्द

49. 'पुस्तकालय' में कौन-सी सन्धि है?
    (a) दीर्घ   (b) गुण
    (c) वृद्धि   (d) यण

50. 'अभि+उदय' की सन्धि कीजिए।
    (a) अभ्युदय   (b) अभ्योदय
    (c) अभीउदय   (d) अभिउदय

51. "ले चला साथ मैं तुझे कनक ज्यों भिक्षुक लेकर स्वर्ण झनक " में अलंकार बताइये?
    (a) रुपक   (b) उत्प्रेक्षा
    (c) उपमा   (d) श्लेष

52. "तीन बेर खाती थी वो तीन बेर खाती है।" में कौन सा अलंकार है?
    (a) अनुप्रास   (b) यमक
    (c) श्लेष   (d) रुपक

53. 'जहाँ किसी की बात किसी और पर डाल कर कही जाये', वह कौन-सा अलंकार है?
    (a) अतिशयोक्ति   (b) असंगति
    (c) दृष्टांत   (d) अन्योक्ति

54. 'सागर-सा गम्भीर हृदय हो,गिरी-सा ऊँचा हो जिसका मन।' – इस वाक्य में कौन-सा अलंकार है?
    (a) श्लेष   (b) यमक
    (c) उपमा   (d) उत्प्रेक्षा

55. जहाँ अनेक व्यंजनों को एक बार स्वरूपत: व क्रमश: आवृत्ति हो, वहाँ कौन-सा अलंकार प्रयुक्त होता है?
    (a) वक्रोक्ति   (b) लाटानुप्रास
    (c) वृत्यानुप्रास   (d) छेकानुप्रास

56. 'दोपहर के बाद का समय' – के लिए निम्नलिखित शब्दों में से कौन सा उपयुक्त है? चिह्नित कीजिए।
    (a) रात   (b) संध्या
    (c) अपराह्न   (d) मध्याह

57. 'वश, गाड़ी, समाप्ति' के लिए कौन-सा अनेकार्थी शब्द उचित है?
    (a) बाला   (b) यति
    (c) बस   (d) लीक

58. 'वेशभूषा, सजावट, रंगमंच का पिछला भाग' के लिए कौन-सा अनेकार्थी शब्द उचित है?
    (a) नेपथ्य   (b) नग
    (c) धारणा   (d) तनु

59. 'सत्याग्रह' का समास-विग्रह क्या होगा?
    (a) सत्या से ग्रह   (b) सत्य में ग्रह

(c) सत्य के लिए आग्रह   (d) सत्य पर आग्रह

60. 'विद्यासागर अपनी मूर्खता से <u>धनहीन</u> हो गया।' इसमें रेखांकित शब्द में कौन-सा समास है?
(a) अव्ययीभाव समास   (b) तत्पुरुष समास
(c) कर्मधारय समास   (d) द्विगु समास

61. 'निर्भय' शब्द में कौन-सा समास है?
(a) बहुव्रीहि समास   (b) अव्ययीभाव समास
(c) कर्मधारय समास   (d) तत्पुरुष समास

62. दिए गए वाक्यांश के लिए एक शब्द बताइए।
जिस पर अनुग्रह किया गया हो:
(a) अनुग्रिहित   (b) अनुगढ़ित
(c) अनुगृहीत   (d) अनुगरिहीत

Ques (63-64): निर्देश : वाक्यांश के लिए एक शब्द का चयन कीजिये।

63. आवश्यकता से अधिक वर्षा
(a) अत्वृष्टि   (b) अल्पवृष्टि
(c) ओलावृष्टि   (d) अतिवृष्टि

64. आड़ या परदे के लिये रथ या पालकी को ढकनेवाला कपड़ा
(a) अंडज   (b) आगत
(c) ओहार   (d) औरस

65. निम्नलिखित में से कौन-सा शब्द विदेशज है?
(a) खिड़की   (b) बाल्टी
(c) पगड़ी   (d) कटोरा

66. निम्नलिखित में से कौन-सा शब्द विदेशज है?
(a) चेचक   (b) इडली
(c) ताम्बूल   (d) बाजरा

67. 'पैमाना' किस प्रकार का शब्द है?
(a) देशज शब्द   (b) तत्सम शब्द
(c) विदेशज शब्द   (d) तद्भव शब्द

68. रिक्त स्थान को भरने के लिए उपर्युक्त शब्द का चयन करें।
साहिल को पाँच ______ दूध चाहिए।
(a) लीटर   (b) मीटर
(c) किलो   (d) दर्जन

69. गुरूजी, मेरा ______ स्वीकार करें।
रिक्त स्थान भरने के लिए नीचे दिए विकल्पों में से उपयुक्त शब्द चुनें।
(a) अभिनंदन   (b) स्वागत
(c) अभिवादन   (d) अभिमान

70. इस महाकाव्य में सोलह ______ हैं। रिक्त स्थान भरने के लिए उचित शब्द चुनें।
(a) सर्ग   (b) स्वर्ग
(c) सर्व   (d) शर्व

71. 'इस वर्ष हिंदी साहित्य की ______ कुछ अवरुद्ध रही।' रिक्त स्थान भरने के लिए उपयुक्त शब्द चुनें।
(a) उन्नति   (b) प्रगति
(c) वृद्धि   (d) विकास

72. स्त्रीलिंग शब्द अलग कीजिए:
(a) हुलास   (b) हरकत
(c) हमला   (d) हवाला

73. स्त्रीलिंग शब्द है:
(a) सलाद   (b) सनक

74. निम्नलिखित में से पुल्लिंग शब्द छाँटिए:
(a) चाहत   (b) रंगत
(c) मेहनत   (d) आहार

75. "शीशम" शब्द का लिंग क्या है?
(a) कारक   (b) सहायक क्रिया
(c) पुल्लिंग   (d) स्तीलिंग

76. निम्नलिखित में से बहुवचन शब्द का चयन कीजिए:
(a) गमला   (b) केला
(c) दर्शन   (d) तोता

77. बहुवचन शब्द की पहचान कीजिए:
(a) टोपी   (b) जटाएँ
(c) बहन   (d) मुनि

78. 'सहेली' के उचित बहुवचन शब्द का चयन कीजिए।
(a) सखा   (b) सहेलीएँ
(c) सहेलियों   (d) सहेलियाँ

79. 'छोटा भाई फोन पर बात कर रहा है।' में कौन सा काल है?
(a) भूतकाल   (b) भविष्य काल
(c) वर्तमान काल   (d) इनमें से कोई नहीं

80. 'कल बारिश होगी।' में कौन सा काल है?
(a) वर्तमान काल   (b) भूतकाल
(c) भविष्य काल   (d) इनमें से कोई नहीं

English Language

Ques (81-89): Direction : Read the passage carefully given below, choose the best answer to each question that follows.

What advice would I give to new entrepreneurs who need funding? Forget about your business plan and buy a lottery ticket — your chances are better. My point is that when you need venture funding no one will give any money until you already have a marketable product. In other words, funding comes just when you do not need it. A myth is that the way to start a venture is to create a great business plan, perfect your pitch, and then present this to investors, starting with venture capitalists. If that does not work, you knock on the door of angel investors. But ask any entrepreneur who has called on venture capitalists and they will probably tell you that it is almost impossible to even get calls returned. If venture capitalists do respond and you are invited to present your idea, the process will drag on for many months while you borrow more and survive on hope. If you do hit the jackpot, you are required to let the investors make many of the business decisions in exchange for an investment. To be fair, most business plans do not deserve funding. Venture capitalists receive hundreds of plans every week, and few are worth the paper they are printed on. Everyone jumps on the same new trend, or the ideas are so far out that they have no chance of success. And great ideas are not enough: it takes experienced management, excellent execution, and a receptive market. It is hard for even the best venture capitals to identify the potential successes. So what should an entrepreneur do? What all new entrepreneurs should understand is that, even if you have a realistic business plan for a great idea that can change the world, you need to develop it yourself until you can prove it. Focus on validating your idea and building it up. Raise money to get started by begging and borrowing from family and friends. And be prepared to dip into your savings and credit cards, obtain second mortgages, and perhaps look for consulting work or customer advances. There is no single recipe for developing your business idea yourself, but there are some essential ingredients. Here are some pointers: Consult widely. Share your ideas with those who have done it before. You can learn a lot from the experience of seasoned entrepreneurs, and they are much more approachable than you think. If you cannot find anyone who is excited about your idea, the chances are it is not worth being excited about. This may be time to reflect deeply and come up with another. Identify markets. Speak to anyone who can help you understand your target customers. If you can sell your concept, some customers may help you find it or agree to be a test site or a valuable reference. Customers do not usually know what they want, but they always know what they do not need. Make sure that there is a real need for your product. Start small. Your idea may be grand and have the potential to change the world, but you are only going to do this one step at a time. Look for simple solutions, test them and learn from the feedback. If you are starting a restaurant, work for someone else first. If you are creating a software product, learn by doing some consulting assignments or create some utilities. You do not have to start with the ultimate product. Watch every penny. Focus on revenue and profitability from the start. Find creative ways to earn cash by selling tactical products, prepaid licenses, or royalties. Pay employees partially in stock. Look for access to free hardware or premises. And sweep the floors yourself. In short, use any methods to avoid costs. Prepare for the worst. It is going to take longer than you think. There will likely be product problems, unhappy customers, employee turnover, and lots of financial challenges. You may even fail a number of times before you achieve your goals. By learning from each success and failure alike, you increase the odds that you eventually make it. Keep your integrity. Never forget the importance of business ethics and your own values. Ethics need to be carefully sewn into the fabric of any start-up. And the only way to reach long-term success is by achieving outstanding customer satisfaction. With a lot of luck and hard work, you may build a successful company that markets products customers really want. It is very likely that by this stage, you receive phone calls from venture capitalists. This is the time to think of exit strategies and decide if you want to own a small piece of a big pie or a large piece of a small pie.

81. Which of the following statements is true as per the given passage?
    (a) Investors always respond promptly to funding applications
    (b) Venture Capitalist is a sure source of funding for new businesses
    (c) Ethics need to be carefully sewn into the fabric of any start-up
    (d) The process of obtaining funding will proceed at a fast pace

82. Which of the following advices are given by the writer in this passage?
    (a) Make sure that you have enough money before you start your business
    (b) Make sure you have secured an educational degree before you start your business
    (c) Make sure that there is a real need for your product. Start small
    (d) Make sure that you have approached an angel investor before you start your business

83. What are the two business ideas that are shared in the passage as examples?
    (a) Starting a school and creating a web portal for selling grocery
    (b) Starting a clothing store and creating a web portal for house hold services
    (c) Starting a hospital and manufacturing a product
    (d) Starting a restaurant and creating a software product

84. A. It is hard for even the best venture capitals to identify the potential successes.
    B. Focus on validating your idea and building it up.
    (a) According to the above passage, both A and B are true
    (b) According to the above passage, both A and B are false
    (c) According to the above passage A is true and is false
    (d) According to the above passage is false and B is true

85. According to the given passage which of the following is NOT a correct statement?
    (a) Ethics need to be carefully sewn into the fabric of any start-up
    (b) Share your ideas with those who have done it before
    (c) It also shows that the phenomenon is heterogeneous
    (d) In other words, funding comes just when you do not need it

86. According to the passage which are the essential ingredients for developing a business idea?
    (a) Identify market but hide the idea from others
    (b) Consult widely. Share your ideas with entrepreneurs. Identify markets
    (c) Always share your ideas and go for joint ventures
    (d) Always speak to your investors first even before you develop your idea

87. "Exit strategies", as mentioned in the passage, signifies:
    (a) An entrepreneur's strategic plan to sell his or her ownership in a company to investors or another company
    (b) An entrepreneur's strategic plan to execute the daily plan for his/her business
    (c) An entrepreneur's strategic plan to conduct exit interviews for employees who plan to leave
    (d) An entrepreneur's strategic plan to analyse market and exit from one product to another

88. The phrase "and few are worth the paper they are printed on" as exists in the above passage means:
    (a) The ideas are good
    (b) Hardly any idea is good
    (c) Some ideas are good
    (d) The few ideas that are good can get others to invest in it

89. "a marketable product" as mentioned in the passage signifies:
    (a) A product that appeals to buyers and sell at a certain price range to generate profit
    (b) A product that appeals to investors and help them get their money back
    (c) A product whose market value is increasing

continuously and becoming difficult for buyers to buy the same

(d) A product that is appreciated by the media houses and earn revenue from advertisements

Ques (90-98): Direction : In the following passage, some of the words have been left out. Read the passage carefully and select the correct answer for the given numbers out of the four alternatives

India has put out some ____(1) personalities - brave, creative, and brilliant. It'd be great to see biopics made on these people as____ (2). The torchbearer of Indian football didn't____(3) have an easy start. Bhaichug Bhutia's parents were farmers, and ____(4) he was in athletics ____(5) at a young age, they weren't too keen on him for____(6) sports. His father passed away when he was very young____ (7), after which he received a football scholarship at the age of 9, and that's how it all began. The iconic comedian and all____ (8) entertainer Mehmood, actually worked as a driver before he found his way into films. He held several____ (9) jobs, and only started acting properly____ (10) he got married and ne eded to make more money.

90. Find out the appropriate word for blank no. 1.
(a) Shocking　　　(b) Stellar
(c) Settling　　　(d) Setback

91. Find out the appropriate word for blank no. 3.
(a) Actually　　　(b) Precisely
(c) Indeed　　　(d) Accurately

92. Find out the appropriate word for blank no. 4.
(a) Erstwhile　　　(b) During
(c) When　　　(d) While

93. Find out the appropriate word for blank no. 5.
(a) To　　　(b) From
(c) During　　　(d) At

94. Find out the appropriate word for blank no. 6.
(a) Presenting　　　(b) Persevering
(c) Pursuing　　　(d) Purveying

95. Find out the appropriate word for blank no. 7.
(a) Though　　　(b) But
(c) Yet　　　(d) Already

96. Find out the appropriate word for blank no. 8.
(a) Keeper　　　(b) Circle
(c) Way　　　(d) Round

97. Find out the appropriate word for blank no. 9.
(a) Common　　　(b) Odd
(c) Glorifying　　　(d) Various

98. Find out the appropriate word for blank no. 10.
(a) Only　　　(b) Even though
(c) After　　　(d) Because

Ques (99-100): Direction : Read the passage given below and answer the following questions.

The culture of Rajasthan is as unique and as colourful as its rich historical past. Rajasthani culture reflects the colourful history of the state. One can find the essence of the culture in its folk dances, traditional cuisines, peoples in Rajasthan and in their everyday life. Being a princely state, Rajasthan is known for its royal grandeur and royalties. It attracts tourists from all over the world with its beautiful traditions, culture, people, history, and monuments. The Rangeelo Rajasthan swears by its historic cities, rustic forts, bustling markets and rich culture that makes the city a regal place to visit in India. Be it the vibrant attires, the traditional dance forms or the language, every tiny atom of the state makes Rajasthan a culturally diverse place. Often hailed as the "Land of Kings", Rajasthan exhibits its royal palaces, fortified Havelis and forts that sing a saga of the bygone years.

If you ever visit this desert state then don't forget to have an insight into the folk music, dance, art and craft of Rajasthan, which will make you fall in love with this place. Rajasthan is truly a state with splendid colourful culture. Opposite to named as 'the land of Kings' or 'the country of Rajputs', Rajasthan culture follows some of the oldest tribes – Bhils, Minas, Meos, Banjaras, Gadia, and Lohars. Culture in Rajasthan is vibrant and includes mesmerizing music, yummy n spicy cuisines and above all unmatchable Dances. In music, the Panihari style is very much famous among visitors apart from the Ghevar dish and the Ghoomar dance of Rajasthan.

The euphonious folk music of Rajasthan can even make the desert blossom. These songs are sung as ballads each reciting a different story. They are mellifluous and compelling, having intense lyrics that are usually sung during special occasions and festivals.

99. The thought experiment Schrodinger's cat explains the flawed interpretation of which subject matter?
(a) Fluid Dynamics
(b) Theory of relativity
(c) Quantum Superposition
(d) Quantum theory

100. The Great Oasis cities played a crucial role in the effective functioning of the Silk Road trade. Where did these cities lie?
(a) East Africa　　　(b) Central Asia
(c) Central Europe　　　(d) Southern Europe

101. **Direction:** Choose the word which is the exact OPPOSITE of the given word.
Amalgamate
(a) Esoteric　　　(b) Vague
(c) Alleviate　　　(d) Separate

102. Select the most appropriate ANTONYM of the given word.
BENEVOLENT
(a) Generous　　　(b) Friendly
(c) Stingy　　　(d) Liberal

103. He told the ______ ordinary story of his escape.
(a) extra　　　(b) hyper
(c) under　　　(d) under

104. Which of the following is the prefix for 'biography'?
(a) over　　　(b) auto
(c) in　　　(d) un

Ques (105-107): Direction: The given question consists of a sentence, parts of which have been jumbled. These parts have been labelled as (P), (Q), (R), and (S). You are required to re-arrange the jumbled parts of the sentence and mark your response accordingly.

105. life is considered (P) / the origin of (Q) / the history of universe (R) / a unique event in (S)
(a) (Q), (P), (S), (R)　　　(b) (P), (S), (Q), (R)
(c) (S), (Q), (P), (R)　　　(d) (R), (S), (P), (Q)

106. productive resources is (P) / how we manage (Q) / and competitiveness (R) / critical to strategic growth (S)

(a) (P), (Q), (R), (S)   (b) (R), (S), (P), (Q)
(c) (S), (R), (P), (Q)   (d) (Q), (P), (S), (R)

107. in service firms (P) / operations strategy (Q) / from the corporate strategy (R) / is generally inseparable (S)

(a) (S), (R), (Q), (P)   (b) (Q), (P), (S), (R)
(c) (R), (S), (P), (Q)   (d) (P), (S), (Q), (R)

108. Direction: Choose the appropriate articles to complete the given sentence.

Can you play _________ musical instrument?

(a) No article   (b) a
(c) an   (d) the

109. Direction: Choose the correct gerund from the options given below.

On Sundays, I go _______.

(a) fish   (b) to fish
(c) fishes   (d) fishing

110. Direction: Complete the following sentence with an appropriate tense form.

This time tomorrow, I _______ on the beach.

(a) am lying   (b) will lie
(c) will be lying   (d) None of these

111. Direction: Choose the correct preposition from the given option and mark the appropriate option.

Rain brings fresh showers _______ the thirsty flowers during summers.

(a) Under   (b) For
(c) Over   (d) Upon

112. Direction : Select the correct active form of the given sentence.

You are advised not to travel interstate during the lockdown.

(a) You cannot travel interstate during the lockdown.
(b) Why don't you travel interstate during the lockdown?
(c) You will not travel interstate during the lockdown.
(d) Do not travel interstate during the lockdown.

113. Direction : Identify the segment in the sentence which contains a grammatical error. If there is no error, select 'No error'.

These experiments had been going on since several months.

(a) These experiments   (b) Had been going on
(c) No error   (d) Since several months

114. Direction : Identify the segment in the sentence which contains a grammatical error. If there is no error, select 'No error'.

Every Saturday, your mother prepares a pudding, isn't she?

(a) Isn't she
(b) Every Saturday, your mother
(c) Prepares a pudding
(d) No error

115. Direction : Identify the segment in the sentence which contains a grammatical error. If there is no error, select 'No error'.

The gentleman had a suitcase full with wigs, ornaments and dresses.

(a) a suitcase full with
(b) The gentleman had
(c) wigs, ornaments and dresses.
(d) No error

116. Direction: Select the most appropriate direct form of the given sentence.

The salesman said that he had verified all the bills while the goods were being packed.

(a) The salesman said, "He had verified all the bills while the goods was being packed."
(b) The salesman said, "I am verifying all the bills while the goods are being packed."
(c) The salesman said, "I have verified all the bills while the goods are packed."
(d) The salesman said, "I verified all the bills while the goods were being packed."

117. Direction: Choose the most appropriate meaning of the given idiom in bold.

She's got **the gift of gab** , she should work in sales and marketing.

(a) Ability to work hard
(b) Ability to speak impressively
(c) In a good position
(d) At the top of

118. Direction: Choose the most appropriate meaning of the given idiom in bold.

Ram sold his house because it was a **real white elephant.**

(a) A rare find
(b) Very expensive and useless
(c) A very big one
(d) A precious commodity

119. Direction: Select the most appropriate option for the given group of words.

A period of thousand years

(a) Centenary   (b) Millennium
(c) Decade   (d) Century

120. Direction : Select the most appropriate option to substitute the underlined segment in the given sentence. If there is no need to substitute it, select 'No substitution'.

Small desert animals burrow underground <u>across the days</u> and come out only at night.

(a) within the days   (b) between days
(c) No substitution   (d) during the day

// Smart Answer Sheet //

Correct   Percentage of students who answered correctly.

Skipped   Percentage of students who skipped.

Q.	Ans.	Correct / Skipped	Q.	Ans.	Correct / Skipped	Q.	Ans.	Correct / Skipped
1	B	77.87% / 22.08%	2	A	63.71% / 35.87%	3	A	59.93% / 32.87%
4	A	59.97% / 31.27%	5	C	68.97% / 31.01%	6	D	63.01% / 33.5%
7	A	43.18% / 35.98%	8	D	29.0% / 70.3%	9	A	44.22% / 41.26%

No.	Ans	% (i)	% (ii)
10	D	69.21%	30.3%
11	C	62.74%	34.94%
12	A	86.08%	10.25%
13	C	66.89%	30.15%
14	A	18.37%	75.98%
15	D	56.44%	34.62%
16	A	45.38%	53.35%
17	B	49.84%	31.27%
18	B	69.68%	30.12%
19	C	40.04%	38.65%
20	B	54.51%	30.31%
21	A	24.05%	75.58%
22	C	68.14%	30.27%
23	D	41.78%	36.87%
24	B	89.76%	10.15%
25	C	87.31%	12.2%
26	B	78.27%	16.73%
27	A	49.4%	41.98%
28	C	84.42%	12.64%
29	C	77.13%	18.95%
30	D	87.11%	11.68%
31	C	57.14%	37.84%
32	D	82.56%	17.36%
33	A	79.0%	16.44%
34	B	50.51%	36.75%
35	C	20.64%	67.05%
36	C	62.01%	35.65%
37	A	60.5%	36.23%
38	A	46.32%	42.04%
39	C	88.82%	10.24%
40	C	58.3%	36.22%
41	B	56.5%	40.05%
42	D	88.73%	10.67%
43	A	55.57%	32.12%
44	C	44.96%	37.98%
45	C	84.22%	14.98%
46	B	64.07%	34.52%
47	A	22.59%	70.61%
48	A	11.19%	69.49%
49	A	46.6%	36.09%
50	A	50.59%	49.39%
51	B	80.03%	18.26%
52	B	69.7%	30.02%
53	D	46.36%	50.84%
54	C	52.09%	45.85%
55	D	50.31%	36.49%
56	C	80.02%	18.47%
57	C	80.21%	19.36%
58	A	18.29%	71.24%
59	C	69.34%	30.44%
60	B	53.84%	30.78%
61	B	89.58%	10.11%
62	C	68.33%	31.29%
63	D	57.54%	37.78%
64	C	45.79%	41.57%
65	B	88.89%	10.52%
66	A	86.8%	11.15%
67	C	86.0%	12.78%
68	A	85.91%	12.19%
69	C	58.0%	36.69%
70	A	49.31%	41.66%
71	B	50.72%	33.85%
72	B	48.77%	48.27%
73	B	51.47%	42.41%
74	D	59.06%	40.76%
75	C	46.66%	31.44%
76	C	60.37%	31.37%
77	B	85.43%	14.56%
78	D	69.35%	30.17%
79	C	60.82%	30.82%
80	C	61.01%	37.56%
81	C	42.66%	56.34%
82	C	13.5%	69.65%
83	D	63.15%	36.07%
84	B	26.53%	68.45%
85	C	84.19%	15.35%
86	B	86.39%	11.06%
87	A	56.0%	40.62%
88	B	61.72%	32.39%
89	A	29.97%	68.06%
90	B	47.85%	43.97%
91	A	59.61%	32.05%
92	D	59.23%	30.36%
93	B	55.35%	34.94%
94	C	65.32%	30.07%
95	A	60.58%	31.69%
96	C	63.32%	34.45%
97	B	52.1%	38.28%
98	C	60.85%	32.79%
99	C	47.91%	41.3%
100	B	24.4%	71.74%
101	D	81.05%	11.86%
102	C	87.05%	10.38%
103	A	83.7%	15.72%
104	B	69.94%	30.04%
105	A	50.06%	35.02%
106	D	65.7%	32.94%
107	B	61.93%	34.07%
108	B	78.93%	19.77%
109	D	80.6%	11.18%
110	C	44.02%	32.66%
111	B	45.71%	45.42%
112	D	56.71%	38.26%
113	D	64.0%	30.86%
114	A	67.62%	31.36%
115	A	63.22%	30.01%
116	D	66.4%	33.41%
117	B	44.36%	38.28%
118	B	30.11%	69.43%
119	B	83.4%	13.24%
120	D	81.69%	16.01%

// Hints and Solutions //

1(B). गद्यांश के अनुसार, "ई. पूर्व छठी या सातवीं शताब्दी के महान वैयाकरण पाणिनि ने कुछ नाट्य-रूपों का उल्लेख किया है।"
इसलिए यह निष्कर्ष निकाला जा सकता है कि पाणिनि मूलतः वैयाकरण हैं।

2(A). गद्यांश के अनुसार, " यूरोप को प्राचीन भारतीय नाटक के बारे में पहली जानकारी 1789 ई में तब हुई जब कालिदास के शकुन्तला का सर विलियम जोन्स कृत अनुवाद प्रकाशित हुआ। सर विलियम जोंस के अनुवाद के आधार पर जर्मन, फ्रेंच, डेनिश और इटालियन में भी इसके अनुवाद हुए। गेटे पर इसका प्रभाव पड़ा और उसने शकुन्तला की अत्यधिक प्रशंसा की।"
इसलिए यह निष्कर्ष निकाला जा सकता है कि कालिदास के 'शकुंतला' रचना का अनुवाद रुसी भाषा में नहीं हुआ ।

3(A). गद्यांश के अनुसार, "रामायण और महाभारत में नाटकों का उल्लेख मिलता है कृष्ण-लीला से संबंधित गीत, संगीत और नृत्य में इसने आकार ग्रहण करना आरंभ कर दिया था।"
इसलिए यह निष्कर्ष निकाला जा सकता है कि नाटकों का उल्लेख रामायण और महाभारत में मिलता है।

4(A). गद्यांश के अनुसार, " भारतीय रंगमंच अपने मूल में, संबद्ध विचारों में और अपने विकास में पूरी तरह स्वतंत्र था। इसका मूल उद्गम ऋग्वेद की उन ऋचाओं और संवादों में खोजा जा सकता है जिनमें एक हद तक नाटकीयता है।"
इसलिए यह निष्कर्ष निकाला जा सकता है कि गद्यांश के आधार पर भारतीय रंगमंच का स्रोत ऋग्वेद की ऋचाएँ होना चाहिए ।

5(C). गद्यांश के अनुसार, "अश्वघोष धर्मपरायण बौद्ध हुआ। उसने बुद्धरचित नाम से बुद्ध की जीवनी लिखी। यह ग्रन्थ बहुत प्रसिद्ध हुआ और बहुत समय पहले भारत, चीन और तिब्बत में बहुत लोकप्रिय हुआ।"
इसलिए यह निष्कर्ष निकाला जा सकता है कि बुद्धरचित अश्वघोष की कृति है।

6(D). गद्यांश के अनुसार, "अब तक मिले संस्कृत नाटकों में प्राचीनतम नाटक अश्वघोष के हैं। वह ईसवी सन् के आरंभ के ठीक पहले या बाद में हुआ था। ये ताड़-पात्र पर लिखित पांडुलिपियों के अंश मात्र हैं और आश्चर्य की बात यह है कि ये गोबी रेगिस्तान की सरहदों पर तूफान में मिले हैं।"
इसलिए यह निष्कर्ष निकाला जा सकता है कि अश्वघोष के नाटक ताड़-पत्र पर लिखे गए।

7(A). 'विकसित' शब्द में मूल शब्द और प्रत्यय विकास+इत हैं ।
प्रत्यय वे शब्द हैं जो दूसरे शब्दों के अन्त में जुड़कर, अपनी प्रकृति के अनुसार, शब्द के अर्थ में परिवर्तन कर देते हैं।

8(D). नाटक शब्द भिन्न है ।

9(A). अस्य गद्यांशस्य मुख्योद्देश्यं गोसेवा अस्ति ।

10(D). गोनाम् कृषिकार्यैः कृषिक्षेत्रे गोजाः वृषभाः हलेन भूमिं कर्षन्ति सम्बन्धः ।

11(C). गावः धर्मस्य प्रधानम् अङ्गम् अस्ति।

12(A). गव्यं घृतं बलं ददाति।

13(C). उपर्युक्त गद्यांश के अनुसार जिनमें शासन करने की योग्यता नहीं होती वे लोग कमज़ोर लोगों पर अन्याय करते हैं।
गद्यांश से "जो शासन के अयोग्य होते है उन्हे केवल कमजोर लोगो पर अन्याय करते हुए कोई अपराध बोध नही होता, बल्कि ऐसा करने में उन्हें एक खास तरह का मजा मिलता है।"

14(A). उपर्युक्त गद्यांश का मुख्य भाव यह है कि अध्यापक में धैर्य, ममत्व, सहिष्णुता और तार्किकता होनी चाहिए। अर्थात अध्यापक के अंदर उपर्युक्त सभी गुण होने चाहिए।

15(D). उपर्युक्त गद्यांश के अनुसार बच्चे अपनी माँ की गोद में ही स्वयं को सुरक्षित समझते हैं क्योंकि माँ के हृदय में स्नेह होता है। गद्यांश से "बच्चे अपनी माँ की गोद में कमज़ोर, असहाय और अज्ञानी होते है। माता के हृदय में स्थित प्रचुर प्यार ही उनकी रक्षा की एकमात्र गारंटी होता है।"

16(A). "अयोग्य, अज्ञानी, अभाव" शब्द समूह भिन्न है। तीनों शब्द में "अ" उपसर्ग है।
अयोग्य :- अ + योग्य
अज्ञानी :- अ + ज्ञानी
अभाव :- अ + भाव

17(B). दंडित शब्द इत प्रत्यय से बना शब्द है। दंडित :- दंड + इत

18(B). उपर्युक्त गद्यांश के अनुसार अध्यापक के लिए उचित विशेषण शब्द सहिष्णु है।

19(C). उपर्युक्त गद्यांश के अनुसार जो व्यक्ति धैर्यवान होते हैं वे ही अध्यापक बनने योग्य होते हैं। जिन अध्यापकों का बच्चों से प्यार भरा लगाव होता है उनमें धैर्य स्वतः ही आ जाता है।

20(B). उपर्युक्त गद्यांश के अनुसार विद्यालयों में बिना किसी कारण से बच्चों को दंडित करना अध्यापक की धैर्यहीनता का चिह्न है। अर्थात जिन अध्यापकों में धैर्य नहीं होता है वह जल्दी ही अपना आपा खो देते हैं तथा विद्यार्थियों को दंडित कर देते हैं।

21(A). उपरोक्त विकल्पों में 'उज्ज्वल' तत्सम शब्द है शेष विकल्प तद्भव हैं।

22(C). 'चक्र - गोला' विकल्प तत्सम - तद्भव जोड़ी का सही विकल्प नहीं है। शेष सभी विकल्प तत्सम - तद्भव जोड़ी से संबंधित हैं।

23(D). दिए गए शब्दों में से 'उपखान' शब्द तत्सम नहीं है। अन्य सभी शब्द तत्सम हैं।

24(B). 'तान्द्रव' शब्द तद्भव नहीं है अर्थात यह तत्सम शब्द है।
- तान्द्रव का शाब्दिक अर्थ है - उसके समान।
- अन्य सभी विकल्प तद्भव शब्द हैं।

25(C). दिए गए शब्दों में से 'उलझन' शब्द तत्सम नहीं है।
उलझन का अर्थ सोच या चिंता होती है। अन्य सभी विकल्प तत्सम शब्द हैं।

26(B). 'प्रति' उपसर्ग संस्कृत भाषा का उपसर्ग है, जो हिंदी भाषा में भी प्रयुक्त होता है। इसका अर्थ है- विरोध, बराबरी, प्रत्येक तथा परिवर्तन।

27(A). संज्ञा, सर्वनाम, विशेषण शब्दों के अन्त में जुड़कर नये शब्दों की रचना करने वाले प्रत्ययों को 'तद्धित प्रत्यय' कहा जाता है।

28(C). हिन्दी में किसी शब्द के संबंधवाची आशय उसके साथ 'ईय' प्रत्यय लगने से प्रकट होता है। जैसे- देव+ईय = दैवीय, मानव + ईय = मानवीय, जाति + ईय = जातीय, आदि।

29(C). 'स्वर्ग' का विलोम शब्द 'नरक' है।
स्वर्ग का अर्थ - देवलोक
नरक का अर्थ – पापियों के रहने का स्थान, गंदी एवं घृणित जगह।

30(D). 'कमल' का पर्यायवाची 'वारिद' नहीं है।
'कमल' के पर्यायवाची शब्द: अम्बुज, सलिलज, शतपत्र, शतदल, राजीव, कोकनद, अरविंद, पद्म, कंज, अब्ज पुंडरीक, सरसीरूह, सारंग, कुवलय, नीरज, उत्पल, अरविन्द, आदि हैं।

31(C). 'सूर्य' का पर्यायवाची 'हिमकर' नहीं है।
'हिमकर' का अर्थ होता है - 'चन्द्रमा'।
'सूर्य' के पर्यायवाची शब्द: मरीची, दिनेश, आदित्य, सूरज, भास्कर, भानु, अर्क, तरणि, आदित्य, सविता, पतंग, हंस, अंशुमाली, मार्तण्ड, दिवाकर, दिनकर, प्रभाकर, आदि हैं।

32(D). 'बिजली' का पर्यायवाची 'चंचरी' नहीं है।
'बिजली' के पर्यायवाची शब्द: शया, घनप्रिया, ऐरावती, बीजुरी, क्षणप्रभा, चपला, इन्द्रवज्र, घनवल्ली, दामिनी, विद्युत, तडित, चंचला, सौदामिनी, आदि हैं।

33(A). 'हवा' का पर्यायवाची 'अनल' नहीं है।
'अनल' का अर्थ होता है: 'आग'।
'हवा' के पर्यायवाची शब्द: वात, मारुत, पवमान, प्रभंजन, प्रवात, समीरण, मातरिश्वा, बयार, वायु, अनिल, पवन, समीर, आदि हैं।

34(B). दिए गए विकल्पों में से 'सही वर्तनी वाला शब्द जन्मांध है'। अन्य विकल्प त्रुटियुक्त है, अर्थात असंगत है।

35(C). 'मन से शुद्ध लोग सबके प्रिय हो जाते हैं।' -वाक्य शुद्ध है।
अन्य विकल्पों में क्रमशः लिंग, क्रिया और लिंग संबंधी त्रुटियाँ हैं।
- विकल्प (A) में 'किसी का' के स्थान पर 'किसी की' उचित होगा।
- विकल्प (B) में 'मचाई' के स्थान पर 'मचाया' उचित होगा।
- विकल्प (D) में 'था' के स्थान पर 'थी' उचित होगा।

36(C). "यह काम आप पर निर्भर है।" वाक्य शुद्ध वाक्य है।
यह काम आप पर निर्भर करता है वाक्य हम अक्सर प्रयोग करते हैं जो कि ग़लत है।
शेष विकल्प असंगत हैं।

37(A). 'घड़ों पानी पड़ना' मुहावरे का अर्थ है- लोगों के सामने हेय या हीन सिद्ध होने पर अत्यन्त लज्जित होना।।
वाक्य प्रयोग - अपनी करतूतों का कच्चा चिट्ठा राजा साहब के मुँह से सुनकर उन पर घड़ों पानी पड़ गया।

38(A). 'तीन तेरह होना' मुहावरे का अर्थ है - तितर-बितर होना।
वाक्य प्रयोग - भारतीय सैनिक ने आतंकवादियों को तीन तेरह कर दिया।

39(C). 'अकेला चना भाड़ नहीं फोड़ता' का अर्थ होता है - अकेला व्यक्ति किसी बड़े कार्य को नहीं कर सकता ।
वाक्य प्रयोग - अकेले शाकिब उल हसन बांग्लादेश को विश्वविजेता नहीं बना सकता क्योंकि अन्य टीमें अधिक अनुभवी है तथा ऐसे में बांग्लादेश के लिए अकेला चना भाड़ नहीं फोड़ सकता।

40(C). 'खिचड़ी पकाना' मुहावरे का अर्थ है - किसी षड्यंत्र की तैयारी करना।
वाक्य प्रयोग-
अखिलेख का चुनाव में हारना तय था क्योंकि उसी की पार्टी के नेता उसके खिलाफ खिचड़ी पका रहे थे।

41(B). लकीर का फकीर होना का सर्वाधिक उपयुक्त अर्थ पुराने रीति-रिवाजों में जकड़ा होना।
वाक्य प्रयोग - तुम तो लकीर के फ़कीर हो, तुम्हे समझाना व्यर्थ है।

42(D). करुण रस का स्थायी भाव शोक होता है।
किसी अपने का वियोग, प्रेमी से सदैव बिछड़ जाने या दूर चले जाने से जो दुःख या वेदना उत्पन्न होती है, उसे करुण रस कहते हैं।

43(A). "अरे बता दो मुझे कहाँ प्रवासी है मेरा,
इसी बावले से मिलने को डाल रही है हूँ मैं फेरा।"
उपरोक्त पंक्तियों में वियोग श्रृंगार रस है।
श्रृंगार रस की विशेषताएँ निम्नलिखित है:
- जहां पर नायक और नायिका में अथाह प्रेम होने के बावजूद मिलन नहीं हो पाता, वहाँ वियोग श्रृंगार रस होता है।
- इसमें विरह के भावों को व्यक्त किया जाता है।

44(C). जहाँ नायक और नायिका के सौंदर्य तथा प्रेम संबंधी परिपक्व अवस्था का वर्णन होता है वहां श्रृंगार रस होता है। इसका स्थायी भाव 'रति' है। जैसे-
बतरस लालच लाल की, मुरली धरी लुकाय।
सांह करे, भौहनि हँसै, छैन कहै, नटि जाय।

45(C). शिल्पगत आधार पर 'दोहे' का उल्टा छंद 'सोरठा' होता है।
सोरठा छंद की विशेषताएँ निम्नलिखित है:
- सोरठा अर्द्धसम मात्रिक छन्द है।
- इसके प्रथम व तृतीय चरण में 11 - 11 और द्वितीय व चतुर्थ

चरण में 13 - 13 मात्राएँ होती हैं।

- जबकि, दोहे में प्रथम व तृतीय चरण में 13 - 13 और द्वितीय व चतुर्थ चरण में 11 - 11 मात्राएँ होती हैं।

46(B). छप्पय विषम मात्रिक छंद है।

छप्पय छंद की विशेषताएँ निम्नलिखित है:

- यह रोला एवं उल्लाला नामक दो छंदों को मिलाकर बनता है।
- इसमें छः चरण होते है।
- पहले चार चरण रोला छंद के तथा अन्तिम दो चरण उल्लाला छंद के होते है।

47(A). कुंडलिया छंद का प्रथम व अंतिम शब्द एक-सा होता है।

कुंडलिया छंद की विशेषताएँ निम्नलिखित है:

- इसमें कुल 6 चरण होते है।
- जिसमें दो चरण दोहा के और शेष चार चरण रोला के होते है।
- प्रत्येक चरण में 11 - 13 के विराम से 24 मात्राएं होती है।

48(A). 'सदानन्द' का सन्धि विच्छेद 'सत् + आनन्द' है।

इसमें व्यंजन संधि हैं।

- यदि प्रथम वर्ण + घोष वर्ण पंचम वर्ण को छोड़कर आये तो प्रथम वर्ण अपने वर्ग के तृतीय वर्ण में रूपांतरित हो जाएगा। जैसे – वाक् + दान = वाग्दान, उत् + अय = उदय।
- व्यंजन संधि के नियम के अनुसार किसी भी वर्ग का पहला वर्ण (क, च, त आदि) + घोष वर्ण (तीसरा या चौथा वर्ण, स्वर तथा अन्तस्थ (य, र, ल, व)) आये तो पहला वर्ण अपने वर्ग के तीसरे वर्ण में रूपांतरित हो जाता है।

49(A). 'पुस्तकालय' में दीर्घ सन्धि है।

'पुस्तकालय' का संधि विच्छेद 'पुस्तक + आलय' है

दीर्घ स्वर संधि: दो सवर्ण, ह्रस्व या दीर्घ, स्वरों के मेल होने पर दीर्घ स्वर बन जाता है।

उदाहरण: शिव + आलय (अ + आ) = शिवालय, गिरि + इन्द्र (इ + इ) = गिरीन्द्र

50(A). 'अभि + उदय' की सन्धि 'अभ्युदय' है।

जब इ, ई के आगे कोई विजातीय (असमान) स्वर होने पर इ, ई का 'य्' हो जाता है तो वहाँ 'यण स्वर संधि' होती है।

उदाहरण: यदि + अपि (इ + अ) = यद्यपि, अनु + एषण = अन्वेषण

51(B). ''ले चला साथ मैं तुझे कनक ज्यों भिक्षुक लेकर स्वर्ण झनक'' में उत्प्रेक्षा अलंकार हैं।

52(B). 'तीन बेर खाती थी वो तीन बेर खाती है' - यहाँ पर बेर शब्द दो बार दिया गया है, पर इसका मतलब अलग – अलग है अतः यहा पर यमक अलंकार है।

53(D). जहाँ किसी की बात किसी और पर डाल कर कही जाये', वह अन्योक्ति अलंकार होता है।

जहाँ किसी वस्तु या व्यक्ति को लक्ष्य कर कही जाने वाली बात दूसरे के लिए कही जाए, वहाँ अन्योक्ति अलंकार होता है।

अन्योक्ति अलंकार कुछ अन्य उदाहरण:

जिन दिन देखे वे कुसुम, गई सुबीति बहार।
अब अलि रही गुलाब में, अपत कँटीली डार।।
इहिं आस अटक्यो रहत,
अली गुलाब के मूल अइहैं फेरि बसंत रितु,
इन डारन के मूल।

54(C). 'सागर-सा गम्भीर हृदय हो' गिरी-सा ऊँचा हो जिसका मन' प्रस्तुत पंक्ति में उपमा अलंकार है।

प्रस्तुत पंक्ति में मन की तुलना समान धर्म के आधार पर गिरी से की गई है। अतः यहाँ उपमा अलंकार होगा।

55(D). जहाँ अनेक व्यंजनों को एक बार स्वरूपतः व क्रमशः आवृत्ति हो, वहाँ छेकानुप्रास प्रयुक्त होता है।

अनुप्रास अलंकार के 5 भेद होते है:

1. छेकानुप्रास अलंकार
2. वृत्यानुप्रास अलंकार
3. लाटानुप्रास अलंकार
4. अन्त्यानुप्रास अलंकार
5. श्रुत्यानुप्रास अलंकार

56(C). एकार्थी शब्द का अर्थ: जिन शब्दों का प्रयोग अनेक शब्दों के स्थान पर किया जाए उन शब्दों को एकार्थी शब्द कहते है।

'दोपहर के बाद का समय' – के लिए उपयुक्त शब्द अपराह्न होता है।

पूर्वाह्न - सबेरे से दोपहर तक का समय के लिए प्रयोग करते है।

57(C). 'वश, गाड़ी, समाप्ति' के लिए 'बस' शब्द है।

दिए गए सभी शब्द 'बस' के अनेकार्थी हैं जिसका अर्थ होता है - अधिकार।

शब्द	अनेकार्थक शब्द
बाला	लड़की, आभूषण, वलय आदि।
यति	योगी, विराम, जितेंद्रिय आदि।
लीक	रास्ता, लकीर, प्रथा आदि।

58(A). 'वेशभूषा, सजावट, रंगमंच का पिछला भाग' के लिए 'नेपथ्य' शब्द है। दिए गए सभी शब्द 'नेपथ्य' के अनेकार्थी हैं जिसका अर्थ होता है रंग–मंच के पर्दे के पीछे की जगह।

अन्य विकल्प:

नग – नगीना, पर्वत

धारणा – विचार, विश्वास

तनु – शरीर, पतला

59(C). 'सत्याग्रह' का समास-विग्रह 'सत्य के लिए आग्रह' होगा।

- 'सत्याग्रह' शब्द में तत्पुरुष समास है।
- इसमें 'के लिए' सम्प्रदान कारक का प्रयोग हुआ है। इसलिए, इसमें 'तत्पुरुष समास' है।
- जिस समास में उत्तरपद प्रधान हो तथा समास करने के उपरांत विभक्ति (कारक चिन्ह) का लोप हो, वहाँ तत्पुरुष समास होता है।

60(B). 'विद्यासागर अपनी मूर्खता से <u>धनहीन</u> हो गया।' इसमें रेखांकित शब्द में तत्पुरुष समास है।

- 'धनहीन' अर्थात् 'धन (से) हीन'। यह तत्पुरुष समास का उदाहरण है।
- इस समास में प्रथम पद गौण और उत्तर पद की प्रधानता होती है।
- समास करते वक्त बीच की विभक्ति का लोप हो जाता है।
- वह समास, जिसका उत्तरपद या अंतिम पद प्रधान हो। अर्थात् प्रथम पद गौण हो और उत्तरपद की प्रधानता हो, तत्पुरुष समास कहलाता है।

61(B). 'निर्भय' में अव्ययीभाव समास है।

- निर्भय का समास-विग्रह 'भय से रहित' होगा। इसमें पूर्व पद अव्यय है।
- अव्ययी भाव समास में प्रथम पद प्रधान होता है, और एक अव्यय होता है, जिसके प्रभाव से समस्त पद अव्यय बन जाता है।
- इसलिए, यहाँ अव्ययीभाव समास है।

62(C). दिए गए विकल्पों में से 'जिस पर अनुग्रह किया गया हो' उसके लिए उचित शब्द 'अनुगृहीत' होगा।

- अन्य विकल्प वर्तनीगत अशुद्ध हैं।
- लिखने की रीति को वर्तनी कहते हैं।
- 'वर्तनी' शब्द का अर्थ 'पीछे चलना' है।
- अर्थात उच्चारित होने वाले शब्द के लेखन में प्रयोग होने वाले लिपि चिह्नों के व्यवस्थित रूप को वर्तनी कहा जाता है।

63(D). 'आवश्यकता से अधिक वर्षा' के लिए एक शब्द 'अतिवृष्टि' होगा।

- 'अतिवृष्टि' का विलोम - अनावृष्टि
- अल्पवृष्टि- आवश्यकता से कम बरसात
- ओलावृष्टि- ओले की बरसात

64(C). आड़ या परदे के लिये रथ या पालकी को ढकनेवाला कपड़ा के

लिए वाक्यांश के लिए एक शब्द ओहार है।
- अंडज: अंडे से उत्पन्न
- आगत: आया हुआ
- औरस: विवाहित स्त्री से उत्पन्न

65(B). उपर्युक्त विकल्पों में से 'बाल्टी' एक विदेशज शब्द हैं। बाल्टी (पुर्तगाली शब्द हैं) जिसका अर्थ होता है "पानी भरने का बर्तन", अन्य विकल्पों के शब्द देशज हैं। इसलिए सही विकल्प 'बाल्टी' है।

66(A). उपर्युक्त विकल्पों में से 'चेचक' एक विदेशज शब्द हैं। चेचक (तुर्की शब्द हैं)जिसका अर्थ होता है " एक तरह की बीमारी।

देशज	अर्थ
इडली	दक्षिण भारतीय व्यंजन
ताम्बूल	पान का पत्ता
बाजरा	एक प्रकार की फसल

67(C). 'पैमाना' विदेशी शब्द है ।
- 'पैमाना' फारसी भाषा का शब्द है।
- 'पैमाना' का अर्थ- 'मानदंड'
अन्य विकल्प असंगत है।

68(A). लीटर, यहाँ सही विकल्प हैं, अन्य विकल्प असंगत है। चूँकि सभी द्रव्य पदार्थो को लीटर में मापा जाता है, इसलिए, उचित विकल्प लीटर ही होगा।

69(C). रिक्त स्थान के लिए उचित शब्द 'अभिवादन' होगा। 'श्रद्धापूर्वक किया जाने वाला नमस्कार, या वंदना को 'अभिवादन' कहते हैं।

70(A). इस महाकाव्य में सोलह सर्ग है।

71(B). इस वर्ष हिंदी साहित्य की प्रगति कुछ अवरुद्ध रही। प्रगति का अर्थ - आगे की ओर बढ़ना।

72(B). दिए गए विकल्पों में से हरकत स्त्रीलिंग शब्द है ।
- हरकत का अर्थ है - शरारत, गति, चेष्टा, आदि।
- अन्य सभी विकल्प पुल्लिंग शब्द है।

73(B). दिए गए विकल्पों में से सनक स्त्रीलिंग शब्द है। सनक का अर्थ है - पागलपन, खब्त, धुन, झोंक आदि। अन्य सभी विकल्प पुल्लिंग शब्द है।
- सलाद (पुल्लिंग) उसने सलाद खाया।
- सनक (स्त्रीलिंग) उसके दिमाग में सनक सवार हो गई।
- सारस (पुल्लिंग) सारस एक पक्षी होता है।
- राष्ट्र (पुल्लिंग) राष्ट्र के महत्वपूर्ण पद पर आसीन होता है।

74(D). दिए गए विकल्पों में से आहार पुल्लिंग शब्द है। आहार का अर्थ है - भोजन। अन्य सभी विकल्प स्त्रीलिंग शब्द है।
पुल्लिंग: जिन शब्दों से पुरुष जाति का बोध होता है उन्हें पुल्लिंग शब्द कहते हैं।
जैसे: माता, बहन, पुस्तक, पार्वती, आदि।
स्त्रीलिंग: जिन शब्दों से स्त्री जाति का बोध होता है उन्हें स्त्रीलिंग शब्द कहते हैं।
जैसे: पिता, भाई, लड़का, पेड़, सिंह शिव, हनुमान, बैल, आदि।

75(C). पुल्लिंग, यहाँ सही विकल्प है। अन्य विकल्प असंगत है।
शीशम का एक पेड़ होता है, और सभी पेड़ पुल्लिंग होते हैं।
लिंग- जिस संज्ञा शब्द से व्यक्ति की जाति का पता चलता है उसे लिंग कहते हैं। इससे यह पता चलता हे की वह पुरुष जाति का है या स्त्री जाति का है।
उदाहरण: बन्दर, हंस, बकरा, लड़का इत्यादि।

76(C). उपरोक्त विकल्पों में से सही बहुवचन शब्द है - दर्शन।
'दर्शन' का अर्थ है - प्रेम, भक्ति और श्रद्धापूर्वक किसी को देखने की क्रिया या भाव।
विशेष इस अर्थ में इस शब्द का प्रयोग संस्कृत के आधार पर हिंदी में भी बहुधा बहुवचन में ही होता है।

77(B). दिए गए विकल्पों में से 'जटाएँ' शब्द बहुवचन है जिसका

एकवचन रूप 'जटा' है।
जटा स्त्रीलिंग शब्द है जिसका अर्थ है - गुथे एवं लिपटे हुए बालों की लट (जैसे—साधु-संतों की जटा)।

78(D). दिए गए विकल्पों में से 'सहेली' शब्द का उचित बहुवचन शब्द 'सहेलियाँ' है।
सहेली के पर्यायवाची शब्द हैं -अलि, भट्टू, संगिनी, सहचारिणी, आली, सखी, सहचरी, सजनी, सैरन्ध्री।

79(C). 'छोटा भाई फोन पर बात कर रहा है' यह वाक्य 'तात्कालिक वर्तमान काल' का उदाहरण है। इसलिए दिए गए अन्य सभी विकल्प इसके असंगत उत्तर होंगे। 'वर्तमान काल' इसका सही उत्तर है।
अन्य विकल्प:

भूत काल	क्रिया के होने के बाद जिसका पता चलता है, भूतकाल कहलाता है।	वह जा चुकी थी।
वर्तमान काल	वर्तमान में हो रही क्रिया को वर्तमान काल कहा जाता है।	राधा जा रही है।
भविष्य काल	वह कार्य जो आने वाले समय में किया जा एगा, भविष्य काल कहा जाता है।	राजू जा एगा।

80(C). 'कल बारिश होगी।' यह वाक्य 'भविष्य काल' का उदाहरण है।

81(C). The correct answer is: Ethics need to be carefully sewn into the fabric of any start-up.
- The given passage is about different aspects that should be considered while opting for Entrepreneurship or starting a new business
According to the passage, Never forget the importance of business ethics and your own values. Ethics need to be carefully sewn into the fabric of any start-up. And the only way to reach long-term success is by achieving outstanding customer satisfaction.
- On perusal of the above statement, we can state that ethics should be integrated into the core of star up.

82(C). The correct answer is: Make sure that there is a real need for your product. Start small.
- The given passage is about different aspects that should be considered while opting for Entrepreneurship or starting a new business
According to the passage: "Customers do not usually know what they want, but they always know what they do not need. Make sure that there is a real need for your product. Start small. Your idea may be grand and have the potential to change the world, but you are only going to do this one step at a time."
- On perusal of the above statement, we can state that entrepreneurs should go for products that are useful for the customers and appeals to them.
- Option (B), is nowhere stated in the passage.
- Option (A) and Option (D) are incorrect as it is clearly mentioned that in the passage go for borrowing for money from family and friends instead of going for investors and waiting for their response.

83(D). The correct answer is: Starting a restaurant and creating a software product
- The given passage is about different aspects that should be considered while opting for Entrepreneurship or starting a new business

According to the passage: If you are starting a restaurant, work for someone else first. If you are creating a software product, learn by doing some consulting assignments or create some utilities.

- By stating the above examples the author is stating that before going for a bigger step, we need to consider the product from the ground up and understand its usability from users' point of view.
- Seeking advice from the experienced entrepreneur and understanding it from the users' point of view are the basic aspects that need to be considered.

84(B). The correct answer is According to the above passage, both A and B are false

The given passage is about different aspects that should be considered while opting for Entrepreneurship or starting a new business

According to the passage:

- Everyone jumps on the same new trend, or the ideas are so far out that they have no chance of success. And great ideas are not enough: it takes experienced management, excellent execution, and a receptive market. It is hard for even the best venture capitals to identify the potential successes.
- The above statement means that having ideas is not enough for a business to be successful. It needs management with great experience, proper execution, and market with users that accept the product that is being sold out.

What all new entrepreneurs should understand is that, even if you have a realistic business plan for a great idea that can change the world, you need to develop it yourself until you can prove it. Focus on validating your idea and building it up.

- The above statement means that, for a business to be successful it requires the ideas to be properly substantiated with usability. Without proper planning and proof for your ideas, it becomes difficult to determine their success in the future.

85(C). The correct answer is: It also shows that the phenomenon is heterogeneous

Let's check the given options:

Ethics need to be carefully sewn into the fabric of any start-up.

- Never forget the importance of business ethics and your own values. Ethics need to be carefully sewn into the fabric of any start-up. And the only way to reach long-term success is by achieving outstanding customer satisfaction.

Share your ideas with those who have done it before.

- Share your ideas with those who have done it before. You can learn a lot from the experience of seasoned entrepreneurs, and they are much more approachable than you think.

In other words, funding comes just when you do not need it

- My point is that when you need venture funding no one will give any money until you already have a marketable product. In other words, funding comes just when you do not need it.

Option (C) is nowhere postulated in the passage. Thus, it not the correct statement.

86(B). The correct answer is Consult widely. Share your ideas with entrepreneurs. Identify markets

- The given passage is about different aspects that should be considered while opting for Entrepreneurship or starting a new business

According to the passage, "There is no single recipe for developing your business idea yourself, but there are some essential ingredients. Here are some pointers: Consult widely. Share your ideas with those who have done it before. You can learn a lot from the experience of seasoned entrepreneurs, and they are much more approachable than you think. If you cannot find anyone who is excited about your idea, the chances are it is not worth being excited about. This may be time to reflect deeply and come up with another. Identify markets. Speak to anyone who can help you understand your target customers."

- On the perusal of the above statement, we can understand sharing ideas with experienced entrepreneurs, taking advice and understanding the market and buyers' needs are some of the points that need to be considered while going for entrepreneurship.

87(A). The correct answer is: An entrepreneur's strategic plan to sell his or her ownership in a company to investors or another company

- The given passage is about different aspects that should be considered while opting for Entrepreneurship or starting a new business

According to the passage," With a lot of luck and hard work, you may build a successful company that markets products customers really want. It is very likely that by this stage, you receive phone calls from venture capitalists. This is the time to think of exit strategies and decide if you want to own a small piece of a big pie or a large piece of a small pie."

- On the perusal of the above statement, we can say the author is asking for contriving a plan in such manner that is useful to customers and that lures the investors to put their investment in the company.

88(B). The correct answer is Hardly any idea is good.

- On perusal of the following statement given in the passage: "Venture capitalists receive hundreds of plans every week, and few are worth the paper they are printed on. Everyone jumps on the same new trend, or the ideas are so far out that they have no chance of success"
- Investors receive hundreds of propositions and there are rarely any in which investors like to invest their money.
- 'Hardly any idea' means 'rarely any idea'.

89(A). The correct answer is: A product that appeals to buyers and sell at a certain price range to generate profit.

According to the passage, the author presents certain constraints/ aspects that need to be considered when one opts for entrepreneurship.

Let us inspect the individual options:

According to the lines given in the passage:

- You do not have to start with the ultimate product. Watch every penny. Focus on revenue and profitability from the start.
- Customers do not usually know what they want, but they always know what they do not need. Make sure that there is a real need for your product.

Thus, option (A) is correct as the production that generates profit and pleases the buyers will be considered as a marketable product.

Option (B) is incorrect. From the lines given in the passage:
- "If you do hit the jackpot, you are required to let the investors make many of the business decisions in exchange for an investment. To be fair, most business plans do not deserve funding."
- "Raise money to get started by begging and borrowing from family and friends."
- Upon the perusal of the given statements, we can clearly say the author is against getting funds from investors.

Option (C) and Option (D) are incorrect as nothing is mentioned about 'market value' and 'media houses' in the given passage.

90(B). Stellar means indicating the most important performer or role.
Shocking means glaringly vivid and graphic; marked by sensationalism.
Settling means a gradual sinking to a lower level.
Setback means an unfortunate happening that hinders or impedes; something that is thwarting or frustrating.
The three adjectives following the clause indicate that the adjective in the blank indicates the personalities to be in a positive light.

91(A). Actually means really; in fact or although it may seem strange.
In this context, the torchbearer of Indian football didn't actually have an easy start. This means that although his success seemed easy in reality, his start was not as it seemed.

92(D). While is used when two actions occur simultaneously. In the given sentence, two actions (Bhutia being athletic and his parents not being keen) occur simultaneously.
Erstwhile means former, or previously.
During is used to show the whole duration of action.
When is used to indicate a point of time.

93(B). 'From' tells about the start of something (being athletic). Here it indicates that from a young age he was in athletics.
'To' is used for directions or indications.
'During' is used to show the whole duration of action.
'At' describes a location.

94(C). Pursuing means to try to achieve something or to continue to do something over a period of time.
Present means give an exhibition of to an interested audience.
Persevere means be persistent, refuse to stop.
Purveying means supply with provisions.

95(A). 'Though' is used at the end of the sentence, is a conjunction that gives the sense of 'despite that'.
'But' is used when two contradicting information is present, which is not in the given case.
'Yet' is used when something didn't take place at the time when it was expected.
'Already' is just the opposite of yet. It shows something happened sooner than it was expected.

96(D). All-round is a verb phrase meaning able to do many different things well; good in many different ways. Here, it is used because Mehmood was a comedian, entertainer, and good at many other things at the same time.

97(B). Odd means beyond or deviating from the usual or expected. Here, it means that earlier Mehmood had to do many irrelevant jobs before he started acting.
Common means having no special distinction or quality; widely known or commonly encountered; average or ordinary or usual.
Glorifying means bestow glory upon.
Various means of many different kinds purposefully arranged but lacking any uniformity.

98(C). The sentence is talking about a sequence of events. In such cases, we use 'after'. 'After' is a preposition, conjunction, and an adverb as well that means later than something or repeated many times or continuing for a long time.

99(C). The correct answer is Quantum Superposition. According to the line of the fourth paragraph, Quantum superposition could not work with large objects such as cats, because it is impossible for an organism to be simultaneously alive and dead.

100(B). The correct answer is Central Asia.
"The Great Oasis cities of Central Asia played a crucial role in the effective functioning of the Silk Road trade"
It is explicitly stated in the given lines that the Great Oasis cities of Central Asia played a crucial role.

101(D). Only the word 'Amalgamate' is the antonym of 'Separate'.
The meaning of given words is:
- Amalgamate: combine or unite to form one organization or structure
- Esoteric: intended for or likely to be understood by only a small number of people with a piece of specialized knowledge or interest
- Vague: of uncertain, indefinite, or unclear character or meaning
- Alleviate: make (suffering, deficiency, or a problem) less severe
- Separate: forming or viewed as a unit apart or by itself.

102(C). Let's look at the meanings of the given words:
- Benevolent- serving a charitable rather than a profit-making purpose.
- Stingy- unwilling to give or spend.
- Generous- showing kindness toward others.
- Friendly- kind and pleasant.
- Liberal- willing to respect or accept behavior or opinions different from one's own.

So from the given meanings, we find that Benevolent and Stingy are antonyms.

103(A). He told the extraordinary story of his escape.
The 'extra' prefix is correct. Because adding 'extra' before 'extraordinary' will make a meaningful word. The meaning of it is as follows:
Example: Her voice had an extraordinary hypnotic quality.

104(B). The 'auto' prefix is correct. Because adding 'auto' before 'autobiography' will make a meaningful word. The meaning of it is as follows:
Autobiography: a book about a person's life, written by that person
Example: Tony Blair's autobiography was a bestseller.

105(A). While arranging the parts of the passage, we should find some grammatical or contextual

connections between them-
Sentence Q starts with the topic 'The origin'. Thus, it will be put in the first place.
Sentence P further tells us about the segment the origin (of life) is concerned with. It will be put in second place.
Sentence S further tells about the above-mentioned event being a distinctive one. Therefore, it will be the the the third sentence.
The last sentence is R as it provides the concluding part.
Therefore, the sentence will be:
The origin of life is considered a unique event in the history of the universe.

106(D). While arranging the parts of the passage, we should find some grammatical or contextual connections between them-
Sentence Q starts with the interrogative tone regarding one's management skills. Thus, it will be put in the first place.
Sentence P further tells us about the segment in which the above-mentioned skills are required. It will be put in second place.
Sentence S initiates the purpose of managing productive resources. Therefore, it will be the third sentence.
The last sentence is R as it provides the concluding part.
Therefore, the sentence will be:
How we manage productive resources is critical to strategic growth and competitiveness.

107(B). While arranging the parts of the passage, we should find some grammatical or contextual connections between them-
- The given sentence follows the assertive sentence structure.
- Now the sentence must begin with the part starting with the noun or the pronoun ('Operations strategy' in this case).
- Therefore the sentence must begin with part Q.
- The given structure is followed only in the second option.
- The rest of the alternatives start with a preposition. Therefore, they are eliminated.
Therefore, the sentence will be:
Operations strategy in service firms is generally inseparable from the corporate strategy.

108(B). Correct sentence is: Can you play **a** musical instrument?
'A' is used before a singular noun used in a general sense. 'Musical instrument' is a singular noun and is used in a general sense here.

109(D). The correct statement is: On Sundays, I go fishing.
A gerund is a noun which act as verb also. In the given option fishing is a noun and also acting a verb + 'ing' form. Rest of the option does not satisfy the respective parameter as none of the given option is acting as a verb. So, in the given sentence, 'fishing' is the correct option.

110(C). To say that an activity will be in progress at a particular time in the future, we use the future continuous tense.
The formate of future continuous tense is-
Subject + helping verb(will/shall) + Verb(ing form) + object + ...
So, the sentence becomes-
This time tomorrow, I will be lying on the beach.

111(B). The given sentence is telling something about rain bringing fresh showers for flowers.
Let us explore the given options:
- The preposition 'under' means in or to a position that is below something.
- The preposition 'for' means intended to help or benefit someone or something.
- The preposition 'over' means straight above something, but not touching it.
- The preposition 'upon' means on or onto something.
Complete Sentence: Rain brings fresh showers for the thirsty flowers during summers.

112(D). The given sentence is in the present tense and here someone is advised not to do something. In such a situation when someone is advised, requested, invited, warned, or ordered, it is called an imperative sentence.
The active form of the given sentence would be:
Do not travel interstate during the lockdown.

113(D). There is a grammatical error in the word since many months.
As per English grammar, 'Since' is used to show the time period in the past from which the event is happening.
Example - "Since more than six months, I have been directly assisting Steve as a Project Manager".

114(A). Grammatical error in the sentence is i sn't she.
Each, every, everyone, everybody, no one, nobody, none are singular and hence will take singular verb/ singular pronoun/ singular adjective with them but their question tag will take plural verb and plural pronoun.
Example: Everyone has come, haven't they.
Everyone can speak English, can't they?

115(A). The correct answer is- ' A suitcase full with '.
Correct sentence is: The gentleman had a suitcase full of wigs, ornaments and dresses.
Whenever we use 'full' for the things which occupies space, we use 'of' after it. For example- A bucket 'full of' fruits.
Hence, the correct option is (C).

116(D). The correct answer is The salesman said, "I verified all the bills while the goods were being packed."
The given sentence is an indirect speech.
- The commas and inverted commas are added and 'that' is removed.
- The second person 'he' will be changed into the first person 'I'.
- The past perfect tense format 'Subject + had + V$_3$ (verified) + Object' will be changed into the past simple tense format 'Subject + V$_2$ (verified) + Object'.

117(B). Gift of the gab means ability to speak impressively. The ability to speak easily and confidently in a way that makes people want to listen to you and believe you.

118(B). As the sentence talks about selling the house, the phrase must mean 'being difficult to maintain'.
White elephant- Something that is expensive to maintain yet is practically useless.

119(B). 'Millennium' is the most appropriate word among the given options.

Millennium(noun) - a period of thousand years.
Example- This great stone monument has seen it all-hardship, plenty, and everything in between-over a millennium and a half.

120(D). According to the sentence, throughout the day small desert animals stay underground and come out only at night.
To express throughout the course and duration, we can use the preposition 'during'.

- Small desert animals burrow underground during the days and come out only at night.
- During - from the beginning to the end of a particular period.
- He works during the night and sleeps in the day.
- I decided to spend my weekends in the hill station during the summer.

Hindi Language

Ques (1-8): निर्देश: नीचे दिए गए गद्यांश को ध्यानपूर्वक पढ़िए तथा पूछे गए प्रश्नों के उत्तर के लिए सही विकल्प का चयन कीजिए।

'वायु-प्रदूषण' का सबसे अधिक प्रकोप महानगरों पर हुआ है। इसका कारण है बढ़ता हुआ औद्योगीकरण। पिछले बीस वर्षों में भारत के प्रत्येक नगर में कारखानों की जितनी तेजी से वृद्धि हुई है। उससे वायुमंडल पर बहुत प्रभाव पड़ा है क्योंकि इन कारखानों की चिमनियों से चौबीस घंटे निकलने वाले धुएँ ने सारे वातावरण को विषाक्त बना दिया है।

इसके अलावा सड़कों पर चलने वाले वाहनों की संख्या में तेजी से होनी वाली वृद्धि भी वायु-प्रदूषण के लिए पूरी तरह उत्तरदायी है। इन वाहनों के धुएँ से निकलने वाले 'कार्बन मोनो ऑक्साइड गैस' के कारण आज न जाने कितनी प्रकार की साँस और फेफड़ों की बीमारियाँ आम बात हो गयी हैं। इधर बढ़ती हुई जनसंख्या, लोगों का काम की तलाश में गाँवों से शहरों की और भागना भी वायु प्रदषण के लिए अप्रत्यक्ष रूप से उत्तरदायी है। शहरों की बढ़ती जनसंख्या के लिए आवास की सुविधाएँ उपलब्ध कराने के लिए वृक्षों और वनों को भी निरंतर काटा जा रहा है। वायु प्रदूषण से बचाने वाले कारणों की हमें खोज करनी चाहिए। पर्यावरण की सुरक्षा के लिए अधिक से अधिक वृक्ष लगाने चाहिए।

1. महानगरों पर वायु-प्रदूषण के सबसे अधिक प्रकोप का कारण है-
1. महानगर का आकार
2. बाज़ार-हाट
3. आवास की असुविधा
4. औद्योगीकरण

(a) 1   (b) 2
(c) 3   (d) 4

2. गद्यांश के अनुसार वायुमंडल पर नकारात्मक प्रभाव के लिए मुख्य रूप से __________ उत्तरदायी है।
1. जनसंख्या में असंतुलन।
2. वाहनों की संख्या में वृद्धि।
3. विद्यालयों की संख्या में वृद्धि।
4. सुख-सुविधाओं में वृद्धि।

(a) 1   (b) 2
(c) 3   (d) 4

3. गद्यांश के अनुसार पर्यावरण की सुरक्षा के लिए सबसे कारगर उपाय है-
1. अधिक से अधिक वृक्ष लगाना।
2. आधुनिक वाहनों का प्रयोग।
3. साक्षरता दर में वृद्धि।
4. जनसंख्या पर विचार।

(a) 1   (b) 2
(c) 3   (d) 4

4. 'सारे वातावरण को विषाक्त बना दिया है।' का आशय है-
1. वातारण में ज़हरीला पदार्थ मिला दिया है।
2. वातावरण श्वास लेने लायक नहीं रहा है।
3. वातावरण कसैला हो गया है।
4. वातावरण में धूल के कण घुल गए हैं।

(a) 1   (b) 2
(c) 3   (d) 4

5. कौन-सा कारक वायु प्रदूषण के लिए अप्रत्यक्ष रूप से उत्तरदायी है?
1. औद्योगीकरण
2. वाहनों की संख्या में वृद्धि
3. तरह-तरह का धुआँ
4. गाँवों से पलायन

(a) 1   (b) 2
(c) 3   (d) 4

6. धुएँ ने सारे वातावरण को <u>विषाक्त</u> बना दिया है। रेखांकित शब्द के स्थान पर कौन-सा शब्द प्रयोग कर सकते हैं?
1. विषैला

2. विष
3. कड़वा
4. अप्रिय

(a) 1   (b) 2
(c) 3   (d) 4

7. गद्यांश के अनुसार लोग शहरों की ओर पलायन क्यों कर रहे हैं?
1. रोजगार की तलाश में।
2. पर्यटन की इच्छा से।
3. सभ्य कहलाने के लिए।
4. चिकित्सा सुविधा प्राप्त करने के लिए।

(a) 1   (b) 2
(c) 3   (d) 4

8. 'वायु' का पर्यायवाची नहीं है-
1. पवन
2. समीर
3. अनिल
4. अनल

(a) 1   (b) 2
(c) 3   (d) 4

Ques (9-12): निर्देश : नीचे दिए गए गद्यांश को पढ़कर सबसे उचित विकल्प का चयन कीजिए:

एक धनी युवक संत के पास यह पूछने के लिए गया कि उसे अपने जीवन में क्या करना चाहिए | संत उसे कमरे की खिड़की तक ले गए और उससे पूछा, "तुम्हें काँच के परे क्या दिख रहा है?" "सड़क पर लोग आ-जा रहे हैं और एक बेचारा गरीब व्यक्ति भीख माँग रहा है |"

इसके बाद संत ने उसे एक बड़ा दर्पण दिखाया और पूछा, "अब इस दर्पण में देखकर बताओ कि तुम क्या देखते हो |" "इसमें मैं खुद को देख रहा हूँ |"

"ठीक है, दर्पण में तुम दूसरों को नहीं देख सकते | तुम जानते हो कि खिड़की में लगा काँच और यह दर्पण एक ही मूल पदार्थ से बने हैं | तुम स्वयं की तुलना काँच के इन दोनों रूपों से करके देखो | जब यह साधारण है तो तुम्हें सभी दिखते हैं और उन्हें देखकर तुम्हारे भीतर करूणा जागती है और जब इस काँच पर चाँदी का लेप हो जाता है, तो तुम केवल स्वयं को देखने लगते हो |"

"तुम्हारा जीवन भी तभी महत्त्वपूर्ण बनेगा जब तुम अपनी आँखों पर लगी चाँदी की परत को उतार दो |"

9. संत ने युवक को काँच और दर्पण क्यों दिखाए?
(a) काँच और दर्पण के मूल पदार्थ के बारे में बताने के लिए
(b) सड़क पर आने-जाने वाले लोगों के प्रति दया भाव जाग्रत करने के लिए
(c) युवक को स्वयं का असली चेहरा दिखाने के लिए
(d) यह समझने में युवक की मदद करने के लिए कि उसे क्या करना चाहिए

10. "दर्पण में हम दूसरों को नहीं देख सकते |" इस वाक्य का निहितार्थ है –
(a) दर्पण हमें स्वयं तक सीमित कर देता है
(b) दर्पण में तो देखने वाला ही देख सकता है
(c) दूसरों को केवल खिड़की के काँच से देखा जा सकता है
(d) दर्पण का प्रयोग बिल्कुल भी नहीं करना चाहिए

11. "...अपनी आँखों पर लगी चाँदी की परत को उतार दो |" इस वाक्य का निहितार्थ है –
(a) चाँदी की परत हानिकारक है, इसे हटा देना चाहिए
(b) निष्पक्ष भाव से चीजों, व्यक्तियों, घटनाओं को देखना
(c) आँखों की देखभाल करना जरूरी है
(d) ऐश्वर्य, साधनों से दूर रहना चाहिए

12. 'स्वयं को देखने लगते हो' का निहितार्थ है:
(a) स्वयं को निहारना

(b) हमारी सोच का स्व-केंद्रित होना

(c) स्वयं के गुण-दोषों का विश्लेषण करना

(d) अपनी कमियों को दूर करना

Ques (13-20): निर्देश : निम्नलिखित गद्यांश को पढ़कर पूछे गए प्रश्नों के सही/सबसे उपयुक्त उत्तर वाले विकल्प को चुनिए।

पूर्व प्राथमिक स्तर के दौरान बच्चों के भौतिक और मानसिक विकास में बहुत बड़े परिवर्तन होते हैं। निर्भरता और असहायपन की स्थिति से बच्चे धीरे-धीरे मुक्त होने लगते हैं और जिज्ञासु विद्यार्थी बन जाते हैं। जैसे-जैसे उनका शारीरिक विकास सामाजिक और सांस्कृतिक संकेतों के साथ प्रतिक्रिया करने लगता है, वैसे-वैसे उनका स्नायुतंत्र परिपक्ष होता जाता है और संज्ञात्मक अनुभवों की संवृद्धि होती जाती है। वे धीरे-धीरे कल्पना करना और काम करने के तरीके खोजना प्रारंभ करते हैं। वे रचनात्मक गतिविधियों का भी आयोजन करने लगते हैं। अपने हस्तकौशल द्वारा वस्तुओं को अपने ढंग से काम लायक बना लेते हैं। बच्चों की यह अवस्था भाषा विकास की अवस्था होती हैं। इस समय वे कई प्रतीकों और अहं केन्द्रित सोच की ओर प्रवृत होते हैं। इस अवस्था में वे कुछ काल्पनिक खेल भी खेलने लगते हैं।

13. बच्चों के शारीरिक और मानसिक विकास में तेजी से परिवर्तन किस अवस्था में होते हैं?

   (a) माध्यमिक स्तर   (b) उच्च माध्यमिक स्तर

   (c) प्राथमिक स्तर   (d) पूर्व प्राथमिक स्तर

14. "जैसे-जैसे उनका शारीरिक विकास सामाजिक और सांस्कृतिक संकेतों के साथ प्रतिक्रिया करने लगता है __________।" वाक्य से अभिप्राय है -

   (a) उनके शारीरिक विकास पर समाज का प्रभाव पड़ता है।

   (b) समाज व संस्कृति के नियमों को समझते हुए व्यवहार करना शुरू कर देते हैं।

   (c) समाज और संस्कृति का विरोध झलकने लगता है।

   (d) शारीरिक विकास का बाह्य समाज से कोई संबंध नहीं है।

15. गद्यांश में पूर्व प्राथमिक स्तर की किन-किन विशेषताओं का उल्लेख हुआ है?

   (a) भाषा और संज्ञानात्मक विकास में वृद्धि

   (b) रचनात्मक और सांस्कृतिक गतिविधियों का आयोजन

   (c) साहित्यिक कार्यकलापों में सहभागिता

   (d) कल्पना करना और सामाजिक उत्तरदायित्व

16. "निर्भरता और असहायपन की स्थिति से बच्चे धीरे-धीरे मुक्त होने लगते हैं।" वाक्य का अर्थ है -

   (a) बच्चे माता-पिता के नियंत्रण से मुक्त होना चाहते हैं।

   (b) बच्चे निर्भरता की स्थिति को बुरा मानते हैं।

   (c) बच्चे अपने कुछ काम स्वयं करने लायक बन जाते हैं।

   (d) बच्चों को निर्भरता की स्थिति से मुक्त होना चाहिए।

17. गद्यांश में पूर्व प्राथमिक स्तर के बच्चों द्वारा किस तरह के खेल खेलने का उल्लेख आया है?

   (a) वास्तविक खेल   (b) काल्पनिक खेल

   (c) सामूहिक खेल   (d) एकल खेल

18. 'असहायपन' में कौन-सा प्रत्यय है?

   (a) अ   (b) मान

   (c) इक   (d) पन

19. 'हस्तकौशल' का समास विग्रह है -

   (a) हस्त का कौशल   (b) हस्त से कौशल

   (c) हस्त के लिए कौशल   (d) हस्त और कौशल

20. निम्नलिखित में से किस शब्द में उपसर्ग है?

   (a) मानसिक   (b) निर्भरता

   (c) असहाय   (d) केंद्रित

21. निम्नलिखित तद्भव और तत्सम शब्दों का संगत युग्म है।

22. निम्न में कौन-सा शब्द तत्सम है?

   (a) प्रिय   (b) पिया

   (c) मोर   (d) चार

23. निम्नलिखित में से 'तत्सम' शब्द है।

   (a) उछाह   (b) उजला

   (c) उल्लू   (d) ओष्ठ

24. निम्न में से कौन-सा शब्द तद्भव नहीं है?

   (a) आठ   (b) आम

   (c) अग्नि   (d) आधा

25. निम्न में से कौन-सा विकल्प तत्सम-तद्भव की दृष्टि से सही नहीं है?

   (a) रात्रि-निशा   (b) शूकर-सूअर

   (c) पाषाण-पाहन   (d) नृत्य-नाच

26. कृदन्त प्रत्यय किन शब्दों के साथ जुड़ते हैं?

   (a) संज्ञा   (b) सर्वनाम

   (c) विशेषण   (d) क्रिया

27. 'अधि' उपसर्ग से बना शब्द निम्न में से कौन सा है?

   (a) अधीवर्ष   (b) अधिवर्ष

   (c) अधि:वर्ष   (d) आधिवर्ष

28. "दु" उपसर्ग किस शब्द में है:

   (a) दुर्गम   (b) दुर्बल

   (c) दुर्दिन   (d) दुलारा

29. उत्तरायण शब्द का विलोम बताइए।

   (a) दक्षिणाय   (b) अदक्षिणा

   (c) अन्तरायण   (d) दक्षिणायन

30. निम्नलिखित शब्द का विलोम बताइए।

   कुलटा

   (a) विधवा   (b) पत्नीव्रता

   (c) पतिव्रता   (d) इनमें से कोई नहीं

31. निम्नलिखित में से कौन-सा शब्द 'कामदेव' का पर्याय नहीं है?

   (a) अनंग   (b) शचीपति

   (c) पुष्पधन्वा   (d) उपरोक्त सभी

32. 'पारिजात' किसका पर्यायवाची है?

   (a) कमल   (b) गुलाब

   (c) कल्पवृक्ष   (d) शुक

33. 'मुख्य' किसका विलोम है?

   (a) गौण   (b) प्रमुख

   (c) प्रधान   (d) हेय

34. दिए गये विकल्पों में से सही वर्तनी का चुनाव करें:

   (a) कीत्यर्यनिष्ठा   (b) कर्यत्वनिष्ठा

   (c) कर्त्वयनिष्ठा   (d) कत्वनिष्ठा

35. निम्नलिखित में से कौन-सा शब्द शुद्ध है?

   (a) उच्छवास   (b) नीहारिका

   (c) छत्रछाया   (d) महात्मागण

36. निम्नलिखित में से शुद्ध वाक्य का चयन कीजिए।

   (a) गन्दा पानी उबालकर पियें।

(b) पड़ोसी ने मुझे स्वतंत्रता दिवस की बधाई दिया।

(c) यमुना का पानी गन्दा और प्रदुषित है।

(d) बच्चा लोग क्रिकेट खेलता है।

37. **निर्देश** : निम्नलिखित मुहावरे का अर्थ बताइये।

खून-पसीना एक करना

(a) बहुत कठिन परिश्रम करना

(b) मुद्राएं बनाना

(c) अत्यधिक क्रोधित होना

(d) इनमें से कोई नहीं

38. 'आसमान फट जाना' मुहावरे का सही अर्थ है:

(a) असंभव काम होना

(b) बहुत शोर करना

(c) चुगली करना

(d) अचानक आफत आ पड़ना

39. 'स्वावलंबी होने' के लिए सही मुहावरा है:

(a) पौ बारह होना

(b) पानी फेर देना

(c) पैरों पर खड़ा होना

(d) फूँक – फूँक कर पैर रखना

40. 'बोये पेड़ बबूल के आम कहाँ से होय' लोकोक्ति का सही अर्थ है:

(a) कर्म के अनुसार फल नहीं मिलता

(b) जैसा कर्म करोगे वैसा फल मिलेगा

(c) कर्म और फल का कोई संबंध नहीं

(d) कर्म करो, फल की इच्छा मत करो

41. 'लाभ ही लाभ' अर्थ के लिए सही लोकोक्ति है:

(a) पाँचों उँगलियाँ घी में

(b) पाँचों उँगलियाँ बराबर नहीं होती

(c) नेकी कर और कुएँ में डाल

(d) नेकी और पूछ – पूछ

Ques (42-43): निर्देश: निम्नलिखित प्रश्न में, चार विकल्प दिए गए हैं जिनमें से एक शब्द दिए गए अनेकार्थी शब्द का एक अर्थ है। उस शब्द का चयन करें।

42. सारंग

(a) विधि

(b) इंद्र

(c) कान

(d) बादल

43. कुल

(a) सब

(b) करोड़

(c) ठग

(d) कर

44. कौन सा शब्द "दल" का अनेकार्थी नहीं है?

(a) सेना

(b) समूह

(c) पत्ता

(d) अग्नि

45. 'त्रिफला' में कौन-सा समास है?

(a) कर्मधारय समास

(b) तत्पुरुष समास

(c) द्वंद्व समास

(d) द्विगु समास

46. 'कापुरुष' में कौन-सा समास है?

(a) कर्मधारय समास

(b) द्विगु समास

(c) तत्पुरुष समास

(d) द्वंद समास

47. 'पापमुक्त' में कौन-सा समास है?

(a) संप्रदान तत्पुरुष समास

(b) कर्म तत्पुरुष समास

(c) अपादान तत्पुरुष समास

(d) अधिकरण तत्पुरुष समास

48. 'जो मापा न जा सके' वाक्यांश के लिए एक शब्द है:

(a) परिमेय

(b) परिमाप

(c) आयतन

(d) अपरिमेय

49. **निर्देश** : वाक्यांश के लिए एक शब्द का चयन कीजिये।

आवश्यकता से अधिक वर्षा

(a) अतृष्टि

(b) अल्पवृष्टि

(c) ओलावृष्टि

(d) अतिवृष्टि

50. **निर्देश** : वाक्यांश के लिए एक शब्द का चयन कीजिये।

आड़ या परदे के लिये रथ या पालकी को ढकनेवाला कपड़ा

(a) अंडज

(b) आगत

(c) ओहार

(d) औरस

51. 'स्टेशन' किस भाषा का शब्द है?

(a) फ्रेंच

(b) डच

(c) अंग्रेजी

(d) चीनी

52. निम्नलिखित में से कौन-सा शब्द विदेशज है?

(a) इडली

(b) मटरगश्ती

(c) ताम्बूल

(d) बाजरा

53. इनमें _______ देशज शब्द है।

(a) झोपड़ी

(b) अफ़ीम

(c) पानी

(d) तमाशा

Ques (54-56): निम्नलिखित वाक्य में उपयुक्त विकल्प के द्वारा रिक्त स्थान की पूर्ति कीजिये-

54. साहित्यकार की रचना करने की इच्छा_______कहलाती है।

(a) सर्जना

(b) मुर्मूषा

(c) मुमुक्षा

(d) सिसृक्षा

55. समाचार -पत्र जन -साधारण के विचारों को _____ करने का साधन है।

(a) दृष्टिगत

(b) अभिव्यक्त

(c) प्रकट

(d) प्रस्तुत

56. मंच पर अनेक _________ विद्वानों को देखकर दर्शकों ने प्रसन्नता प्रकट की।

(a) विख्यात

(b) कुख्यात

(c) अज्ञात

(d) अभिजात

57. **निर्देश:** निम्नलिखित वाक्यों में रिक्त स्थान भरना है। प्रत्येक वाक्य की पूर्ति के लिए चार विकल्प दिए गये हैं। उचित विकल्प को चिन्हित करें।

भारत में निर्धनता-निर्मूलन कार्य _____ गति से नहीं हो सका है।

(a) प्रशंसनीय

(b) स्तुत्य

(c) संस्तुत्य

(d) अनुशंसनीय

58. हिन्दी के शब्दों का लिंग निर्धारण किसके आधार पर होता है?

(a) प्रत्यय

(b) संज्ञा

(c) क्रिया

(d) सर्वनाम

59. कवि का स्त्रीलिंग है:

(a) कविइत्री

(b) कवित्री

(c) कवयित्री

(d) कवियित्री

60. 'आयुष्मान' शब्द का स्त्रीलिंग रूप क्या है?

(a) आयुष्मन

(b) आयुष्मानी

(c) आयुषी

(d) आयुष्मती

61. निम्नलिखित में स्त्रीलिंग कौन सा शब्द है?

(a) मामा

(b) नाना

(c) चाचा

(d) माँ

62. गुड़िया शब्द का बहुवचन _______ है।
- (a) गुड़ियों
- (b) गुड़ियाएं
- (c) गुड़ियाँ
- (d) गुड़ियाओं

63. निर्देश: नीचे दिए गए शब्द का सही बहुवचन वाला विकल्प पहचानिए।
मंत्री
- (a) मंत्रियाँ
- (b) मंत्रिमत
- (c) मंत्रीगण
- (d) मंत्रिसंग

64. निम्न में से कौन - सा शब्द एकवचन में है?
- (a) लताओं
- (b) साधुओं
- (c) श्री मती
- (d) वधुओं

65. निम्नलिखित वाक्य में कौन सा वाक्य पूर्ण भूतकाल है?
- (a) यदि पढ़ा होता तो पास हो जाते
- (b) सचिन लिख रहा है
- (c) पंडित जी ने गीता समाप्त कर दी होगी
- (d) मैं कल मंजू के घर गयी थी

66. निम्नलिखित वाक्य में कौन सा वाक्य अपूर्ण वर्तमान काल है?
- (a) परीक्षा चल रही है
- (b) यदि वर्षा होती तो अच्छी फसल होती
- (c) उसने खेलों में भाग लिया होगा
- (d) मैंने रोटी खायी

67. ‘जलोर्मि’ शब्द का संधि-विच्छेद कीजिये।
- (a) जल + उर्मि
- (b) जलो + र्मि
- (c) जल + रमी
- (d) जल + ऊर्मि

68. निम्नलिखित प्रश्न में, चार विकल्पों में से, उस विकल्प का चयन करें जो सही संधि-विच्छेद वाला विकल्प है।
‘निष्काम’
- (a) निस् + काम
- (b) नित् + काम
- (c) निष + काम
- (d) निः + काम

69. ‘पवन’ का सन्धि-विच्छेद है:
- (a) प + अवन
- (b) प + वन
- (c) पो + अन
- (d) पौ + अन

70. ‘मनोरथ’ का सन्धि-विच्छेद होगा:
- (a) मनः + रथ
- (b) मन + औरथ
- (c) मनो + रथ
- (d) मन + रथ

71. विद्यार्थी उदाहरण है:
- (a) वृद्धि स्वर सन्धि का
- (b) गुण स्वर सन्धि का
- (c) व्यंजन सन्धि का
- (d) दीर्घ स्वर सन्धि का

72. दिग्गम उदाहरण है-
- (a) विसर्ग सन्धि का
- (b) अयादि स्वर सन्धि का
- (c) व्यंजन सन्धि का
- (d) यण स्वर सन्धि का

73. "वाम अंग शिव शोभित, शिवा उदार।
सरद सुवारिद में जनु तड़ित बिहार।।"
उपर्युक्त पंक्तियों में कौन-सा छंद है?
- (a) सोरठा
- (b) घनाक्षरी
- (c) रोला
- (d) बरवै

74. रस उत्पत्ति को सबसे पहले परिभाषित करने का श्रेय किन्हें जाता है?
- (a) भरत मुनि
- (b) नारद मुनि
- (c) वाल्मीकि
- (d) तुलसीदास

75. रस के मुख्य रूप से कितने अंग हैं?

- (a) 2
- (b) 4
- (c) 6
- (d) 8

76. ‘शान्त रस’ की उत्पत्ति कब होती है?
- (a) संसार से वैराग्य होने पर
- (b) क्रोध भाव दर्शाने के बाद
- (c) घोर विनाश के पश्चात
- (d) भय की स्थिति उत्पन्न होने पर

77. "कनक-कनक ते सौ गुनी मादकता अधिकाय वा खाए बौराए जग, वा पाये बौराय।" में कौन-सा अलंकार है ?
- (a) अनुप्रास
- (b) यमक
- (c) श्लेष
- (d) वक्रोक्ति

78. "या अनुरागी चित्त की गति समुझै नहिं कोय। ज्यों-ज्यों बूड़ै स्याम रंग त्यों-त्यों उज्जवल होय।" इन पंक्तियों में कौन-सा अलंकार है?
- (a) विभावना
- (b) विरोधाभास
- (c) अतिशयोक्ति
- (d) असंगति

79. "मुख बाल-रवि-सम लाल होकर ज्वाल-सा बोधित हुआ।" इसमें कौन-सा अलंकार है?
- (a) उपमा
- (b) उत्प्रेक्षा
- (c) उपमेयोपमा
- (d) रूपक

80. जहां एक ही वर्ण की आवृत्ति एक से अधिक बार हो वहाँ कौन सा अलंकार होता है?
- (a) यमक
- (b) रूपक
- (c) श्लेष
- (d) अनुप्रास

English Language

Ques (81-89): Direction: Read the passage and answer the question that follow.

The path of India-China relations is strewn with the ghosts of summits past. No doubt, summits are good, nobody has a quarrel with them, the media at least loves them. The relationship has often benefited from such meetings. A note of hope was therefore sounded when Prime Minister Narendra Modi flew into the Chinese city of Wuhan to meet with President Xi Jinping for an "informal" summit last week. The aim, as announced, was to build strategic communication and provide a long-term perspective for what is a complex and adversarial bilateral relationship.

For the duration of a day and a half, the leaders of the world's two most populous countries held talks. The optics were reassuring and optimism about the outcome of these conversations was implied. Only a year ago, on the high Himalayan plateau of Doklam on the borders of Bhutan, India and China, overlooking the vital Siliguri Corridor connecting 'mainland' India to the Northeastern States, Indian and Chinese troops engaged in a tense stand-off lasting 73 days. The visit of the Dalai Lama, exiled in India for nearly six decades, to Tawang in Arunachal Pradesh engendered deep Chinese resentment. The voluble Indian opposition to China's flagship Belt and Road Initiative (BRI), especially the China-Pakistan Economic Corridor (CPEC) being developed in Pakistan-occupied Kashmir, was also a source of serious friction. China's growing inroads in the form of high-profile projects and support for anti-Indian political interests in India's South Asian neighbourhood fuelled Indian distrust. Hawkish and hypernationalist voices in both countries raised tensions further, and the spectre of armed conflict on a shared but disputed frontier **lurked** in the shadows.

The Wuhan summit signalled that the two countries are working on restoring a much-needed equilibrium in a deeply disturbed relationship. The outcome statement from the Indian foreign office speaks about Mr. Modi and Mr. Xi having forged a common understanding in Wuhan on the future direction of India-China relations "built upon mutual respect for each other's developmental aspirations and prudent management of differences with mutual sensitivity". The distilled essence is: let us give each other space and let us rationalise our opposition to each other and our differences in a grown-up way. The takeaway buzzword from Wuhan appears to be "strategic communication" by both leaderships in order to provide a more cogent sense of purpose and direction that helps heal the relationship. The intention is to prevent incidents in border regions of the Doklam variety, it is presumed. The situation bears watching. There are many pockets along the 3,500 km border between the two countries where the Line of Actual Control is disputed. Efforts to establish a clearly delineated Line of Actual Control have not succeeded, mainly due to Chinese reluctance.

The summit has apparently not yielded any significant reduction of differences on the CPEC. The Indian government can ill-afford to give the impression of any concession on this question to China given the Pakistan factor — a **perennial** trigger for public hysteria. The announcement that China and India will jointly work on a project in war-torn Afghanistan is a first and unlikely to give Pakistan comfort, although China will no doubt provide undercover assurances to the former that its interests will not be harmed.

A sober **prognosis** for the future of India-China relations is warranted despite the euphoria of Mr. Modi's visit to Wuhan. The potential for tension on the Himalayan piedmont is aggravated by the clash of Chinese and Indian ambition in the maritime environment of the Indo-Pacific. The growing alignment of interest among three democracies — India, the U.S. and Japan — is a source for Chinese insecurity, just as China-Pakistan strategic cooperation and China's inroads in South Asia make India uneasy. Twenty-first century Asia is not a pacific place. It is multi-polar and multi-aligned and a testing ground for the security architectures of the future.

81. Which of the following is/are synonym/s of the word prognosis?
I. Forecast
II. Projection
III. Calculation
IV. Prediction

(a) Only III
(b) Only I and IV
(c) Only I, II and IV
(d) Only I III and IV

82. Which of the following is/have synonyms of the word lurked?
I. Creep
II. Susceptible
III. Yawn
IV. Skulk

(a) Only III
(b) Only I and IV
(c) Only II and III
(d) Only I, III and IV

83. Which of the following is/are true as per the passage?
I. The Doklam issue saw the militaries of both India and China engage in a military stand-off lasting 73 days.
II. The Wuhan Summit has led to a much-needed thaw in the relationship although not a lot was achieved in terms of the CPEC.
III. Asia in the Twenty-first century is uni-polar with the increasing rise of China.

(a) Only III
(b) Only II and III
(c) Only I and II
(d) Only I and III

84. Which of the following, as per the passage, make China uneasy with respect to India?
I. The strategic cooperation between China and Pakistan.

II. The growing alignment between India, US and Japan.
III. The growing economic and military clout of India in South Asia.

(a) Only I
(b) Only II
(c) Only III
(d) Only I and II

85. Which of the following weakens the argument that the Informal Summit at Wuhan was a success?
I. The summit at Wuhan coincided with news that India will build 96 more border outposts along the frontier with China.
II. Transgressions from both sides have been occurring regularly since 1962.
III. The two leaders have "issued strategic guidance" to their militaries to strengthen communication.

(a) Only I
(b) Only II
(c) Only III
(d) Only I and II

86. As per the passage, why have efforts to establish a clearly delineated Line of Actual Control not been successful?
I. Both the sides' militaries have been trained to be unyielding when it comes to territory.
II. The efforts have failed mainly due to the Chinese being less than enthusiastic about the issue.
III. The efforts failed due to the lack of strategic communication and a lack of direction in the overall relationship.

(a) Only II
(b) Only III
(c) Only I and II
(d) Only I and III

87. Which of the following has the informal summit at Wuhan resulted in?
I. Better relations between the triad- India, China and Pakistan.
II. India yielding on the CPEC issue.
III. An agreement between the two to work out the border issues via mutual understanding.

(a) Only II
(b) Only III
(c) Only I and II
(d) None of the above

88. Which of the following is/are sources of friction in the India- China relationship?
I. India's increasing engagement with Afghanistan
II. China's increasing inroads in South Asia.
III. The visit of the Dalai Lama to places in India considered sensitive by China.

(a) Only II
(b) Ony III
(c) Only I and II
(d) Only II and III

89. What does the author mean by the statement- 'The path of India-China relations is strewn with the ghosts of summits past'?

(a) The leaders of the two countries have met many a times in the past.

(b) The leaders of the two countries have not achieved much during their previous meets

(c) The leaders of the two countries need to meet more in order to correct the issues of the past

(d) The leaders of the two countries will meet like they met so many times before and then go their separate ways

Ques (90-91): Direction: Read the passage given below and answer the questions/complete the statements that follow with the help of given options.

The havoc the October super cyclone caused in Orissa could have been avoided had its mangrove forests not been destroyed to develop shrimp farms. New Scientist magazine, quoting coastal geographers from Cambridge University, recently said: "The (Orissa) coastline was once covered with mangrove forests and these would have dissipated the incoming wave energy."

Indeed, considering the unbridled human activity along the Indian coast, more Orissas can be expected at greater frequency. For, the delicate environment balance has been upset, compounding Nature's abnormalities.

India isn't alone in targeting its coastal areas for economic activates like ports, shrimp farms, oil refineries, luxury hotels and holiday resorts. In a few years, nearly 80 percent of the US population will be living within 50 miles of the coast. In India too, coastal populations are growing.

The emergence of megacities along the sea is seen as the single greatest threat to the world's coastal environment. Today, mangrove forests cover just 15.8 million hectares, and are declining at an assumed rate of 2 per cent every year. In the last few decades, feverish human activity has either destroyed or transformed nearly 50 per cent of the world's total mangrove forest area. Worse, only about one per cent of the global mangrove area is protected.

Mangroves are flowering plants, which grow on tidal coasts between the high and low water marks in clay and silt. They possess unusual "prop and knee" root system which enables them to trap sediments in their roots and provide the seabed a shallow slope. This helps it to absorb the energy of waves and tidal surges, and acts as a shield for the hinterland. The trees themselves form a barrier against wind.

Since mangrove areas are ideal for shrimp fams, they are being 'colonised' and mindlessly destroyed. India is among the top four shrimp exporters, with production growing at 15 per cent a year. But this has extracted its price- in the past 40 years, India is estimated to have lost half its mangrove forests, rendering states like Orissa and Andhra Pradesh vulnerable to the fury of cydones.

90. Read the following statements.

(A) The damage caused by the October cyclone could have been prevented by the mangrove forests.

(B) Shrimp farms are responsible for the October cyclone.

(C) The incoming waves could have arrested the October cyclone.

(a) (A) is true and (B) and (C) are false.

(b) (A) and (B) are true and (C) is false.

(c) (A) and (C) are true and (B) is false.

(d) (A) and (C) are false and (B) is true.

91. The destruction of the mangrove forests cannot be attributed only to:

(a) Waves and tidal surges

(b) Unbridled human activity

(c) The development of shrimp farms

(d) Economic activities

Ques (92-100): Direction: Read the given passage and answer the question that follow by selecting the most appropriate option.

1. The fossil remains of the first flying vertebrates, the pterosaurs, have intrigued paleontologists for more than two centuries. How such large creatures, which had wingspans from 8 to 12 metres, solved the problems of powered flight, and exactly what these creatures were-reptiles or birds - are among the questions scientists have puzzled over.

2. Perhaps the least controversial assertion about the pterosaurs is that they were reptiles. Their skulls, pelvises and hind feet are reptilian. The anatomy of their wings suggests that they did not evolve into the class of birds. In pterosaurs, a greatly elongated fourth finger of each forelimb supported a wing like membrane. In birds the second finger is the principle strut of the wing. If the pterosaur walked or remained stationary, the fourth finger and with it the wing, could only turn upward in an extended inverted V-shape alongside the animal's body. Both the pterosaurs and the birds have hollow bones, a feature that represents a saving in weight. In the birds, however, these bones are reinforced more massively by internal struts.

3. Although scales typically cover reptiles, the pterosaurs probably had hairy coats. The recent discovery of a pterosaur specimen covered in long, dense and relatively thick hair-like fossil material, was the first clear evidence that this reasoning was correct. Efforts to explain how the pterosaurs became air-borne have led to suggestions that they launched themselves by jumping from cliffs, by dropping from trees, or even by rising into light winds from the crests of waves.

92. The skeleton of a pterosaur can be distinguished from a bird by the:

(a) Size if its wing span

(b) Presence of hollow bones

(c) Hook-like projections at the hind feet

(d) The anatomy of its wings

93. Which is the characteristic of pterosaur?

(a) They hung upside down like bats before flight

(b) Flew to capture prey

(c) Unable to fold their wings fully at rest

(d) Lived mostly in the forest

94. The elongated finger in the _________ supported the outstretched wings.

(a) pterosaurs   (b) birds

(c) both   (d) neither

95. The body of the pterosaurs was covered in:

(a) Feathers   (b) Scales

(c) Fur   (d) Smooth skin

96. The pterosaurs flew by:

(a) Jumping off a mountain ledge

(b) Pushed by wind before take off

(c) Jumping upwards with force

(d) Momentum gained by running

97. A synonym for 'compressed', from the passage is:

(a) Launch   (b) Dense

(c) Light   (d) Strut

98. The opposite of 'controversial' is:

(a) Questionable   (b) Uncertain

(c) Debatable   (d) Undisputed

99. It can be understood from the passage that scientists believe that the:

(a) Large wings help pterosaurs to fly great distances

(b) Hollow bones showed they evolved from bats

(c) Fossil remains explain how they flew

(d) Pterosaurs walked on all fours

100. Fossils often left scientists in doubt whether the pterosaur:

(a) Ever existed at all

(b) How many lived at that period

(c) Their size and weight

(d) Their shape and gender

101. Select the most appropriate ANTONYM of the given word.
CONSPICUOUS
- (a) Distinct
- (b) Obscure
- (c) Noticeable
- (d) Apparent

102. Select the appropriate synonym of the given word.
TIMID
- (a) Willful
- (b) Shy
- (c) Kind
- (d) Strong

103. Select the option which is not an antonym of another word by way of adding the prefix 'im-'
- (a) Immigrant
- (b) Impatient
- (c) Immortal
- (d) Imagine

104. Which of the following is the prefix for 'pleasure'?
- (a) down
- (b) dis
- (c) inter
- (d) de

Ques (105-107): Direction : Each of the following items in this section consists of a sentence, parts of which have been jumbled. These parts have been labelled as P, Q, R and S. You are required to re-arrange the jumbled parts of the sentence and mark your responses.

105. propelled by the Industrial Revolution (P)/ Queen Victoria (1837–1901) witnessed (Q)/ Britain under the reign of (R)/ a great leap forward in technological terms (S)
- (a) PQRS
- (b) QSPR
- (c) QSRP
- (d) RQSP

106. vandalism have been (P)/ damage they've caused (Q)/ made to repair the (R)/ people found guilty of (S)
- (a) SRPQ
- (b) SPRQ
- (c) PSRQ
- (d) RPSQ

107. that can keep a (P)/ and technology running smoothly (Q)/ management is a set of processes (R)/ complicated system of people (S)
- (a) RPSQ
- (b) RPQS
- (c) SQPR
- (d) RQPS

108. **Direction:** Fill in the blanks with the appropriate articles:
___________ fourth boy in ___________ third row, is my son.
- (a) The, the
- (b) No article, no article
- (c) A, a
- (d) The, a

109. **Direction:** Choose the correct gerund from the options given below.
It is foolish _________ your money like that.
- (a) to waste
- (b) wasting
- (c) to be wasting
- (d) to wasted

110. **Direction:** Choose the correct form of tense for the given sentence:
He _____ very little when there are strangers present.
- (a) had always spoken
- (b) was always speaking
- (c) is always speaking
- (d) always speaks

111. Choose the most suitable preposition.
Please, come _________ the bathroom.
- (a) out of
- (b) over
- (c) on
- (d) in

112. **Direction:** Select the correct passive form of the given sentence.
He was eating a large pizza.
- (a) A large pizza was eating him.
- (b) A large pizza has been eaten by him.
- (c) A large pizza was being eaten by him.
- (d) A large pizza was eaten by him.

113. **Direction:** Parts of the following sentence are given as options. Identify the segment that contains a grammatical error.
Bhanu finished to read such a thick book in just two days.
- (a) Bhanu finished
- (b) in just two day
- (c) such a thick book
- (d) to read

114. **Direction:** Parts of the following sentence are given as options. Identify the segment that contains a grammatical error.
No sooner had Kavya started her online class that the web connection was lost.
- (a) was lost
- (b) that the web connection
- (c) No sooner had Kavya
- (d) started her online class

115. **Direction:** Parts of the following sentence are given as options. Identify the segment that contains a grammatical error.
Craze for a thing that are not easily available in our country is a common phenomenon.
- (a) Craze for a
- (b) thing that are not easily
- (c) is a common phenomenon
- (d) available in our country

116. **Direction** : Select the most appropriate indirect form of the given sentence.
Father said, "On the news tonight they mentioned a possibility of a power strike."
- (a) Father said that on the news that night they had mentioned a possibility of a power strike."
- (b) Father wondered why on the news tonight they mentioned a possibility of a power strike.
- (c) Father asked if on the news that night they had mentioned a possibility of a power strike.
- (d) Father said that on the news tonight they mentioned a possibility of a power strike.

117. **Direction:** Choose the most appropriate meaning of the given idiom in bold.
At an early age my colleague **made his mark** as a chemist.
- (a) Was destined to be
- (b) Secured good marks
- (c) Distinguished himself
- (d) Created a vacancy

118. **Direction** : Choose the most appropriate meaning of the given idiom in bold.
She was more than willing to **take a stand** on abortion rights.
- (a) To publicly express an opinion about something
- (b) To make a stand for one to sit

(c) To be firm on your work

(d) To be part of the work

119. Direction: Choose the correct alternative which can be substituted for the below given word/ sentence.

A hater of knowledge and learning

(a) Bibliophile   (b) Philologist

(c) Misogynist   (d) Misologist

120. Direction : Replace the phrase in bold with the correct option given below.

No sooner **do the bell ring** than the students ran out of their classes.

(a) Did the bell ring   (b) Did the bells ring

(c) Do the bell rang   (d) No correction

// Smart Answer Sheet //

Correct — Percentage of students who answered correctly.

Skipped — Percentage of students who skipped.

Q.	Ans.	Correct	Skipped	Q.	Ans.	Correct	Skipped	Q.	Ans.	Correct	Skipped
1	D	84.55%	11.2%	2	B	81.39%	18.11%	3	A	59.42%	40.1%
4	A	69.05%	30.02%	5	D	78.45%	19.49%	6	A	53.83%	36.52%
7	A	55.52%	34.77%	8	D	49.09%	44.81%	9	D	32.76%	67.2%
10	A	78.6%	19.11%	11	B	63.35%	36.36%	12	B	46.71%	52.69%
13	D	69.74%	30.23%	14	B	67.65%	30.22%	15	A	54.34%	41.03%
16	C	52.54%	41.6%	17	B	44.1%	32.16%	18	D	47.7%	36.02%
19	A	52.7%	32.21%	20	C	50.32%	35.68%	21	C	59.03%	33.06%
22	A	47.87%	47.63%	23	D	54.95%	39.02%	24	C	77.45%	21.25%
25	A	78.97%	16.75%	26	D	87.7%	10.63%	27	B	65.93%	34.05%
28	D	65.91%	33.14%	29	D	59.25%	32.38%	30	C	63.3%	34.08%
31	B	55.52%	41.35%	32	C	87.23%	10.56%	33	A	40.58%	38.71%
34	C	81.06%	10.58%	35	C	63.14%	32.68%	36	A	80.28%	11.43%
37	A	42.3%	37.33%	38	D	61.99%	36.52%	39	C	56.26%	41.15%
40	B	84.48%	14.42%	41	A	41.97%	39.21%	42	D	85.16%	12.96%
43	A	66.62%	31.25%	44	D	65.94%	33.19%	45	D	29.64%	67.0%
46	A	84.74%	12.94%	47	C	58.9%	31.11%	48	D	51.73%	40.31%
49	D	69.48%	30.42%	50	C	52.25%	33.8%	51	C	77.25%	11.55%
52	B	47.3%	33.29%	53	A	88.82%	10.27%	54	A	76.4%	20.13%
55	B	52.54%	37.23%	56	A	87.39%	10.73%	57	A	78.6%	16.73%
58	B	56.79%	35.66%	59	D	24.43%	70.42%	60	D	84.34%	13.03%
61	D	88.29%	10.69%	62	C	48.93%	46.68%	63	C	65.36%	31.71%
64	C	49.5%	36.82%	65	D	76.98%	18.23%	66	A	30.09%	69.54%
67	D	55.3%	39.75%	68	D	83.82%	10.52%	69	C	56.34%	42.35%
70	A	82.25%	15.05%	71	D	48.03%	47.77%	72	C	79.01%	14.62%
73	D	23.37%	72.94%	74	A	47.92%	48.93%	75	B	76.94%	14.75%
76	A	89.24%	10.24%	77	B	49.28%	40.83%	78	B	61.72%	35.75%
79	A	83.54%	11.48%	80	D	41.0%	53.27%	81	C	62.64%	31.1%
82	B	82.3%	11.96%	83	C	65.94%	30.27%	84	B	17.51%	70.72%
85	A	26.96%	69.34%	86	A	61.8%	36.58%	87	D	61.05%	30.4%
88	D	32.49%	67.29%	89	A	29.09%	70.08%	90	B	80.82%	14.89%
91	A	41.23%	40.8%	92	D	58.68%	37.81%	93	C	47.67%	48.06%
94	A	81.25%	15.24%	95	C	81.03%	15.85%	96	A	48.08%	36.0%
97	B	88.66%	10.97%	98	D	32.05%	67.33%	99	C	62.65%	35.91%
100	D	15.02%	77.84%	101	B	68.7%	30.46%	102	B	80.34%	10.67%
103	D	55.72%	38.21%	104	B	43.27%	52.17%	105	D	61.17%	37.24%
106	B	44.87%	50.72%	107	A	42.64%	33.36%	108	A	63.09%	36.29%
109	B	68.13%	30.78%	110	D	85.22%	11.8%	111	A	59.8%	40.03%
112	C	67.81%	30.47%	113	D	81.99%	17.03%	114	B	76.86%	14.11%
115	B	77.28%	16.54%	116	A	52.31%	38.4%	117	C	28.4%	71.51%
118	A	88.71%	10.75%	119	D	59.17%	37.24%	120	B	57.18%	34.13%

// Hints and Solutions //

1(D). गद्यांश के अनुसार, 'वायु-प्रदूषण' का सबसे अधिक प्रकोप महानगरों पर हुआ है। इसका कारण है बढ़ता हुआ औद्योगीकरण।

2(B). गद्यांश के अनुसार, वायुमंडल पर नकारात्मक प्रभाव के लिए मुख्य रूप से वाहनों की संख्या में वृद्धि उत्तरदायी है।

3(A). गद्यांश के अनुसार, पर्यावरण की सुरक्षा के लिए सबसे कारगर उपाय अधिक से अधिक वृक्ष लगाना है ।

4(A). 'सारे वातावरण को विषाक्त बना दिया है।' का आशय "वातावरण में ज़हरीला पदार्थ मिला दिया है"। से है।

5(D). गद्यांश के अनुसार, बढ़ती हुई जनसंख्या, लोगों का काम की तलाश में गाँवों से शहरों की और भागना भी वायु प्रदषण के लिए अप्रत्यक्ष रूप से उत्तरदायी है।

6(A). धुएँ ने सारे वातावरण को <u>विषाक्त</u> बना दिया है। रेखांकित शब्द के स्थान पर विषैला शब्द प्रयोग कर सकते हैं।

7(A). गद्यांश के अनुसार लोग शहरों की ओर पलायन रोजगार की तलाश में कर रहे हैं ।

8(D). अनल 'वायु' का पर्यायिवाची शब्द नहीं है। वायु का पर्यायिवाची: पवन, समीर, अनिल, हवा, वात, मारुत है।

9(D). गद्यांश के अनुसार, ""ठीक है, दर्पण में तुम दूसरों को नहीं देख सकते । तुम जानते हो कि खिड़की में लगा काँच और यह दर्पण एक ही मूल पदार्थ से बने हैं " ।
संत ने युवक को काँच और दर्पण यह समझने में युवक की मदद करने के लिए कि उसे क्या करना चाहिए दिखाए।

10(A). उपर्युक्त गद्यांश के अनुसार दर्पण में हम दूसरों को नहीं देख सकते वाक्य में निहितार्थ यह है कि दर्पण हमें स्वयं तक सीमित कर देता है। दर्पण में लगा चांदी का लेप हमें दूसरों को देखने से रोक देता है।

11(B). उपयुक्त गद्यांश के अनुसार "अपनी आँखों पर लगी चांदी की परत को उतार दो" वाक्य का अर्थ निष्पक्ष भाव से "चीजों व्यक्तियों घटनाओं" को देखना है। संत ने धनी युवक को अपनी आँखों पर लगी चांदी की परत उतारने को कहा ताकि वह इस दुनिया को निष्पक्ष रुप से देख सके।

12(B). उपर्युक्त गद्यांश के अनुसार स्वयं को देखने लगते हो से अर्थ हमारी सोच का स्व केंद्रित हो जाना है। अर्थात जब हम दर्पण में स्वयं को देखने लगते हैं तब हम अपनी सोच से परे इस दुनिया को नहीं देख पाते।

13(D). बच्चों के शारीरिक और मानसिक विकास में तेजी से परिवर्तन पूर्व प्राथमिक स्तर अवस्था में होते हैं।

14(B). शारीरिक विकास सामाजिक और सांस्कृतिक संकेतों के साथ प्रतिक्रिया करने लगता है, जिससे यह स्पष्ट होता है कि समाज व संस्कृति के नियमों के अनुसार व्यवहार करना शुरू कर दिया जाता है।

15(A). गद्यांश में पूर्व प्राथमिक स्तर की भाषा और संज्ञानात्मक विकास में वृद्धि का उल्लेख हुआ है।

16(C). वाक्य "निर्भरता और असहायपन की स्थिति से बच्चे धीरे-धीरे मुक्त होने लगते हैं।" का अर्थ है कि जब बच्चे अपने परिवार या अन्य लोगों की सहायता के बिना कुछ करने शुरू करते हैं, तो वे धीरे-धीरे निर्भरता और असहायता की स्थिति से मुक्त होते हैं।

17(B). गद्यांश में पूर्व प्राथमिक स्तर के बच्चों द्वारा किस तरह के खेल खेलने का उल्लेख आया है, उसमें उल्लेख है कि वे अक्सर काल्पनिक खेल खेलते थे।

18(D). 'असहायपन' में पन प्रत्यय है।

19(A). 'हस्तकौशल' का समास विग्रह हस्त का कौशल है।

20(C). असहाय शब्द में उपसर्ग है।

21(C). पर्यक – पलंग यहाँ तत्सम और तद्भव शब्दों का सही युग्म है। अन्य विकल्प असंगत है।
पर्यक और पलंग दोनों एक ही अर्थ वाले शब्द है। पर्यक और पलंग का अर्थ बड़ी खाट होता है।

22(A). उपर्युक्त में से 'प्रिय' तत्सम शब्द है।
क्योंकि यह संस्कृत भाषा से हिंदी में आया है।
तत्सम शब्द: ऐसे शब्द जो संस्कृत से ज्यों-के-त्यों ले लिए गए हैं।
उदाहरण: आम्र, उष्ट्र, ऐश्वर्य, षष्ठी आदि।
अन्य विकल्प तद्भव शब्द हैं।

23(D). ओष्ठ यहाँ सही विकल्प है, क्योंकि ओष्ठ शब्द तत्सम शब्द है।
ओष्ठ का तद्भव - होठ होगा।

24(C). "अग्नि" शब्द तद्भव नहीं है इसलिए यह तत्सम शब्द है।

तत्सम	तद्भव
अष्ट	आठ
आम्र	आम
अर्द्ध	आधा

25(A). तत्सम-तद्भव की दृष्टि से "रात्रि - निशा" सही युग्म नही है। 'रात्रि' शब्द का सही तद्भव रूप 'रात' होता है।
अन्य विकल्प:

तत्सम	तद्भव
शूकर	सूअर
पाषाण	पाहन
नृत्य	नाच

26(D). कृदन्त प्रत्यय क्रिया के शब्दों के साथ जुड़ते हैं। धातु पदों को नाम पद बनाने वाले प्रत्ययों को कृत् प्रत्यय कहते हैं और कृत् प्रत्यय के प्रयोग होने से जिन नए शब्दों का निर्माण होता है उन्हें कृदन्त प्रत्यय कहते हैं। जिस शब्द के द्वारा किसी कार्य के करने

या होने का बोध होता है उसे क्रिया कहते हैं।
अतः विकल्प सही (D) है।

27(B). दिए गए विकल्पों में से 'अधि' उपसर्ग से बना शब्द 'अधिवर्ष' है। ऐसे शब्दांश जो किसी शब्द के पूर्व जुड़कर उसके अर्थ में परिवर्तन कर देते हैं, उपसर्ग कहलाते हैं।
' अधि ' उपसर्ग से बने अन्य शब्द - अधिकार, अधिपति, अधिनायक इत्यादि हैं।

28(D). 'दुलारा' शब्द 'दु' उपसर्ग से बना है।
दुलारा = दु + लारा
'दु' उपसर्ग से बनने वाले अन्य शब्द - दुबला, दुकाल।

29(D). दिए गए विकल्पों में से 'उत्तरायण' शब्द का उचित विलोम शब्द 'दक्षिणायन' होगा।
- उत्तरायण - छह माह की अवधि जब सूर्य की गति कर्क रेखा की ओर रहती है।
- दक्षिणायन - हिंदू पंचांग के अनुसार जब सूर्य मकर से मिथुन राशि तक भ्रमण करता है, तो इस अंतराल को दक्षिणायन कहते हैं।
- अन्य विकल्प इसके अनुचित उत्तर हैं।

30(C). दिए गए विकल्पों में से 'कुलटा' शब्द का उचित विलोम शब्द 'पतिव्रता' होगा।
- कुलटा - अनेक पुरुषों से संबंध रखने वाली स्त्री।
- पतिव्रता - पति के प्रति अनन्य अनुराग एवं भक्ति रखने वाली।

31(B). दिए गए विकल्पों में 'कामदेव' का समानार्थी शब्द 'शचीपति' नहीं है।
- अन्य सभी कामदेव शब्द के समानार्थी हैं।
- कामदेव के समानार्थी शब्द हैं - मन्मथ, मनोज, काम, मार, कंदर्प, अनंग, मनसिज, रतिनाथ, मीनकेतु, रतिपति, मदन।
- शचीपति समानार्थी शब्द हैं - वज्रधर, वृत्रहा, सुरपति, सहस्राक्ष, सुरराज, सुरेन्द्र, सुरेश, सुरेश्वर।

32(C). दिए गए विकल्पों में 'पारिजात' का समानार्थी शब्द 'कल्पवृक्ष' है। अन्य सभी विकल्प इसके अनुचित हैं।
पारिजात के अन्य पर्यायवाची शब्द हैं - देवद्रुम, कल्पद्रुम, मन्दार, हरिचन्दन आदि हैं।

33(A). दिए गए विकल्पों में से 'मुख्य' शब्द का उचित विलोम शब्द 'गौण' होगा।
मुख्य के पर्यायवाची शब्द हैं - आवश्यक, महत्त्वपूर्ण, प्राथमिक
गौण के पर्यायवाची शब्द हैं - अप्रासंगिक, अप्रधान, अप्रमुख, सहायक

34(C). कर्त्तव्यनिष्ठा शुद्ध वर्तनी है।
- 'कर्त्तव्यनिष्ठा' का अर्थ 'कर्त्तव्य करने में निपुण' होता है।
- वाक्य - वो एक कर्त्तव्यनिष्ठा सुलझी महिला थीं।

35(C). दिए गए विकल्पों में छत्रछाया शब्द की वर्तनी शुद्ध है। अत: सही विकल्प (C) 'छत्रछाया' है। अन्य सभी शब्दों की वर्तनी त्रुटि पूर्ण हैं।
'छत्रछाया' का अर्थ 'शरण, पनाह' है।
अन्य विकल्प –

शुद्ध वर्तनी	अशुद्ध वर्तनी	अर्थ
उच्छ्वास	उच्छवास	लम्बा श्वास
निहारिका	नीहारिका	ओस की बूँद
महात्मगण	महात्मागण	महात्मा लोग

36(A). 'गन्दा पानी उबालकर पियें।' शुद्ध वाक्य है।
वाक्य-शुद्धि: विचारों की परस्पर भावाभिव्यक्ति का सबसे बड़ा साधन भाषा है। जिसमें वाक्य का स्थान सर्वाधिक महत्त्वपूर्ण होता है। किसी विचार अथवा भाव को स्पष्ट एवं पूर्णतः के साथ व्यक्त करने वाला पद समूह वाक्य कहा जाता है। प्रसिद्ध वैयाकरण पण्डित कामता प्रसाद गुरु के अनुसार "एक पूर्ण विचार व्यक्त करने वाला शब्द समूह वाक्य कहलाता है।"

37(A). **मुहावरा** : खून-पसीना एक करना

अर्थ: बहुत कठिन परिश्रम करना
वाक्य प्रयोग: रामू खून-पसीना एक करके दो पैसे कमाता हैं।

38(D). 'आसमान फट जाना' मुहावरे का सही अर्थ है - अचानक आफत आ पड़ना।
उदाहरण - पिता के मरते ही राजू के सिर पर आसमान टूट पड़ा।

39(C). दिये गये विकल्पों में 'पैरों पर खड़ा होना' सही उत्तर है।
उदाहरण –
दिनेश शहर जाकर अपने पैरों पर खड़ा हो गया उसकी माँ को और क्या चाहिए ।
अन्य मुहावरे का अर्थ -
पौ बारह होना - सभी और से लाभ होना ।
पानी फेर देना - की हुई मेहनत को नष्ट करना ।
फूँक – फूँक कर पैर रखना - बहुत सावधानी से काम लेना ।

40(B). 'बोये पेड़ बबूल के आम कहाँ से होय' लोकोक्ति का सही अर्थ - जैसा कर्म करोगे वैसा फल मिलेगा।
प्रयोग- शमीम सारी जिंदगी बेईमानी करता रहा। बेईमानी के पैसे से सुख सुविधाएँ तो मिल गयीं पर बच्चे बिगड़ गए और पिता की ही तरह गलत रास्ते पर चलता देख शमीम को अच्छा नहीं लगता पर कोई क्या कर सकता है जब बोया पेड़ बबूल का तो आम कहाँ से हो जाएँगे।

41(A). 'लाभ ही लाभ' अर्थ के लिए सही लोकोक्ति 'पाँचों उँगलियाँ घी में' है।
वाक्य प्रयोग – अनमोल का बेटा विदेश से बहुत पैसे भेजता है अब तो उसकी पाँचों उँगलियाँ घी में हैं।

42(D). दिए गए विकल्पों में से 'सारंग' शब्द का अनेकार्थी शब्द 'बादल' होगा।
'सारंग' के अन्य अनेकार्थी शब्द हैं - साँप, हिरण, पपीहा, राजहंस, कामदेव, कमल।
अन्य विकल्प:
विधि - कानून, रीति, भाग्य।
इंद्र - हरी, सूर्य, विष्णु।
कान - श्रुति, वेद।

43(A). दिए गए विकल्पों में से 'कुल' का अनेकार्थी शब्द 'सब' है।
'कुल' पुल्लिंग शब्द है जिसका अर्थ परिवार या खानदान होता है।
अन्य विकल्प:

शब्द	अनेकार्थी शब्द
करोड़	श्रेणी, कोटि, गणना
ठग	कुमुद, कमल, शत्रु
कर	हाथ, टैक्स, किरण, सूँड़

44(D). दल का अर्थ- गिरोह, झुंड।
दल का अनेकार्थी- समूह, सेना, पत्ता, हिस्सा, पक्ष, भाग।
अग्नि, दल का अनेकार्थी नहीं है।

45(D). 'त्रिफला' में द्विगु समास है।
- 'त्रिफला' का अर्थ है- तीन फलों का समूह।
- 'त्रिफला' में उत्तर पद 'फल' की प्रधानता है। द्विगु समास में पूर्व पद संख्यावाची होता है, उत्तर पद प्रधान होता है तथा समस्तपद किसी समूह का बोध कराता है।
- इसलिए, यहाँ द्विगु समास है।

46(A). 'कापुरुष' में कर्मधारय समास है।
- 'कापुरुष' शब्द का समास-विग्रह है- कायर है जो पुरुष।
- जिसका पहला पद विशेषण और दूसरा पद विशेष्य अथवा एक पद उपमान तथा दूसरा पद उपमेय हो, 'कर्मधारय समास' कहलाता है।

47(C). 'पापमुक्त' में अपादान तत्पुरुष समास है।
- 'पापमुक्त' शब्द का समास-विग्रह है- पाप से मुक्त। यहाँ अपादान कारक है, इसलिए, यहाँ 'अपादान तत्पुरुष' समास होगा।
- इसमें दो पदों के बीच में अपादान कारक छिपा होता है। अपादान कारक का चिन्ह या विभक्ति 'से अलग' होता है।

उसे अपादान तत्पुरुष समास कहते हैं।

48(D). 'जो मापा न जा सके' वाक्यांश के लिए एक शब्द है - 'अपरिमेय' जिसका परिमाण जाना जा सके - परिमेय
जिसे मापा या तौला जा सके - परिमाप
त्रि-विमीय स्थान की मात्रा की माप - आयतन

49(D). 'आवश्यकता से अधिक वर्षा' के लिए एक शब्द 'अतिवृष्टि' होगा।
'अतिवृष्टि' का विलोम - अनावृष्टि।
अल्पवृष्टि- आवश्यकता से कम बरसात
ओलावृष्टि- ओले की बरसात

50(C). आड़ या परदे के लिये रथ या पालकी को ढकनेवाला कपड़ा के लिए वाक्यांश के लिए एक शब्द ओहार है।
अंडज: अंडे से उत्पन्न
आगत: आया हुआ, जैसे: विदेशज शब्द भी आगत कहलाते है।
औरस: विवाहित स्त्री से उत्पन्न

51(C). 'स्टेशन' अंग्रेजी भाषा का शब्द है।
अंग्रेजी भाषा से लिए गये कई शब्द जो हिंदी भाषा में प्रायः प्रयोग किये जाते है जैसे स्टेशन, स्कूल, कप आदि है।

52(B). उपर्युक्त विकल्पों में से 'मटरगश्ती' एक विदेशज शब्द हैं। जो शब्द विदेशी भाषा के हैं, परंतु हिंदी में उन शब्दों का बहुत प्रचलन होता है। ऐसे शब्द विदेशी या विदेशज शब्द कहलाते हैं।
मटरगश्ती (पश्तो शब्द) जिसका अर्थ होता है "मस्ती" करना, अन्य विकल्पों के शब्द देशज हैं। इसलिए सही विकल्प 'मटरगश्ती' है।

53(A). झोपड़ी देशज शब्द है।
झोपड़ी शब्द की उत्पत्ति हिंदी से ही हुई है।
झोपड़ी का अर्थ - कुटिया

54(A). उपर्युक्त वाक्य के रिक्त स्थान में 'सर्जना' शब्द आएगा। अन्य विकल्प असंगत हैं। अतः सही विकल्प 'सर्जना' है।
स्पष्टीकरण - सर्जना का सही अर्थ है कलात्मक रूप से किसी चीज का निर्माण करना, साहित्यकार भी कोई भी कविता या लेख, कहानी अपनी सर्जनात्मक प्रतिभा के आधार पर करता है जैसे उसकी शैली, शब्दों को अलंकारिक बनाना तथा जिस वातावरण में हम रह रहे है उससे अवगत कराना। अतः अब हम यह कह सकते है की सर्जना के बिना साहित्य का सर्जन संभव नहीं है।
अन्य विकल्प -
मुमूर्षा का अर्थ है -मरने की इच्छा ,
मुमुक्षा का अर्थ है -मोक्ष की कामना,
सिसृक्षा का अर्थ है -रचने या निर्माण करने की इच्छा

55(B). समाचार -पत्र जन -साधारण के विचारों को अभिव्यक्त करने का साधन है।
उपरोक्त विकल्पों में से अभिव्यक्त विकल्प सही है। क्योंकि समाचार -पत्र आधुनिक जीवन की आवश्यकता है और आज के जीवन की महान शक्ति है। समाचार -पत्र जन -साधारण के विचारों को अभिव्यक्त करने का साधन है। यह शब्द व्याकरणिक दृष्टि से सटीक है।
'अभिव्यक्त' का अर्थ 'प्रकट किया हुआ' है।

56(A). उपरोक्त विकल्पों के अनुसार उपरोक्त पंक्ति में उपयुक्त शब्द विख्यात है।
यथा - मंच पर अनेक विख्यात विद्वानों को देखकर दर्शकों ने प्रसन्नता प्रकट की। अन्य विकल्प असंगत हैं, अतः विख्यात विकल्प सटीक है।

57(A). भारत में निर्धनता-निर्मूलन कार्य प्रशंसनीय गति से नहीं हो सका है।

58(B). हिन्दी में शब्दों का लिंग निर्धारण संज्ञा के आधार पर होता है , संज्ञा के द्वारा निर्जीव और सजीव दोनों का ज्ञान हो जाता है। जैसे पुल्लिंग में लड़का, घोड़ा, पेड़, बल्ब आदि और स्त्रीलिंग में बकरी, लड़की, घोड़ी, लाइट आदि।

59(D). 'कवि' का स्त्रीलिंग रूप ' कवयित्री ' है तथा अतिरिक्त विकल्प

निरर्थक हैं।

60(D). 'आयुष्मान' शब्द का स्त्रीलिंग रूप आयुष्मती है।
संज्ञा का ऐसा रूप जिसके माध्यम से किसी भी व्यक्ति वस्तु जीव की जाति का पता चले, उन शब्दों को लिंग कहा जाता है। इन शब्दों के माध्यम से पता चलता है कि व्यक्ति या वस्तु पुरुष जाति का है या स्त्री जाति का है।

61(D). माँ स्त्रीलिंग शब्द है।
लिंग संस्कृत का शब्द होता है जिसका अर्थ होता है निशान। जिस संज्ञा शब्द से व्यक्ति की जाति का पता चलता है उसे लिंग कहते हैं। इससे यह पता चलता है की वह पुरुष जाति का है या स्त्री जाति का है।
उदाहरण के लिए:
पुरुष जाति: बैल , बकरा , मोर , मोहन , लड़का , हाथी , शेर , घोडा , दरवाजा , पंखा , कुत्ता , भवन , पिता , भाई आदि।
स्त्री जाति: गाय , बकरी , मोरनी , मोहिनी , लडकी , हथनी , शेरनी , घोड़ी , खिड़की , कुतिया , माता , बहन आदि।

62(C). गुड़िया शब्द का बहुवचन गुड़ियाँ है।
जिन स्त्रीलिंग संज्ञाओं के अन्त में 'या' लगा होता है, उनमें 'या' के ऊपर चन्द्रबिन्दु लगाने से बहुवचन बनता है। जैसे:
बिंदिया - बिंदियाँ
चिड़िया - चिड़ियाँ
डिबिया - डिबियाँ
अन्य विकल्प असंगत एवं अनुचित उत्तर हैं।

63(C). दिए गए विकल्पों में से 'मंत्री' का उचित बहुवचन शब्द 'मंत्रीगण' होगा।
'मंत्री' पुल्लिंग शब्द है जिसका अर्थ होता है-
- राजा का प्रधान सलाहकार, अमात्य
- आदेश और सलाह देनेवाला राज्य का मुख्य व्यक्ति।

64(C). श्री मती शब्द एकवचन है। श्री मती का बहुवचन श्री मतियों होगा।
अन्य विकल्प -

एकवचन	बहुवचन
लता	लताओं
साधु	साधुओं
वधू	वधुओं

65(D). दिए गए विकल्पों में पूर्ण भूत काल का उदाहरण विकल्प मैं कल मंजू के घर गयी थी। अतः स्पष्ट है कि मैं कल मंजू के घर गयी थी।
पूर्ण भूतकाल: क्रिया के जिस रूप से काम के कुछ समय पूर्व ही पूरा होने का पता चले अर्थात काम अभी-अभी समाप्त हुआ कहते हैं।

66(A). दिए गए विकल्पों में अपूर्ण वर्तमान काल का उदाहरण विकल्प परीक्षा चल रही है।
अपूर्ण वर्तमान: क्रिया के जिस रूप से यह ज्ञात हो कि काम अभी वर्तमान काल में जारी है, समाप्त नहीं हुआ है, अपूर्ण वर्तमान काल कहते है ।

67(D). जलोर्मि' का उचित संधि- विच्छेद 'जल + ऊर्मि' (अ+ऊ=ओ) है। इसमें गुण स्वर संधि है। अन्य विकल्प त्रुटि पूर्ण हैं।

गुण संधि	इसमें अ, आ के आगे इ, ई हो तो ए ; उ, ऊ हो तो ओ तथा ऋ हो तो अर् हो जाता है। इसे गुण-संधि कहते हैं।	नर + ईश= नरेश

68(D). 'निष्काम' का संधि विच्छेद है- निः + काम।
- यह विसर्ग संधि का उदाहरण है।
- विसर्ग का स्वर या व्यंजन के साथ मेल होने पर जो परिवर्तन होता है, उसे विसर्ग संधि कहते है।
- अन्य विकल्प इसके अनुचित उत्तर हैं।

69(C). 'पवन' का सन्धि-विच्छेद: 'पो + अन' है। पवन का अर्थ: हवा, वायु आदि। 'पवन' में अयादि सन्धि है।

70(A). 'मनोरथ' का सन्धि-विच्छेद है: मन: + रथ। मनोरथ में संधि विसर्ग सन्धि है। मनोरथ के अर्थ: मन की इच्छा या अभिलाषा, मनोकामना, मन्त्रत, संकल्प आदि। विसर्ग सन्धि: स्वर या व्यंजन मेल से जो विकार होता है उसे विसर्ग सन्धि कहते हैं।

71(D). 'विद्यार्थी' का सन्धि-विच्छेद विद्या + अर्थी है। 'विद्यार्थी' दीर्घ स्वर सन्धि का उदाहरण है। दीर्घ सन्धि: ह्रस्व या दीर्घ अ, इ, उ के बाद यदि ह्रस्व या दीर्घ अ, इ, उ आ जाएँ तो दोनों मिलकर दीर्घ आ, ई, और ऊ हो जाते हैं।

72(C). 'दिग्भ्रम' व्यंजन सन्धि का उदाहरण है। दिग्भ्रम का अर्थ 'दिशाओं के संबंध में भ्रम' है। व्यंजन सन्धि: किसी व्यंजन का व्यंजन से अथवा किसी स्वर से मेल होने पर जो परिवर्तन होता है उसे व्यंजन सन्धि कहते हैं।

73(D). दी गयी पंक्तियों में 'बरवै' छन्द है। बरवै अर्ध सम मात्रिक छन्द है, जिसके विषम चरणों में 12 और सम चरणों में 7 मात्राएँ होती हैं। यति प्रत्येक चरण के अन्त में होती है। सम चरणों के अन्त में जगण या तगण होने से बरवै की मिठास बढ़ जाती है।

74(A). भरत मुनि ने नाट्य शास्त्र की रचना की। इसमें सर्वप्रथम रस सिद्धांत की चर्चा तथा इसके प्रसिद्ध सूत्र -विभावानुभाव संचारीभाव संयोगद्रस निष्पति:" की स्थापना की गयी थी।

75(B). रस के मुख्य रूप से 4 अंग हैं: स्थायी भाव, विभाव, अनुभाव, संचारी भाव।

76(A). 'शांत' रस का स्थायी भाव निर्वेद होता है। इस रस में तत्व ज्ञान कि प्राप्ति अथवा संसार से वैराग्य होने पर, परमात्मा के वास्तविक रूप का ज्ञान होने पर मन को जो शान्ति मिलती है, वहाँ शान्त रस कि उत्पत्ति होती है।

77(B). "कनक-कनक ते सौ गुनी मादकता अधिकाय वा खाए बौराए जग, वा पाये बौराय।" में यमक अलंकार है। पहले कनक का अर्थ 'धतूरा' है जिसे खाने से बुद्धि भ्रमित होती है किन्तु दूसरे कनक का अर्थ 'सोना' है जिसे देखने से बुद्धि भ्रमित होती है।

78(B). "या अनुरागी चित्त की गति समुझै नहिं कोय। ज्यों-ज्यों बूड़ै स्याम रंग त्यों-त्यों उज्जवल होय।।" पंक्तियों में विरोधाभास अलंकार है। यहाँ श्याम (काले) रंग में डूबने पर अधिकाधिक उज्जवल होने में विरोधाभास अलंकार हैं।
विरोधाभास अलंकार के अंतर्गत एक ही वाक्य में आपस में कटाक्ष करते हुए दो या दो से अधिक भावों का प्रयोग किया जाता है।

79(A). "मुख बाल रवि-सम लाल होकर ज्वाल-सा बोधित हुआ।" इसमें उपमा अलंकार है। जहाँ किसी व्यक्ति या वस्तु की तुलना या समानता का वर्णन किसी अन्य व्यक्ति या वस्तु के स्वभाव, स्थिति, रूप और गुण से की जाए तो वहाँ उपमा अलंकार होता है।

80(D). जहां एक ही वर्ण की आवृत्ति एक से अधिक बार हो वहाँ 'अनुप्रास' अलंकार होता है।
उदाहरण: चारु चंद्र की चंचल किरणें, खेल रही थी जल थल में

81(C). Prognosis means a forecast of the likely outcome of a situation.
Calculation is the antonym here and incorrect.
Forecast, projection and prediction are all synonyms.

82(B). Lurked means be or remain hidden so as to wait in ambush for someone or something.
Creep and skulk are synonyms of lurked.
Susceptible means vulnerable.
Yawn means wide open.

83(C). 'Only a year ago, on the high Himalayan plateau of Doklam on the borders of Bhutan, India and China, overlooking the vital Siliguri Corridor connecting 'mainland' India to the Northeastern States, Indian and Chinese troops engaged in a tense stand-off

lasting 73 days.'
I is correct.
'The Wuhan summit signalled that the two countries are working on restoring a much-needed equilibrium in a deeply disturbed relationship.'
'The summit has apparently not yielded any significant reduction of differences on the CPEC.'
Hence, II is correct.

84(B). 'The growing alignment of interest among three democracies — India, the U.S. and Japan — is a source for Chinese insecurity, just as China-Pakistan strategic cooperation and China's inroads in South Asia make India uneasy.'
I is what makes India uneasy and not China. III has not been mentioned. II is correct as per the highlighted fragment.

85(A). II is irrelevant as it is a regular phenomenon i.e. has been happening since a long time. Had the statement talked about whether the transgressions have increased/decreased, we would be able to gauge the statement better. This is incorrect.
III is incorrect as this strengthens the argument.
Only I is correct. More militarization at the time of the summit goes against the argument of the summit being a success.

86(A). Refer to: 'Efforts to establish a clearly delineated Line of Actual Control have not succeeded, mainly due to Chinese reluctance.'
As per the fragment above, only II matches with the passage. The other two have not been mentioned.

87(D). The passage does not mention any of these and hence, none of the statements are correct.

88(D). The visit of the Dalai Lama, exiled in India for nearly six decades, to Tawang in Arunachal Pradesh engendered deep Chinese resentment. The voluble Indian opposition to China's flagship Belt and Road Initiative (BRI), especially the China-Pakistan Economic Corridor (CPEC) being developed in Pakistan-occupied Kashmir, was also a source of serious friction. China's growing inroads in the form of high-profile projects and support for anti-Indian political interests in India's South Asian neighborhood fuelled Indian distrust. Hawkish and hyper nationalist voices in both countries raised tensions further...'
As per the highlighted fragments, only II and III are correct. I has not been mentioned in the passage.

89(A). Here, the author simply means that the leaders of the two nations have met each other on numerous occasions in the past.
The only option that plausibly fits in is option (A).
The other options convey different points and do not convey the correct meaning.

90(B). According to the passage, statement (A) & (B) are true. "The havoc the october super cyclone caused in Orissa could have been avoided had its mangrove forests not been destroyed to develop shrimp forms." The given statement (C) is false.

91(A). As per the passage, the destruction of the mangrove forests cannot be attributed to below given activities.
(A) The development of shrimp farms.
(B) Unbridled human activity
(C) Economic activities
Waves and tidal surges can't be attributed to the destruction of the mangrove forests.

92(D). 'Distinguished' means 'to notice or understand the difference between two things, or to make one person or thing seem different from another'.

93(C). Unable to fold their wings fully at rest is the characteristic of pterosaur.

94(A). The lines of the passage, "In pterosaurs, a greatly elongated fourth finger of each forelimb supported a wing like membrane'.

95(C). The lines of the passage, 'Although scales typically cover reptiles, the pterosaurs probably had hairy coats' expresses that reptiles generally are covered with scales, but pterosaurs are exception to this fact.

96(A). The pterosaurs flew by jumping off a mountain ledge.

97(B). Word 'compressed' means reduced in size or volume (as by pressure), pressed together'. 'Dense' means 'containing a lot of things or people close together'.

98(D). Word 'controversial' means 'causing disagreement or discussion'. 'Undisputed' means 'about which there is no disagreement'.

99(C). It can be understood from the passage that scientists believe that the fossil remains explain how they flew.

100(D). In paragraph (2) of the passage, the author talks about the structure of these creatures like 'their skulls, pelvises and hindfeet'.

101(B). Let's look at the meanings of the given words:
- Conspicuous- standing out so as to be clearly visible
- Obscure- not discovered or known about; uncertain
- Distinct- recognizably different in nature from something else of a similar type
- Noticeable- easily seen or noticed; clear or apparent
- Apparent- clearly visible or understood; obvious
So from the given meanings, we find that Conspicuous and Obscure are antonyms.

102(B). Let's look at the meanings of the given words:
- Timid- showing a lack of courage or confidence; easily frightened
- Shy- being reserved or having or showing nervousness or timidity in the company of other people
- Willful- (of an immoral or illegal act or omission) intentional; deliberate
- Kind- a group of people or things having similar characteristics
- Strong- having the power to move heavy weights or perform other physically demanding tasks
So from the given meanings, we find that Timid and Shy are synonyms.

103(D). The only word which is not an antonym of another word by way of adding the prefix 'im-' is 'Imagine'.
The meaning of the word Imagine: form a mental image or concept of.
Example: She imagined him at his desk, his head in his hands.

104(B). The 'dis' prefix is correct. Because adding 'dis' before 'displeasure' will make a meaningful word. The meaning of it is as follows:
Displeasure: a feeling of being annoyed or angry
Example: Some landlords voiced their displeasure over the city's proposal.

105(D). While arranging the parts of the sentence, we have to find some grammatical or contextual relationships between them. So let's find them out.
- Part R comes first as it is independent of others. In addition, if given the initial position, the sentence will make complete sense after rearrangement, as we will see. We can also see that the subject (Britain) introduced here, has a complement started in this part (under the reign of), which must be completed in the next part. Hence, it will take the first position.
- Part Q follows Part R and completes the complement started in the previous part (Britain under the reign of Queen Victoria (1837–1901) witnessed) and introduces the verb. So it takes second place.
- Part S follows Part Q as a continuation and gives us the object of the verb (...witnessed a great leap forward in technological terms). So it takes third place.
- Part P concludes the sentence with extra information: how the great leap happened (...propelled by the Industrial Revolution).
- Therefore, as per the points mentioned above, we find that the correct order is 'RQSP'.

So, the sentence in the correct order is 'Britain under the reign of Queen Victoria (1837–1901) witnessed a great leap forward in technological terms, propelled by the Industrial Revolution.'

106(B). While arranging the parts of the sentence, we have to find some grammatical or contextual relationships between them. So let's find them out.
- Part S comes at the beginning as it is independent of the other parts. It also introduces the subject and the noun is described further by an adjective clause, which continues into the next part. Hence, it will take the first place.
- Part P follows Part S as the continuation of the previous adjective clause. We also see that the given sentence is in passive voice and the verb is introduced after the subject. So it will take second place.
- Part R comes after Part P as a continuation and describes what has been done to the subject (People found guilty of vandalism have been made to repair...).
- Part Q comes at the end as it tells us of what the people have been made to repair.
- Therefore, as per the points mentioned above, we find that the correct order is 'SPRQ'.

So, the sentence in the correct order is 'People found guilty of vandalism have been made to repair the damage they've caused.'

107(A). 'Management is a set of processes' acts as a subject. Thus, part R initiates the sentence.
- The word ' that ' is a conjunction that connects two sentences. Thus connecting part R with part P.
- The word ' and ' is a conjunction that two words, two phrases that are grammatically equal. Thus part S is followed by part Q.

The correct sentence is: 'Management is a set of processes that can keep a complicated system of people and technology running smoothly.

108(A). **Correct sentence is: The** fourth boy in **the** third row, is my son.
In the given question we have to understand articles. Articles are words that are used before a noun, depending on weather it is definite or indefinite. They are three articles: a, an and the. The article 'a' and 'an' are used to talk about someone or something whose identity is not known. In this, the article 'an' is used if the noun starts with a vowel (a, e, i, o, u) and the article 'a' is used if the word starts with a consonant. The article 'the' is used when we are talking about someone or something whose identity we clearly know.
In the given question, the speaker is talking about a particular boy in a particular row. The boy's identity as well as the row number is clearly known. Hence, the article used should be 'the' in both the situations. The only option that gives this as an option is option (A).

109(B). The correct statement is: It is foolish wasting your money like that.
From the given option 'wasting' is a noun and also acting a verb + 'ing' form. None of the other option follow the required parameter of being a noun and also acting as a verb + 'ing' form. So, So, in the given sentence, 'wasting' is the correct option.

110(D). The correct sentence is, "He **always speaks** very little when there are strangers present. "
The given sentence is in the simple present tense. We use the simple present tense when an action is happening right now or when it happens regularly or unceasingly.
In the simple present tense, most regular verbs use the root form, except in the third-person singular (which ends in -s).

111(A). 'come out of' will be the correct word as it means to get out of the bathroom. Other preposition doesn't go with the sentence.
So, the complete sentence is, "Please, come out of the bathroom."

112(C). The correct answer is "A large pizza was being eaten by him".
- The given sentence is in the active voice and 'He' is the subject and 'a large pizza' is the object.
- When we convert this sentence into passive voice, the subject 'He' of the active voice becomes the object 'him', the object 'a large pizza' becomes the subject.
- The passive format "was + being + V$_3$ (eaten)" should be used.
- This is the active and passive voice rule for the past continuous tense.

113(D). The erroneous part 'to read' should be 'reading'.
The gerund is used after certain verbs that express how a person feels about an activity.
The gerund can be used as a subject of a verb, an object of a verb, a complement of a verb, an object of a preposition, or opposition of noun &

pronoun.

In the given sentence it is used as an object of a verb.

Correct Answer: Bhanu finished reading such a thick book in just two days.

114(B). The correct answer is 'that the web connection'.

The erroneous Part 'that the web connection' should be 'than the web connection'.

We know that 'No sooner' is followed by 'than'.

Correct Answer: No sooner had Kavya started her online class than the web connection was lost.

115(B). Correct Sentence: Craze for a thing that is not easily available in our country, is a common phenomenon.

- In a sentence, the verb is used according to person and number.
- The verb always conforms to the main subject of the sentence.
- In the given sentence, the main subject is 'thing' which is singular.
- So, the auxiliary verb will also be singular i.e., 'is' as the given sentence is in the present tense.

116(A). The given sentence is in the past tense.

- Inverted commas (, ") will be changed into ' that'.
- tonight will be changed into 'that night'.
- The past indefinite tense will be changed into 'the past perfect tense'.

Indirect sentence should be - 'Father said that on the news that night they had mentioned a

possibility of a power strike.'

117(C). The correct meaning is "distinguished himself".

The idiom denotes to change something, or to do something important, so that people notice and remember you.

Example: Steven made his mark by inventing a special kind of holder for a cell phone.

118(A). Take a stand means to publicly express an opinion about something.

Take a stand- to publicly assert one's unyielding support of, defense of, or opposition to something.

119(D). Misologist: a hater of knowledge and learning.

Bibliophile: a person who collects or has a great love for books.

Philologist: learner of the language, or linguist.

Misogynist: a person who hates women.

120(B). The correct sentence is: No sooner did the bells ring than the students ran out of their classes.

The given sentence is an example of subject-verb inversion with negative adverb fronting.

In other words, when a negative adverb (e.g. no sooner . . . than) heads a sentence, an auxiliary verb (e.g. did) changes places with the subject (e.g. the bell).

We need an auxiliary verb for the inversion to work here, so we should replace "do" with "did" and we also change the verb according to the tense to make the sentence grammatically correct.

Hindi Language

Ques (1-8): निर्देश: गद्यांश को पढ़कर निम्नलिखित प्रश्न में सबसे उचित विकल्प चुनिए:

विद्यार्थी जीवन को मानव जीवन की रीढ़ की हड्डी कहें तो कोई अतिशयोक्ति नहीं होगी। विद्यार्थी काल में बालक में जो संस्कार पड़ जाते हैं जीवन-भर वही संस्कार अमिट रहते हैं। इसीलिए यही काल आधारशिला कहा गया है। यदि यह नींव दृढ़ बन जाती है तो जीवन सुदृढ़ और सुखी बन जाता है। यदि इस काल में बालक कष्ट सहन कर लेता है तो उसका स्वास्थ्य सुंदर बनता है। यदि मन लगाकर अध्ययन कर लेता है तो उसे ज्ञान मिलता है, उसका मानसिक विकास होता है। जिस वृक्ष को प्रारंभ से सुंदर सिंचन और खाद मिल जाती है, वह पुष्पित एवं पल्लवित होकर संसार को सौरभ देने लगता है। इसी प्रकार विद्यार्थी काल में जो बालक श्रम, अनुशासन, समय एवं नियमन के साँचे में ढल जाता है, वह आदर्श विद्यार्थी बनकर सभ्य नागरिक बन जाता है। सभ्य नागरिक के लिए जिन-जिन गुणों की आवश्यकता है उन गुणों के लिए विद्यार्थी काल ही तो सुन्दर, पाठशाला है। यहाँ पर अपने साथियों के बीच रह कर वे सभी गुण आ जाने आवश्यक हैं, जिनकी कि विद्यार्थी को अपने जीवन में आवश्यकता होती है।

1. मानव जीवन की रीढ़ की हड्डी विद्यार्थी जीवन को क्यों माना जाता है?
   - (a) पूरा जीवन विद्यार्थी जीवन पर चलता है
   - (b) जो संस्कार विद्यार्थी जीवन में पड़ जाते हैं वे संस्कार स्थायी हो जाते हैं
   - (c) विद्यार्थी जीवन सुखी जीवन होता है
   - (d) विद्यार्थी जीवन में ज्ञान मिलता है

2. गद्यांश में 'वृक्ष' किसे कहा गया है?
   - (a) पेड़ को
   - (b) विद्यार्थी को
   - (c) जीवन को
   - (d) समय को

3. गद्यांश के आधार पर कहा जा सकता है कि:
   - (a) विद्यार्थी जीवन में व्यक्ति अनेक गुणों को धारण कर लेता है
   - (b) विद्यार्थी जीवन के लिए सुंदर पाठशाला की आवश्यकता होती है
   - (c) कष्ट सहन करने से सेहत बनती है
   - (d) वृक्षों को सींचना पर्यावरण के लिए आवश्यक है

4. गद्यांश में आदर्श विद्यार्थी के किन गुणों की चर्चा की गई है?
   - (a) नियमावली का पालन
   - (b) ज्ञान प्राप्ति हेतु ध्यान की आवश्यकता की
   - (c) नियमन
   - (d) व्यायाम

5. 'संसार को सौरभ' देने का अर्थ है:
   - (a) संसार में सुगंध फैलाना
   - (b) संसार को बेहतर बनाना
   - (c) संसार में पेड़ लगाना
   - (d) संसार को सुगंधित द्रव्य देना

6. किन शब्दों में 'इत' प्रत्यय है?
   - (a) पुष्पित, पल्लवित
   - (b) पुष्पित, सिंचन
   - (c) नागरिक, पल्लवित
   - (d) मानसिक, नागरिक

7. 'विद्यार्थी' शब्द का संधि-विच्छेद है:
   - (a) विद्या + आर्थी
   - (b) विद्या + अर्थी
   - (c) विद्य + आर्थी
   - (d) विद्या + आर्थी

8. 'सभ्य' का विलोम है:
   - (a) अनसभ्य
   - (b) उजड्डु
   - (c) बेसभ्य
   - (d) असभ्य

Ques (9-16): निर्देश: निम्नलिखित गद्यांश को पढ़कर पूछे गए प्रश्नों के सही/ सबसे उपयुक्त उत्तर वाले विकल्प को चुनिए।

नदी को यदि कोई उपमा शोभा देती है, तो वह माता की ही। नदी के किनारे पर रहने से अकाल का डर तो रहता ही नहीं। मेघ राजा जब धोखा देते हैं तब नदी माता ही हमारी फसल पकाती है। नदी का किनारा यानी शुद्ध और शीतल हवा। नदी के किनारे-किनारे घूमने जाएँ तो प्रकृति के मातृवात्सल्य के अखंड प्रवाह का दर्शन होता है। नदी बही हो और उसका प्रवाह धीर-गंभीर हो, तब तो उसके किनारे पर रहने वालों की संपन्नता उस नदी पर ही निर्भर करती है। सचमुच नदी की माता है। नदी किनारे बसे हुए शहर की गली-गली में घूमते समय एकाध कोने से नदी का दर्शन हो जाएँ, तो हमें कितना आनंद होता है। कहाँ शहर का वह गंदा वायुमंडल और कहाँ नदी का यह प्रसन्न दर्शन। दोनों के बीच का अंतर अविलंब मालूम हो जाता है। नदी ईश्वर नहीं है, बल्कि ईश्वर का स्मरण कराने वाली देवी है। यदि गुरु को वंदन आवश्यक है तो नदी को भी वंदन करना उचित है।

9. गद्यांश के अनुसार नदियों को किसकी उपमा दी गई है?
   - (a) बहन
   - (b) माता
   - (c) भार्या
   - (d) सुता

10. नदी के किनारे रहने वालों को किस बात की चिंता नहीं रहती है?
    - (a) बाढ़
    - (b) वर्षा
    - (c) सूखा
    - (d) चक्रवात

11. 'मेघ राजा जब धोखा देते हैं तब नदी माता ही हमारी फसल पकाती है।' वाक्य से तात्पर्य है:
    - (a) सूर्य के प्रकाश के अभाव में नदी फसल पकाने में सहायता करती है।
    - (b) जब वर्षा नहीं होती है तब नदी के जल से फसलों की सिंचाई होती है।
    - (c) वर्षा तथा नदी के जल दोनों से फसलों की सिंचाई होती है।
    - (d) वर्षा जल से फसलों की सिंचाई होती है और नदी के जल से फसल पकाई जाती है।

12. नदी किनारे बसे शहर की गलियों में घूमते हुए एकाध कोने से नदी के दर्शन होने पर आनंद प्राप्त होता है, क्योंकि:
    - (a) नदी के किनारे बसे शहर सुंदर होते हैं।
    - (b) नदियाँ शहरों को सुंदर बना देती हैं।
    - (c) नदियों के किनारे स्वच्छ वायुमंडल और हरी-भरी प्रकृति के दर्शन होते हैं।
    - (d) सभी शहरों की वायु विषाक्त होती है।

13. निम्नलिखित में से कौन-सा विशेषण-विशेष्य का उदाहरण है ?
    - (a) मेघ राजा
    - (b) नदी माता
    - (c) शीतल हवा
    - (d) गंगा नदी

14. निम्नलिखित शब्दों में से कौन-सा जातिवाचक संज्ञा का उदाहरण नहीं है ?
    - (a) माता
    - (b) नदी
    - (c) राजा
    - (d) आनंद

15. 'किनारे-किनारे' में समास है:
    - (a) अव्ययीभाव
    - (b) कर्मधारय
    - (c) द्विगु
    - (d) तत्पुरुष

16. 'मेघ' का पर्यायवाची शब्द नहीं है:
    - (a) घन
    - (b) वारिद
    - (c) जलद
    - (d) जलज

Ques (17-20): निर्देश: दिए गए गद्यांश को ध्यानपूर्वक पढ़िए तथा पूछे गए प्रश्नों के उत्तर के लिए सबसे उपयुक्त विकल्प का चयन कीजिए।

नारियल का वृक्ष अन्य ताड़ वृक्षों के समान बहुत ऊँचा और चौड़ा होता है। नारियल का तना आधार के पास अधिक मोटा और फूला हुआ होता है एवं इस पर अनियमित ढंग से जड़े लिपटी होने के कारण यह बेडौल दिखाई देता है। इस भाग के कारण इसका वृक्ष प्रायः एक ओर झुका रहता है। इस वृक्ष का तना बहुत कठोर और मजबूत होता है तथा अन्य ताड़ वृक्षों के

समान इसके तने पर भी गिरे हुए पत्तों के डंठलों के निशान साफ़ दिखाई देते हैं। इसके तने में बहुत अधिक लचीलापन होता है। तेज़ हवा के झोंके में नारियल का झुका वृक्ष ज़मीन को छूता हुआ सा लगता है। किंतु अपने लचीलेपन के कारण यह कभी गिरता नहीं।

नारियल की अनेक प्रजातियां हैं। कुछ प्रजातियों के वृक्ष बहुत लम्बे होते हैं तथा कुछ प्रजातियों के वृक्ष बौने अथवा मध्यम ऊँचाई के। यही विविधता इनके फलों में पायी जाती है। कुछ वृक्षों के फल हरे रंग के होते हैं और कुछ मटमैले पीले रंग के होते है।

17. नारियल का वृक्ष किसके समान होता है?
1. देवदार
2. ताड़
3. चिनार
4. खजूर

(a) 1   (b) 2
(c) 3   (d) 4

18. नारियल के तने की विशेषता नहीं है:
1. मोटा होना
2. कठोर होना
3. मज़बूत होना
4. पिचका होना

(a) 1   (b) 2
(c) 3   (d) 4

19. नारियल का पेड़ तेज हवा होने पर भी इसलिए नहीं गिरता क्योंकि:
1. वह बहुत मजबूत होता है
2. वह बहुत लचीला होता है
3. वह बहुत लंबा होता है
4. वह बहुत भारी होता है

(a) 1   (b) 2
(c) 3   (d) 4

20. नारियल की बहुत प्रजातियों के फल____और ____रंग के होते हैं।
1. हरे, पीले
2. पीले, नीले
3. हरे, नीले
4. पीले, जामुनी

(a) 1   (b) 2
(c) 3   (d) 4

21. निम्नलिखित प्रश्न में, चार विकल्प दिए गए हैं, जिनमें से एक शब्द दिए गए शब्द का सही तद्भव रूप है।
'अम्लिका'

(a) आंवला   (b) आमला
(c) इमली   (d) ईमली

22. दिए गए विकल्पों में से 'कर्पूर' किस श्रेणी का शब्द है?
(a) देशज   (b) विदेशी
(c) तत्सम   (d) तद्भव

23. निम्नलिखित में कौन सा शब्द तत्सम है।
(a) किसान   (b) कुत्ता
(c) गृह   (d) गेंद

24. निम्नलिखित में से तत्सम शब्द है-
(a) पहिया   (b) आटा
(c) खटिया   (d) कृपा

25. 'स्कन्ध' का तद्भव रूप है-
(a) कंध   (b) कांध
(c) कन्धा   (d) इनमें से कोई नहीं

26. 'आव' प्रत्यय से बना शब्द निम्न में से कौन सा है?
(a) पड़ाव   (b) आवश्यक
(c) आव न ताव   (d) आवक

27. 'प्रति' उपसर्ग से बना शब्द निम्न में से कौन सा है?
(a) प्रितिवाद   (b) प्रतीक्षा
(c) प्रीतिवाद   (d) प्रतिवाद

28. 'प्रति' उपसर्ग से बना शब्द निम्न में से कौन सा है?
(a) प्रतीकात्मक   (b) प्रातिघात
(c) प्रीतिघात   (d) प्रतिघात

29. 'कुरूप' शब्द का विलोम है:
(a) चुस्त   (b) संयोग
(c) सुरूप   (d) कटु

30. 'ऋजु' शब्द का विलोम है:
(a) सरस   (b) वक्र
(c) मिथ्या   (d) सुर

31. निम्नलिखित में से कौन सा शब्द 'नौका' का पर्यायवाची नहीं है?
(a) तरिणी   (b) बेड़ा
(c) तरी   (d) तटिनी

32. निम्नलिखित में से कौन सा शब्द 'कुबेर' का पर्यायवाची नहीं है?
(a) किन्नरपति   (b) धनदेवता
(c) रतिपति   (d) किन्नरेश

33. निम्नलिखित में से कौन सा शब्द 'अश्व' का पर्यायवाची नहीं है?
(a) घोड़ा   (b) घोटक
(c) शार्दूल   (d) तुरंग

Ques (34-35): निर्देशः प्रश्न में एक वाक्य दिया हुआ है। वाक्य के किसी भाग में गलती हो सकती है या वाक्य शुद्ध हो सकता है। वाक्य के जिस भाग में गलती हो, (A), (B) या (C) वही भाग उत्तर होगा। यदि कोई गलती न हो, तो आपका उत्तर (D) होगा।

34. (A) वह /(B) प्रकाशक की जिम्मेदारी /(C) बखूबी निभाता है। /(D) कोई त्रुटि नहीं।
(a) A   (b) B
(c) C   (d) कोई त्रुटि नहीं

35. (A) हरीश /(B) सभी कार्यों का /(C) निपुण है। /(D) कोई त्रुटि नहीं
(a) A   (b) B
(c) C   (d) कोई त्रुटि नहीं

36. शुद्ध वर्तनी का चयन कीजिए।
(a) अन्वेषण   (b) अनवेषण
(c) अन्वेशन   (d) अन्वेशण

37. Drowning man catches a straw का अर्थ है:
(a) डूबने वालों को तिनका सहारा देता है।
(b) डुबने वालों को भगवान बचाता है।
(c) डुबते को तिनके का सहारा।
(d) डूबने वाला खुद को बचाने को संघर्ष करता है।

38. दाँत काटी रोटी का अर्थ क्या है?
(a) गहरी दोस्ती   (b) प्रतिवाद करना
(c) गहरी दुश्मनी   (d) पीछे पड़ना

39. निम्नलिखित में से उस विकल्प का चयन करें जो 'आँखें बिछाना' मुहावरे का अर्थ व्यक्त करता है।
(a) प्रतीक्षा करना   (b) आदर करना
(c) परेशान करना   (d) नींद आना

40. निम्नलिखित में से उस विकल्प का चयन करें जो "अँगुली उठाना" मुहावरे का अर्थ व्यक्त करता है।

(a) दोष सहना　　　　　　　(b) आदर करना
(c) हार मानना　　　　　　　(d) दोष लगाना

41. 'एक तो करेला, दूसरे नीम चढ़ा' लोकोक्ति का अर्थ निम्नलिखित में से कौन सा है?
(a) अवगुणी में और अवगुणों का आ जाना
(b) गलती करने पर भी उसे स्वीकार न करना
(c) अधिक उधार से कम नकद अच्छा है
(d) धीमी गति से कार्य करना

42. "को तुम? हैं घनस्याम हम, तो बरसो कित जाय।
नहि मनमोहन हैं प्रिय, दिर क्यों पकरत पाँय।" में निम्न में से कौन सा अलंकार है?
(a) रूपक अलंकार　　　　　(b) अतिशयोक्ति अलंकार
(c) वक्रोक्ति अलंकार　　　　(d) उत्प्रेक्षा अलंकार

43. 'मुदित महिपति मंदिर आए। सेवक सचिव सुमंत बुलाए' में कौन सा अलंकार है।
(a) अनुप्रास अलंकार　　　　(b) यमक अलंकार
(c) उपमा अलंकार　　　　　(d) रूपक अलंकार

44. 'मुदित महीपति मंदिर आए सेवक सचिव सुमंत बुलाए' पंक्ति में कौन-सा अलंकार है?
(a) उपमा　　　　　　　　(b) रूपक
(c) अनुप्रास　　　　　　　(d) यमक

45. "कंकण किंकिण नूपुर धुनि सुनि।
कहत लखन सन, राम हृदय गुनि।" में निम्न में से कौन सा अलंकार है?
(a) श्लेष अलंकार　　　　　(b) यमक अलंकार
(c) अनुप्रास अलंकार　　　　(d) उपमा अलंकार

46. "कनक कनक ते सौ गुनी, मादकता अधिकाय।
वा खाये बौरात जग, वा पाए बौराए।" में निम्न में से कौन सा अलंकार है ?
(a) श्लेष अलंकार　　　　　(b) यमक अलंकार
(c) अनुप्रास अलंकार　　　　(d) उपमा अलंकार

47. फल का अर्थ है:
(a) वृक्ष का फल, परिणाम, तीर का अगला हिस्सा
(b) वृक्ष का फल, परिणाम, भाला
(c) वृक्ष का फल, परिणाम, तलवार का अगला हिस्सा
(d) वृक्ष का फल, परिणाम, चाकू

48. 'नाग' शब्द का एक अर्थ होता है - 'सर्प'। इस शब्द का दूसरा अर्थ क्या होता है?
(a) बकरा　　　　　　　　(b) गदहा
(c) घोड़ा　　　　　　　　(d) हाथी

49. अनेकार्थक शब्द 'सारंग' का निम्नलिखित में से एक अर्थ नहीं है
(a) भौंरा　　　　　　　　(b) कामदेव
(c) तलवार　　　　　　　(d) ज्योतिषी

50. वचनामृत समस्पतद का विग्रह होगा:
(a) अमृत रूपी वचन　　　　(b) वचन और अमृत
(c) अमृत जैसी वाणी　　　　(d) वचन रूपी अमृत

51. शास्त्रप्रवीण महाविद्यालय में पीतांबर धारण करने आते हैं।
उस वाक्य में तत्पुरुष समास कौन-से शब्द पद में है?
(a) शास्त्रीप्रवीण　　　　　(b) महाविद्यालय
(c) पीतांबर　　　　　　　(d) धारण करके

52. कृताकृत का समास है:

(a) तत्पुरुष　　　　　　　(b) अव्ययीभाव
(c) कर्मधारय　　　　　　(d) द्विगु

53. 'जिसका पालन दूसरे ने किया हो' उक्त वाक्यांश के लिए उचित एक शब्द चुनिए -
(a) परभृत　　　　　　　(b) निरुपम
(c) फगुआ　　　　　　　(d) परोक्ष

54. 'जिस पर अनुग्रह किया गया हो' के लिए एक शब्द है:
(a) अनुग्रिहित　　　　　　(b) अनुगढ़ित
(c) अनुगृहीत　　　　　　(d) अनुगरिहीत

55. "जिसके आने की तिथि निश्चित न हो" वाक्य के लिए एक शब्द होगा:
(a) अतिथि　　　　　　　(b) अभूतपूर्व
(c) अतीत　　　　　　　(d) अनवरत

56. 'लालटेन' शब्द निम्न वर्गों में से किस वर्ग में आता है?
(a) तत्सम　　　　　　　(b) तद्भव
(c) विदेशज　　　　　　　(d) देशज

57. निम्नलिखित शब्दों में कौन सा शब्द देशज है?
(a) चपटा　　　　　　　(b) कुर्सी
(c) किताब　　　　　　　(d) इस्तीफ़ा

58. निम्नलिखित में कौन सा शब्द देशज है?
(a) आदत　　　　　　　(b) उम्मीद
(c) कलाई　　　　　　　(d) क्लास

59. **निर्देश** : रिक्त स्थान भरने के लिए सबसे उपयुक्त शब्द का चयन करें।
तीनों __________ के स्वामी हैं इसलिए त्रिलोकीनाथ कहलाते हैं।
(a) धरती　　　　　　　(b) भवनों
(c) भुवनों　　　　　　　(d) आकाशों

Ques (60-62): निर्देश: रिक्त स्थान को भरने के लिए उपयुक्त शब्द का चयन करें।

60. उसने _____ से पत्र लिखा।
(a) मोबाइल　　　　　　　(b) किताब
(c) कलम　　　　　　　(d) कागज

61. दर्जी कपड़े _____ है।
(a) धोता　　　　　　　(b) सिलता
(c) धुनता　　　　　　　(d) बुनता

62. मुझे विश्वास है कि अच्छे _____ जरूर आएँगे।
(a) रात　　　　　　　　(b) दोपहर
(c) दिन　　　　　　　　(d) सुबह

63. इनमें से पुल्लिंग शब्द कौन-सा है?
(a) दया　　　　　　　　(b) निर्धनता
(c) बुढ़ापा　　　　　　　(d) दुर्घटना

64. 'महोदय' शब्द का स्त्रीलिंग दिये गए विकल्पों में से कौन सा है?
(a) महोदयी　　　　　　　(b) महोदया
(c) महोदाया　　　　　　(d) महोदाय

65. निम्न में कौन-सा शब्द स्त्रीलिंग है?
(a) विवाद　　　　　　　(b) सार
(c) रुप　　　　　　　　(d) आय

66. निम्न में कौन-सा शब्द स्त्रीलिंग है?
(a) गृह　　　　　　　　(b) चंदन
(c) पत्ता　　　　　　　(d) सभा

67. "खूँटी" शब्द का बहुवचन बताइए।
    (a) खूँटिया   (b) खूँटियौ
    (c) खूँटियाँ   (d) खूँटियों

68. 'तिथि' शब्द का बहुवचन क्या है?
    (a) तिथियों   (b) तिथीयों
    (c) तिथियाँ   (d) इनमें से कोई नहीं

69. दिए गए विकल्पों में से किस शब्द का बहुवचन 'रचनाएँ' हैं?
    (a) रचना   (b) रचयिता
    (c) रचनाना   (d) रचनाओं

70. 'महेश गीत गा रहा था।' वाक्य में काल है-
    (a) अपूर्ण भूत   (b) पूर्ण भूत
    (c) सामान्य भूत   (d) आसन्न भूत

71. "सत्संग में जाने के बाद मन को शांति मिली है।" दिए गए वाक्य का काल पहचानिए।
    (a) सामान्य भूतकाल   (b) आसन्न भूतकाल
    (c) अपूर्ण भूतकाल   (d) इनमें से कोई नहीं

72. निम्नलिखित में कौन-सा शब्द स्वर सन्धि का उदाहरण है?
    (a) अधोगति   (b) उच्चारण
    (c) दिग्गज   (d) मन्वन्तर

73. सर्वश्रेष्ठ रस किसे माना जाता है?
    (a) करूण रस   (b) वीर रस
    (c) श्रृंगार रस   (d) रौद्र रस

74. श्रृंगार रस का स्थायी भाव है:
    (a) भय   (b) शोक
    (c) हास   (d) रति

75. भरतमुनि के अनुसार रसों की संख्या है:
    (a) आठ   (b) नौ
    (c) ग्यारह   (d) दस

76. दोहा और सोरठा किस प्रकार के छन्द है?
    (a) समवर्णिक   (b) सममात्रिक
    (c) अर्द्धसममात्रिक   (d) विषम मात्रिक

77. दिए गए विकल्पों में से कौन-सा शब्द व्यंजन संधि का एक प्रकार नहीं है?
    (a) परिणाम   (b) भूषण
    (c) मतानुसार   (d) संविधान

78. 'हरिश्चंद्र' में संधि है:
    (a) स्वर संधि   (b) विसर्ग संधि
    (c) व्यंजन संधि   (d) उपर्युक्त में से कोई नहीं

79. 'महोर्मि' का संधि-विच्छेद है:
    (a) महत् + उर्मि   (b) महत् + उर्मि
    (c) महा + उर्मि   (d) महत् + मर्मि

80. 'बोरौं सबै रघुवंश कुठार की धार में बारन बजि सरत्थिहिं।
    बान की वायु उड़ाव कै लच्छन लच्छ करौं अरिहा समरत्थिहिं।।'
    इन काव्य पंक्तियों में कौन सा रस है?
    (a) रौद्र रस   (b) भयानक रस
    (c) वीभत्स रस   (d) वीर रस

English Language

Ques (81-89): Direction: Read the passage given below and answer the question that follow by selecting the correct/most appropriate options.

As I kept strict watch over my way of living, I could see that it was necessary to economize. I, therefore, decided to reduce my expenses by half. My accounts showed numerous items spent on fares. Again, my living with a family meant the payment of a regular weekly bill. It also included the courtesy of occasionally taking members of the family out to dinner, and likewise attending parties with them. All this involved heavy items for conveyances, especially as, if the friend was a lady, custom required that the man should pay all the expenses. Also, dining out meant extra cost, as no deduction could be made from the regular weekly bill for meals not taken. It seemed to me that all these items could be saved, as likewise the drain on my purse. So I decided to take rooms on my own account, instead of living any longer in a family, and also to remove from place to place according to the work I had to do, thus gaining experience at the same time. The rooms were so selected as to enable me to reach the place of business on foot in half an hour, and so save fares. Before this I had always taken some kind of conveyance whenever I went anywhere, and had to find extra time for walks. The new arrangement combined walks and economy, as it meant a saving of fares and gave me walks of eight or ten miles a day. It was mainly this habit of long walks that kept me practically free from illness throughout my stay in England and gave me a fairly strong body.

Thus I rented a suite of rooms; one for a sitting room and another for a bedroom. This was the second stage. The third was yet to come.

81. The author could reduce his expenses by half by:
    (a) Renting rooms close to his office
    (b) Travelling in a bus
    (c) Cooking his own meals
    (d) Having only one meal a day

82. _____ constituted a major part of the author's expenses.
    (a) Fares   (b) Dining out
    (c) Entertainment   (d) Meals

83. The author's choice of his new residence enabled him to:
    (a) Work longer and harder
    (b) Save money on fares
    (c) Keep things under control
    (d) Be close to his friends

84. What gave the author a fairly strong body?
    (a) Self-discipline   (b) Nourishing food
    (c) Long walks   (d) Yogic exercises

85. The steps taken by the author to reduce his expenses show that he was:
    (a) Always short of money
    (b) Saving money for emergencies
    (c) Miserly
    (d) Frugal

86. The word 'numerous' most nearly means:
    (a) Many   (b) Goodness
    (c) Politeness   (d) Enormous

87. The word which is opposite in meaning to 'courtesy' is:
    (a) Vulgarity   (b) Immodesty
    (c) Rudeness   (d) Aggression

88. Which 'part of speech' is the underlined word in the sentence given below?

"I decided to reduce my expenses <u>by</u> half."

(a) Adjective   (b) Adverb

(c) Noun   (d) Preposition

89. "The new arrangement combined walks and economy." The 'voice' in the above sentence has been correctly changed in:

(a) Walks and economy are combined in the new arrangement.

(b) Walks and economy were combined in the new arrangement.

(c) Walks and economy have been combined by the new arrangement.

(d) The new arrangement had combined walks and economy.

90. Direction : Read the passage given below and answer the question that by choosing the correct/most appropriate options.

1. Development has indeed caused a high degree of environmental degradation in many countries and not just the displaced people but all of the population is beginning to feel the consequences. When the 'tsunami' hit the South and South - East Asian coasts in 2004, it was observed that the destruction of mangroves and the building of commercial enterprise along the shore line was the reason for the greater extent of the damage caused. You must have read about global warming. The ice in the Arctic and Antarctic is melting because of increased emission of greenhouse gases into the atmosphere and this has the potential to cause floods and actual submerge low lying areas like Bangladesh and the Maldives. In the long term, the ecological crisis will adversely affect all of us. Air pollution is already a problem which does not discriminate between the rich and the poor. But in the short term, indiscriminate use of resources tends to adversely affect the underprivileged more sharply. Loss of forest affects the poor who use forest resources for a variety of subsistence needs like firewood, medicinal herbs or food.

2. Drying up of rivers and ponds and falling ground water levels means that women have to walk longer in order to procure water. The model of development we are pursuing is heavily dependent on the increasing use of energy. Most of the energy currently generated in the world is from non-renewable sources like coal or petroleum. Large tracts of the Amazon rainforests are being deforested in order to provide for the increased consumer needs. Are there enough of these non-renewable resources which can allow not only the advanced countries but all people in the world to enjoy an affluent life style? Given the finite nature of these resources, the answer would be no. What about the future generations? Are we going to hand over a depleted earth and multiple problems to them?

What is meant by 'Development' as the cause of environment degradation?

1. Increasing population and changing life styles of the people.

2. Mushroom growth of urban centres and human settlements.

3. Deforestation, emission of greenhouse gases, construction of dams and skyscrapers.

4. Increasing wealth and money-minded attitudes in modern society.

(a) 1   (b) 2

(c) 3   (d) 4

Ques (91-100): Direction: Read the following passage and answer the questions given after it.

Panchen Lama was just six years old when he was allegedly abducted by the Chinese government on 17 May 1995, along with his family members, after he was recognised by the Dalai Lama as the reincarnation of the 10th Panchen Lama. On the 25th anniversary of his disappearance, the Tibetan government-in-exile on Sunday demanded China to release the 11th Panchen Lama Gedhun Choekyi Nyima, considered to be a reincarnation of Bodhisattva Amitabha.

In a statement issued here, the President of the exiled government, Lobsang Sangay, said China's abduction of the Panchen Lama and forcible denial of his religious identity and the right to practice in his monastery is not only a violation of religious freedom but also a gross violation of human rights. After orchestrating the disappearance of the 11th Panchen Lama, Sangay alleged that China, a self-declared atheist government and infamous for its persecution of religious groups, placed a young boy, Gyaltsen Norbu, as their own 11th Panchen Lama.

"This politically-motivated action failed, however, to displace the position of the true Panchen Lama from the hearts and minds of the Tibetan people. For Tibetans and Buddhists around the world, Gedhun Choekyi Nyima will always be the true Panchen Lama," he added. Today marks the 25th anniversary of the 11th Panchen Lama's disappearance, said Sangay, adding that 25 years is a significant time in an individual's life. He said the communist government must honour its claim of ethnic harmony in China by fulfilling the aspirations of the Tibetan people. "It must right the wrong and release the 11th Panchen Lama along with his family, Chadrel Rinpoche, and all Tibetans unjustly imprisoned," he said while appealing to the international community to make a concerted effort to press China to release Nyima and resolve the critical human rights situation in Tibet.

91. What is the real name of the Panchen Lama imprisoned by China?

(a) Gedhun Choekyi Nyima

(b) Bodhisattva Amitabha

(c) Gyaltsen Norbu

(d) Lobsang Sangay

92. After reading this passage, it can be inferred that it is:

(a) an appeal

(b) a government statement

(c) an article

(d) a news item

93. "This politically-motivated action failed." Which action is being referred to here?

(a) Persecution of religious groups by the Chinese government

(b) Placing of Gyaltsen Norbu as the 11th Panchen Lama by China

(c) Abduction of Panchen Lama along with his family

(d) Imprisonment of Chadrel Rinpoche and other Tibetans

94. Select the option which is NOT true:

The abduction of Panchen Lama and his family by China is an act of:

(a) establishing ethnic harmony

(b) persecution of a religious group

(c) violation of religious freedom of Tibetans

(d) gross violation of human rights

95. What is the demand of the Tibetan Government-in-exile?

(a) China should release the 11th Panchen Lama along with his family.

(b) China should place Gyaltsen Norbu as the 11th Panchen Lama.

(c) China should celebrate the 25th anniversary of the 11th Panchen Lama's disappearance.

(d) China should recognise Panchen Lama as the reincarnation of Bodhisattva.

96. Which of the following individuals thinks that the presence of beta-carotene in the algae gives the water its pink colour?

(a) Dr. P Sathiyaselvam   (b) Deepak Apte

(c) Sunjoy Monga   (d) Rahul Khot

97. The explanation for the pink water, as given by most scientists, is that it is due to:

(a) the chemicals dumped in the creek

(b) highly humid and hot weather conditions

(c) an explosion of red algae blooming in the saline water

(d) shrimps, crustaceans and some aquatic plants

98. The main theme of the passage is:

(a) where the phenomenon of pink water occurs in the world

(b) why the water in some parts of Mumbai wetland has turned pink

(c) how the flamingos get their pink colour

(d) what the flamingos feed on

99. Which statement is NOT true according to the passage?

(a) The phenomenon of pink water has been seen in Chilika lake, Odisha and Thoothukudi in Tamil Nadu also.

(b) Similar phenomenon was recently witnessed across a massive stretch at the Edgars Creek in Melbourne, Australia.

(c) Similar discolouration of water with a pink hue was witnessed at a flamingo habitat in Porbandar in May 2007.

(d) The phenomenon of pink water has occurred in Mumbai wetland for the first time.

100. After reading the passage, it can be inferred that the:

(a) phenomenon of algal bloom is unique to Mumbai

(b) water in Talawe wetland turned pink because of flamingos

(c) scientists are unaware of the occurrence ofred algae bloom

(d) source of pink water at Edgar's creek has not yet been determined

101. **Direction:** The following sentence consists an underlined word(s) followed by four options. Select the option that is nearest in meaning to the underlined word and mark your response accordingly.

Some people think that their strength is <u>perpetual.</u>

(a) Temporary   (b) Powerful

(c) Everlasting   (d) All persuasive

102. **Direction:** From the given alternatives, choose the correct antonym for the given word:

IGNORE

(a) Redress   (b) Avoid

(c) Accept   (d) Favour

103. Which of the following is the prefix for 'able'?

(a) un   (b) in

(c) non   (d) over

104. Choose the prefix that should be added to the word 'Legible' to form its antonym.

(a) dis   (b) mis

(c) in   (d) il

Ques (105-107): Direction: The given question consists of a sentence, parts of which have been jumbled. These parts have been labelled as (P), (Q), (R), and (S). You are required to re-arrange the jumbled parts of the sentence and mark your response accordingly.

105. worked as a junior (P) / the narrator (Q) / a law firm (R) / clerk in (S)

(a) QPSR   (b) PSRQ

(c) SRQP   (d) RQPS

106. Once the narrator was (P) / sent to New mullion, a small town, (Q) / to a person named Lutkins (R) / to serve summons (S)

(a) SRPQ   (b) RPQS

(c) PQSR   (d) QSRP

107. words of great (P) / encouragement (Q) / bholi's teacher (R) / spoke to her (S)

(a) QRSP   (b) RSPQ

(c) SPQR   (d) PQRS

108. **Direction:** Fill in the blanks with an appropriate article:

I had never visited Seretnay Park before. Last week I went to _______ park.

(a) a   (b) the

(c) an   (d) No article

109. **Direction:** Choose the correct gerund from the options given below.

She enjoys _______.

(a) dance   (b) danced

(c) be dancing   (d) dancing

110. **Direction** : Select the most appropriate Tense to fill in the blank.

She _______ her daughter to school before she goes to work.

(a) takes   (b) taking

(c) has taken   (d) took

111. **Direction** : Fill in the blank with appropriate preposition.

Rama is senior _______ Dama.

(a) to   (b) than

(c) from   (d) in

112. **Direction** : Select the correct active form of the given sentence.

Let Arpit be appointed the monitor this time.

(a) We request you to appoint Arpit the monitor this time.

(b) We will appoint Arpit the monitor this time.

(c) Appoint Arpit the monitor this time.

(d) Arpit should be appointed the monitor this time.

113. Direction: Identify the segment in the sentence which contains a grammatical error.
He loses his tempers on the slightest provocation.

(a) He loses   (b) His tempers on
(c) The slightest   (d) Provocation

114. Direction: In the following question, some part of the sentence may have errors. Find out which part of the sentence has an error and select the appropriate option. If the sentence is free from error, select 'No error'.
Densely occupied rooms and tightly (A)/ sealed buildings are the main causes for (B)/ high levels of carbon dioxide. (C)/ No error (D)

(a) Densely occupied rooms and tightly
(b) sealed buildings are the main causes for
(c) high levels of carbon dioxide
(d) No error

115. Direction: In the following question, some part of the sentence may have errors. Find out which part of the sentence has an error and select the appropriate option. If the sentence is free from error, select 'No error'.
Newsmen along with (A)/ the politician is (B)/ coming today. (C)/ No error (D)

(a) Newsmen along with   (b) coming today
(c) the politician is   (d) No error

116. Direction : Select the most appropriate indirect form of the given sentence.
Mary says, "My younger brother wants to be a radio jockey."

(a) Mary says that her younger brother wants to be a radio jockey.
(b) Mary says that my younger brother wanted to be a radio jockey.
(c) Mary said that her younger brother wanted to be a radio jockey.
(d) Mary says that my younger brother wants to be a radio jockey.

Ques (117-118): Direction: Given below are some idioms/ phrases followed by four alternative meanings for each. Choose the most appropriate answer from among the options (a), (b), (c) or (d).

117. The lion's share;

(a) A portion of something
(b) The largest and the best part of something
(c) An important decision
(d) An aggressive statement

118. Disappear into thin air:

(a) Lost forever   (b) Become forgetful
(c) Become uncaring   (d) Disappear suddenly

119. Direction : Select the word which means the same as the group of words given.
One who talks to oneself.

(a) Soliloquist   (b) Ventriloquist
(c) Colloquist   (d) Somniloquist

120. Direction : Replace the phrase in bold with the correct option given below.

I am **looking up** my keys but I am unable to find them

(a) looking into   (b) looking for
(c) looking after   (d) no correction

// Smart Answer Sheet //

Correct — Percentage of students who answered correctly.

Skipped — Percentage of students who skipped.

Q.	Ans.	Correct	Skipped	Q.	Ans.	Correct	Skipped	Q.	Ans.	Correct	Skipped
1	A	67.39%	31.13%	2	B	53.61%	40.38%	3	A	41.8%	44.19%
4	A	58.09%	34.07%	5	B	83.19%	13.39%	6	A	64.47%	33.18%
7	B	88.45%	10.71%	8	D	86.45%	10.39%	9	B	44.7%	46.79%
10	C	62.32%	31.43%	11	B	67.18%	31.26%	12	C	69.71%	30.15%
13	C	56.02%	34.32%	14	D	43.68%	41.86%	15	A	41.73%	54.35%
16	D	49.9%	39.61%	17	B	78.03%	21.6%	18	D	85.17%	12.02%
19	B	80.24%	18.23%	20	A	43.23%	48.67%	21	C	41.88%	36.19%
22	C	59.66%	32.37%	23	C	58.68%	37.24%	24	D	53.7%	31.76%
25	C	25.89%	67.31%	26	A	89.13%	10.18%	27	D	44.15%	36.28%
28	D	88.48%	10.93%	29	C	41.43%	38.64%	30	B	25.31%	73.73%
31	D	41.24%	35.21%	32	C	50.51%	32.92%	33	C	58.94%	38.99%
34	D	84.61%	14.69%	35	B	56.0%	34.05%	36	A	32.45%	67.35%
37	C	55.0%	42.21%	38	A	14.74%	71.15%	39	A	57.19%	33.53%
40	D	65.77%	34.02%	41	A	56.58%	32.64%	42	C	13.1%	74.58%
43	A	55.03%	36.01%	44	C	86.41%	13.13%	45	C	28.24%	70.94%
46	B	85.68%	14.2%	47	A	67.71%	30.75%	48	D	47.3%	52.2%
49	D	40.9%	44.88%	50	D	48.55%	37.45%	51	A	81.67%	18.15%
52	C	53.43%	46.38%	53	A	53.46%	40.49%	54	C	42.33%	31.21%
55	A	78.31%	12.25%	56	C	61.9%	33.1%	57	A	84.74%	11.5%
58	C	47.32%	34.56%	59	C	77.82%	20.37%	60	C	62.52%	32.13%
61	B	64.21%	30.16%	62	C	41.19%	38.92%	63	C	79.04%	17.66%
64	B	88.08%	11.31%	65	D	58.26%	39.12%	66	D	64.06%	30.79%
67	C	67.99%	30.27%	68	C	88.59%	10.55%	69	A	86.22%	13.18%
70	A	65.24%	32.43%	71	B	22.58%	74.32%	72	D	50.88%	45.17%
73	C	43.59%	56.01%	74	D	60.31%	31.65%	75	A	49.52%	44.57%
76	C	40.34%	44.91%	77	C	65.78%	34.12%	78	B	27.78%	71.62%
79	C	54.16%	39.59%	80	A	22.31%	72.17%	81	A	79.07%	14.31%
82	A	89.69%	10.3%	83	B	58.36%	36.64%	84	C	81.04%	18.54%
85	D	51.66%	36.57%	86	A	83.46%	10.51%	87	C	66.77%	32.13%
88	D	15.15%		89	B	10.59%		90	C	40.81%	

		77.79%			76.07%			50.05%
91	A	87.89% / 11.12%	92	D	54.83% / 33.3%	93	B	16.31% / 69.24%
94	A	87.87% / 10.39%	95	A	66.97% / 30.25%	96	D	80.33% / 11.26%
97	C	56.91% / 31.54%	98	B	89.22% / 10.42%	99	D	12.49% / 86.34%
100	D	64.3% / 32.77%	101	C	16.19% / 79.4%	102	A	60.19% / 37.81%
103	A	48.83% / 36.07%	104	D	60.4% / 34.5%	105	A	58.67% / 34.63%
106	C	40.95% / 40.29%	107	B	59.32% / 34.62%	108	B	50.71% / 48.83%
109	D	85.42% / 10.27%	110	A	85.16% / 11.7%	111	A	67.45% / 30.51%
112	C	48.19% / 37.76%	113	C	58.27% / 38.02%	114	B	51.62% / 40.26%
115	D	17.14% / 75.91%	116	A	67.39% / 31.96%	117	B	52.05% / 31.48%
118	D	80.22% / 14.86%	119	A	20.96% / 74.75%	120	B	64.77% / 32.73%

// Hints and Solutions //

1(A). मानव जीवन की रीढ़ की हड्डी विद्यार्थी जीवन को माना है क्योंकि पूरा जीवन विद्यार्थी जीवन पर चलता है। इस काल में अच्छे गुणों एवं संस्कारों की दृढ़ नींव पड़ जाती है, तो जीवन सुखमय बन जाता है।

2(B). गद्यांश में वृक्ष 'विद्यार्थी को' कहा है। गद्यांश के अनुसार अर्थात् जिस प्रकार अच्छा पोषण पाकर पौधा वृक्ष बनकर फल-फूल देता है, उसी प्रकार विद्यार्थी जीवन में पड़े अच्छे संस्कार उसे सभ्य नागरिक बनाते हैं।

3(A). गद्यांश के अनुसार कहा जा सकता है कि विद्यार्थी जीवन में व्यक्ति अनेक गुणों को धारण कर लेता है।

4(A). गद्यांश के अनुसार आदर्श विद्यार्थी के नियमावली के पालन अर्थात् श्रम, अनुशासन, समय जैसे गुणों की चर्चा की गई है।

5(B). संसार को सौरभ देने का अर्थ 'संसार को बेहतर बनाना' है।

6(A). 'पुष्पित, पल्लवित' इत प्रत्यय वाले शब्द है।

7(B). 'विद्यार्थी' शब्द का संधि विच्छेद 'विद्या + अर्थी' है, जो दीर्घ संधि का उदाहरण है।

8(D). 'सभ्य' शब्द का विलोम शब्द 'असभ्य' है। जो शब्द उल्टा अर्थ बताते हैं, उन्हें 'विलोम शब्द' कहा जाता है।

9(B). गद्यांश के अनुसार "नदी को यदि कोई उपमा शोभा देती है, तो वह माता की ही।"

10(C). गद्यांश के अनुसार " नदी के किनारे पर रहने से अकाल का डर तो रहता ही नहीं।"

11(B). 'मेघ राजा जब धोखा देते हैं तब नदी माता ही हमारी फसल पकाती है।' वाक्य से तात्पर्य है: "जब वर्षा नहीं होती है तब नदी के जल से फसलों की सिंचाई होती है।"

12(C). गद्यांश के अनुसार "नदी किनारे बसे हुए शहर की गली-गली में घूमते समय एकाध कोने से नदी का दर्शन हो जाएँ, तो हमें कितना आनंद होता है। कहाँ शहर का वह गंदा वायुमंडल और कहाँ नदी का यह प्रसन्न दर्शन।"

13(C). गद्यांश के अनुसार "नदी का किनारा यानी शुद्ध और शीतल हवा।"

14(D). जिस शब्द से एक जाति के सभी प्राणियों अथवा वस्तुओं का बोध हो उसे जातिवाचक संज्ञा कहते हैं।

15(A). दो या दो से अधिक शब्द से बने हुए नए शब्द को समास कहा जाता है।

16(D). पर्यायवाची शब्द उन्हें कहते हैं, जब भिन्न-भिन्न शब्दों का अर्थ समान हो, अर्थात एक ही शब्द के स्थान पर समान अर्थ वाले अलग अलग शब्द प्रयोग किये जा सके।

17(B). नारियल का वृक्ष बेहद ऊँचा एवं चौड़ा प्रतीत होता है, इस कारण यह ताड़ वृक्ष के समान लगता है। जो कि स्वयं भी बेहद ऊँचे और चौड़े होते हैं। गद्यांश में कहीं भी देवदार, चिनार और खजूर के पेड़ का उल्लेख नहीं किया गया है।

18(D). गद्यांश के अनुसार नारियल का तना आधार के पास से मोटा और फूला हुआ होता है, इतना ही नहीं यह तना बहुत कठोर और मजबूत भी होता है, यह कहीं से भी पिचका हुआ नहीं होता है।

19(B). नारियल के वृक्ष के तने का विशेष गुण है, उसका लचीलापन। लचीला होने के कारण तेज हवा के झोंकों में भी यह वृक्ष कभी गिरता नहीं है, अपितु जमीन को छूता हुआ सा प्रतीत होता है।

20(A). नारियल का वृक्ष अनेक प्रजातियों में पाया जाता है। जिनमें से कुछ प्रजातियों के वृक्ष बेहद लंबे तथा कुछ प्रजातियों के वृक्ष बौने आकार के व मध्यम ऊँचाई के होते हैं। यही विविधता नारियल के वृक्ष के फलों में भी देखने को मिलती है। गद्यांश के अनुसार यह फल हरे व मटमैले व पीले रंग के होते हैं।

21(C). दिए गए विकल्पों में से 'अम्लिका' शब्द का शुद्ध तद्भव रूप 'इमली' है। अन्य विकल्प अनुचित हैं।
- इमली स्त्रीलिंग शब्द है।
- यह एक खट्टा फल जिसकी चटनी बनाई जाती है।
- इमली को 'चिंचा या तेतर' भी कहा जाता है।

22(C). 'कर्पूर' शब्द तत्सम है जिसका तद्भव रूप 'कपूर' होगा। जिन शब्दों को संस्कृत से बिना किसी परिवर्तन के ले लिया जाता है उन्हें तत्सम शब्द कहते हैं। इनमें ध्वनि परिवर्तन नहीं होता है।

23(C). 'गृह' तत्सम शब्द है। 'गृह' का तद्भव शब्द 'घर' है।
अन्य विकल्प:

तद्भव शब्द	तत्सम शब्द
किसान	कृषक
कुत्ता	कुक्कुर
गेंद	कंदुक

24(D). दिए गए विकल्पों में 'कृपा' तत्सम शब्द है। कृपा का अर्थ- निःस्वार्थ भाव से किया जाने वाला उपकार; उदारतापूर्वक दूसरों की भलाई करने की वृत्ति ; मेहरबानी।

25(C). 'स्कन्ध' का तद्भव रूप 'कन्धा' है। 'स्कन्ध' का अर्थ- कन्धा; पीठ का ऊपरी हिस्सा ।

26(A). दिए गए विकल्पों में से 'आव' प्रत्यय से बना हुआ शब्द 'पड़ाव' है।
प्रत्यय वे शब्द हैं जो दूसरे शब्दों के अन्त में जुड़कर, अपनी प्रकृति के अनुसार, शब्द के अर्थ में परिवर्तन कर देते हैं।
'आव' प्रत्यय से बनने वाले अन्य शब्द -बहाव, चढ़ाव, खिंचाव, बचाव आदि हैं।

27(D). दिए गए विकल्पों में से 'प्रति' उपसर्ग से बना शब्द ' प्रतिवाद ' है।
ऐसे शब्दांश जो किसी शब्द के पूर्व जुड़कर उसके अर्थ में परिवर्तन कर देते हैं, उपसर्ग कहलाते हैं।
'प्रति' उपसर्ग से बने अन्य शब्द - प्रतिक्षण, प्रतिनिधि, प्रतिकार इत्यादि हैं ।

28(D). दिए गए विकल्पों में से 'प्रति' उपसर्ग से बना शब्द 'प्रतिघात' है।
ऐसे शब्दांश जो किसी शब्द के पूर्व जुड़कर उसके अर्थ में परिवर्तन कर देते हैं, उपसर्ग कहलाते हैं।
'प्रति' उपसर्ग से बने अन्य शब्द - प्रतिक्षण, प्रतिनिधि, प्रतिकार इत्यादि हैं।

29(C). 'कुरूप' शब्द का विलोम 'सुरूप' है।
कुरूप का अर्थ: बुरी सूरतवाला, बदसूरत।
सुरूप का अर्थ: अच्छी आकृतिवाला, सुंदर, खूबसूरत।

30(B). 'वक्र', यहाँ सही विकल्प है। अन्य विकल्प असंगत हैं।

'ऋजु' का अर्थ सीधा होता है जबकि 'वक्र' का अर्थ तिरछा या टेढ़ा है। ये परस्पर विरुद्धार्थी शब्द है।

जो शब्द ठीक किसी शब्द के विपरीत अर्थ वाली प्रवृति के होते है वह विलोम शब्द कहलाते है, इन्हें विपरीतार्थी शब्द भी कहते है। जैसे- दिन का विलोम शब्द रात, ऊपर का विलोम शब्द नीचे आदि।

31(D). 'नौका' शब्द का पर्यायवाची शब्द 'तटिनी' नही है। तटिनी शब्द नदी का पर्यायवाची शब्द है।

इसलिए तटिनी संगत विकल्प होगा, अन्य सभी विकल्प असंगत है।

नदी : पयस्विनी, तरनी, स्रोतस्विनी, सरिता व तटिनी।

32(C). 'रतिपति' शब्द 'कुबेर' का पर्यायवाची नहीं है।

'कुबेर' के पर्यायवाची शब्द किन्नरपति, किन्नरेश, यक्षराज, धनाधिप, धनराज, धनेश है।

'रतिपति' के पर्यायवाची शब्द कामदेव, मनोज, कन्दर्प, मार, काम है।

33(C). 'शार्दूल' शब्द 'अश्व' का पर्यायवाची नहीं है।

अश्व के पर्यायवाची- घोड़ा, घोटक, हय, बाजि, तुरंग, रविसुत तथा सैंधव आदि होते हैं।

शार्दूल के पर्यायवाची- सिंह, वनराज, मृगराज, व्याघ्र, पंचमुख, मृगेंद्र, केशरी, केहरी, केशी, महावीर आदि होते हैं।

34(D). दिये वाक्य "वह प्रकाशक की जिम्मेदारी बखूबी निभाता है" में कोई त्रुटि नहीं है।

35(B). सभी कार्यों का के स्थान पर सभी कार्यों में आयेगा।

इसलिए सही वाक्य होगा - हरीश सभी कार्यों में निपुण है।

36(A). शुद्ध वर्तनी 'अन्वेषण' है।

वर्तनी: लिखने की रीति को वर्तनी या अक्षरी कहते हैं।

37(C). Drowning man catches a straw का अर्थ -डूबते को तिनके का सहारा। 'डूबते को तिनके का सहारा' मुहावरे का अर्थ - संकट में पड़े को थोड़ी मदद है।

38(A). 'दाँत कटी रोटी' मुहावरे का अर्थ - 'गहरी दोस्ती' है। वाक्य प्रयोग- सीता तो मीता की दांत कटी रोटी है।

39(A). "आँखें बिछाना" मुहावरे का अर्थ "प्रतीक्षा करना" है।

वाक्य प्रयोग- श्री राम वनवास काल के दौरान भरत चौदह वर्ष तक उनके अयोध्या लौटने के लिए आँखें बिछाए रहे।

40(D). अँगुली उठाना मुहावरे का अर्थ निंदा करना, आरोप लगाना, किसी पर दोष लगाना, किसी के चरित्र या ईमानदारी पर संदेह व्यक्त करना है।

वाक्य प्रयोग - लोग महात्मा गांधी जैसे महापुरुष पर भी अँगुली उठाने लगे हैं।

41(A). 'एक तो करेला, दूसरे नीम चढ़ा' लोकोक्ति का अर्थ 'अवगुणी में और अवगुणों का आ जाना' होता है।

वाक्य प्रयोग: वैसे ही नौकरी नहीं मिल रही थी, ऊपर से ये लॉकडाउन और आ गया बर्बाद करने। इसी को कहते हैं- एक तो करेला, दूसरे नीम चढ़ा।

42(C). "को तुम? हैं घनस्याम हम, तो बरसो कित जाय।
नहि मनमोहन हैं प्रिय, दिर क्यों पकरत पाँय।" में वक्रोक्ति अलंकार है।

जब सुननेवाला अर्थात श्रोता कहने वाला अर्थात वक्ता की बातों का गलत अर्थ निकाले तो, वहाँ वक्रोक्ति अलंकार होता है।

इन पंक्तियों में बाहर से आनेवाले कृष्ण को राधा के पूछने पर कृष्ण ने 'घनश्याम हूँ' जवाब देने पर राधा कहती है कि 'घनश्याम (काला बादल) होतो कही जाकर बरसो' यहाँ कृष्ण की कही बात का राधा ने गलत अर्थ निकाला, इसलिए यहाँ वक्रोक्ति अलंकार है।

43(A). 'मुदित महिपति मंदिर आए। सेवक सचिव सुमंत बुलाए' में **अनुप्रास** अलंकार है।

अनुप्रास अलंकार में किसी एक व्यंजन वर्ण की आवृत्ति होती

है। आवृत्ति का अर्थ है दुहराना जैसे- 'तरनि-तनूजा तट तमाल तरूवर बहु छाये।" उपर्युक्त उदाहरणों में 'त' वर्ण की लगातार आवृत्ति है, इस कारण से इसमें अनुप्रास अलंकार है।

44(C). 'मुदित महीपति मंदिर आए सेवक सचिव सुमंत बुलाए' पंक्ति में अनुप्रास अलंकार है। इस पंक्ति में 'म' और 'स' वर्ण की आवृत्ति एक से ज्यादा बार हुई है।

अनुप्रास शब्द दो शब्दों से मिलकर बना है – अनु + प्रास। यहाँ पर अनु का अर्थ है- बार -बार और प्रास का अर्थ होता है – वर्ण। जब किसी वर्ण की बार – बार आवर्ती हो तब जो चमत्कार होता है उसे अनुप्रास अलंकार कहते है।

45(C). "कंकण किंकिन नूपुर धुनि सुनि।
कहत लखन सन, राम हृदय गुनि।" में अनुप्रास अलंकार है।

जब किसी काव्य को सुंदर बनाने के लिए किसी वर्ण की बार-बार आवृति हो तो वह अनुप्रास अलंकार कहलाता है। किसी विशेष वर्ण की आवृति से वाक्य सुनने में सुंदर लगता है। यहाँ दी पंक्ति में 'क' वर्ण की आवृत्ति कई बार हुई है साथ ही 'नि' तथा 'ण' की भी आवृत्ति दो बार हुई है। इस आधार पर यहाँ अनुप्रास अलंकार है।

46(B). "कनक कनक ते सौ गुनी, मादकता अधिकाय।
वा खाये बौरात जग, वा पाए बौराए।" में यमक अलंकार है।

'यमक अलंकार' अर्थात जहाँ किसी भी पंक्ति में एक ही शब्द का दो बार प्रयोग किया गया हो और दोनों का अर्थ अलग-अलग हो। यहाँ 'कनक' का प्रयोग दो बार हुआ है। प्रथम कनक का अर्थ 'सोना' और दूसरे कनक का अर्थ 'धतूरा' है।

47(A). फल का अर्थ: वृक्ष का फल, परिणाम, तीर का अगला हिस्सा है।
- वृक्ष का फल का अर्थ: वृक्ष पर उगने वाले फल
- परिणाम का अर्थ: नतीजा
- तीर का अगला हिस्सा का अर्थ: तीर का नुकीला भाग

अनेकार्थक शब्द: ऐसे शब्द जिनके अनेक या एक से अधिक अर्थ होते हैं अर्थात भिन्न-भिन्न प्रसंगों में प्रयुक्त होकर अलग-अलग अर्थ ग्रहण करते हैं, अनेकार्थी या अनेकार्थक शब्द कहलाते हैं। जैसे: अरुण- लाल, सूर्य- सूर्य का सारथी इत्यादि।

48(D). 'नाग' शब्द का एक अर्थ होता है - 'हाथी'।
'नाग' शब्द के अन्य अर्थ हैं - रांगा, मोथा, पान, बादल आदि।

49(D). 'सारंग' के अनेक अर्थ 'भौरा, कामदेव और तलवार' हैं।
'ज्योतिषी' अर्थात ज्योतिष शास्त्र का विद्वान, दैवज्ञ। इसलिए 'ज्योतिषी' का अर्थ 'सारंग' नहीं है।

50(D). वचनामृत समस्तपद का विग्रह ' वचन रूपी अमृत होगा ।
- 'वचनामृत' में 'कर्मधारय' समास है।
- इसमें 'रुपी' का प्रयोग के कारण 'कर्मधारय समास ' है।
- 'कर्मधारय समास ' में विग्रह पदों के मध्य उपमेय-उपमान संबध होता है।

51(A). शास्त्रीप्रवीण' में 'अधिकरण तत्पुरुष' समास है। इसका समास विग्रह होगा - शास्त्र में प्रवीण ।
इसमें 'में' कारक का प्रयोग के कारण 'अधिकरण तत्पुरुष समास ' है।
अधिकरण तत्पुरुष समास: जिस तत्पुरुष समास में अधिकरण कारक के कारक चिन्ह (में, पर) का लोप हुआ हो उसे अधिकरण तत्पुरुष समास कहते हैं।

52(C). 'कृताकृत' में 'कर्मधारय तत्पुरुष' समास है।
- 'कृताकृत' का समास विग्रह करने पर 'किया-बेकिया' होगा।
- इसमें कृत एवं अकृत विशेषण - विशेष्य संबंध होने के कारण 'कर्मधारय समास ' है।
- 'कर्मधारय समास ' में विग्रह पदों के मध्य उपमेय-उपमान अथवा विशेषण-विशेष्य संबंध होता है।

53(A). 'जिसका पालन दूसरे ने किया हो' उक्त वाक्यांश के लिए उचित एक शब्द परभृत है।
परभृत: अर्थात पर द्वारा अर्थात किसी दूसरे द्वारा भरण-पोषण करना।

54(C). दिए गए विकल्पों में से 'जिस पर अनुग्रह किया गया हो' उसके लिए उचित शब्द ' अनुगृहीत ' होगा।
- अन्य विकल्प वर्तनीगत अशुद्ध हैं।
- अनुगृहीत : उपकृत, एहसानमंद, कृतज्ञ।

55(A). जिसके आने की तिथि ज्ञात न हो' वाक्य के लिए एक शब्द 'अतिथि' होता है। अर्थात जिसके आने की तिथि ज्ञात न हो के लिए एक शब्द अतिथि है।
अभूतपूर्व - जो पहले कभी नहीं हुआ।
अतीत - जो बीत चुका है।
अनवरत - जो सदा से चला आ रहा है।

56(C). 'लालटेन' शब्द विदेशज वर्ग में आता है। लालटेन शब्द अंग्रेज़ी के लैन्टर्न शब्द का अपभ्रंश है।
जो शब्द विदेशी भाषाओं से ज्यों के त्यों अथवा परिवर्तित रूप में हिन्दी में प्रयोग किये जाते है 'विदेशज शब्द' कहलाते हैं। जैसे- लालटेन, बोतल, तारपीन, आदमी, तोप, अमीर, टिन नोटिस इत्यादि।

57(A). 'चपटा' देशज शब्द है। अतिरिक्त शब्द 'कुर्सी', 'किताब', ' लिफाफा' और 'इस्तीफ़ा' विदेशी भाषा के शब्द हैं जो अरबी भाषा से आये हैं।

58(C). 'कलाई' देशज शब्द है, अन्य सभी विकल्प गलत उत्तर है।
कलाई शब्द की उत्पत्ति हिंदी से ही हुई है, अत: यह देशज शब्द है। कलाई का अर्थ है: हथेली और कोहनी के बीच का वह भाग जहाँ कड़े, चूड़ियाँ आदि पहनी जाती हैं।

59(C). तीनों भुवनों के स्वामी हैं इसलिए त्रिलोकीनाथ कहलाते हैं।
- भुवनों का अर्थ ब्रम्हांड से है, जिसमे तीनों लोक आते हैं।
- त्रिलोकीनाथ नाम का अर्थ भगवान शिव होता है।
- तीन लोक- पृथ्वी, स्वर्ग और पाताल हैं। तीनों लोकों के स्वामी हैं भगवान शिव।

63(C). बुढ़ापा शब्द पुल्लिंग है।
अ, आ, आव, पा, पन, क, त्व, आवा तथा औड़ा से अंत होने वाली संज्ञाएँ पुल्लिंग होती हैं।
अ: खेल, रेल, बाग, हार, यंत्र आदि।
आ: लोटा, मोटा, गोटा, घोड़ा, हीरा आदि।

64(B). 'महोदय' शब्द का स्त्रीलिंग 'महोदया' होगा।
अन्य विकल्प: शेष सभी विकल्प वर्तनीगत अशुद्ध हैं। इसलिए अन्य विकल्प सही उत्तर नहीं हैं।

65(D). 'आय' शब्द स्त्रीलिंग। 'विवाद, सार, रूप' पुल्लिंग शब्द हैं।

66(D). 'सभा' स्त्रीलिंग शब्द है। गृह, चन्दन, पत्ता पुल्लिंग शब्द हैं।

67(C). 'खूँटी' का अर्थ है 'कपड़े आदि टांगने की दीवार में लगी हुक'। इसका बहुवचन रूप होगा 'खूँटियाँ' होगा। इसलिए सही विकल्प खूँटियाँ है।

68(C). 'तिथि' शब्द का बहुवचन तिथियों होगा।
इस उदाहरण में एकवचन से बहुवचन बनाने का यह नियम प्रयुक्त हुआ है – इकारांत या ईकारांत स्त्रीलिंग संज्ञाओं में अंत्य "ई" को ह्रस्व कर अंतिम वर्ण के बाद "याँ" जोड़ कर अर्थात अंतिम "इ" या "ई"को "इयाँ" में बादल कर एकवचन से बहुवचन बनाया जाता है।

69(A). 'रचनाएँ' शब्द रचना का बहुवचन है।
जिन शब्दों से संज्ञा या सर्वनाम के एक या अनेक होने का बोध होता है, उन्हें वचन कहते हैं।
वचन के भेद:
वचन दो प्रकार के होते हैं: एकवचन और बहुवचन
एकवचन: शब्द के जिस रूप से वस्तु या व्यक्ति का एक संख्या होने का बोध हो, एकवचन कहलाते हैं।
उदाहरण: नदी बह रही है।
बहुवचन: शब्द के जिस रूप से वस्तु या व्यक्ति का एक से अधिक संख्या होने का बोध हो, बहुवचन कहलाते हैं।
उदाहरण: कन्याएँ पढ़ रही हैं।

70(A). 'महेश गीत गा रहा था।' वाक्य 'अपूर्ण भूत काल' का है।

71(B). "सत्संग में जाने के बाद मन को शांति मिली है।" वाक्य 'आसन्न भूतकाल' का है।

72(D). मन्वन्तर = मनु+अन्तर
मन्वन्तर एक संस्कृत शब्द है, इसका अर्थ है मनु की आयु है । यह स्वर संधि का उदाहरण है ।
स्वर संधि दो स्वरों के मेल से होने वाले विकार (परिवर्तन) को स्वर - संधि कहते हैं। जैसे - विद्या + आलय = विद्यालय।

73(C). सर्वश्रेष्ठ रस श्रृंगार रस को माना जाता है।
श्रृंगार रस दो प्रकार के होते हैं । संयोग श्रृंगार जहां पर नायक नायिका के संयोग या मिलन का वर्णन हो वहां संयोग श्रृंगार होता है। वियोग श्रृंगार जहां पर नायक नायिका के वियोग का वर्णन हो वहां वियोग श्रृंगार होता है।

74(D). श्रृंगार रस का भाव रति (प्यार) नामक स्थायी मानोभाव से उत्पन्न होता है।
रति का अर्थ - किसी काम,चीज,बात या व्यक्ति में रत होने की अवस्था या भाव। उक्त अवस्था में मिलनेवाला आनंद या होनेवाली तृप्ति।
रति के पर्यायवाची- आसक्ति, प्रीति, सौंदर्य।

75(A). 'नाट्यशास्त्र' में भरतमुनि ने रसों की संख्या आठ मानी है- श्रृंगार, हास्य, करुण, रौद्र, वीर, भयानक, वीभत्स, अद्भुत।

76(C). दोहा और सोरठा अर्द्धसममात्रिक प्रकार के छन्द है।
अर्द्धसम छन्द के पहले और तीसरे तथा दूसरे और चौथे चरणों की मात्राओं या वर्णों में परस्पर समानता होती है।

77(C). विच्छेद के समय किसी व्यंजन के बाद स्वर या व्यंजन आने से जो परिवर्तन होता है उसे व्यंजन संधि कहते हैं। जैसे सत् + जन = सज्जन (यहाँ "त" के बाद "ज" आ जाने के कारण दोनों से "ज्ज" की प्राप्ति होती है)
परिणाम = परि + नाम
भूषण = भूष + अ न
मतानुसार = मत + अनुसार (यह स्वर संधि है)
संविधान = सम + विधान

78(B). 'हरिश्चंद्र' में विसर्ग संधि है।
'हरिश्चंद्र' का संधि-विच्छेद है - हरि:+ चंद्र।
विसर्ग के साथ स्वर अथवा व्यंजन के मिलने से जो विकार उत्पन्न होता है, उसे विसर्ग संधि कहते हैं। जैसे- नम: + कार = नमस्कार आदि।

79(C). 'महोर्मि' का संधि- विच्छेद 'महा + ऊर्मि' होगा। (आ + ऊ = ओ) है। अत: यहाँ गुण स्वर संधि है।

80(A). उपरोक्त काव्य पंक्तियों में 'रौद्र रस' का भाव दिखाई देता है।
निन्दा, हानि, विरोध आदि के द्वारा प्रतिशोध की भावना उत्पन्न होने से रौद्र रस की उत्पत्ति होती है।

81(A). According to the passage, we can say that the author could reduce his expenses by half by renting rooms close to his office.

82(A). According to the passage, the fares constituted a major part of the author's expenses.

83(B). According to the passage, t he author's choice of his new residence enabled him to save money on fares.

84(C). According to the the passage, the author was able to have a strong body as he has the habit of long walks.

85(D). According to the passage, the steps taken by the author to reduce his expenses show that he was frugal. Frugal means sparing or economical with regard to money or food.

86(A). Numerous means great in number or many.

87(C). Courtesy means the showing of politeness in one's attitude and behaviour towards others. Rudeness means the quality of being offensive or not polite. So, rudeness is opposite in meaning to courtesy.

88(D). The underlined word 'by' is a preposition. By is used for showing how much something has changed, or how much difference there is between things.

89(B). The given sentence is in Past Simple Tense and Active Voice. The rule for changing from Active voice to Passive voice in Past Simple Tense is: Object + was/were V_3 + by + Subject (Passive Voice). So, the correct answer is 'Walks and economy were combined in the new arrangement'.

90(C). According to the passage, "Development has indeed caused a high degree of environmental degradation in many countries and not just the displaced people but all of the population is beginning to feel the consequences. When the 'tsunami' hit the South and South-East Asian coasts in 2004, it was observed that the destruction of mangroves and the building of commercial enterprise along the shore line was the reason for the greater extent of the damage caused. You must have read about global warming. The ice in the Arctic and Antarctic is melting because of increased emission of greenhouse gases into the atmosphere and this has the potential to cause floods and actual submerge low lying areas like Bangladesh and the Maldives."
So, it can be concluded that 'Development' as the cause of environmental degradation means deforestation, emission of greenhouse gases, construction of dams and skyscrapers.

91(A). The real name of the Panchen Lama imprisoned by China is Gedhun Choekyi Nyima.
According to the second sentence of the first paragraph of the passage: 'On the 25th anniversary of his disappearance, the Tibetan government-in-exile on Sunday demanded China to release the 11th Panchen Lama Gedhun Choekyi Nyima, considered to be a reincarnation of Bodhisattva Amitabha.'

92(D). After reading this passage, it can be inferred that it is a news item.
A news item discusses the current or recent news of either general interest or of a specific topic (i.e., political or trade news magazines, club newsletters, or technology news websites).

93(B). The statement, "This politically-motivated action failed." is referring to placing of Gyaltsen Norbu as the 11th Panchen Lama by China.
According to the second sentence of the second paragraph of the passage: 'After orchestrating the disappearance of the 11th Panchen Lama, Sangay alleged that China, a self-declared atheist government and infamous for its persecution of religious groups, placed a young boy, Gyaltsen Norbu, as their own 11th Panchen Lama.'

94(A). The abduction of Panchen Lama and his family by China is an act of establishing ethnic harmony.
According to the first sentence of the second paragraph of the passage: 'In a statement issued here, the President of the exiled government, Lobsang Sangay, said China's abduction of the Panchen Lama and forcible denial of his religious identity and the right to practice in his monastery is not only a violation of religious freedom but also a gross violation of human rights.'

95(A). The demand of the Tibetan Government-in-exile is China should release the 11th Panchen Lama along with his family.
According to the second sentence of the first paragraph of the passage: 'On the 25th anniversary of his disappearance, the Tibetan government-in-exile on Sunday demanded China to release the 11th Panchen Lama Gedhun Choekyi Nyima, considered to be a reincarnation of Bodhisattva Amitabha.'

96(D). Rahul Khot thinks that the presence of beta-carotene in the algae gives the water its pink colour.
According to the fourth sentence of the third paragraph of the passage: 'The vigorous growth of algae or bacteria having beta-carotene gives this type of characteristic colouration to the water. It is also related to increased evaporation, salinity, and the current hot and humid weather conditions," said Rahul Khot, assistant director (in charge of the flamingo monitoring program).'

97(C). The explanation for the pink water, as given by most scientists, is that it is due to an explosion of red algae blooming in the saline water.
According to the second sentence of the second paragraph of the passage: " Owing to high salinity in the area, it looks like an algal bloom. Our researchers have never witnessed something like this along Mumbai's creeks," said Deepak Apte, director, BNHS.

98(B). The main theme of the passage is why the water in some parts of Mumbai wetland has turned pink.
The passage is trying to find out the reasons for changing the wetland of some parts of Mumbai into pink.

99(D). The statement 'The phenomenon of pink water has occurred in Mumbai wetland for the first time.' is not true according to the passage.
According to the few sentences of the third paragraph of the passage: Flamingos are known to feed on this algae, crustaceans, shrimp, and aquatic plants, which gives them the pink colour, said Apte. Dr P Sathiyaselvam, assistant director (wetland conservation), BNHS said, "This is clearly an algal bloom. We have observed the same at the northern portion of Chilika Lake (in Odisha) during the early winter months over the years, and also towards the northern end of wetlands in Thoothukudi in Tamil Nadu."
In the third sentence of the last paragraph of the passage: 'A similar example of what has been observed in Navi Mumbai was recently witnessed across a massive stretch at the Edgars Creek in Melbourne, Australia, that started on 10 May and intensified subsequently.'
And the first sentence of the last paragraph of the passage: Ornithologist, naturalist and writer Sunjoy Monga said a similar discolouration of water with a pink hue was witnessed at a flamingo habitat in Porbandar in May 2007.

100(D). After reading the passage, it can be inferred that the source of pink water at Edgar's creek has not yet been determined.
According to the passage, source of origin of Pink water and the determination of the source of pink water at Edgar's creek is still uncertain.

101(C). The correct answer is everlasting.
Perpetual: never-ending or changing
Everlasting: lasting forever or a very long time
Let's look at the meanings of the other given options:
- temporary- lasting for only a limited period of time; not permanent
- powerful- having great power or strength
- persuasive- good at persuading someone to do or believe something through reasoning or the use of temptation

Thus, from the given meanings, we find that perpetual and everlasting are synonyms.

102(A). 'Ignore' means 'to avoid'. So, the suitable antonym for the word 'ignore' is 'redress'.
Antonyms of ignore : notice, cognize, note, mark, know.
Synonyms of ignore : miss, omit, brush aside, overlook, disregard, leave out, cut, discount, overleap, dismiss, drop, push aside, brush off, neglect, fail, snub, pretermit. ignore(verb).

103(A). The 'un' prefix is correct. Because adding 'un' before 'able' will make a meaningful word. The meaning of it is as follows:
Unable: to not be able to do something
Example: We were unable to get funding and therefore had to abandon the project.

104(D). The prefix 'il' should be added to the word 'Legible' to form its antonym.
The word legible means - Clear enough to be read.
And Illegible means - Not clear enough to be read.
Example: Do you think that handguns should be made illegal?

105(A). The correct sequence is QPSR.
Correct Sentence: The narrator worked as a junior clerk in a law firm.
We need to check the grammatical and contextual connections to find the correct sequence.
- Part Q starts with 'the narrator'.
- It can be the subject in a sentence.
- It is the first part of the sentence.
- Part P starts with a verb.
- It will be put after the subject.
- It will be the second part of the sentence.
- Part P ends with a 'junior'.
- Part S start with 'clerk'.
- Both join together to form the name of a post or designation.
- So it will be the third part of the sentence.
- Part R will be the last part.

106(C). The correct sequence is PQSR.
Correct Sentence: Once the narrator was sent to New mullion, a small town, to serve summons to a person named Lutkins.
We need to find the grammatical or contextual connections between the parts to find the correct sequence
- Part P starts with once.
- It will be the first part.
- Part P ends with 'was'.
- Part Q starts with the third form of the verb.
- It will be the second part of the sentence.
- Part S is an adverb phrase.
- An adverb phrase follows the verb.
- So it will be put in third place.
- R will be the last part.

107(B). The correct sequence is RSPQ.
Correct Sentence: Bholi's teacher spoke to her words of great encouragement.
We need to check the grammatical and contextual connections to find the correct sequence.
- Part R contains 'Bholi's teacher'.
- It will be the subject in the sentence.
- It will be the first part.
- Part S starts with 'spoke'.
- It is a verb and will follow the subject.
- So it will be put in the second place.
- 'words of great encouragement' is an adverb phrase.
- It shows that P will be followed by Q

108(B). **Correct sentence is:** I had never visited Seretnay Park before. Last week I went to **the** park.
Since in the second statement we are referring to the Seretnay Park, which we have already mentioned in the first statement, we use the definite article 'the' to refer to the Park.

109(D). The correct statement is: She enjoys dancing.
Dancing is the present participle of the verb to dance. When used with is or are, it becomes a verb in the present continuous tense: It still looks like a present participle (form), but in this sentence, it is filling in for a noun (function). When a present participle is used as a noun, it's called a gerund. So, in the given sentence, 'dancing' is the correct option.

110(A). The correct sentence is, "She **takes** her daughter to school before she goes to work."
The given sentence is in the present tense. For repeated or regular actions in the present time period.
- For example: The train to Berlin **leaves** every hour.

When we use before in clauses in the present tense, the clause refers to the future.
For example: **Before** I go to work, I jog for at least an hour.
Some more structure of 'before':
Before+Past Indefinite+Past Perfect.
- For example: **Before** he jumped he had written a suicide note.

Past Perfect+Before+Past Indefinite.
- For example: They had composed the music **before** she sang the song.

Therefore, the correct answer is 'takes'.

111(A). In the given sentence, we need to fill the blank with an appropriate preposition as per the rules of grammar.
Here, the word 'Senior' is an adjective which is having no superlative or positive degree.
The adjective 'Senior' takes the preposition 'to' because it is an adjective used as a comparative degree.
- Example: Rajat always respected his boss as he was senior to him.

With the given explanation and the example, we can say that 'to' is the most appropriate preposition to be filled in the blank.
Thus, the correct answer is option A.

112(C). The given sentence is an imperative sentence.
- To convert from the passive to the active form , we need to follow some basic rules.
- First, we need to remove let.

Active sentence would be - 'Appoint Arpit the

monitor this time.'

113(C). The correct answer is- his tempers on.

There are some uncountable nouns that don't take the articles 'a/an', many, few, and plural form:

- Furniture, scenery, luggage, temper, hair, knowledge, equipment, pottery, music, jewellery, etc.

Correct sentence: He loses his temper on the slightest provocation.

Example:

The sceneries at my friend's house enchanted me. (incorrect)

The pieces of scenery at my friend's house enchanted me. (correct)

Hence, the correct option is (B).

114(B). In the given sentence, the use of the preposition 'for' is incorrect.

- The preposition 'for' is used for talking about reasons or causes.
- The given sentence is talking about the action (high levels of carbon dioxide) done by the densely occupied rooms and tightly sealed buildings.
- The preposition 'of' is used after nouns (here, causes) that refer to actions for saying who or what does the action.
- Therefore, the preposition 'of' should be used in place of the preposition 'for'.

115(D). In the given sentence, the singular form of the verb "is" is incorrect.

- When the subject is separated from the verb by such words as along with, as well as, besides, not, etc., then these words and phrases are not considered as part of the subject.
- We have to ignore such words and phrases and use a singular verb when the subject is singular, a plural verb when the subject is plural.
- In the given sentence, the subject 'Newsmen' is a plural noun and it will take a plural verb
- Therefore, the plural form of the verb 'are' should be used in place of the singular form 'is'.

116(A). Given sentence is in the present tense so the changes will be limited.

Inverted commas (,") needs to be removed and use 'that' in the same place.

The subject of the Reported speech (My younger brother) has to be changed according to the Subject of Reporting speech (Mary says).

The subject 'My younger brother' into 'her younger brother'.

The indirect speech would be: Mary says that her younger brother wants to be a radio jockey.

117(B). The correct option is (b) The largest and the best part of something.

The phrase "the lion's share" is an idiomatic expression that refers to the largest or the best part of something. It originated from Aesop's fable "The Lion's Share," where the lion claims the biggest portion of the spoils. Therefore, option (b) accurately represents the meaning of the phrase. Options (a), (c), and (d) do not accurately convey the intended meaning of "the lion's share."

118(D). The correct option is (d) Disappear suddenly.

The phrase "disappear into thin air" is an idiomatic expression that means to vanish or disappear suddenly and completely, without leaving any trace or evidence behind. It implies a mysterious or unexplained disappearance. Therefore, option (d) accurately represents the meaning of the phrase. Options (a), (b), and (c) do not accurately convey the intended meaning of "disappear into thin air."

119(A). One who talks to oneself. - Soliloquist

Ventriloquist means someone who entertains people by speaking without moving their lips, to make it seem as if the voice is coming from somewhere else.

Colloquist means informal and more suitable for use in speech than in writing.

Somniloquist means one who talks in his sleep.

120(B). The meaning of given phrases:

- Look up means to become better.
- Look into means to try to discover the facts about something such as a problem.
- Look for means to search for someone or something..
- Look after means to take care of someone or something.

From the meanings, it is clear that looking for should be used in place of looking up to make a sentence grammatically correct.

I am **looking for** my keys but I am unable to find them.

Hindi Language

Ques (1-9): निर्देश : नीचे दिए गए गद्यांश को पढ़कर सबसे उचित विकल्प का चयन कीजिए:

समूची स्वार्थ व अहं-प्रेरित प्रवृत्तियाँ नकारात्मक हैं, ऐसे कर्मों में ऊँचे उद्देश्य नहीं होते, उनमें लोक-संग्रह नहीं होता, भव्य आदर्श नहीं होते। दूसरे, भले ही आप अपने सामने एक ऊँचा आदर्श रखें, तो भी आपके कर्म यदि आपके मन के चाहे या अनचाहे से प्रेरित हैं तो वे ह्रासमान ही होंगे, क्योंकि पसंद-नापसंद से किए जाते कार्य वासनाओं को बढ़ाए बिना नहीं रहते। कोई काम आपको महज इस आधार पर नहीं करना चाहिए कि वह आपको पसंद है। उसी तरह कोई काम करने से आपको महज इस आधार पर नहीं कतराना चाहिए कि वह काम आपका मनचाहा नहीं है। कार्य का निर्णय बुद्धि-विवेक के आधार पर होना चाहिए, मनचली भावनाओं, तुनकमिजाजी के आधार पर कतई नहीं। इस एक बात को हमेशा याद रखिए कि पसंद और नापसंद आपके सबसे बड़े शत्रु हैं। आप इन्हें पहचानते तक नहीं। उल्टे आप इन्हें पाल-पोसकर दुलारते हैं। वे तो हर क्षण आपकी हानि व ह्रास करने पर ही तुले हैं। इनसे निबटने का व्यावहारिक मार्ग यह है कि अपनी रूचि और अरूचि का विश्लेषण करें।

1. कैसी प्रवृत्तियाँ नकारात्मक हैं?
   - (a) जो स्वयं का हित देखती हों
   - (b) जो अहं से ग्रसित हों
   - (c) जिनमें अर्थ का भाव हो
   - (d) जिनमें अहं और स्व-हित का भाव हो

2. कौन-से कार्य हानि की ओर ले जाते हैं?
   - (a) जो मन के अनुसार और हित साधते हैं
   - (b) जो अपनी पसंद-नापसंद के आधार पर किए जाते हैं
   - (c) जिनमें संग्रह अनुपस्थित होता है
   - (d) जिनमें संग्रह कूट-कूटकर भरा होता है

3. इस गद्यांश में किस प्रकार के कार्यों का समर्थन किया गया है?
   - (a) जो मनचाहे होते हैं
   - (b) जो मनचाहे नहीं होते हैं
   - (c) जो बुद्धि और विवेक-शक्ति के आधार पर किए जाते हैं
   - (d) जो मनचली भावनाओं और बुद्धि से परे होते हैं

4. इस गद्यांश में किन्हें शत्रु कहा गया है?
   - (a) मनचली भावनाएँ
   - (b) तुनकमिजाजी
   - (c) अहं और स्वार्थ
   - (d) रूचि-अरुचि

5. लेखक ने इन शत्रुओं से निबटने का कौन-सा मार्ग सुझाया है?
   - (a) विश्लेषण करना
   - (b) भव्य आदर्श रखना
   - (c) लोक-संग्रह करना
   - (d) कर्म करना

6. 'नकारात्मक' का विलोम शब्द है:
   - (a) अनकारात्मक
   - (b) सकारात्मक
   - (c) अननकारात्मक
   - (d) असकारात्मक

7. "वे तो हर क्षण आपकी हानि व ह्रास करने पर ही तुले हैं ।" वाक्य में 'वे' सर्वनाम किसके लिए आया है?
   - (a) मनचली भावनाओं के लिए
   - (b) अहं-प्रेरित प्रवृत्तियों के लिए
   - (c) स्वार्थ-प्रेरित प्रवृत्तियों के लिए
   - (d) पसंद-नापसंद के लिए

8. किस शब्द में 'ना' उपसर्ग का प्रयोग नहीं किया जा सकता है?
   - (a) काबिल
   - (b) हाजिर
   - (c) पसंद
   - (d) वाकिफ

9. 'विश्लेषण' का विलोम है:
   - (a) संश्लेषण
   - (b) अविश्लेषण
   - (c) संश्लिष्ट
   - (d) संक्षेपण

Ques (10-17): निर्देश : निम्नलिखित गद्यांश को पढ़कर पूछे गए प्रश्नों के सही/सबसे उपयुक्त उत्तर वाले विकल्प को चुनिए।

डार्विन का कहना था कि जीवन एक लगातार संघर्ष है - जीव और प्रकृति के बीच । इस संघर्ष - इस महाभारत में वही बचेगा, जो बुद्धि और शरीर से सबसे अधिक सबल और सक्षम होगा : कमजोर धीरे-धीरे नेस्तनाबूद हो जाएँगे। वैज्ञानिक दृष्टिकोण की यह आधार-मान्यता इस ईसाई विश्वास के विरुद्ध पड़ती है कि अन्त में विनम्र और विनयशील ही बचेंगे: जबर आपस में लड़-भिड़कर समाप्त हो जाएँगे। मार्क्स ने भी जीवन को अमीर-ग़रीब के बीच संघर्ष के रूप में ही देखा । वैज्ञानिक प्रगति की धारणा मूलत: यह मानकर चलती है कि सम्पूर्ण पृथ्वी आदमी के हाथों में सौंप दिया गया एक ऐसा अकूत ख़ज़ाना है जिसे वह जैसे चाहे वैसे इस्तेमाल करने के लिए आज़ाद है। वह खुद भी इस ख़ज़ाने का हिस्सा है। उसका एकछत्र मालिक नहीं, यह 'विवेक' एक-दूसरे तरह की 'अनुभूति' देता है। न केवल भारतीय बल्कि सम्पूर्ण पूर्वीय विचारधारा में यह बोध व्याप्त दिखता है कि प्रकृति केवल भक्षक नहीं, रक्षक भी है। हमें उसके विरुद्ध नहीं उसके साथ चलना है। वह पोषक है; मनुष्य से कहीं ज्यादा निरीह और कोमल प्राणियों की पालक । यह दम्भ कि मनुष्य ही सर्वश्रेष्ठ प्राणी हैं, आत्मघाती है। पिछले दो महायुद्धों में जो नेस्तनाबूद हुआ वह मनुष्य का यह मिथ्या दम्भ कि सर्वश्रेष्ठ होने का यह उन्माद आगे बढ़ता जाए तो किस सीमा तक पहुँच सकता है।

10. 'नेस्तनाबूद' शब्द किस भाषा का है ?
   - (a) हिंदी
   - (b) संस्कृत
   - (c) फारसी
   - (d) अंग्रेज़ी

11. 'अमीर-ग़रीब' में कौन-सा समास है ?
   - (a) कर्मधारय
   - (b) द्वंद्व
   - (c) बहुब्रीहि
   - (d) तत्पुरुष

12. 'निरीह' का पर्याय है।
   - (a) चालाक
   - (b) चापलूस
   - (c) मजबूत
   - (d) बेचारा

13. डार्विन का विचार कि जीवन एक __________ लगातार संघर्ष है।
   - (a) बुद्धि और शरीर के बीच
   - (b) जीव और प्रकृति के बीच
   - (c) अमीर और ग़रीब के बीच
   - (d) विनम्र और जबर के बीच

14. डार्विन का विचार ईसाई मत के ________ ।
   - (a) विरुद्ध है
   - (b) पक्ष में है
   - (c) न पक्ष में है, न विरुद्ध है
   - (d) समतुल्य है

15. वैज्ञानिक प्रगति की धारणा में प्रकृति, मनुष्य के लिए __________।
   - (a) अकूत ख़ज़ाना है
   - (b) एकाधिकार पूर्ण अकूत ख़ज़ाना है
   - (c) वह इस ख़ज़ाने का हिस्सा है
   - (d) उसका एकछत्र मालिक नहीं है

16. भारतीय विचारधारा में प्रकृति संबंधी कौन-सी धारणा सही नहीं है ?
   - (a) वह केवल भक्षक नहीं रक्षक भी है
   - (b) वह विरुद्ध नहीं साथ भी है
   - (c) वह मनुष्य के साथ-साथ निरीह प्राणियों की पोषक है
   - (d) वह मनुष्य से सतत् संघर्षरत है

17. मनुष्य के सर्वश्रेष्ठ प्राणी होने के दम्भ ने ________।
   - (a) उसके आत्मविश्वास को बढ़ाया है।
   - (b) प्रकृति पर अधिकार जमाया है।
   - (c) दो महायुद्धों के लिए उसे उत्तरदायी बनाया है।
   - (d) उसे सर्वश्रेष्ठ बनाया है।

Ques (18-20): निर्देश: नीचे दिए गए गद्यांश को पढ़कर पूछे गए प्रश्न के सही/सबसे उपयुक्त उत्तर वाले विकल्प को चुनिए।

हमें स्वतंत्र हुए 15 वर्ष ही हुए थे कि पड़ोसी चीन ने हमारी पीठ में छुरा भोंक

दिया। उत्तरी सीमा की सफेद बर्फ़ीली चोटियाँ शहीदों के खून से सनकर लाल हो गई। हज़ारों माँओं की गोदें सूनी हुई, हज़ारों की माँग का सिंदूर पुँछ गया और लाखों अभागे बच्चे पिता के प्यार से वंचित हो गए।

गणतंत्र दिवस निकट आ रहा था। देश का हौसला पस्त था। कोई उमंग नहीं रह गई थी पर्व मनाने की। तब यह सोचा गया कि जानी-मानी फिल्मी हस्तियाँ आयोजन में शामिल हों तो भीड़ उमड़ेगी। वहाँ कोई ऐसा गीत प्रस्तुत हो जो लोगों के दिलों को छूकर उन्हें झकझोर सके। चुनौती फिल्म जगत तक पहुँची। एक नौजवान गीतकार प्रदीप ने चुनौती स्वीकारने का मन बनाया और गीत लिखना शुरू किया। लेकिन सुर और स्वर के बिना गीत का क्या! प्रदीप संगीत निर्देशक सी॰ रामचंद्र के पास पहुँचे। उन्हें गीत पसंद आया और रक्षा मंत्रालय को सूचना दे दी गई।

26 जनवरी का शुभ दिन आया। लाखों की भीड़ बड़ी उत्सुकता से प्रतीक्षा कर रही थी। तब तक जो धुन बज रही थी वह हटी और थोड़ी देर शांति रही। तभी उस शांति को चीरता हुआ लता मंगेशकर का वेदना और चुनौती भरा स्वर सुनाई पड़ा- "ऐ मेरे वतन के लोगो, ज़रा आँख में भर लो पानी।" समय जैसे थम गया। सभी के मन एक ही भाव, एक ही रस में डूब गए। गीत समाप्त हुआ तो लगभग दो लाख लोग सिसक रहे थे। आँसू थे कि थमते ही न थे।

18. "ऐ मेरे वतन के लोगो" गीत के बारे में क्या सच नहीं है?

(a) लता मंगेशकर ने स्वर दिया

(b) प्रदीप ने लिखा

(c) मन्ना डे ने सुर दिया

(d) सी॰ रामचंद्र ने संगीत दिया

19. भारत में 26 जनवरी का पर्व मनाने की उमंग न रहने का कारण था:

(a) चीन का दबाव

(b) हज़ारों युवकों का शहीद होना

(c) सैनिकों के द्वारा मार्च-पास्ट से इनकार

(d) रक्षा मंत्रालय की अनिच्छा

20. रक्षा मंत्रालय को क्या सूचना दी गई होगी?

(a) प्रदीप और सी॰ रामचंद्र भी दिल्ली आएँगे

(b) 26 जनवरी का पर्व मनाया जाए

(c) फिल्मी हस्तियाँ भाग लेंगी

(d) गीत प्रस्तुत करने की चुनौती स्वीकार है

21. निम्नलिखित शब्दों में कौन-सा शब्द तद्भव रूप में है?

(a) कोण   (b) घटिका

(c) चंचु   (d) दातुन

22. निम्नलिखित में से तद्भव शब्द को पहचानिए।

(a) चकवा   (b) स्वर्ण

(c) सूचिका   (d) छत्र

23. कौन-सा शब्द तत्सम है?

(a) मुँह   (b) चोंच

(c) ईप्सा   (d) गेहूँ

24. निम्नलिखित में तद्भव है-

(a) गाँव   (b) अमृत

(c) उच्च   (d) एकत्र

25. निम्नलिखित में तत्सम है-

(a) गधा   (b) गाय

(c) घड़ा   (d) ग्राहक

26. इनमें से 'नयन' शब्द में प्रयुक्त कृत प्रत्यय कौन-सा है?

(a) इक   (b) इन

(c) अन   (d) उन

27. इनमें से 'तृ' प्रत्यय से बना शब्द कौन-सा है?

(a) शिक्षक   (b) पितृभक्ति

(c) निंदक   (d) दानशील

28. इनमें से उर्दू के उपसर्ग से बना शब्द कौन-सा है?

(a) खुशबू   (b) अधपका

(c) उन्नीस   (d) कपूत

29. 'चाँदनी' का समानार्थी निम्नलिखित में से कौन-सा नहीं है?

(a) बिजली   (b) ज्योत्सना

(c) चमक   (d) रोशनी

30. 'आवक' शब्द का विलोम क्या होगा?

(a) विमुख   (b) मुख

(c) जावक   (d) अक्षम

31. 'अचला' का पर्यायवाची शब्द है:

(a) मही   (b) अचल

(c) जरा   (d) निशा

32. 'खेद ' शब्द का विलोम क्या होगा?

(a) सुख   (b) प्रसन्नता

(c) विस्मरण   (d) कृतघ्न

33. "दामिनी" का पर्यायवाची शब्द है:

(a) नीरद   (b) वर्षा

(c) बादल   (d) विद्युत

34. दिए गए वाक्य का शुद्ध रूप ज्ञात कीजिए।

रानी लक्ष्मीबाई एक महान वीर थी।

(a) रानी लक्ष्मीबाई एक वीर थी।

(b) रानी लक्ष्मीबाई वीर थी।

(c) रानी लक्ष्मीबाई एक महान वीरांगना थी।

(d) रानी लक्ष्मीबाई एक महान थी।

35. निम्नलिखित में से अशुद्ध वर्तनी वाले वाक्य का चयन कीजिए।

(a) वरिष्ठ अधिकारी से सम्पर्क करो।

(b) इस पुस्तक का नया संस्करण प्रकाशित हो रहा है।

(c) ईश्वर सबका भाग्य-विधाता है।

(d) आपका सामान सुरच्छित रहेगा।

36. निम्नलिखित में से शुद्ध वाक्य का चयन कीजिए ।

(a) नौकर आटा पिसवाने गया है।

(b) एक गुलाब के फूल की माला ले आओ।

(c) यहां सर्वोत्कृष्ट ज्वर की चिकित्सा होती है।

(d) परमात्मा के अनेक नाम हैं।

37. लोकोक्ति और उनके सही अर्थ वाले जोड़े के विकल्प की पहचान कीजिये।

	(A)	(B)
1.	चित्त भी मेरी पट भी मेरा	a. दोनों ओर से लाभ चाहना
2.	चोर की दाढ़ी में तिनका	b. अपराधी भयभीत रहता है
3.	नाच न जाने आँगन टेढ़ा	c. अयोग्यता का दोष दूसरों को देना
4.	नेकी कर दरिया में डाल	d. भला करके भूल जाना चाहिये

(a) a-d, 2-c, 3-b, 4-a   (b) 1-c, 2-a, 3-b, 4-d

(c) 1-b, 2-a, 3-c, 4-d   (d) 1-a, 2-b, 3-c, 4-d

38. 'बाग-बाग होना' मुहावरे का सही अर्थ होगा-
  (a) आसान काम   (b) हरियाली छाना
  (c) खुश होना   (d) कार्य सिद्ध होना

Ques (39-41): निर्देश: निम्नलिखित प्रत्येक कहावत के लिए चार-चार समानार्थक वाक्यांश दिए गए हैं। उनमें से सही उत्तर के रूप में विकल्प का चयन कीजिए और उत्तर-पत्र पर चिह्न लगाइए।

39. काटो तो खून नहीं
  (a) पीड़ा शांत हो जाना
  (b) बिल्कुल निर्जीव हो जाना
  (c) भय के कारण स्तब्ध हो जाना
  (d) गुस्सा शांत हो जाना

40. ऊँगली उठाना
  (a) क्षमा माँगना   (b) अपना महत्व व्यक्त करना
  (c) दोष की ओर संकेत करना   (d) अस्वीकार करना

41. विहंगम दृष्टि
  (a) गहरी नज़र   (b) तीखी नज़र
  (c) मंद नज़र   (d) सरसरी नज़र

42. 'हस्ती' का अनेकार्थी शब्द समूह है।
  (a) रिश्ता, छठा कारक, अस्तित्व
  (b) शख्सियत, अस्तित्व, रिश्ता
  (c) हैसियत, रिश्ता, छठा कारक
  (d) शख्सियत, अस्तित्व, हैसियत

Ques (43-44): निर्देश : निम्नलिखित अनेकार्थी शब्द को एक अर्थ के साथ लिखा गया है, दूसरा अर्थ ज्ञात करें।

43. 'प्रमत्त-स्वेच्छाचारी'
  (a) उन्मत्त   (b) प्रपीड़ित
  (c) परितप्त   (d) उत्कृष्ट

44. "कनक-धतूरा"
  (a) प्रसाद   (b) कसौटी
  (c) आभूषण   (d) सोना

45. 'पंचपात्र' में कौन सा समास है?
  (a) कर्मधारय समास   (b) द्वंद्व समास
  (c) द्विगु समास   (d) तत्पुरुष समास

46. 'देशनिकाला' का समास विग्रह होगा:
  (a) देश का निकला   (b) देश में निकला
  (c) देश में निकाला   (d) देश से निकाला

47. 'चार मासों का समूह' का समस्त पद होगा:
  (a) चारमाँस   (b) चौराहा
  (c) चौमासा   (d) चार रास्ता

48. निम्नलिखित वाक्यांश के लिए एक शब्द बताइये।
जो व्यक्ति बुराई के लिए प्रसिद्ध हो।
  (a) विख्यात   (b) कुख्यात
  (c) प्रसिद्ध   (d) अप्रसिद्ध

49. निम्नलिखित में से रघुवंश का काव्य रूप की क्या है ?
  (a) खंडकाव्य   (b) महाकाव्य
  (c) एकार्थकाव्य   (d) चरित काव्य

50. हिन्दी भाषा के वर्गीकरण के आधार पर छत्तीसगढ़ी बोली किसके अंतर्गत आती है?

  (a) पूर्वी हिन्दी   (b) पश्चिमी हिन्दी
  (c) बिहारी हिन्दी   (d) पहाड़ी हिन्दी

51. निम्नलिखित में से सही युग्म चुनिए।
  (a) गलीचा - पुर्तगाली   (b) आमदनी - फ़ारसी
  (c) अंग्रेज - फ्रेंच   (d) पादरी - तुर्की

52. निम्नलिखित में से संकर शब्द कौन सा नहीं है?
  (a) अनुप्रास   (b) रेलयात्री
  (c) जांचकर्ता   (d) बमवर्षा

53. निम्नलिखित में से कौन सा विदेशी शब्द नहीं है?
  (a) कुर्सी   (b) खून
  (c) ताला   (d) शेर

54. निर्देश: रिक्त स्थान को भरने के लिए सबसे उपयुक्त शब्द का चयन करें।
बन्दूक एक बहुत ही उपयोगी __________ है।
  (a) वस्त   (b) शास्त्र
  (c) शस्त्र   (d) सर्वत्र

55. निर्देश: रिक्त स्थान भरने के लिए सबसे उपयुक्त शब्द का चयन करें।
________खाना तैयार करती हैं।
  (a) भैया   (b) लड़की
  (c) बहू   (d) बहुएँ

56. निर्देश: रिक्त स्थान को भरने के लिए सबसे उपयुक्त शब्द का चयन करें।
क्रोध और लोभ, व्यक्ति के__________ हैं।
  (a) अजातशत्रु   (b) चिर शत्रु
  (c) चिरमित्र   (d) महान गुरु

57. निर्देश: दिए गए विकल्पों में से सही विकल्प का चयन करते हुए रिक्त स्थान की पूर्ति कीजिए।
उर्वरकों ने मिट्टी की _____ को कम कर दिया है।
  (a) गरिमा   (b) पवित्रता
  (c) उपलब्धता   (d) उत्पादकता

58. निम्न में कौन सा शब्द पुल्लिंग है?
  (a) दया   (b) माया
  (c) भाषा   (d) आभार

59. निर्देश: निम्नलिखित प्रश्न में, चार विकल्पों में से, दिए गए शब्द का सही पुल्लिंग रूप वाला विकल्प चुनिए।
'भिक्षुणी'
  (a) भिखारी   (b) बेगारी
  (c) भिक्षुक   (d) लड़की

60. निम्न में से कौन सा विकल्प पुल्लिंग है?
  (a) खोज   (b) घूस
  (c) आइना   (d) चील

61. निम्नलिखित में से पुल्लिंग शब्द छाँटिए:
  (a) गाजर   (b) आहट
  (c) अनार   (d) अरहर

62. "मैं चलती थी।" में 'मैं' का बहुवचन क्या होगा?
  (a) हम   (b) तुम
  (c) वे   (d) सब

63. इकारांत संज्ञा शब्द को बहुवचन बनाते समय क्या किया जाता है?
  (a) अंतिम स्वर के बाद 'याँ' लगा देते हैं ।
  (b) अंतिम स्वर को हटा कर 'याँ' लगा देते हैं ।

(c) 'ई' को हृस्व करके अंतिम स्वर के बाद 'याँ' लगा देते हैं ।

(d) 'ई' को हृस्व करके अंतिम स्वर के बाद 'ओं' लगा देते हैं ।

64. हिन्दी में इस्तेमाल होने वाले उर्दू शब्दों का बहुवचन बनाने के लिए प्रायः किस भाषा के प्रत्यय लगाये जाते हैं?

(a) हिन्दी
(b) अरबी
(c) फ़ारसी
(d) उर्दू

65. निचे दिए गए वाक्य का काल कौन सा है?
बच्चों ने भोजन किया।

(a) आसन्न भूतकाल
(b) सामान्य भूतकाल
(c) अपूर्ण भूतकाल
(d) संदिग्ध भूतकाल

66. 'मैं अपने दादा के साथ खेत पर जाऊंगा।' प्रस्तुत वाक्य का सामान्य भूतकाल में रूप होगा?

(a) मैं अपने दादा के साथ खेत पर जा रहा था।

(b) मैं अपने दादा के साथ खेत पर गया।

(c) संभव है कि मैं अपने दादा के साथ खेत पर जाऊं।

(d) मैं अपने दादा के साथ खेत पर जाता हूँ।

67. निम्नलिखित चार विकल्पों में से, उस विकल्प का चयन करें, जो बताता है कि यह छंद का प्रकार नहीं है?

(a) दोहा
(b) बरवै
(c) दृष्टांत
(d) सोरठा

68. निम्नलिखित चार विकल्पों में से, उस विकल्प का चयन करें, जो बताता है कि वैराग्य किस रस का रूप है?

(a) वात्सल्य
(b) शान्त
(c) रौद्र
(d) अद्भुत

69. निम्नलिखित प्रश्न में, चार विकल्पों में से, उस विकल्प का चयन करें जो सही संधि-विच्छेद वाला विकल्प है।
एकैक

(a) ए + कैक
(b) एकै + क
(c) एक + एक
(d) अए + कैक

70. ई + आ = या। किस संधि में इस प्रकार का परिवर्तन होता है?

(a) गुण संधि
(b) अयादि संधि
(c) यण संधि
(d) वृद्धि संधि

71. पयोधि का संधि विच्छेद होगा:

(a) पयः + धि
(b) पयः + दधि
(c) पयः + उदधि
(d) पयः + दधी

72. 'अत्युक्ति' शब्द में संधि है:

(a) दीर्घ
(b) गुण
(c) यण
(d) अयादि

73. 'बोलोचित' शब्द का संधिविच्छेद होगा:

(a) बोलो + चित
(b) बाल + उचित
(c) बाला + चित
(d) बा + लोचित

74. 'छन्द' कितने प्रकार के होते हैं?

(a) तीन
(b) चार
(c) एक
(d) दो

75. हास्य रस का स्थायी भाव है:

(a) रति
(b) उत्साह
(c) हास
(d) रौद्र

76. सर्वोदय शब्द का सही सन्धि-विच्छेद है।

(a) सर्व +उदय
(b) सर्वो + दय
(c) सर्वा + दय
(d) सर्व + दय

77. जहां पर किसी एक शब्द का अनेक अर्थों में प्रयोग हो, वहाँ होता है :

(a) यमक अलंकार
(b) श्लेष अलंकार
(c) रूपक अलंकार
(d) अतिशयोक्ति अलंकार

78. **निर्देश** : निम्नलिखित काव्य पंक्ति में कौन सा अलंकार है:
'खिली हुई दवा आई फिरकी सी आई, चल गई'

(a) रूपक अलंकार
(b) उपमा अलंकार
(c) विरोधाभास अलंकार
(d) यमक अलंकार

79. 'रति सम रमणीय मूर्ति राधा की' पंक्ति में किस प्रकार का अलंकार है?

(a) उत्प्रेक्षा
(b) पूर्णोपमा
(c) यमक
(d) श्लेष

80. 'सागर-सा गंभीर हृदय हो, गिरी- सा ऊँचा हो जिसका मन।' – इस वाक्य में कौन-सा अलंकार है?

(a) श्लेष
(b) यमक
(c) उपमा
(d) उत्प्रेक्षा

English Language

Ques (81-89): Direction : Read the passage given below and answer the questions by choosing the correct/most appropriate options.

By all considerations, Ashoka is one of the greatest kings not only in the history of India but that of the whole world. In the beginning, like all other Kings, Ashoka was also given to kingly pleasures and military conquests but after the battle of Kalinga, a powerful Kingdom on the Bay of Bengal, Ashoka was completely transformed. In this battle, lakhs of people were slain, wounded, which produced a profound reaction on the mind of Ashoka. The era of military conquests was now over and an era of spiritual conquests as Dharma Vijay began. Ashoka was converted to Buddhism and devoted the rest of his life to spread and put into practice the teachings of Buddhism. For the welfare of his subjects, Ashoka planted trees along the roads for providing shade, built rest houses for travellers and established hospitals for human beings and animals. He had also opened a separate department for distributing charity to the poor.

Ashoka also followed the Law of Piety or Dharma in his personal life; he gave up hunting and curbed slaughter of animals for the royal kitchen. A new class of officials called the 'Dharma-Mahamatras' was created for enforcing Law of Piety among people. For spreading Buddhism, Ashoka also despatched missions to foreign countries like Egypt, Syria, Macedonia etc. Ashoka's son Mahendra and daughter Sanghmitra went to Ceylon where they became successful in converting the Ceylonese king to Buddhism. Ashoka also got the teachings of Buddhism engraved on many rocks and pillars in different parts of his empire.

Ashoka was the son of the Mauryan emperor Bindusara. He ascended the Magadha throne in 273 B.C., Buddhist records tell that he captured the throne after killing his 99 brothers, but this is hot supported by any other evidence. It seems certain that he had to contend with his elder brother Susima.

For his qualities and character, Ashoka as a king is still unparalleled in the history of the world.

81. Who is considered to be one of the greatest kings not only in the history of India but also for the whole world?

(a) Ashoka
(b) Bindusara
(c) Susima
(d) Mahendra

82. Which of the following things had been done by Ashoka for the welfare of his subjects?
A. Planted trees along the roads for providing shade.

B. Built rest houses for travellers.
C. Established hospitals for human beings and animals.
D. Opened a separate department for distributing charity to the poor.

(a) A, B and C   (b) A, B and D
(c) A, C and D   (d) All of the above

83. Select the most appropriate antonym of the the word, 'unparalleled ' as used in the passage(para 3)?

(a) Rare   (b) Unique
(c) Exceptional   (d) Ordinary

84. Read the following statements:
A. Ashoka got the teachings of Buddhism engraved on many rocks and pillars in different parts of his empire.
B. Ashoka was the son of the Mauryan emperor Bindusara.
Which of the following statement/statements is/are true?

(a) A is true and B is false
(b) B is true and A is false
(c) Both A and B are true
(d) Both A and B are false

85. Identify the parts of speech of the underlined segment in the given sentence.
Ashoka as a king, is still <u>unparalleled</u> in the history of the world.

(a) Noun   (b) Pronoun
(c) Adjective   (d) Adjective

86. Which battle had transformed Ashoka and converted him to Buddhism?

(a) Battle of Plassey   (b) Battle of Panipat
(c) Battle of Kalinga   (d) Battle of Khanwa

87. Select the most appropriate synonym of the the word, 'contend' as used in the passage(para 3)?

(a) Engrave   (b) Compete
(c) Capture   (d) Ascend

88. What Ashoka had done for following the Law of Piety or Dharma?

(a) Planted trees along the roads for providing shade.
(b) Built rest houses for travellers.
(c) Gave up hunting and curbed slaughter of animals.
(d) Established hospitals for human beings and animals.

89. When was Ashoka ascended the Magadha throne?

(a) 373 B.C.   (b) 253 B.C.
(c) 273 B.C.   (d) 270 B.C.

Ques (90-98): Direction : Read the passage given below and answer the following questions.

The culture of Rajasthan is as unique and as colourful as its rich historical past. Rajasthani culture reflects the colourful history of the state. One can find the essence of the culture in its folk dances, traditional cuisines, peoples in Rajasthan and in their everyday life. Being a princely state, Rajasthan is known for its royal grandeur and royalties. It attracts tourists from all over the world with its beautiful traditions, culture, people, history, and monuments. The Rangeelo Rajasthan swears by its historic cities, rustic forts, bustling markets and rich culture that makes the city a regal place to visit in India. Be it the vibrant attires, the traditional dance forms or the language, every tiny atom of the state makes Rajasthan a culturally diverse place. Often hailed as the "Land of Kings", Rajasthan exhibits its royal palaces, fortified Havelis and forts that sing a saga of the bygone years.

If you ever visit this desert state then don't forget to have an insight into the folk music, dance, art and craft of Rajasthan, which will make you fall in love with this place. Rajasthan is truly a state with splendid colourful culture. Opposite to named as 'the land of Kings' or 'the country of Rajputs', Rajasthan culture follows some of the oldest tribes – Bhils, Minas, Meos, Banjaras, Gadia, and Lohars. Culture in Rajasthan is vibrant and includes mesmerizing music, yummy n spicy cuisines and above all unmatchable Dances. In music, the Panihari style is very much famous among visitors apart from the Ghevar dish and the Ghoomar dance of Rajasthan.

The euphonious folk music of Rajasthan can even make the desert blossom. These songs are sung as ballads each reciting a different story. They are mellifluous and compelling, having intense lyrics that are usually sung during special occasions and festivals.

90. The Silk Road played a significant role in the development of some countries or regions. Which country or region was not involved in that development?

(a) Japan   (b) Korea
(c) Colombia   (d) Iran

91. According to the passage, The Silk Road primarily refers to the land routes connecting to one another. Which routes were not linked by it?

(a) East Asia with Southern Europe
(b) East Asia with South Asia
(c) South America and South Africa
(d) East Asia with Persia

92. What was the status of the education sector prior to 1990?

(a) It was run by the state
(b) It was opened up for the private sector
(c) It was led by the society
(d) It was led by the educated manpower

93. Who is responsible for education in India as it is a welfare state?

(a) the society   (b) the citizen
(c) the state   (d) Both 2 and 3

94. How many people are being victimized to human trafficking in India?

(a) A few millions   (b) 400 million
(c) 26 million   (d) 4000 million

95. Which of the following crimes is worse according to the given passage?

(a) leaving people with no money and shelter
(b) luring women into fake marriages
(c) children being subjected to forced slavery
(d) false promises made regarding job opportunities

96. What benefits of living in a free country are actually compromised by the victims of human trafficking?

(a) living below the poverty line
(b) money and shelter
(c) safety and security
(d) forced labour and commercial sexual exploitation

97. What does human trafficking deprive people of?
(a) Right to property
(b) Right to freedom
(c) Right to return to their own country
(d) Right to servitude as factory workers

98. The euphonious folk songs of Rajasthan are sung as:
(a) chants
(b) saga
(c) ballad
(d) mellifluous

Ques (99-100): Direction: Read the following passage carefully and answer the question that follow.

For an economy that is undeniably in slowdown mode, it does come as a surprise that the first Budget of the Modi 2.0 government has eschewed any sort of pump priming, instead preferring to leave the job of stepping up investment to the private sector. The template for a growth process driven by monetary accommodation and fiscal prudence was spelt out rather clearly in the Economic Survey, tabled in Parliament on Thursday. If one were to compare this growth slide with the post-GFC period, it is clear that the Centre has consciously chosen not to go down the path laid out by the then finance minister Pranab Mukherjee. It is believed, and not without reason, that the fiscal stimulus then administered led to both deficit and inflation going out of gear. Expenditures were poorly managed, with corruption in delivery processes no doubt playing a role in the double digit inflation rates of the UPA-2 years. Yet, from there, it seems a tad excessive to altogether shut out the fiscal option to get the economy moving, particularly when there are better technological processes in place to ensure quality spending. An increase of Rs. 3.3 lakh crore in the projected expenditure of the Centre in 2019-20 over the revised estimates of 2018-19 is insignificant when seen against the Rs. 3.15 lakh crore increase in 2018-19 over the actuals of 2017-18 — given inflation and nominal GDP growth of 12 per cent projected in 2019-20. The fiscal squeeze is underscored in relation to capital expenditure: it has been slashed to Rs. 8.7 lakh crore in 2019-20 from Rs. 9.2 lakh crore in the revised estimates for 2018-19, with Railways bearing the brunt. It would appear that uncertain revenue collections on both the direct taxes and GST fronts have prompted this fiscal conservatism. While the tax revenue estimates for 2019-20 are conservative in relation to the interim Budget, they seem ambitious when seen against the revisions made by the Controller General of Accounts for 2018-19. The Centre has budgeted a disinvestment mop-up of Rs. 1.06 lakh crore to plug this gap.

Indeed, the push to privatisation marks one of the boldest aspects of this Budget, highlighting the quiet confidence of a government that is looking at the medium term to execute structural reforms. In a significant departure, government holding would include shares held by public sector entities as well. Air India has been squarely placed on the bloc and others shall follow suit. The 51 per cent threshold too may be relooked at. This marks a break, after more than a decade of pussyfooting over disinvestment. While NDA 1 botched it up, leading to adverse political fallout, this government is expected to learn from earlier mistakes.

The Budget is rich in micro details, having proposed several positive steps to galvanize the capital and debt markets, the latter aimed at pushing infrastructure finance. The Centre will back by one-time guarantee the purchase of high-rated pooled assets of NBFCs by PSBs, a move that could ease the liquidity crisis in the sector and help MSMEs conduct their business. Banks will be recapitalized to the extent of Rs. 70,000 crore to boost credit. With a view to expanding financing options, mandatory public float level has been raised from 25 per cent to 35 per cent. This is a far-sighted move, aimed at raising retail participation. Possibly responding to criticism post-DeMo, that the taxman had become an **obstreperous** presence in the

business ecosystem, the Finance Minister announced steps to make procedures easier, including making PAN and Aadhaar inter-operable. Start-ups too have much to cheer about, as do women in the SHG space. However, it seems that some proposals have not been thought through. The prospect of a tax benefit from a sale of a house being ploughed into a start-up could give rise to malpractices.

However, the big picture that emerges from both the Survey and the Budget is that big ticket public spending in economic sectors will be restricted, possibly to affordable housing, road building and PM-Kisan. Worryingly, the role of education, public health and skills-building in powering a '$5 trillion economy' has not received much attention. The transformative potential of Swachh Bharat in recycling waste has received welcome emphasis. But how 'nal se jal' for all by 2024 will become a reality is not very clear. The Modi government has brought about game-changing reforms by way of the bankruptcy code, GST and direct benefit transfers. In the rural space, income transfers indicate a paradigm shift. This vision needs to be carried forward, with private players – creating a stock market niche for social activities is an innovative step. Finally, it is not clear whether private sector will pick up the tab. In the US and EU, negative interest rates didn't **spur** investment. Triggers to investment have remained one of those mysteries in economics.

99. Which among the following is correct regarding the view of the FATF regarding Pakistan, as given in the passage?
(a) FATF has decided to ensure that there is no such country called Pakistan with terrorist origins so that other countries can be safe.
(b) FATF believes that Pakistan should implement strict measures against the terrorist groups in their country.
(c) FATF believes that India has no role to play in the terrorist group funding in Pakistan though Pakistan has alleged so.
(d) FATF has warned India against bringing any malicious proposal to the board of the FATF in case Pakistan is the beneficiary.

100. Which among the following can be assumed from the passage regarding the objective of Financial Action Task Force, as an organization?
(a) FATF does not want any country to indulge into terror attacks against the ally countries of that particular nation.
(b) FATF is merely an advisory body and there is no such country that dares this organization except Pakistan.
(c) FATF is mainly concerned about the financing of terror plots and also money laundering done for that purpose throughout the world.
(d) FATF is concerned about the Asian countries that are involved in any kind of terror attack against the neighbours in the past.

101. Select the most appropriate ANTONYM of the given word.
Exonerate
(a) vindicate
(b) sentence
(c) acquit
(d) absolve

102. Direction: The following sentence consists an underlined word followed by four options. Select the option that is opposite in meaning to the underlined word and mark your response accordingly.
His arguments are not valid. People consider it <u>bombastic</u>.

    (a) outdated   (b) straightforward
    (c) verbose   (d) untrue

103. Select the word with the correct suffix.
    (a) Narrator   (b) Narratment
    (c) Narratism   (d) Narratity

104. Change the word "Grow" into a noun by adding one of the suffixes given below.
    (a) ing   (b) s
    (c) th   (d) n

Ques (105-107): Direction : The question below consists of a sentence, the parts of which have been jumbled. These parts have labeled P, Q, R, and S. You are required to re-arrange the jumbled parts of the sentence and mark your response accordingly.

105. After inhaling highly polluted air (P)/ easy with PM 2.5 (fine, respirable particles) levels (Q)/ remaining within the safe limits (R)/ for months, Delhiites seem to be breathing (S)/
    (a) RPSQ   (b) PQRS
    (c) PSQR   (d) SQRP

106. A comma-shaped bacterium known as Vibrio cholerae (P)/ public health hazard and it is caused by (Q)/ Cholera is a life-threatening (R)/ infectious disease and a (S)/
    (a) PQRS   (b) RQSP
    (c) RPQS   (d) RSQP

107. Tiny, hovering birds, such as hummingbirds (P) one analysis of their DNA suggests that (Q) and another found them to be related to a group that includes (R) the birds' closest relatives are cranes and shorebirds (S)
    (a) PRQS   (b) QRPS
    (c) PQRS   (d) SQRP

108. Article 231 of the Constitution of India grants power to establish a common High Court for two or more states to:
    (a) the Parliament.
    (b) the Supreme Court.
    (c) the President of India.
    (d) the Union Cabinet.

109. Direction: Choose the correct gerund from the options given below.
    The driver looked like __________ impatient with the traffic.
    (a) get   (b) to get
    (c) getting   (d) got

110. Direction : Fill in the blank with the correct tense.
    Julie _____ like to visit Kyoto when she is in Japan.
    (a) should   (b) could
    (c) would   (d) will

111. Direction: This question has a sentence with a missing preposition. Select the correct preposition from the options and mark your answer accordingly.
    They were going __ see the movie.
    (a) to   (b) for
    (c) in   (d) from

112. Direction : Select the correct active form of the given sentence.
    Four people were arrested by the police for cheating.
    (a) The police arrested four people for cheating.
    (b) The police has arrested four people for cheating.
    (c) The police is arresting four people for cheating.
    (d) Four people arrested the police for cheating.

113. Direction: In the following question, some part of the sentence may have errors. Find out which part of the sentence has an error and select the appropriate option. If the sentence is free from error, select 'No error'.
    Neither the parents(A)/ nor the child are coming(B)/ to visit me this summer.(C)/ No error
    (a) Neither the parents
    (b) nor the child are coming
    (c) to visit me this summer
    (d) No error

114. Direction: Identify the segment in the sentence which contains a grammatical error.
    I want you to complete this work by two days.
    (a) by two days   (b) I want you
    (c) this work   (d) to complete

115. Direction : Identify the segment in the sentence which contains a grammatical error.
    You must be careful about what you say as you meet her.
    (a) as you   (b) meet her
    (c) about what you say (d) You must be careful

116. Direction : Select the most appropriate direct form of the given sentence.
    The policeman told the boys that they could not park their car there.
    (a) The policeman said to the boys, "You could not park their car there."
    (b) The policeman said to the boys, "You cannot park your car here."
    (c) The policeman said to the boys, "How could you park your car here?"
    (d) The policeman told to the boys, "They could not park their car there."

117. Direction : In the following question, four alternatives are given for the meaning of the given Idiom/Phrase. Choose the alternative which best expresses the meaning of the Idiom/Phrase.
    To pick holes
    (a) To find some reason to quarrel
    (b) To destroy something
    (c) To cut some part of an item
    (d) To criticise someone

118. Direction: Select the most appropriate meaning of the underlined idiom in the given sentence.
    Pradeep was so tired that he <u>hit the sack</u> as soon as possible.
    (a) Left work   (b) Went to bed
    (c) Accepted defeat   (d) Kicked the sack

119. Direction : Select the most appropriate option for the given group of words.
    A person who is neither well experienced nor professional

(a) Proficient   (b) Amateur
(c) Expert   (d) Veteran

120. Direction: Which of the option (A), (B) and (C) given below, should replace the phrase printed in bold in the sentence to make it grammatically correct? If the sentence is correct as it is given and no correction is required, mark (D) as the answer.

With the world's population expected to reach 9.6 billion **in 2050 and continued to grow in demand of meat** , the livestock sector is facing renewed pressure to provide the nutrition to feed that many mouths—sustainably.

(a) By 2050 and continued to grow in demand for
(b) in 2050 and continued growth in demand of
(c) By 2050 and continued growth in demand for
(d) No correction required

// Smart Answer Sheet //

Correct — Percentage of students who answered correctly.

Skipped — Percentage of students who skipped.

Q.	Ans.	Correct / Skipped	Q.	Ans.	Correct / Skipped	Q.	Ans.	Correct / Skipped
1	D	43.48% / 50.28%	2	B	50.3% / 46.59%	3	C	43.78% / 33.46%
4	D	51.52% / 31.8%	5	A	57.28% / 33.92%	6	B	62.88% / 33.63%
7	D	57.06% / 34.46%	8	B	61.98% / 34.29%	9	A	62.66% / 35.75%
10	C	48.22% / 36.3%	11	B	48.86% / 46.28%	12	D	53.44% / 39.62%
13	B	57.82% / 37.28%	14	A	64.63% / 30.18%	15	B	43.03% / 33.49%
16	D	58.86% / 33.81%	17	C	58.93% / 35.52%	18	C	66.73% / 32.07%
19	B	81.06% / 11.12%	20	D	86.15% / 13.71%	21	D	50.8% / 36.16%
22	A	54.99% / 41.94%	23	C	89.72% / 10.08%	24	A	40.38% / 39.01%
25	D	50.19% / 35.12%	26	C	86.43% / 12.7%	27	B	59.61% / 35.45%
28	A	57.44% / 39.28%	29	A	55.09% / 33.57%	30	C	46.54% / 33.99%
31	A	45.92% / 48.92%	32	B	86.74% / 11.51%	33	D	81.61% / 13.77%
34	C	50.79% / 36.03%	35	D	57.17% / 32.78%	36	D	59.64% / 34.27%
37	D	25.5% / 71.88%	38	C	59.86% / 38.19%	39	C	40.92% / 46.21%
40	C	67.33% / 31.41%	41	D	54.0% / 35.9%	42	D	44.1% / 49.37%
43	A	23.19% / 74.48%	44	D	67.93% / 32.03%	45	C	81.16% / 13.02%
46	D	81.68% / 17.26%	47	C	86.17% / 10.47%	48	B	64.17% / 34.34%
49	B	26.79% / 69.17%	50	A	31.32% / 67.15%	51	B	88.12% / 11.81%
52	A	45.53% / 35.76%	53	C	54.66% / 31.5%	54	C	59.59% / 32.42%
55	D	55.26% / 37.0%	56	B	67.3% / 32.47%	57	D	54.32% / 39.67%
58	D	47.87% / 40.15%	59	C	57.36% / 40.18%	60	C	42.79% / 55.05%
61	C	23.88% / 71.1%	62	A	82.83% / 11.05%	63	C	79.43% / 19.18%
64	A	81.44% / 16.1%	65	B	87.18% / 11.21%	66	B	56.41% / 39.24%
67	C	68.51% / 31.27%	68	B	46.68% / 39.93%	69	C	47.15% / 40.85%
70	C	42.94% / 34.66%	71	A	57.01% / 30.22%	72	C	40.61% / 36.8%
73	B	57.27% / 36.44%	74	B	42.48% / 46.94%	75	C	89.01% / 10.45%
76	A	59.85% / 37.87%	77	B	58.42% / 36.02%	78	B	60.02% / 39.88%
79	B	62.19% / 32.63%	80	C	40.66% / 39.88%	81	A	54.62% / 38.98%
82	D	61.76% / 30.64%	83	D	81.47% / 16.28%	84	C	86.32% / 11.6%
85	C	85.94% / 10.17%	86	C	65.26% / 32.44%	87	B	64.58% / 34.39%
88	C	85.99% / 10.72%	89	C	89.24% / 10.05%	90	C	14.05% / 77.05%
91	C	56.04% / 36.53%	92	A	59.67% / 31.29%	93	C	68.48% / 30.89%
94	A	18.19% / 79.22%	95	C	40.46% / 52.33%	96	C	82.79% / 11.71%
97	B	41.04% / 35.76%	98	C	54.58% / 41.8%	99	B	63.22% / 34.94%
100	C	87.35% / 10.81%	101	B	84.28% / 12.21%	102	A	87.83% / 11.97%
103	A	89.16% / 10.74%	104	C	61.97% / 31.73%	105	C	41.68% / 43.61%
106	D	85.54% / 14.16%	107	A	40.85% / 51.96%	108	A	57.01% / 35.36%
109	C	26.91% / 72.86%	110	C	43.91% / 50.54%	111	A	53.54% / 39.35%
112	A	66.41% / 33.55%	113	B	87.89% / 11.41%	114	A	88.58% / 10.68%
115	A	66.22% / 30.4%	116	B	48.81% / 31.17%	117	D	43.24% / 46.9%
118	B	61.39% / 32.55%	119	B	85.02% / 12.34%	120	D	60.35% / 33.96%

// Hints and Solutions //

1(D). गद्यांश के अनुसार, "समूची स्वार्थी व अहं- प्रेरित प्रवृत्तियाँ नकारात्मक हैं , ऐसे कर्मों में ऊंचे उद्देश्य नही होते, उनमें लोक-संग्रह नहीं होता, भाव आदर्श नहीं होते। समूची का अर्थ : संपूर्ण, पूरा, कुल आदि से अंत तक जितना हो सब, जिसके खंड न किए गए हों।"

जिनमें अहं और स्व-हित का भाव हो वह प्रवृत्तियाँ नकारात्मक हैं ।

2(B). गद्यांश के अनुसार, "उल्टे आप इन्हें पाल-पोसकर दुलारते हैं। वे तो हर क्षण आपकी हानि व ह्रास करने पर ही तुले हैं। इनसे निबटने का व्यावहारिक मार्ग यह है कि अपनी रूचि और अरूचि का विश्लेषण करें"।

जो अपनी पसंद-नापसंद के आधार पर किए जाते हैं, वो कार्य हानि की ओर ले जाते हैं।

3(C). गद्यांश के अनुसार, "कार्य का निर्णय बुद्धि- विवेक के आधार पर होना चाहिए, मनचली भावनाओं तुकमिजाजी के आधार पर कतई नहीं"।

इस गद्यांश में बुद्धि और विवेक-शक्ति के आधार पर किए गए कार्यों का समर्थन किया गया है ।

4(D). गद्यांश के अनुसार, "रूचि-अरुचि भी शत्रु है, क्योंकि मन किसी एक में रूचि पैदा करता है फिर तुरंत किसी और में। यह भी मन को भ्रमित करने वाले तत्व है"।

रूचि-अरुचि को गद्यांश में शत्रु कहा गया है।

5(A). गद्यांश के अनुसार, " एक बात को हमेशा याद रखिए कि पसंद और नापसंद आपके सबसे बडे शत्रु हैं। आप इन्हें पहचानते तक नहीं। उल्टे आप इन्हें पाल-पोसकर दुलारते हैं। वे तो हर क्षण आपकी हानि व ह्रास करने पर ही तुले हैं। इनसे निबटने का व्यावहारिक मार्ग यह है कि अपनी रूचि और अरूचि का विश्लेषण करें"।

विश्लेषण करना ही शत्रुओं से निबटने का मार्ग सुझाया है।

6(B). नकारात्मक का विलोम शब्द 'सकारात्मक' है। अन्य विकल्प त्रुटिपूर्ण हैं।

7(D). "वे तो हर क्षण आपकी हानि व ह्रास करने पर ही तुले हैं।" वाक्य में 'वे' सर्वनाम 'पसंद - नापसंद के लिए' आया है।
गद्यांश की पंक्तियों से स्पष्ट है - "इस एक ताब को हमेशा याद रखिए कि पसंद और नापसंद आपके सबसे बड़े शत्रु हैं। आप इन्हें पहचानते तक नहीं। उल्टे आप इन्हें पाल-पोसकर दुलारते हैं। वे तो हर क्षण आपकी हानि व ह्रास करने पर ही तुले हैं।" अन्य विकल्प अनुपयुक्त हैं।

8(B). 'हाज़िर' शब्द में 'ना' उपसर्ग का प्रयोग नहीं किया जा सकता है। 'हाज़िर' शब्द के लिए उपयुक्त उपसर्ग 'गैर' है - गैरहाज़िर। अन्य विकल्प अनुचित हैं।

9(A). 'विश्लेषण' का विलोम 'संश्लेषण' है। अन्य विकल्प असंगत हैं। अतः सही विकल्प 'संश्लेषण' है।

10(C). 'नेस्तनाबूद' शब्द फारसी भाषा का है।

11(B). 'अमीर-ग़रीब' में द्वंद्व समास है।

12(D). 'निरीह' का पर्याय बेचारा है।

13(B). डार्विन का विचार कि जीवन एक जीव और प्रकृति के बीच लगातार संघर्ष है।

14(A). डार्विन का विचार ईसाई मत के विरुद्ध है।

15(B). वैज्ञानिक प्रगति की धारणा में प्रकृति, मनुष्य के लिए एकाधिकार पूर्ण अकूत ख़ज़ाना है।

16(D). भारतीय विचारधारा में प्रकृति संबंधी धारणा, वह मनुष्य से सतत् संघर्षरत है, सही नहीं है।

17(C). मनुष्य के सर्वश्रेष्ठ प्राणी होने के दम्भ ने दो महायुद्धों के लिए उसे उत्तरदायी बनाया है।

18(C). "ऐ मेरे वतन के लोगो" गीत के लेखक थे प्रदीप, संगीत निर्देशक थे सी रामचंद्र, गायक थीं लता मंगेशकर। इन तीनों ने ही मिलकर इस गीत को जन-जन के दिलों तक पहुँचाया। अतः सही विकल्प मन्ना डे ने सुर दिया है।

19(B). भारत की चीन के साथ हुई जंग ने पूरे भारत में बहुत-सी लाशें बिछा दी। हजारों जवान शहीद हुए और इसी कारण उस वर्ष 26 जनवरी का पर्व मनाने के समय किसी के मन में कोई हर्ष कोई उमंग नहीं रह गया था।

20(D). गणतंत्र दिवस के अवसर पर गीत प्रस्तुत करने की चुनौती स्वीकार करने की सूचना रक्षा मंत्रालय को दी गई। गीतकार प्रदीप ने चुनौती स्वीकारने का मन बनाया था।

21(D). दिए गए विकल्पों में 'दातुन' शब्द तद्भव है जिसका तत्सम शब्द 'दंतधावन' है।
'दातुन' वृक्ष की पतली, नरम टहनी का छोटा टुकड़ा होता है। जैसे- नीम की दातुन आदि।
संस्कृत भाषा के वे शब्द जो हिन्दी में अपने वास्तविक रूप में प्रयुक्त होते है, उन्हें तत्सम शब्द कहते है।
ऐसे शब्द, जो संस्कृत और प्राकृत से विकृत होकर हिंदी में आये है, तद्भव शब्द कहलाते है।

22(A). 'चकवा' एक तद्भव शब्द है। इसका तत्सम 'चक्रवाक' होता है। अन्य विकल्प 'स्वर्ण', 'सूचिका' और 'छत्र' तत्सम शब्द हैं। इसलिए, सही विकल्प 'चकवा' है।
ऐसे शब्द, जो संस्कृत और प्राकृत से विकृत होकर हिंदी में आये है, 'तद्भव' कहलाते है।

23(C). 'ईप्सा' तत्सम शब्द का उदाहरण है। अतः 'ईप्सा' सही विकल्प है।
अन्य सभी विकल्प असंगत हैं।

24(A). 'गाँव' तद्भव है।
तद्भव (शाब्दिक अर्थ: 'उससे उत्पन्न') एक संस्कृत शब्द है जो

मध्यकालीन भारत-आर्य भाषाओं के सन्दर्भ में उन शब्दों को कहते हैं जो संस्कृत के मूल शब्द नहीं हैं बल्कि संस्कृत के किसी मूल शब्द से व्युत्पन्न (निकले हुए) हैं। भारतीय उपमहाद्वीप की भाषाओं में जो शब्द हैं उन्हें मुख्यतः तीन श्रेणियों में बांटा जाता है - तत्सम, तद्भव और देशज। दूसरे शब्दों में, तत्सम शब्दों के बदले हुए रूप को तद्भव शब्द कहा जाता है।

25(D). 'ग्राहक' तत्सम शब्द है।
ग्राहक का तद्भव रूप गाहक है।
तद्भव: तत्सम शब्दों में समय और परिस्थियों के कारण कुछ परिवर्तन होने से जो शब्द बने हैं उन्हें तद्भव (तत् + भव = उससे उत्पन्न) कहते हैं।

26(C). इनमें से 'नयन' शब्द में प्रयुक्त कृत प्रत्यय "अन" है।
• नय् + अन = नयन
यहाँ "अन" कृत प्रत्यय है, तथा "नयन" कृदंत शब्द है।
कृत प्रत्यय:
वे प्रत्यय जो धातु में जोड़े जाते हैं, कृत प्रत्यय कहलाते हैं। कृत प्रत्यय से बने शब्द कृदंत (कृत्+अंत) शब्द कहलाते हैं।
जैसे- लेख् + अक = लेखक। यहाँ अक कृत प्रत्यय है, तथा लेखक कृदंत शब्द है।

27(B). इनमें से 'तृ प्रत्यय से बना शब्द "पितृभक्ति" है।
शिक्षक -- अक प्रत्यय
निंदक -- अक प्रत्यय
दानशील--ईल प्रत्यय

28(A). दिए गए विकल्पों में से उर्दू के उपसर्ग से बना शब्द "खुशबू" है।
• "खुशबू" में "खुश" उपसर्ग का प्रयोग हुआ है।
खुश उपसर्ग के अन्य उदाहरण:
• खुशनुमा, खुशगवार, खुशमिज़ाज, खुशबू खुशदिल
• उर्दू के उपसर्ग - अल, कम, खुश,गैर, दर, ना, बर,ब, बे, बद, हर,हम ।
उपसर्ग: उप(समीप) + सर्ग (सृष्टि करना) का अर्थ है कि- किसी शब्द के समीप आकर नया शब्द बनना।

29(A). 'चाँदनी' का समानार्थी 'बिजली' नहीं है। 'चाँदनी' के समानार्थी हैं- चमक, रोशनी, चन्द्रिका, कौमुदी, ज्योत्स्ना, चन्द्रमरीचि, उजियारी आदि।

30(C). 'आवक' शब्द का विलोम जावक है।
• आवक का अर्थ – आ जाना।
• जावक का अर्थ – जानेवाला।
अन्य विकल्प:

शब्द	विलोम
उन्मुख	विमुख
उधार	नकद
सक्षम	अक्षम

31(A). 'अचला' का सही पर्यायवाची शब्द 'मही' है।
अचला के अन्य पर्यायवाची शब्द हैं - धरती, पृथ्वी, भू धरणी, वसुंधरा, धरा, जमीन, रत्नगर्भा, वसुधा, धरित्री, क्षिति, उर्वी आदि।

32(B). 'खेद' का सही विलोम शब्द प्रसन्नता है।
• खेद का अर्थ – दुःख
• प्रसन्नता का अर्थ – उल्लास
अन्य शब्द:

शब्द	विलोम
सुख	दुःख
विस्मरण	कंठस्थ
कृतघ्न	कृतज्ञ

अतः विकल्प (B) सही है

33(D). "दामिनी" का पर्यायवाची शब्द विद्युत है।
दामिनी के अन्य पर्यायवाची शब्द हैं - तड़ित, चंचला, सौदामिनी, बिजली, घनप्रिया, इन्द्रवज्र, चपला।

34(C). प्रस्तुत विकल्प में शब्द के निर्माण संबंधी अशुद्धियाँ है। रानी लक्ष्मीबाई स्त्री है। इसीलिए "वीर" के स्थान पर "वीरांगना" होगा। इसलिए, स्पष्ट है कि "रानी लक्ष्मीबाई एक महान वीरांगना थी।"

35(D). 'आपका सामान सुरच्छित रहेगा।' यह एक अशुद्ध वाक्य है। इसका शुद्ध वाक्य होगा- आपका सामान सुरक्षित रहेगा। लिखने की रीति को वर्तनी कहते हैं। 'वर्तनी' शब्द का अर्थ 'पीछे चलना' है। अर्थत उच्चारित होने वाले शब्द के लेखन में प्रयोग होने वाले लिपि चिह्नों के व्यवस्थित रूप को वर्तनी कहा जाता है।

36(D). परमात्मा के अनेक नाम हैं- शुद्ध वाक्य है। अन्य दिए गए वाक्यों का शब्द रुप होगा:
- नौकर आटा पिसवाने गया है। - नौकर गेहूँ पिसवाने गया है।
- एक गुलाब के फूल की माला ले आओ। - गुलाब के फूलों की एक माला ले आओ।
- यहां सर्वोत्कृष्ट ज्वर की चिकित्सा होती है। - यहाँ ज्वर की सर्वोत्कृष्ट चिकित्सा होती है।

37(D). 1-a, 2-b, 3-c, 4-d
लोकोक्ति(A) → अर्थ (B)
1. चित्त भी मेरी पट भी मेरा → (a) दोनों ओर से लाभ चाहना
2. चोर की दाढ़ी में तिनका → (b) अपराधी भयभीत रहता है
3. नाच न जाने आँगन टेढ़ा → (c) अयोग्यता का दोष दूसरे को देना
4. नेकी कर दरिया में डाल → (d) भला करके भूल जाना

38(C). 'बाग - बाग होना' मुहावरे का सही अर्थ - खुश होना होगा। वाक्य प्रयोग – जब हम शिमला घूमने गए तो हमारा दिल बाग-बाग हो गया।

39(C). 'काटो तो खून नहीं' कहावत का सही अर्थ 'भय के कारण स्तब्ध हो जाना' है।

40(C). 'ऊँगली उठाना' कहावत का सही अर्थ 'दोष की ओर संकेत करना' है।

41(D). 'विहंगम दृष्टि' या विहंगावलोकन' का अर्थ 'सरसरी नज़र' है।

42(D). 'शख़्सियत, अस्तित्व, हैसियत' शब्द 'हस्ती' के अनेकार्थी शब्द हैं। 'हस्ती' के अन्य शब्द हैं- हाथी आदि। रिश्ता, छठा कारक ये अन्य शब्द 'संबंध' के अनेकार्थी शब्द हैं।

43(A). 'प्रमत्त' का अनेकार्थी शब्द 'स्वेच्छाचारी, मतवाला, मनमाना, उन्मत्त' है।
प्रमत्त :- नशे में चूर
स्वेच्छाचारी :- अपने इच्छानुसार चलनेवाला। मनमाना काम करनेवाला।
दोनों के लिए एक शब्द :- उन्मत्त है।

44(D). 'कनक-धतूरा' अर्थात् सोना, स्वर्ण। 'कनक' का अनेकार्थी शब्द 'धतूरा, सोना, स्वर्ण' है।

45(C). 'पंचपात्र' में द्विगु समास है।
यदि किसी सामासिक पद में प्रथम पद संख्यावाचक शब्द हो एवं द्वितीय पद संज्ञा शब्द हो तथा समस्त पद समूह का बोध करवाए तो उसे द्विगु समास कहते हैं।
उदाहरण: दो पहरों का समूह = दोपहर, तीनों लोकों का समाहार = त्रिलोक

46(D). 'देशनिकाला' का समास विग्रह करने पर 'देश से निकाला' होगा। 'देशनिकाला' में 'तत्पुरुष' समास है। इसमें 'से' चिह्न आने पर 'अपादान तत्पुरुष समास' है। ' अपादान तत्पुरुष समास' का परसर्ग 'से' होता है।

47(C). 'चार मासों का समूह' का समस्त पद चौमासा होगा। इसमें 'चार' संख्यावाचक विशेषण आने पर 'द्विगु समास' है।
द्विगु समास: जिस समास में पूर्वपद (पहला पद) संख्यावाचक विशेषण हो।
उदाहरण: अठन्नी- आठ आनों का समूह।
पंचवटी - पांच वृक्षों का समूह।

48(B). 'जो व्यक्ति बुरे के लिए प्रसिद्ध हो' का अर्थ है 'वह व्यक्ति जिसकी प्रशंसा बुरे के लिए की जाए'। इस वाक्यांश के लिए 'कुख्यात' शब्द का प्रयोग किया जाता है।

49(B). रघुवंश कालिदास रचित महाकाव्य है। कालिदास ने यद्यपि राम की कथा रची परंतु इस कथा में उन्होंने किसी एक पात्र को नायक के रूप में नहीं उभारा। उन्होंने अपनी कृति 'रघुवंश' में पूरे वंश की कथा रची, जो दिलीप से आरम्भ होती है और अग्निवर्ण पर समाप्त होती है।
इस महाकाव्य में उन्तीस सर्गों में रघु के कुल में उत्पन्न 29 राजाओं का इक्कीस प्रकार के छन्दों का प्रयोग करते हुए वर्णन किया गया है। इसमें दिलीप, रघु, दशरथ, राम, कुश और अतिथि का विशेष वर्णन किया गया है।

50(A). छत्तीसगढ़ी भारत के छत्तीसगढ़ राज्य में बोली जाने वाली एक अत्यन्त ही मधुर व सरस भाषा है। यह हिन्दी के अत्यन्त निकट है और इसकी लिपि देवनागरी है। छत्तीसगढ़ी का अपना समृद्ध साहित्य व व्याकरण है।
पूर्वी हिंदी- अवधी, बघेली, छत्तीसगढ़ी

51(B). 'आमदनी' 'फ़ारसी' भाषा का शब्द है। अन्य भाषा का शब्द होने के कारण 'आमदनी' एक विदेशज शब्द कहलायेगा। फारसी भाषा के अन्य शब्द- आराम, अफसोस, किनारा, गिरफ्तार, नमक, दुकान, हफ्ता, जवान, दारोगा, आवारा, काश, बहादुर, जहर, मुफ्त, जल्दी आदि।

52(A). संकर शब्द: वे शब्द जो दो भाषाओं के शब्दों को मिलाकर बना लिए गए हो उन्हें संकर शब्द कहते है।
अन्य सभी शब्द दो शब्दों से मिलकर बने है। लेकिन अनन्त्रास दो शब्दों के मेल से नहीं बना है, इसलिए यह संकर शब्द नहीं है।

53(C). ताला विदेशी शब्द नहीं है।
वे शब्द जो स्थानीय भाषा के शब्द होते है, ये देश की विभिन्न बोलियों से लिए जाते है, अर्थात् तत्सम शब्द को छोड़ कर, देश की विभिन्न बोलियों से आये शब्द देशज शब्द है। इन्हें आवश्यकता अनुसार प्रयोग किया जाता है और ये बाद में प्रचलन में आकर हमारी भाषा का हिस्सा बन जाते हैं। सरसों, भिन्डी और जगमग ये कुछ देशज शब्द के उदाहरण है।

54(C). रिक्त स्थान को भरने के लिए सबसे उपयुक्त शब्द 'शस्त्र' है
संपूर्ण वाक्य: बन्दुक एक बहुत ही उपयोगी 'शस्त्र' है।
शस्त्र मतलब हथियार, कोई ऐसा यंत्र और औजार, जिससे युद्ध के समय शत्रु पर प्रहार किया जाता है।
- शास्त्र का अर्थ है: ज्ञान की कोई शाखा या हिंदू धर्म के पवित्र ग्रंथ।
- वस्त्र का अर्थ है: मतलब कपड़ा, पहनावा, परिधान और **पोशाक।**
- सर्वत्र का अर्थ है: हर स्थान पर और पूर्ण रूप से।

55(D). रिक्त स्थान भरने के लिए सबसे उपयुक्त शब्द बहुएँ हैं।
दिया गया वाक्य बहुवचन में है इसलिए रिक्त स्थान में बहुवचन शब्द का प्रयोग किया जाएगा।
संपूर्ण वाक्य: बहुएँ खाना तैयार करती हैं।
'करती हैं' के साथ बहु और लड़की नहीं आ सकता, क्योंकि यह दोनों एक वचन शब्द हैं।
भैया गलत उत्तर है क्योंकि 'करती' शब्द के साथ स्त्रीलिंग शब्द आएगा, और भैया पुल्लिंग शब्द है।

56(B). रिक्त स्थान को भरने के लिए सबसे उपयुक्त शब्द 'चिर शत्रु' होगा।
संपूर्ण वाक्य: क्रोध और लोभ, व्यक्ति के चिर शत्रु हैं।
चिर शत्रु का अर्थ है: पुराना दुश्मन।
- अजातशत्रु उसे कहते हैं जिसका कोई शत्रु ना हो।
- चिरमित्र का अर्थ है: पक्का मित्र।
- महान गुरु, चिर मित्र से सदा संपर्क में रहना चाहिए, जबकि क्रोध और लोभ से सदा दूर।

57(D). उत्पादकता का अर्थ होता है - उत्पादन क्षमता।
गरिमा का अर्थ होता है - मर्यादा
पवित्रता का अर्थ होता है - शुद्धता

उपलब्धता का अर्थ होता है - सुलभता
स्पष्ट रूप से रिक्त स्थान पर विकल्प (D) आएगा।
इसलिए, पूर्ण वाक्य होगा-
उर्वरकों ने मिट्टी की उत्पादकता को कम कर दिया है।

58(D). उपर्युक्त शब्दों में से 'आभार' पुल्लिंग शब्द है।
"उन्होंने सभी के प्रति आभार व्यक्त किया।" वाक्य से स्पष्ट है कि 'आभार' शब्द का प्रयोग पुल्लिंग में किया जाता है। शेष विकल्प 'दया, माया, भाषा' स्त्रीलिंग शब्द हैं।

59(C). 'भिक्षुणी' स्त्रीलिंग शब्द है जिसका पुल्लिंग शब्द 'भिक्षुक' होगा।
भिक्षुक के पर्यायवाची शब्द हैं – भिखमंगा, भिखारी, याचक।
भिक्षुणी अर्थात बौद्ध सन्यासिनी।

60(C). दिए गए विकल्पों में 'आइना' शब्द पुल्लिंग है।
किसी वाक्य में 'आइना आज साफ़ नज़र आ रही है' का प्रयोग करना उचित नहीं हैं। यहाँ 'रही' के स्थान पर 'रहा' होगा। इस प्रकार स्पष्ट है कि 'आइना' एक पुल्लिंग शब्द है।
जैसे - आइना आज साफ़ नज़र आ रहा है।

61(C). 'अनार' पुल्लिंग शब्द है।
अन्य विकल्पों का विश्लेषण:
गाजर, अरहर, आहट ये तीनों स्त्रीलिंग शब्द है।
हिन्दी भाषा में लिंग के दो भेद माने जाते हैं – पुल्लिंग तथा स्त्रीलिंग।

लिंग	परिभाषा	उदाहरण
पुल्लिंग	जिन शब्दों से पुरुष जाति का बोध होता है उन्हें पुल्लिंग शब्द कहते हैं ।	जैसे - पिता, भाई, लड़का, पेड़, सिंह शिव, हनुमान, बैल आदि ।
स्त्रीलिंग	जिन शब्दों से स्त्री जाति का बोध होता है उन्हें स्त्रीलिंग शब्द कहते हैं।	जैसे - माता, बहन, यमुना, गंगा, कुरसी, छड़ी, नारी बुआ, लड़की, लक्ष्मी, गाय आदि।

अतः विकल्प (C) सही है

62(A). "मैं चलती थी।" में 'मै' का बहुवचन हम होगा ।

63(C). ईकारांत संज्ञा शब्द को बहुवचन बनाते समय 'ई' को ह्रस्व करके अंतिम स्वर के बाद 'याँ' लगा देते हैं। जैसे - नारी - नारियाँ, थाली - थालियाँ।

64(A). हिन्दी में इस्तेमाल होने वाले उर्दू शब्दों का बहुवचन बनाने के लिए प्रायः 'हिंदी' भाषा के प्रत्यय लगाये जाते हैं।

65(B). दिया है-
बच्चों ने भोजन किया।
वाक्य, सामान्य भूतकाल में है।
सामान्य भूतकाल- जिस क्रिया के भूतकाल में क्रिया के सामान्य रूप से बीते समय में पूरा होने का संकेत मिले, उसे सामान्य भूतकाल कहते हैं।

66(B). 'मैं अपने दादा के साथ खेत पर जाऊंगा।'- वाक्य का सामान्य भूतकाल रूप- मैं अपने दादा के साथ खेत पर गया।
जिससे भूतकाल की क्रिया के विशेष समय का ज्ञान न हो, उसे सामान्य भूतकाल कहते हैं।
जैसे- राधा गयी।

67(C). दिए गए विकल्पों में 'दृष्टांत' छंद नहीं है बल्कि यह अलंकार का एक भेद है।
जहाँ दो सामान्य या दोनों विशेष वाक्यों में बिम्ब-प्रतिबिम्ब भाव होता हो वहाँ पर दृष्टान्त अलंकार होता है।
इस अलंकार में उपमेय रूप में कहीं गई बात से मिलती -जुलती बात उपमान रूप में दूसरे वाक्य में होती है।
यह अलंकार उभयालंकार का भी एक अंग है।

68(B). इसका स्थायी भाव निर्वेद (उदासीनता) होता है इस रस में तत्व ज्ञान कि प्राप्ति अथवा संसार से वैराग्य होने पर, परमात्मा के

वास्तविक रूप का ज्ञान होने पर मन को जो शान्ति मिलती है वहाँ शान्त रस कि उत्पत्ति होती है जहाँ न दुःख होता है, न द्वेष होता है मन सांसारिक कार्यों से मुक्त हो जाता है।

69(C). 'एकैक' शब्द का उचित संधि-विच्छेद 'एक + एक' (अ + ए = ऐ) है।
यह वृद्धि संधि का उदाहरण है।
अ, आ का ए, ऐ से मेल होने पर ऐ तथा अ, आ का ओ, औ से मेल होने पर औ हो जाता है। इसे वृद्धि संधि कहते हैं।
यह स्वर संधि का एक भेद है।

70(C). "ई + आ = या" परिवर्तन "यण संधि" में होता है।
- जब इ, ई, उ, ऊ, ऋ के आगे कोई भिन्न स्वर आता है तो ये क्रमशः य, व, र, ल् में परिवर्तित हो जाते हैं, इस परिवर्तन को यण सन्धि कहते हैं।
- दो शब्दों के मेल से जो विकार (परिवर्तन) होता है उसे संधि कहते हैं।

71(A). पयोधि का संधि विच्छेद 'पयः + धि' होगा।
- पयोधि में विसर्ग संधि है।
- पयोधि का संधि विच्छेद = पयः + धि, जिन व्यंजनों में परिवर्तन के कारण संधि है = विसर्ग + अ = ओ

72(C). 'अत्युक्ति' शब्द में 'यण' संधि है।
अति + उक्ति = अत्युक्ति (इ + उ = यु)
यण संधि-
- (क) इ, ई के आगे कोई विजातीय (असमान) स्वर होने पर इ, ई का 'य्' हो जाता है।
- (ख) उ, ऊ के आगे किसी विजातीय स्वर के आने पर उ, ऊ का 'व्' हो जाता है।
- (ग) 'ऋ' के आगे किसी विजातीय स्वर के आने पर ऋ का 'र्' हो जाता है। इन्हें यण-संधि कहते हैं।

73(B). 'बालोचित' का सही संधि विच्छेद 'बाल + उचित' होगा।
- बाल + उचित = बालोचित (अ + उ = ओ)
- इसमें गुण संधि है।
- गुण संधि में यदि 'अ','ओ', 'आ' के बाद 'इ', या 'ई' 'उ' या 'ऊ' और 'ऋ' स्वर आए तो दोनों के मिलने से क्रमशः 'ए', 'औ' और अर् हो जाता है।

74(B). छन्द चार प्रकार के होते हैं । मात्रिक छन्द, वार्णिक छन्द,वर्णिक वृत छंद, मुक्तक छन्द।
मात्रिक छन्द: जिन छन्दों की रचना मात्राओं की गणना के आधार पर होती हैं, उन्हें मात्रिक छन्द कहते है। जैसे-दोहा, चौपाॅइ, रोला आदि ।
वार्णिक छन्द: जिन छंदों की रचना को वर्णों की गणना और क्रम के आधार पर किया जाता है उन्हें वर्णिक छंद कहते हैं।
वृतों की तरह इनमे गुरु और लघु का कर्म निश्चित नहीं होता है बस वर्ण संख्या निश्चित होती है। ये वर्णों की गणना पर आधारित होते हैं।जिनमे वर्णों की संख्या , क्रम , गणविधान , लघु-गुरु के आधार पर रचना होती है।जैसे :- दुर्मिल सवैया।
वर्णिक वृत छंद: इसमें वर्णों की गणना होती है। इसमें चार चरण होते हैं और प्रत्येक चरण में आने वाले लघु -गुरु का क्रम सुनिश्चित होता है। इसे सम छंद भी कहते हैं।जैसे :- मत्तगयन्द सवैया।
मुक्तक छन्द: जिन छन्दों की रचना में वर्णों अथवा मात्राओं की संख्या का कोई नियम नहीं होता, उन्हें 'मुक्तक' छन्द कहते हैं।

75(C). हास्य रस का स्थायी भाव "हास" है जहाँ विकृत वेश-भूषा देखकर हंसी उत्पन्न होती है। उसे हास्य रस कहते हैं।
जैसे:
विश्व के वासी उदासी तपो व्रत धारी महा बिनु नारि दुखारे गौतम तीय तरी तुलसी सो कथा सुनि भे मुनि वृन्द सुखारे।

76(A). जब किसी शब्द को दो भागों में तोड़ा जाता है और तोड़े हुए दोनों शब्द अपने शब्दों का अलग अलग सही अर्थ देते हैं तब इस प्रक्रिया को संधि विच्छेद कहते हैं।
अतः सर्व +उदय = सर्वोदय शब्द का सही सन्धि-विच्छेद हैं।

77(B). जहां पर किसी एक शब्द का अनेक अर्थों में प्रयोग हो, वहाँ श्लेष अलंकार होता है।

जैसे -
मधुवन की छाती को देखो,
सुखी कितनी इसकी कलियाँ।
यहाँ कलियाँ शब्द एक बार आया है पर उसके अर्थ भिन्न है, एक फूल का (प्रारम्भिक रूप) विकसित रूप और दूसरा यौवन के पूर्व की अवस्था।

अन्य विकल्प:

1. यमक अलंकार - जहां एक शब्द एक से अधिक बार आए और उसका अर्थ भिन्न हो, वहाँ यमक अलंकार होता है।
2. रूपक अलंकार - जहां उपमेय पर उपमान का अभेद आरोप होता है रूपक अलंकार होता है।
3. अतिशयोक्ति अलंकार - जब किसी वस्तु का बहुत अधिक बढ़ा-चढ़ाकर वर्णन किया जाये वहां पर अतिशयोक्ति अलंकार होता है।

78(B).
- 'खिली हुई दवा आई फिरकी सी आई, चल गई' इस काव्य पंक्ति में उपमा अलंकार है।
- जब एक वस्तु की तुलना दूसरी वस्तु से की जाए तो उसे उपमा अलंकार कहा जाता है।
- तुलना प्रकट करने वाले शब्द, सा, सी, से, सरिस, समान।
- उपर्युक्त काव्य पंक्ति में 'सी' अर्थात उसके समान शब्द के कारण उपमा अलंकार होगा।

अन्य विकल्प:

अलंकार	परिभाषा	उदाहरण
रूपक अलंकार	जहाँ गुण की अत्यंत समानता के कारण उपमेय में ही उपमान का अभेद आरोप कर दिया हो, वहाँ रूपक अलंकार होता है।	संतो भाई आई ज्ञान की आंधी रे
विरोधाभास अलंकार	जब किसी वस्तु का वर्णन करने पर विरोध न होते हुए भी विरोध का आभास हो, विरोधाभास अलंकार होता है।	पापी मनुज भी आज मुख से, राम नाम निकालते
यमक अलंकार	जहां एक शब्द एक से अधिक बार आए और उसका अर्थ भिन्न हो, वहाँ यमक अलंकार होता है।	जेते तुम तारे, तेते नभ में न तारे हैं

79(B). 'रति सम रमणीय मूर्ति राधा की' पंक्ति में 'पूर्णोपमा' अलंकार है। रति सम रमणीय मूर्ति राधा की। -यहाँ 'राधा की मूर्ति' उपमेय, 'रति' उपमान, 'रमणीय' साधारण धर्म तथा 'सम' वाचक शब्द है। अतः पूर्णोपमा अलंकार है।
पूर्णोपमा में सभी चारों अंग उपमेय, उपमान, समान गुणधर्म तथा वाचक शब्द मौजूद होते है। उदाहरण – राधा बदन चंद सो सुंदर। चारों अंग मौजूद है।

80(C). 'सागर-सा गंभीर हृदय हो, गिरि- सा ऊँचा हो जिसका मन' प्रस्तुत पंक्ति में उपमा अलंकार है।
सागर-सा गंभीर हृदय हो, गिरि- सा ऊँचा हो जिसका मन। इसमें सागर तथा गिरि उपमान, मन और हृदय उपमेय सा वाचक, गंभीर एवं ऊँचा साधारण धर्म है। जिस जगह दो वस्तुओं में अन्तर रहते हुए भी आकृति एवं गुण की समानता दिखाई जाए उसे उपमा अलंकार कहा जाता है।

81(A). As we can see in the first paragraph of the passage, it is clearly mentioned that "By all considerations, Ashoka is one of the greatest kings not only in the history of India but that of the whole world".
Thus, it can be concluded that Ashoka is considered to be one of the greatest kings not only in the history of India but also for the whole world.

82(D). As we can see in the first paragraph of the passage, it is clearly mentioned that " For the welfare of his subjects, Ashoka planted trees along the roads for providing shade, built rest houses for travellers and established hospitals for human beings and animals. He had also opened a separate department for distributing charity to the poor ".
Thus, it can be concluded that Ashoka had done all the things mentioned above for the welfare of his subjects.

83(D). 'Ordinary' is the most appropriate antonym of the the word, ' unparalleled '.
Unparalleled: Unparalleled means having no parallel or equal; exceptional.
Example: War crimes of this type are unparalleled in history.
Ordinary: Ordinary means with no special or distinctive features; normal.
Example: Her paintings are of ordinary everyday objects.

84(C). As we can see in the first paragraph of the passage, it is clearly mentioned that " Ashoka also got the teachings of Buddhism engraved on many rocks and pillars in different parts of his empire ". Thus, it can be concluded that statement (A) is true.
As we can see in the second paragraph of the passage, it is clearly mentioned that " Ashoka was the son of the Mauryan emperor Bindusara ". Thus, it can be concluded that statement (B) is true.

85(C). Here the underlined word ' unparalleled ' is an adjective i.e., a word naming an attribute of a noun, such as sweet, red, or technical.
- Unparalleled means having no parallel or equal; exceptional.
- **For example:** War crimes of this type are unparalleled in history.

86(C). As we can see in the first paragraph of the passage, it is clearly mentioned that " In the beginning, like all other Kings, Ashoka was also given to kingly pleasures and military conquests but after the battle of Kalinga, a powerful Kingdom on the Bay of Bengal, Ashoka was completely transformed. In this battle, lakhs of people were slain, wounded, which produced a profound reaction on the mind of Ashoka. The era of military conquests was now over and an era of spiritual conquests as Dharma Vijay began. Ashoka was converted to Buddhism and devoted the rest of his life to spread and put into practice the teachings of Buddhism ".
Thus, it can be concluded that battle of Kalinga had transformed Ashoka and converted him to Buddhism.

87(B). 'Compete' is the most appropriate synonym of the the word, ' contend '.
Contend: Contend means struggle to surmount (a difficulty); compete with others in a struggle to achieve (something).
Example: To obtain custody of her children in the divorce, Bridgett will contend her husband is an abusive man.
Compete: Compete means strive to gain or win something by defeating or establishing superiority over others.
Example: The boys would compete with each other to impress her.

88(C). As we can see in the second paragraph of the passage, it is clearly mentioned that " Ashoka also followed the Law of Piety or Dharma in his personal life; he gave up hunting and curbed slaughter of animals for the royal kitchen ".

Thus, it can be concluded that Ashoka had gave up hunting and curbed slaughter of animals for following the Law of Piety or Dharma.

89(C). Ashoka was ascended the Magadha throne in 273 B.C.

Buddhist records tell that he captured the throne after killing his 99 brothers, but this is hot supported by any other evidence. It seems certain that he had to contend with his elder brother Susima.

90(C). The correct answer is Colombia.

"The Silk Road trade played a significant role in the development of the civilizations of China, Korea, Japan, the Indian subcontinent, Iran, Europe, the Horn of Africa and Arabia, opening long-distance political and economic relations between the civilizations."

It is very clear from the above line that the Silk Road did not play a significant role in the development of Colombia.

91(C). The correct answer is South America and South Africa.

"The Silk Road primarily refers to the land routes connecting East Asia and Southeast Asia with South Asia, Persia, the Arabian Peninsula, East Africa, and Southern Europe."

From the given line it is evident that the Silk Route did not connect South America and South Africa.

92(A). The correct answer is 'it was run by the state'.

When we read the passage carefully, it can be clearly sensed that the passage is talking about the importance of education and its system.

Let's refer to the passage, "Before 1990 when the education sector was State-led which was thought good but the limited resources' allocation to education had limited its growth projects." 'lead/led' means 'be in charge or command of.'

93(C). The correct answer is 'the state'.

When we read the passage carefully, it can be clearly sensed that the passage is talking about the importance of education and its system.

Let's refer to the passage, "In principle, education to the citizen is the responsibility of the State since India is a welfare State."

It means that because India is a welfare state, the responsibility for citizen education falls solely on the shoulders of the state.

94(A). The correct answer is 'a few millions'.

When we read the passage carefully, it can be clearly sensed that the passage is talking about human trafficking.

Let's refer to the passage, "India has become a source, destination and transit country for men, woman, and children trafficked for forced labour and commercial sexual exploitation. India has become a transit hub for human trafficking with estimated millions, victim to human trafficking."

It means that with an estimated million victims of human trafficking, India has become a transit point for human trafficking.

The exact number of victims of human trafficking in India is not given in the passage.

95(C). The correct answer is 'children being subjected to forced slavery'.

When we read the passage carefully, it can be clearly sensed that the passage is talking about

human trafficking.

In the last line of the paragraph, it is given that "Children are subject to involuntary servitude as factory workers, domestic servants, beggars, agricultural workers and many times they are also sexually abused by their owners. No crime can be worse than this."

The word 'servitude' means 'the state of being a slave'.

From the above lines, it can be inferred that crime against children is the worse according to the passage.

96(C). The correct answer is 'safety and security'.

When we read the passage carefully, it can be clearly sensed that the passage is talking about human trafficking.

Let's refer to the passage, "The impact of human trafficking is chilling; and although the brunt of it is faced by the victims, the nation suffers as a whole. Safety and security, the privileges of living in a free country are compromised."

From the given lines, it can be understood that the benefits of living in a free country, such as safety and protection, are compromised by the victims of human trafficking.

97(B). The correct answer is 'right to freedom'.

When we read the passage carefully, it can be clearly sensed that the passage is talking about human trafficking.

The word 'deprive' means 'prevent (a person or place) from having or using something.'

Let's refer to the passage, "Human trafficking is a multi-faceted threat. It robs people of their right to freedom."

The given lines mean that Human trafficking prevents citizens from having their right to freedom.

98(C). The correct answer is 'ballad'.

When we read the passage carefully, it can be clearly sensed that the given passage is talking about the rich culture of Rajasthan.

Let's refer to the passage, "The euphonious folk music of Rajasthan can even make the desert blossom. These songs are sung as ballad each reciting a different story."

It means that Rajasthan's melodious folk music is sung as ballads, each telling a different story.

99(B). It has been described in the passage that FATF has already put Pakistan in the grey list and asked it to implement a number of measure so that the terrorism in the country can be restricted but Pakistan chose not to pay heed to such things and tried to influence the other countries for support. Among the given options, we can easily pick out Option B as the correct answer for the fact that it perfectly puts across the objective of the FATF with regard to Pakistan and terrorism. Other options can be eliminated since they do not follow from the given passage.

100(C). From the given passage it can be understood that FATF was formed with the objective to combat money laundering and also financing of terror activities throughout the world. Though the passage is regarding Pakistan only, we can see that the frameworks developed by the organization are mainly for terrorism activities meant for trans-national risks. So, it cannot be for Asian countries only as any terror plot hatched in any Asian country can be implemented in any other country also. So, it should be a global terror body. Among the given options, we have Option C that explains the objective of FATF whereas others fail to do so. So, except C, all the other options can be eliminated.

101(B). The word 'Exonerate' means to free from a charge of wrongdoing.

The antonyms of the word 'Exonerate' are "sentence, accuse, convict".

From the antonym of the given word, we can say that the word 'sentence' is the opposite in meaning.

The word 'sentence' means the punishment assigned to a defendant found guilty by a court or fixed by law for a particular offence.

102(A). The correct answer is straightforward.

bombastic: high-sounding but with little meaning; inflated

straightforward: uncomplicated and easy to do or understand

Let's look at the meanings of the other given options:

- outdated- out of date; obsolete
- verbose- using or expressed in more words than are needed
- untrue- not in accordance with fact or reality; false or incorrect

Thus, from the given meanings, we find that bombastic and straightforward are antonyms.

103(A). The narrator is the word with the correct suffix.

The suffix '-or' is added to a word to denote 'one who'.

Of the given options when 'narrat' is followed by '-or' it is used to denote a person who narrates something, especially a character who recounts the events of a novel or narrative poem.

Example: His poetic efforts are mocked by the narrator of the story.

104(C). The verb 'grow' is converted into a noun by adding the suffix 'th'. The final word will be Growth.

Growth means gradual development in maturity, age, size, weight, or height.

Example: His effort contributed to my company's growth.

105(C). Correct sentence: After inhaling highly polluted air for months, Delhiites seem to be breathing easy with PM 2.5 (fine, respirable particles) levels Remaining within the safe limits.

- The sentence should start with the subject P, 'After inhaling highly polluted air'.
- The sentence proceeds to give more information about inhaling pollution for months, Delhiites now breathe easy with PM 2.5 levels in S and then in Q.
- The sentence further ends with R by mentioning that the PM 2.5 levels are within the safe limits.

106(D). Correct sentence: Cholera is a life-threatening infectious disease and a public health hazard and it is caused by a comma-shaped bacterium known as Vibrio chloerae.

- The sentence should start with the subject R, 'Cholera is a life threatening'.
- The sentence proceeds to give more information about Cholera as it is a life-threatening infectious disease and a public health hazard in S and then in Q.
- The sentence further ends with P by mentioning that Cholera is caused by a bacteria named Vibrio chloerae.

107(A). Correct sentence: One analysis of their DNA suggests that the birds' closest relatives are cranes and shorebirds and another found them to be related to a group that includes tiny, hovering birds, such as hummingbirds.

- The sentence should start with the subject Q, 'one analysis of their DNA suggests that'.
- The sentence proceeds to give more information about the analysis of the birds' DNA suggesting the birds' closest relatives are cranes and shorebirds in S.
- The sentence further proceeds to mention that there is another analysis indicating the birds are related to a group that includes tiny, hovering birds such as hummingbirds in R and then in P.

108(A). Article 231 in the Constitution Of India 1949 is related to the establishment of a common High Court for two or more states to the Parliament.

- Not with standing anything contained in the preceding provisions of this Chapter, Parliament may by law establish a common High Court for two or more States or two or more States and a Union territory.
- At present, we have 25 high courts in the country, which includes 3 common high courts.
- The states of Punjab and Haryana share a common High Court that is in Chandigarh.
- The North-Eastern states (Assam, Mizoram, Nagaland, Arunachal Pradesh) also share the same High Court in Guwahati.

109(C). The correct statement is: The driver looked like getting impatient with the traffic.

'getting' which it pretty much has to be a noun in order to serve as the subject of the verb. In the third option getting is a noun and also acting a verb + 'ing' form. So, in the given sentence, 'getting' is the correct option.

110(C). Julie would like to visit Kyoto when she is in Japan.

The sentence talks about the imaginary situation.

Would: We use "would" as the past of "will" and it is used to make hypotheses. In this condition, we imagine a situation.

- Example: I would give you a lift, but my wife has the car today.

111(A). Complete sentence is " They were going **to** see the movie.

The correct answer is: 'to'

Let's consider the usage of the given prepositions:

To: It is used to tell the destination of the activity or person.

For: It is used to tell the purpose of an activity.

In: It is used to tell the inside position of a thing.

From: It is used to express the beginning point.

112(A). The given sentence is already in passive voice and it's in past indefinite tense [due to the usage of was/were + verb 3rd form - 'were arrested']

In order to convert this sentence into an active voice, we need to make some changes in the three

following parts.
- Subject = The police
- Verb = were arrested [into just verb 2nd form i.e. arrested]
- Object = Four people for cheating.
- Rule = Subject + verb 2nd form + object.

The sentence would be - The police arrested four people for cheating.

113(B). In the above given sentence, the error is related to subject verb agreement.
- Rule - If two subjects are joined by "Either....or, neither....nor, or, not only....but also" the verb agrees with the subject nearest to it.

For Examples:-
- Neither Ram nor Rohan is coming today.
- Not only Shyam but also his parents were present at the wedding.

In the above given sentences, the verb will agree with the subject 'child' which is singular.

Thus, the verb will also be singular i.e. 'is'.

Correct Sentence: Neither the parents nor the child is coming to visit me this summer.

114(A). The correct answer is "by two days".

In the given sentence, the use of the preposition 'by' is incorrect. The preposition 'by' means not later than a particular time or date. The preposition 'within' should be used in place of 'by' as per the context of the sentence. The preposition 'within' means before the end of a period of time.

The correct sentence is: I want you to complete this work within two days.

115(A). The correct answer is "as you".

In the given sentence, the use of the preposition 'as' is incorrect. The preposition 'as' means during the time of being (the thing specified).

The adverb 'when' should be used in place of 'as'. The adverb 'when' is used for talking about a particular time or situation.

The correct sentence is "You must be careful about what you say when you meet her."

116(B). Direct form - The policeman told the boys, "You can't park your car here."

While changing indirect speech to direct speech

the modals used in the sentences changes like:
1. Could becomes Can
2. Might becomes May
3. Had to /Would have to becomes Must
- Here, told changes into 'said to',
- 'could not' changes into 'can not',
- 'there' changes into 'here'.

117(D). To pick holes means t o criticise someone, to make an effort to find flaws or negative aspects in something through excessive analysis or criticism.

Example- He then goes on to pick holes in the article before reaching his conclusion.

118(B). To Hit the sack means to go to bed.

Example: After the long journey, he hit the sack as soon as he reached home.

He wanted to hit the sack and did not feel like going out to party with his friends.

119(B). Amateur is the most appropriate option for the given group of words.

Amateur: Someone who does not have much skill in what they do.

Examples: He was an amateur athlete until the age of 30 when he turned professional.

120(D). Here, the sentence implies that the world's population is expected to reach 9.6 billion by the end of 2050 and not 'in' 2050.

Therefore, the preposition 'in' should be replaced by 'by'.

Secondly, the past participle 'continued', which is acting as an adjective here, should be followed by a noun and not by an infinitive here.

Besides, usage of preposition 'of' right after the noun 'demand' is not appropriate either. Instead of it, 'for' should be used.

Evidently, among the given choices, option (D) replaces the bold part most appropriately.

The correct sentence will therefore be:

With the world's population expected to reach 9.6 billion by 2050 and continued growth in demand for meat , the livestock sector is facing renewed pressure to provide the nutrition to feed that many mouths—sustainably.

Hindi Language

Ques (1-9): निर्देश: दिए गए गद्यांश को ध्यानपूर्वक पढ़िए तथा पूछे गए प्रश्नों के उत्तर दीजिए।

किसी भी उपहार की सार्थकता तभी है जब वह हृदय से किसी सही व्यक्ति को सही समय और सही जगह पर दिया जाए। उपहार देने वाला व्यक्ति दिल में उस उपहार के बदले कुछ पाने की उम्मीद न रखता हो। हमें इस जीवन में जो भी करना चाहिए, सत्य से प्रेरित कृत्य के अनुसार करना चाहिए। हमें समय और दूसरे लोगों, दोनों को सम्मान देना चाहिए। इस तरह का कृत्य व्यक्ति के भाग्य को बदल कर रख देता है। गीता में भी कहा गया है कि ऐसा कोई नहीं जिसने इस संसार में अच्छा काम किया हो और उसका अंत बुरा हुआ हो। कहा जाता है कि कर्म ही धर्म है, इसलिए हमें काम करते जाना चाहिए फल अपने आप हमें मिलेगा। कार्य करते समय कार्य के उद्देश्य पर भी ध्यान देना होगा। यदि हमारे कार्य का उद्देश्य समाज के हित में है तो वह कार्य हमें आनन्द की अनुभूति करवाएगा। कर्म करना परन्तु केवल अपने हित के लिए कर्म करना सार्थक नहीं कहलाएगा।

1. उपहार की सार्थकता किस पर निर्भर करती है?
1. जब उपहार दिल से सही समय पर सही व्यक्ति को दिया जाए।
2. जब उपहार देते समय बदले में कुछ पाने की आशा हो।
3. जब उपहार अपने वैभव के प्रदर्शन के लिए दिया जाए।
4. जब उपहार बहुत ही मजबूरी में दिया जाए।

(a) 1   (b) 2
(c) 3   (d) 4

2. जीवन में कर्म किससे प्रेरित होने चाहिए?
1. परिणाम से
2. सत्य से
3. उपहार से
4. भाग्य से

(a) 1   (b) 2
(c) 3   (d) 4

3. 'समय को सम्मान' देने से तात्पर्य है:
1. समय का सदुपयोग करना।
2. समय के आगे विवश हो जाना।
3. समय का दुरुपयोग करना।
4. समय को व्यर्थ गँवाना।

(a) 1   (b) 2
(c) 3   (d) 4

4. 'ऐसा कोई नहीं, जिसने इस संसार में अच्छा किया हो, और उसका अंत बुरा हो' के सन्दर्भ में कौन सा वाक्य सही है?
1. बुरे कार्य का परिणाम सही नहीं होता है।
2. अच्छे कार्य का फल कैसा होगा, पता नहीं।
3. अच्छे कार्य का फल सदैव अच्छा होता है।
4. बुरे कार्य का भी फल अच्छा हो सकता है।

(a) 1   (b) 2
(c) 3   (d) 4

5. 'धर्म' शब्द में इक प्रत्यय लगने पर शब्द बनेगा___
1. धर्मिक
2. धार्मिक
3. धर्मीक
4. धार्मीक

(a) 1   (b) 2
(c) 3   (d) 4

6. किस प्रकार के कर्म हमें आनन्द की अनुभूति देते हैं?
1. जिनसे समाज के हित सधते हों।
2. जिनमें कम उर्जा लगती हो।
3. जिनमें अधिकारिक लोग जुड़ते हों।
4. जिनसे स्वयं का हित पूरा होता हो।

(a) 1   (b) 2

(c) 3   (d) 4

7. 'स्वयं को कर्म के लिए साध लेना' से तात्पर्य है_____
1. कर्म करने के लिए सदैव तत्पर रहना।
2. कर्म के लिए प्रशिक्षण लेना।
3. दूसरों को कर्म करते रहने की प्रेरणा देना।
4. अपने काम में दूसरों को जोड़ते जाना।

(a) 1   (b) 2
(c) 3   (d) 4

8. 'उपहार' का समानार्थी होगा____
1. पुरस्कार
2. सम्मान
3. भेंट
4. पारितोषिक

(a) 1   (b) 2
(c) 3   (d) 4

9. 'अनुभूति' शब्द का विग्रह है:
1. अनुभ + ति
2. अ + नुभूति
3. अनु + भूति
4. अनुभ + इति

(a) 1   (b) 2
(c) 3   (d) 4

Ques (10-12): निर्देश: नीचे दिए गद्यांश को पढ़कर पूछे गए प्रश्नों के सबसे उचित उत्तर वाले विकल्प चुनिए।

स्थूल एवं बाह्य पदार्थ सूक्ष्म एवं मानसिक पदार्थों एवं भावों की अपेक्षा अधिक महत्त्व के विषय नहीं हैं। जो व्यक्ति रचनात्मक कार्य करने में समर्थ है, उसे भौतिक स्थूल लाभ अथवा प्रलोभन न तो लुभाते हैं और न ही प्रोत्साहित करते हैं।

विश्व में विचारक दस में से एक ही व्यक्ति होता है। उसमें भौतिक महत्त्वाकांक्षाएँ अत्यल्प होती हैं। 'पूँजी' का रचयिता कार्ल मार्क्स जीवनभर निर्धनता से जूझता रहा। राज्याधिकारियों ने सुकरात को मरवा डाला, पर वह जीवन के अन्तिम क्षणों में भी शांत था, क्योंकि वह अपने जीवन के लक्ष्य का भली-भाँति निर्वाह कर चुका था। यदि उसे पुरस्कृत किया जाता, प्रतिष्ठा के अंबारों से लाद दिया जाता, परन्तु अपना काम न करने दिया जाता तो निश्चय ही वह अनुभव करता कि उसे कठोर रूप में दंडित किया गया है। ऐसे अनेक अवसर आते हैं जब हमें बाहरी सुखसुविधाएँ आकर्षित करती हैं, वे अच्छे जीवन के लिए अनिवार्य लगने लगती हैं किंतु महत्त्वपूर्ण यह है कि क्या हमने जीवन का उद्देश्य प्राप्त कर लिया? यदि इसका उत्तर 'हाँ' है तो बाह्य वस्तुओं का अभाव नहीं खलेगा और यदि 'नहीं' है तो हमें अपने को भटकने से बचाना होगा और लक्ष्य की ओर बढ़ना होगा।

10. सुकरात को अपना काम न करने देने की स्थिति कठोर दंड जैसी प्रतीत होती क्योंकि:
(a) वह अन्तिम क्षणों में भी शान्त था।
(b) वह जीवन के कार्य समाप्त कर चुका था।
(c) वह स्थूल प्रलोभनों की अपेक्षा नहीं करता था।
(d) उसे जीवन का उद्देश्य प्राप्त करने से रोक दिया गया होता।

11. मनुष्य को बाहरी सुख क्यों लुभाते हैं?
(a) आराम के लिए   (b) सम्पन्नता के लिए
(c) भरे-पूरे जीवन के लिए   (d) अच्छे जीवन के लिए

12. "जो व्यक्ति रचनात्मक कार्य करने में <u>समर्थ हैं</u>" वाक्य में रेखांकित शब्द के स्थान पर कौन सा शब्द प्रयुक्त नहीं किया जा सकता है?
(a) सामर्थ्यवान   (b) क्षमतावान
(c) सक्षम   (d) शक्तिशाली

Ques (13-20): निर्देश:: अधोलिखितं गद्यांशं पठित्वा तदाधारितप्रश्नानां विकल्पात्मकोत्तरेभ्यः समीचीनमुत्तरं चिनुत।

माता, मातृभूमिश्च द्वे एवैते श्रेष्ठे। बालकस्य कृते मातुः सहजं प्रेम वर्तति। बालकस्य कृते सा सर्वमपि वस्तुजातं त्यक्तुं शक्नोति। तस्याः सदैवायमभिलाषः यन्मम

बालकः सदा सुखी, गुणवान् विद्वांश्च भवेत्। तत्कृते सा स्वकष्टं नैव चिन्तयति, सा स्वप्राणानपि दातुं समर्था। पुत्रोऽपि बाल्यादेव मातरं सर्वाधिकं मन्यते। यथा माता बालकं स्वसर्वस्वं मन्यते, तथैव पुत्रोऽपि मातरं स्वसर्वस्वं मन्यते। मानवः कदाचिदपि मातुरानृण्यं गन्तुं न समर्थः।

यत्र मानवः जन्म लभते सैव तस्य जन्मभूमिः। सा मानवस्य सर्वदैव आदरणीया जायते। मानवः विदेशे महान्तमादरं सम्मानं वा लभेत, किन्तु जन्मभूमिं सदा स्मरत्येव। स्वदेश-दर्शनलालसा तस्य हृदये सर्वदैव जागर्ति। भारतभूरस्माकं देशः, स्वदेशं प्रति अस्माकमनुरागः, आदरश्च स्वाभाविक एव। सर्वोऽपि जनः अद्यत्वे स्वदेशोन्नत्यै संलग्नः दृश्यते। स्वदेशोन्नयनम् अस्माकं परमो धर्मः। अद्यास्माकं देशः स्वतन्त्रोऽस्ति। तस्योन्नतिः रक्षा च अस्माकं परमो धर्मः।

देशं प्रति भक्तिर्देशोन्नत्याः मूलकारणम्। देशभक्तिभावनया प्रेरितो मानवो देशोन्नयनाय चेष्टते, समाजोद्धाराय प्रयतते, देशदारिद्र्यं दूरीकरोति अशिक्षितान् शिक्षयति, व्यापारमुन्नयति, मातृभूमिरक्षणाय च स्वप्राणान् त्यजति। ये हि स्वार्थसिद्ध्यर्थं देशस्योपकुर्वाणा इव दृश्यन्ते ते हि मिथ्याभक्ता देशापकारिणः। अतो निस्स्वार्थ देशभक्तिभावना भव्या न तु विपरीता। महाराणाप्रतापस्य, दुर्धर्षया लक्ष्मीदेव्याः, तेजस्विन्या दुर्गावत्याश्च पराक्रमवृत्तान्ता अस्मानुत्साहयन्ति। ते खलु अस्माकं पथप्रदर्शनायालम्।

13. अस्मांकं परमो धर्मः कः?

(a) दानम्
(b) स्वदेशोन्नयनम्
(c) अहिंसायाः पालनम्
(d) सत्यवदनमेव परमो धर्मः

14. देशोन्नत्याः मूलकारणं किमस्ति?

(a) देशं प्रति भक्तिः
(b) मार्गाणां निर्माणम्
(c) वैज्ञानिकं विकासम्
(d) अन्नोत्पादनम्

15. जन्मभूमिः का भवति?

(a) यत्र मानवो निवसति
(b) यत्र मानवो वृत्तिमर्जयति
(c) यत्र मानवो जन्मलभते
(d) यत्र मानवः पठति

16. 'माता मातृभूमिश्च द्वे एवैते श्रेष्ठे' इत्यत्र 'एते' इत्स्य का व्युत्पत्तिः?

(a) एतद् + पुंलिङ्गम् + प्रथमा विभक्तिः + द्विवचनम्
(b) एतद् + स्त्रीलिङ्गम् + द्वितीया विभक्तिः + द्विवचनम्
(c) इदम् + स्त्रीलिङ्गम् + द्वितीया विभक्तिः + द्विवचनम्
(d) अदस् + नपुंसकलिङ्गम् + प्रथमा विभक्तिः + एकवचनम्

17. 'सा स्वप्राणानपि दातुं समर्था' इत्यत्र 'दातुम्' इत्यस्मिन् पदे को धातुः कश्च प्रत्ययः?

(a) डुदाञ् + तुमुन्
(b) दाण् + ग्वुल्
(c) द + तुमुन्
(d) धाव् + क्तवतु

18. स्वदेशं प्रति कीदृशः अनुरागः भवति?

(a) आजीवनम्
(b) अजन्मजातः
(c) अवास्तविकः
(d) स्वभाविकः

19. के खलु अस्माकं पथप्रदर्शकाः?

(a) अब्दुलकलाम-राजेन्द्रप्रसाद-प्रभृतयः
(b) महाराणाप्रताप, दुर्गावती-प्रभृतयः
(c) मेक्डानल-कीलहार्न-प्रभृतयः
(d) सुभाषचन्द्रबोस-महात्मागान्धी-प्रभृतयः

20. 'ते खलु अस्माकं पथप्रदर्शनायालम्' इत्यत्र 'अलम्' इति पदं कस्मिन्नर्थे प्रयुक्तम्?

(a) निषेधार्थे
(b) प्रश्नार्थे
(c) पर्याप्तार्थे
(d) अल्पार्थे

21. इन शब्दों में से तत्सम शब्द पहचानिए।

(a) वधु
(b) घर
(c) सूत
(d) दूध

22. क्षीर का तद्भव शब्द चुनें।

(a) भविष्य
(b) खीर
(c) गली
(d) गेहूँ

23. अग्नि का तद्भव रूप कौन सा है?

(a) अटारी
(b) दबाना
(c) आग
(d) दूब

24. इनमें से 'कपर्दिका' का तद्भव रूप है:

(a) कौड़ी
(b) कठौती
(c) कपाट
(d) कपड़ा

25. इनमें से तद्भव शब्द है:

(a) शुक
(b) वार्ता
(c) पलंग
(d) पलंग

26. 'छलिया' में प्रयुक्त प्रत्यय इनमें से कौन-सा है?

(a) अया
(b) इया
(c) ऐया
(d) वैया

27. उपसर्ग इनमें से कहाँ जोड़ा जाता है?

(a) शब्द के पहले
(b) शब्दों के बीच में
(c) शब्द के अंत में
(d) वाक्य के अंत में

28. 'महत्त्व' में कौन-सा प्रत्यय है?

(a) मह
(b) व
(c) महत
(d) त्व

29. निम्न में से कौन सा विलोम - युग्म सही है?

(a) अवनि - अवि
(b) अत्यधिक - अल्प
(c) अधः - उपरि
(d) अंगीकार - अस्वी

30. निम्न में से कौन सा विलोम - युग्म सही नहीं है?

(a) अनुरक्ति - विरक्ति
(b) अनाथ - नाथ
(c) अराग - सुराग
(d) अल्पायु-दीर्घायु

31. निम्नलिखित विकल्पों में 'अधीर' शब्द का पर्यायवाची नहीं है।

(a) धैर्यहीन
(b) विलक्षण
(c) व्यग्र
(d) आतुर

32. निम्नलिखित विकल्पों में 'अंबुज' का पर्यायवाची बताइये।

(a) अंबुधर
(b) क्षीर
(c) मेधा
(d) जलज

33. 'दामिनी' शब्द का पर्यायवाची शब्द बताइए।

(a) वर्षा
(b) नीरद
(c) बादल
(d) विद्युत्

34. वाक्य के कितने प्रकार है?

(a) तीन
(b) चार
(c) एक
(d) कोई प्रकार नहीं

35. निम्नलिखित वाक्यों में से संबंधकराक वाले वाक्य को पहचानिए।

(a) राम खाना खाता है।
(b) राधा का कुत्ता बहुत तेज दौड़ता है।
(c) राम ने रावण को मारा।
(d) मां अपने बच्चे को मारती है।

36. निम्नलिखित में से कौन सा वाक्य अशुद्ध है?

(a) श्याम को बुलाना चाहिए
(b) तुम कल को आओगे
(c) अमरूद मीठे हैं
(d) लगभग सब खत्म हो गया

37. 'घात लगाना' मुहावरे का सही अर्थ क्या है?

(a) मौके की तलाश करना
(b) तत्पर रहना
(c) उचित समय का इंतज़ार करना
(d) उपरोक्त सभी

38. ये दोनों कानाफूसी कर रहे हैं, <u>दाल में जरूर कुछ काला है</u>।

रेखांकित मुहावरे का क्या अर्थ है?

(a) दोष देखना
(b) संदेह होना
(c) अनिष्ट चाहना
(d) सिद्धि प्रदान करना

39. 'कंगाली में आटा गीला' प्रस्तुत लोकोक्ति का अर्थ निम्नलिखित में से कौन-सा विकल्प दर्शाता है?

(a) बुरे के साथ रहने से बुराई ही मिलती है
(b) एक तो दोष था, दूसरा और लग गया
(c) मुसीबत में और मुसीबत आना
(d) गरीबी में और मुसीबत आना

40. 'जबरदस्ती चिपका हुआ' इसके अर्थ को दर्शाता सही मुहावरा दिए हुए विकल्पों में से कौन-सा है?

(a) नाक में नकेल डालना
(b) नाकों चने चबाना
(c) गले का ढोल
(d) गले पड़ना

41. 'घड़ियाली आंसू बहाना' मुहावरे का सही अर्थ क्या है?

(a) दिखावटी बहादुर होना
(b) मूर्ख को समझाने का प्रयास करना
(c) बिल्कुल दिखाई न देना
(d) दिखावे के लिए रोना

42. जहाँ एक शब्द अनेक अर्थों में प्रयुक्त होता है, वहाँ कौन-सा अलंकार होता है?

(a) यमक
(b) श्लेष
(c) शब्दश्लेष
(d) अर्थ-श्लेष

43. 'बल बिलोकी बहुत मेज बचा।' में कौन सा अलंकार है?

(a) यमक
(b) श्लेष
(c) रूपक
(d) अनुप्रास

44. निम्नलिखित प्रश्न में, चार विकल्पों में से, उस विकल्प का चयन करें, जो दिए गए पद्य के उचित अलंकार रूप का सबसे अच्छा विकल्प है। 'वन शारदी चन्द्रिका-चादर ओढ़े'

(a) अनुप्रास अलंकार
(b) यमक अलंकार
(c) रूपक अलंकार
(d) उपमा अलंकार

45. "तो पर बारौ उरबसी, सुन राधिके सुजान।
तू मोहन की उरबसी, है, उरबसी, समान।"
इस अवतरण में कौन-सा अलंकार है?

(a) अनुप्रास
(b) यमक
(c) श्लेष
(d) रूपक

46. 'पीपर पात सरिस मनडोला', पंक्ति में अलंकार है:

(a) उत्प्रेक्षा
(b) उपमा
(c) रूपक
(d) अतिशयोक्ति

47. **निर्देश:** नीचे लिखे वाक्य के लिए एक शब्द बताइए।
जिसकी ग्रीवा सुन्दर हो

(a) ग्रीव
(b) सुग्रीव
(c) सुलोचन
(d) गर्दन

48. कौन सा शब्द 'रस' का अनेकार्थी शब्द नहीं है?

(a) आनंद
(b) स्वाद
(c) जीवन
(d) सार

49. 'अंक' शब्द का अनेकार्थी शब्द नहीं है-

(a) संख्या
(b) गोद
(c) पृथ्वी
(d) नाटक का एक भाग

50. द्विगु समास का उदाहरण है:

(a) माता-पिता
(b) यथाशक्ति
(c) नवग्रह
(d) पीताम्बर

51. द्वन्द समास है:

(a) लम्बोदर
(b) अंधकूप
(c) नर-नारी
(d) शरणागत

52. 'प्रतिदिन' शब्द में कौन-सा समास है?

(a) अव्ययीभाव समास
(b) द्विगु समास
(c) तत्पुरुष समास
(d) द्वंद्व समास

53. निम्नलिखित में से कौन-सा विकल्प वाक्यांश और उनके लिए एक शब्द की सही जोड़ी नहीं है?

(a) जो बहुत बोलता हो - वाचाल
(b) जो कुछ नहीं जानता - अज्ञ
(c) जो मापा न जा सके - अपरिमेय
(d) जो अनुकरण करने योग्य हो - विश्वसनीय

54. 'जो भेदा न जा सके' वाक्यांश के लिए एक शब्द होगा-

(a) सर्वशक्तिमान
(b) लौहपुरुष
(c) अभेद्य
(d) दुर्भेद

55. **निर्देश:** वाक्यांश के लिए एक शब्द बताइए।
' जिसमें कोई दोष न हो '

(a) निर्दोष
(b) असाध्य
(c) भयानक
(d) घातक

56. निम्नलिखित में से कौन-सा शब्द देशज है?

(a) जूता
(b) थुलमा
(c) चिड़िया
(d) स्पूतनिक

57. निम्नलिखित में से देशज शब्द का चयन कीजिए:

(a) इनाम
(b) पेट्रोल
(c) पार्सल
(d) फुनगी

58. अनुकरण रहित देशज शब्द कौन सा है?

(a) बाजरा
(b) कप
(c) कारतूस
(d) बेसिन

59. यक्ष देवों की एक_______होती है। वाक्य को उचित विकल्प से पूर्ण करे।

(a) प्रकार
(b) जाति
(c) कोटी
(d) रूप

60. "जिस वाक्य समूह में एक वाक्य ____ हो और अन्य वाक्य उसके ____ हों, उसे मिश्रण वाक्य कहते हैं।" दिए गए विकल्पों में से सही विकल्पों का चयन करके वाक्य पूर्ण करें।

(a) प्रधान, गोष्ठी
(b) प्रधान, आश्रित
(c) मुख्य, प्रधान
(d) आश्रित, प्रधान

61. 'देश में राजनीति के प्रति लोगों की_______को देखते हुए 25 जनवरी को देश में मतदाताओं को_______करने के लिए राष्ट्रीय मतदाता दिवस मनाये जाने का संकल्प लिया गया है।' दिए गए विकल्पों का चयन करके वाक्य पूर्ण करें।

(a) अंधविश्वास, प्रोत्साहित
(b) स्नेह, शिक्षित
(c) उत्सुकता, इकट्ठा
(d) उदासीनता, जागरूक

62. 'साहित्य का_______प्रत्येक मनुष्य के लिए अनिवार्य है।' दिए गए विकल्पों में से सही का चयन करके वाक्य पूर्ण करें।

(a) पहचान
(b) ज्ञान
(c) परख
(d) पथ

63. भगवान शब्द का स्त्रीलिंग शब्द दिए गए विकल्पों में से कौन-सा है?

(a) भगवती
(b) भाग्यवती
(c) भागिनी
(d) भाग्यवान

64. दिए गए विकल्पों में से 'भर्ता' का स्त्रीलिंग शब्द पहचानिए।

(a) भर्तिनी (b) भर्तिरी
(c) भर्ती (d) भर्त्री

65. निम्नलिखित प्रश्न में, चार विकल्पों में से, उस विकल्प का चयन करें, जो दिए गए शब्द का सही स्त्रीलिंग वाला विकल्प है।
विधुर
(a) विदुषी (b) विधरा
(c) विधवा (d) विधार

66. निम्नलिखित प्रश्न में, चार विकल्पों में से, दिए गए शब्द का सही पुल्लिंग रूप वाला विकल्प चुनिए।
'भिक्षुणी'
(a) भिखारी (b) बेगारी
(c) भिक्षुक (d) लड़की

67. 'जाति' शब्द का बहुवचन रूप क्या होगा?
(a) जातिएं (b) जातियाँ
(c) जातिओं (d) जातियां

68. 'चाय' शब्द का प्रयोग किस वचन में होता है?
(a) एकवचन (b) द्विवचन
(c) बहुवचन (d) कोई नहीं

69. 'भारतीय' शब्द का बहुवचन है-
(a) भारतियों (b) भारतीयों
(c) भारतिओं (d) भारितीयों

70. निम्नलिखित प्रश्न में, चार विकल्पों में से, उस विकल्प का चयन करें जो दिए गए वाक्य के काल के भेद का सही विकल्प हो।
दीपा ने खीर बनाई।
(a) हेतुहेतु मद भूतकाल (b) हेतुहेतुमद भविष्यत् काल
(c) पूर्ण भूतकाल (d) अपूर्ण भूतकाल

71. निम्नलिखित वाक्य में कौन सा वाक्य हेतु- हेतुमद भूतकाल है?
(a) राम ने खाना खाया होगा।
(b) माली ने पौधा लगाया।
(c) यदि वर्षा होती तो फसल अच्छी होती।
(d) हम चिड़ियाघर गए थे।

72. 'निरोग' का उपयुक्त संधि-विच्छेद क्या होगा?
(a) नि + रोग (b) निर् + रोग
(c) निः + रोग (d) निर + रोग

73. निम्नलिखित में 'नायक' किस संधि का उदाहरण है?
(a) गुण संधि (b) वृद्धि संधि
(c) अयादि संधि (d) विसर्ग संधि

74. 'से' (सहायता से के अर्थ में) किस कारक की विभक्ति है?
(a) अपादान कारक (b) संबंध कारक
(c) अधिकरण कारक (d) करण कारक

75. निम्नलिखित में से एक पद में सन्धि व समास दोनों है। उसका चयन कीजिए।
(a) दिनरात (b) पंचवटी
(c) चन्द्रमा (d) रामानुज

76. अहोरात्र शब्द का सन्धि-विच्छेद निम्नलिखित में से चुनिए।
(a) अहा + रात्रा (b) अहो + रात्रि
(c) अहन् + रात्र (d) अहा + रात्रि

77. काव्यांश पंक्तियों में कौन-सा रस है?
बतरस लालच लाल की,
मुरली धरी लुकाय।
सौंह करै भौंहनि हँसै,
दैन कहै नटि जाय।।
(a) संयोग रस (b) हास्य रस
(c) वियोग रस (d) शांत रस

78. "प्रभु गोद जिसकी वह यशोमति, दे रहे हरि मान हैं।
गोपाल बैठे आधुनिक रथ, पर सहित सम्मान हैं॥
मुरली अधर धर श्याम सुन्दर, जब लगाते तान हैं।
सुनकर मधुर धुन भावना में, बह रहे रसखान हैं॥"
उपर्युक्त पद्य में कौन-सा छंद है?
(a) मालिनी (b) चौपाई
(c) कवित्त (d) हरिगीतिका

79. " मैया कबहु बढ़ेगी चोटी
कित्ति बार मोहे दूध पिवाती भई अजहुँ हे छोटी।। "
उपरोक्त पंक्तियों में कौन सा रस है?
(a) भक्ति (b) वात्सल्य
(c) शांत (d) अद्भुत

80. ' बुरे समय को देख कर गंजे तू क्यों रोय।
किसी भी हालत में तेरा बाल न बाँका होय।'
उपर्युक्त काव्य पंक्ति में स्थायी भाव क्या है?
(a) रति (b) हास
(c) शोक (d) उत्साह

English Language

Ques (81-89): Direction: Read the passage and answer the questions that follow.

A new and extreme tourist attraction has just exploded on to the scene in Iceland: Volcano Walking. It would appear, according to Trip Advisor, that this is one trip that cannot be missed, despite the extortionate cost.

The idea of making Thrihnukagigur volcano accessible was the brainchild of Ami B. Stefansson, a doctor in Reykjavik and a lifelong cave enthusiast. He has been studying caves in Iceland since 1954 and some would argue that there is no-one who has more experience. Thrihnukagigur has always been special to Stefansson ever since he was the first to descend down to the crater base in 1974. Like most people who experience it, he was utterly spellbound by its uniqueness and beauty and made it his mission to protect and preserve this stunning natural phenomenon. Unlike others who may have only seen the profit that could be made from walking into the mouth of a volcano, Stefansson believed that the primary focus was to treat such a grand natural wonder with the utmost respect, to protect and defend it. The first 'volcano tourists' entered the volcano in 2005 and it has since been labelled as one of the most unique tourist attractions in the world.

Volcano walkers are taken to the mouth of the crater from where they are lowered in a basket into the depths of the earth. People once thought that volcanoes were portals to Hell and associated with death and destruction and yet the entrance to the crater is awe-inspiring and almost ethereal. The vastness of it can feel overwhelming; it is the size of a cathedral and the Statue of Liberty could easily fit into the shaft. After 6 minutes and 120 metres, visitors arrive at the crater base. The ground space is the size of three full-sized basketball courts placed next to each

At the bottom there is a reverent hush. People whisper in respect to the sleeping giant who has lain dormant for 4,000 years. The subterranean walls are scorched with colours from a divine palette: magenta red, vibrant purple, burnt orange, vivid green and honey yellow. The colour intensifies in certain places where 4000 years ago the magma was pushed out with brutal force. This is Mother Nature's secret place, her private art studio where visitors feel like trespassers. The protruding rock faces show a tapestry of patterns and formations that have been molded by heat, pressure and time. Floodlights illuminate the walls and draw attention to the beauty humans were never intended to see. A light rain weeps from the porous rock above and covers the crater sides with a shine that makes it sparkle. The scorch marks can be seen close up - at one point in time these rock faces were glowing red with fiery heat. This giant, although sleeping, is still dangerous: an 80-metre drop into the void is disguised by a collection of rocks close to where visitors stand.

It is a soul-enriching experience and visitors often report feeling deeply moved by the beauty and tranquillity of something that was once so destructive and angry. Confronted with this result of the unrestrained forces of nature, it is hard not to feel small and powerless in comparison. Sadly, the magical spell is broken when the basket appears, indicating that it is time for visitors to return to reality. On the return hike, visitors walk across the lava fields as though they are astronauts on the moon. They pass enormous open wounds where the landscape is literally tearing itself apart as tectonic plates slowly shift. It serves as one final reminder that this giant is merely dormant, not dead.

81. Select the correct synonym of the word EXTORTIONATE
    (a) Exorbitant   (b) Exotic
    (c) Exorcist   (d) Exonerate

82. How do tourists reach the base of the crater?
    (a) They go through the tectonic plates
    (b) They go across lava fields
    (c) They walk down
    (d) They descend in a basket

83. The given passage is a ______________ passage.
    (a) didactic   (b) narrative
    (c) descriptive   (d) literary

84. Why is the bottom of the volcano called 'nature's art studio'?
    (a) The walls are covered with patterns in bright hues
    (b) The rocks sparkle with a divine light
    (c) The entrance is vast and ethereal
    (d) It looks like a cathedral

85. Select the correct antonym of the word. TRANQUILLITY
    (a) Wilderness   (b) Repose
    (c) Agitation   (d) Composure

86. Who came up with the idea of making the volcano accessible to tourists?
    (a) Trip Advisor   (b) Ami B. Stefansson
    (c) Reykjavik   (d) Thrihnukagigur

87. What is the most appropriate title for the passage?
    (a) Harnessing of Destructive Forces
    (b) The Mysteries of the Subterranean
    (c) Adventures of a Cave Enthusiast
    (d) Volcano Walking- A Unique Experience

88. The tone of the passage is:
    (a) Laudatory   (b) Formal
    (c) Satirical   (d) Apathetic

89. The volcano is referred to as the 'sleeping giant' in the passage because:

(a) It is very deep.
(b) It is very destructive.
(c) It is a dormant volcano.
(d) It is an active volcano.

Ques (90-97): Direction : Read the passage and answer the question that follows.

1. June came and the hay was almost ready for cutting. On Midsummer's Eve, which was a Saturday, Mr. Jones went into Willington and got so drunk at the Red Lion that he did not come back till midday on Sunday. The men had milked the cows early in the morning and then had gone out rabbiting, without bothering to feed the animals. When Mr. Jones got back he immediately went to sleep on the drawing-room sofa with the News of the World over his face, so that when evening came the animals were still unfed. At last they could stand it no longer. One of the cows broke in the door of the store-shed with her horn and all the animals began to help themselves from the bins.

2. It was just then that Mr. Jones woke up. The next moment he and his four men were in the store-shed with whips in their hands, lashing out in all directions. This was more than the hungry animals could bear. With one accord, though nothing of the kind had been planned before, they flung themselves upon their tormentors. Jones and his men suddenly found themselves being butted and kicked from all sides. The situation was quite out of their control. They had never seen animals behave like this before, and this sudden uprising of creatures frightened them out of their wits. They gave up trying to defend themselves and took to their heels. Soon all five of them were in full flight down the cart-track that led to the main road with the animals pursuing them in triumph.

3. Mrs. Jones looked out of the bedroom window, saw what was happening, hurriedly flung a few possessions into a carpet bag, and slipped out of the farm by another way. Meanwhile the animals had chased Jones and his men out into . the road and slammed the five-barred gate behind them. So, almost before they knew what was happening, Jones was expelled and the Manor farm was theirs.

90. 'The men had milked the cows.' 'Tense' in the above sentence has been correctly changed into 'present perfect' in:
    (a) The men are milking the cows.
    (b) The men will have milked the cows.
    (c) The men milked the cows.
    (d) The men have milked the cows.

91. In which one of the following sentences has the 'question tag' been correctly used?
    (a) They gave up trying to defend themselves, couldn't they?
    (b) They gave up trying to defend themselves, didn't they?
    (c) They gave up trying to defend themselves, haven't they?
    (d) They gave up trying to defend themselves, aren't they?

92. The word 'flung' means the same as:
    (a) Covered   (b) Attacked
    (c) Throw   (d) Hit

93. Jones' men didn't bother to feed the animals because:
    (a) Their master had gone to Willington.
    (b) Each thought the other would feed them.
    (c) They were angry with their master.
    (d) They just forgot to do the job assigned to them.

94. After one of the cows had broken in the door of the store-shed, the hungry animals:
    (a) Began kicking Jones' men.
    (b) Started damaging things.
    (c) Ran out of the shed
    (d) Started eating the fodder from the bins

95. When Jones and his men started lashing out at the animals, they (the animals):
    (a) Started bellowing agonisingly.
    (b) Started kicking and butting their tormentors.
    (c) Felt terrified.
    (d) Ran out of the farm house.

96. For the readers the scene described in Para-2 is highly:
    (a) Comic   (b) Intriguing
    (c) Pathetic   (d) Outrageous

97. The fierce attack launched by the animals shows that:
    (a) Animals are thinking beings.
    (b) Injustice leads to rebellion.
    (c) Anger is a destructive emotion.
    (d) Animal behaviour is unpredictable.

Ques (98-100): Direction : Read the passage given below and answer the questions by choosing the best/most appropriate option.

1. Most doctors, especially top specialists, spend no more than 10-15 minutes, with a patient. These tips will help you achieve a meaningful exchange to get the best of your doctor's consultation.

2. Fix an appointment-do it well in advance and reconfirm. Even if the doctor's office is supposed to inform you in case of a change or cancellation, there is no harm in making the call.

3. Be there on time-reach 15 to 20 minutes before the appointment time. This will give you enough time to check in and have your preliminary assessments done. Remember that doctors have clinics at different locations. Reconfirm the date, time, and the extract place of your appointment.

4. Write out your questions-Take a few minutes to jot down key questions about your health concerns. These are easy to forget if you rely on your memory alone. Also prioritizing questions helps us avoid irrelevant queries that can save time to discuss important issues.

5. Be prepared to meet the doctor's team first-sometimes you may be asked to meet one of the team doctors, especially if it is your first visit. Sometimes patient's object having to be examined by one whom they consider a "junior" doctor. However, seeing a team doctor contributes to better and more efficient care because minute details are picked up which could have been missed otherwise.

6. Carry your latest report-it will help the doctor understand the tests that have been done recently (to avoid re-testing) and to know the tests that need to be updated.

98. According to the passage, it is useful to write down and prioritize the questions before the doctor's appointment because it helps us:
    1. remember the easy to forget questions about our health and not ask irrelevant queries.
    2. share these questions before hand with the doctor.
    3. reconsider our doctor's appointment and ensure we get better.
    4. make sure that we turn up for the appointment
    (a) 1   (b) 2
    (c) 3   (d) 4

99. According to the passage it is useful to reach the clinic before time because:

1. preliminary assessments can be done.
2. you can leave early.
3. preliminary diagnosis can be done by the junior doctors.
4. it's a good practice.
    (a) 1   (b) 2
    (c) 3   (d) 4

100. Read the following statements and select the correct option:
    A. Before visiting your doctor write down your key questions.
    B. Seeing a team doctor is not helpful at all.
    1. A is true and B is false
    2. B is true and A is false
    3. Both A and B are true
    4. Both A and B are false
    (a) 1   (b) 2
    (c) 3   (d) 4

101. **Direction:** Select the most appropriate ANTONYM of the given word.
    INSIDIOUS
    (a) Treacherous   (b) Sincere
    (c) Stealthy   (d) Astute

102. **Direction:** Select the most appropriates synonym of the given word.
    Bitterness
    (a) Sourness   (b) Hoarseness
    (c) Acrimony   (d) Aspersion

103. Add the right suffix to pluralise the word 'Dictionary':
    (a) ___ en   (b) ___ s
    (c) ___ ies   (d) ___ es

104. Which prefix can be used before all the following words: proper, polite, mortal, movable?
    (a) Un-   (b) Il-
    (c) Ir-   (d) Im-

Ques (105-107): Direction: Each of the following items in this section consists of a sentence, parts of which have been jumbled. These parts have been labelled as P, Q, R and S. You are required to re-arrange the jumbled parts of the sentence and mark your responses.

105. his numerous writings, (P) / from 1823 onwards, were the reservoirs (Q) / of life was stored (R) / in which the entire energy (S) /
    (a) SRQP   (b) PRSQ
    (c) PQSR   (d) PQRS

106. that can keep a (P)/ and technology running smoothly (Q)/ management is a set of processes (R)/ complicated system of people (S)
    (a) RPSQ   (b) RPQS
    (c) SQPR   (d) RQPS

107. that orbits it directly or indirectly (P)/ the solar system is a (Q)/ which consists of the sun and other celestial bodies (R)/ centrifugal force bound system (S)
    (a) PQRS   (b) QSRP
    (c) QSPR   (d) SRPQ

108. **Direction:** Fill in the blanks with the appropriate articles:
    My uncle lives in____ home for____ elderly.

(a) an, a
(b) a, the
(c) a, a
(d) the, a

109. Direction: Choose the correct gerund from the options given below.

Without the advice of a doctor, __________ medicines is dangerous.

(a) to take
(b) taking
(c) is taking
(d) takes

110. Direction: Fill in the blank with the correct form of the tense.

Have you ever _____ such a beautiful scene? (see)

(a) seen
(b) have seen
(c) seeing
(d) saw

111. Direction : Fill in the blanks with an appropriate preposition.

Smith's affection _____ camp and penchant for mixing performance art and film transformed his screenings into happenings.

(a) of
(b) from
(c) for
(d) to

112. Direction: Select the correct passive form of the given sentence.

Her failure to get admission in the Science stream surprised us.

(a) We are surprised about her failure to get admission in the Science stream.
(b) We were surprised about her failure to get admission in the Science stream.
(c) We had been surprised about her failure to get admission in the Science stream.
(d) We have been surprised about her failure to get admission in the Science stream.

113. Direction : Parts of the following sentence are given as options. Identify the segment that contains a grammatical error.

A large number of student have participated in this music video.

(a) in this music video
(b) have participated
(c) of student
(d) A large number

114. Direction: Parts of the following sentence are given as options. Identify the segment that contains a grammatical error.

Scarcely had the train stopped at the platform than the passengers started pushing each other to enter the train.

(a) to enter the train
(b) than the passengers
(c) started pushing each other
(d) stopped at the platform

115. Direction : Parts of the following sentence are given as options. Identify the segment that contains a grammatical error.

His father prevented him to go abroad for higher studies.

(a) for higher studies
(b) His father
(c) to go abroad
(d) prevented him

116. Direction : Select the option that expresses the given sentence in direct speech.

Your sister will say that she has lost her pen again.

(a) Your sister said, "She has lost my pen again."
(b) Your sister will say, "I have lost my pen again."
(c) Your sister will say, "I lost my pen again."
(d) Your sister says, "I lost her pen again."

Ques (117-118): Direction : Below the idiom/phrase is followed by four alternative meanings. Choose the most appropriate meaning from these and mark your answer.

117. Palsy-walsy friends

(a) Good friends
(b) Friends who help each other in difficult suituations
(c) Friends by choice, and not by chance
(d) Unfriendly

118. Wind down

(a) To relax after a period of activity
(b) To act furiously after a period of silence
(c) To speak out the truth to people
(d) To act on the ground

119. Direction: In the following question, out of the four alternatives, choose the one which can be substituted for the given sentence.

A nature reserve for birds or animals

(a) Sanctuary
(b) Retreat
(c) Oasis
(d) Asylum

120. Direction: Replace the phrase with the correct option given below.

While all rights are available to citizens, persons including foreign citizens are entitle to the rights to equality and the right to life, among others.

(a) Is entitled to the right
(b) Are entitled for the right
(c) Are entitled to a rights
(d) Are entitled to the right

// Smart Answer Sheet //

Correct — Percentage of students who answered correctly.

Skipped — Percentage of students who skipped.

Q.	Ans.	Correct / Skipped	Q.	Ans.	Correct / Skipped	Q.	Ans.	Correct / Skipped
1	A	81.77% / 16.6%	2	B	47.87% / 46.14%	3	A	79.92% / 16.53%
4	C	51.93% / 36.25%	5	B	85.62% / 10.19%	6	A	88.2% / 10.55%
7	A	79.52% / 13.09%	8	C	88.87% / 10.87%	9	C	77.78% / 18.52%
10	D	24.41% / 74.51%	11	D	76.24% / 18.44%	12	D	43.86% / 39.34%
13	B	65.98% / 32.72%	14	A	67.98% / 30.67%	15	C	60.76% / 37.52%
16	C	40.22% / 59.14%	17	A	43.2% / 38.01%	18	D	67.85% / 30.37%
19	B	46.79% / 52.9%	20	C	81.12% / 16.76%	21	A	85.68% / 11.07%
22	B	69.49% / 30.13%	23	C	46.14% / 35.15%	24	A	62.27% / 37.22%
25	C	61.86% / 34.92%	26	B	84.13% / 10.86%	27	A	47.75% / 30.8%
28	D	66.72% / 31.22%	29	C	83.88% / 12.65%	30	B	59.16% / 37.54%
31	B	46.59% / 44.61%	32	D	88.55% / 10.85%	33	D	65.32% / 30.08%
34	A	40.11%	35	B	65.6%	36	B	45.19%

No.	Ans	%	No.	Ans	%	No.	Ans	%
		55.55%			33.31%			54.4%
37	D	48.84% 42.19%	38	B	63.81% 32.69%	39	C	52.98% 44.67%
40	D	41.08% 48.78%	41	D	63.03% 34.11%	42	B	66.58% 33.12%
43	D	66.36% 32.88%	44	C	62.85% 34.57%	45	B	61.68% 31.71%
46	B	47.95% 33.27%	47	B	54.09% 30.09%	48	C	63.74% 35.17%
49	C	64.06% 34.96%	50	C	77.84% 21.81%	51	C	85.41% 14.06%
52	A	79.31% 18.7%	53	D	42.94% 47.96%	54	C	60.59% 33.11%
55	A	21.29% 71.48%	56	A	78.33% 16.91%	57	D	57.26% 40.78%
58	A	81.12% 16.57%	59	B	55.38% 44.45%	60	B	26.57% 67.09%
61	D	21.81% 75.27%	62	B	12.99% 68.9%	63	A	76.34% 14.32%
64	D	62.32% 33.04%	65	C	64.32% 30.24%	66	C	42.51% 55.77%
67	B	81.01% 18.57%	68	A	56.63% 42.55%	69	B	62.37% 32.79%
70	C	62.39% 31.97%	71	C	24.19% 70.1%	72	C	88.91% 10.37%
73	C	80.85% 12.37%	74	D	69.57% 30.34%	75	D	44.68% 45.24%
76	C	61.34% 37.69%	77	A	61.76% 32.04%	78	D	44.52% 41.0%
79	B	77.49% 13.96%	80	B	78.4% 16.99%	81	A	64.91% 32.91%
82	D	61.73% 35.5%	83	C	84.45% 12.93%	84	A	53.12% 40.39%
85	C	21.14% 78.36%	86	B	61.16% 34.45%	87	D	56.29% 32.88%
88	A	43.2% 47.72%	89	C	48.08% 47.29%	90	D	85.79% 11.42%
91	B	83.92% 15.13%	92	C	86.14% 13.46%	93	D	54.85% 44.72%
94	D	87.69% 12.25%	95	B	62.58% 37.29%	96	D	50.94% 47.97%
97	D	44.38% 51.25%	98	A	58.6% 31.86%	99	A	86.96% 12.9%
100	A	78.43% 20.14%	101	B	40.83% 56.17%	102	C	76.06% 16.65%
103	C	76.54% 16.8%	104	D	43.05% 30.89%	105	C	20.37% 79.08%
106	B	61.41% 38.45%	107	B	52.69% 35.4%	108	B	56.45% 32.88%
109	B	51.88% 41.12%	110	A	42.58% 53.3%	111	C	80.45% 10.18%
112	B	46.07% 31.1%	113	C	67.24% 32.26%	114	B	53.21% 45.96%
115	C	67.71% 31.47%	116	B	85.43% 11.86%	117	A	83.17% 15.41%
118	A	43.78% 31.46%	119	A	87.67% 12.31%	120	D	51.48% 35.97%

// Hints and Solutions //

1(A). उपहार की सार्थकता तब निर्भर करती है, जब उपहार दिल से सही समय पर सही व्यक्ति को दिया जाए।
गद्यांश के अनुसार, किसी भी उपहार की सार्थकता तभी है जब वह हृदय से किसी सही व्यक्ति को सही समय और सही जगह पर दिया जाए उपहार देने वाला व्यक्ति दिल में उस उपहार के बदले कुछ पाने की उम्मीद न रखता हो।

2(B). जीवन में कर्म सत्य से प्रेरित होने चाहिए।
गद्यांश के अनुसार, हमें इस जीवन में जो भी करना चाहिए, सत्य से प्रेरित कृत्य के अनुसार करना चाहिए। हमें समय और दूसरे लोगों, दोनों को सम्मान देना चाहिए। इस तरह का कृत्य व्यक्ति के भाग्य को बदल कर रख देता है।

3(A). 'समय को सम्मान' देने से तात्पर्य समय का सदुपयोग करने से है। गद्यांश के अनुसार, हमें समय और दूसरे लोगों, दोनों को सम्मान देना चाहिए। इस तरह का कृत्य व्यक्ति के भाग्य को बदल कर रख देता है।

4(C). 'ऐसा कोई नहीं, जिसने इस संसार में अच्छा किया हो, और उसका अंत बुरा हो' के सन्दर्भ में यह वाक्य सही है :- अच्छे कार्य का फल सदैव अच्छा होता है।
गद्यांश के अनुसार, ऐसा कोई नहीं जिसने इस संसार में अच्छा काम किया हो और उसका अंत बुरा हुआ हो। कहा जाता है कि कर्म ही धर्म है, इसलिए हमें काम करते जाना चाहिए फल अपने आप हमें मिलेगा।

5(B). 'धर्म' शब्द में इक प्रत्यय लगने पर धार्मिक शब्द बनेगा।
- धर्म + इक = धार्मिक
- 'धर्म' मूल शब्द और 'इक' प्रत्यय
- अर्थ: धर्मशील, पुण्यात्मा, धर्म संबंधी।
- विलोम शब्द- 'अधार्मिक'

6(A). कर्म हमें आनन्द की अनुभूति देते है, जिनसे समाज के हित सधते हों।
गद्यांश के अनुसार, यदि हमारे कार्य का उद्देश्य समाज के हित में है तो वह कार्य हमें आनन्द की अनुभूति करवाएगा। कर्म करना परन्तु केवल अपने हित के लिए कर्म करना सार्थक नहीं कहलाएगा।

7(A). 'स्वयं को कर्म के लिए साध लेना' से तात्पर्य है की कर्म करने के लिए सदैव तत्पर रहना।
गद्यांश के अनुसार, 'स्वयं को कर्म के लिए साध लेना' से तात्पर्य है कर्म की महत्ता को समझ लेना और कर्म करने के लिए हमेशा तैयार रहने से है।

8(C). 'उपहार' का समानार्थी भेंट होगा।
- उप + हार = उपहार
- 'उप' (सहायक) उपसर्ग और 'हार' (पराजय) मूल शब्द
- अर्थ: भेंट, पुरस्कार, सौगात, अनुदान, तोहफा, पारितोषिक
- पुल्लिंग

9(C). 'अनुभूति' शब्द का विग्रह अनु + भूति है।
- अनु + भूति = अनुभूति
- 'अनु' (पीछे) उपसर्ग और 'भूति' (उत्पत्ति) मूल शब्द
- अर्थ: अनुभव, संवेदना, अहसास।
- स्त्रीलिंग

10(D). दिए गए गद्यांश के अनुसार निष्कर्ष हैं कि सुकरात को अपना काम न करने देने की स्थिति कठोर दंड जैसी प्रतीत होती क्योंकि "उसे जीवन का उद्देश्य प्राप्त करने से रोक दिया गया होता।"

11(D). दिए गए गद्यांश के अनुसार निष्कर्ष हैं कि मनुष्य को बाहरी सुख लुभाते हैं, क्योंकि 'अच्छे जीवन के लिए' मनुष्य इन सुखो की आशा करता है।

12(D). दिए गए गद्यांश के अनुसार निष्कर्ष हैं कि "जो व्यक्ति रचनात्मक कार्य करने में समर्थ हैं"।

13(B). अस्मांकं परमो धर्म: स्वदेशोन्नयनम्।

14(A). देशोत्रत्या: देशं प्रति भक्ति: देशोत्रत्या: मूलकारणम्।

15(C). जन्मभूमि: यत्र मानवो जन्मलभते भवति।

16(C). इदम् + स्त्रीलिङ्गम् + द्वितीया विभक्ति: + द्विवचनम्

17(A). 'ददातु' इति मुहावरा 'सा प्राणान् अपि दास्यति' इति क्रियापदं प्रत्ययज्ञ-
डुदाञ् + तुमुन्

18(D). स्वदेशं प्रति स्वभाविक: अनुराग: भवति।

19(B). महाराणाप्रताप, दुर्गावती-प्रभृतय: खलु अस्मांकं पथप्रदर्शका:।

20(C). 'सः खलु अस्माकं मार्गदर्शकः' इत्यत्र 'आलम्' इति शब्दः पर्याप्तार्थे प्रयुक्तः।

21(A). दिए गए विकल्पों में से 'वधू' शब्द तत्सम है।
जिसका तद्भव शब्द बहू होगा।
बहू स्त्रीलिंग शब्द है जिसका अर्थ 'नव विवाहिता स्त्री, दुल्हन' होगा।

22(B). दिए गए विकल्पों में से तद्भव शब्द खीर है। अन्य विकल्प असंगत है।
तद्भव शब्द: ऐसे शब्द जो संस्कृत से हिंदी में आने पर उनका रूप बदल गया।

- जैसे - आग, खीर, छत आदि।

अन्य विकल्प:

- खीर : क्षीर
- गली : वीधी
- गेहूँ : गोधूम

23(C). दिए गए विकल्पों में सही उत्तर 'आग' है। अन्य विकल्प इसके अनुचित उत्तर हैं।

- अग्नि - आग
- अटारी - अट्टालिका
- दबाना - दमन
- दूब - दूर्वा

24(A). कपर्दिका का तद्भव रूप कौड़ी है।
तद्भव: तत्सम शब्दों में समय और परिस्थितियों के कारण कुछ परिवर्तन होने से जो शब्द बने हैं उन्हें तद्भव कहते हैं। तद्भव का शाब्दिक अर्थ है – उससे बने (तत् + भव = उससे उत्पन्न), अर्थात् जो उससे (संस्कृत से) उत्पन्न हुए हैं।
कौड़ी -

- कौड़ी संज्ञा है।
- समानार्थी शब्द - कौड़ी, काकिणी, काकनी, श्वेता, पणस्थि

25(C). पलंग तद्भव शब्द है।
तद्भव: तत्सम शब्दों में समय और परिस्थितियों के कारण कुछ परिवर्तन होने से जो शब्द बने हैं उन्हें तद्भव कहते हैं। तद्भव का शाब्दिक अर्थ है – उससे बने (तत् + भव = उससे उत्पन्न), अर्थात् जो उससे (संस्कृत से) उत्पन्न हुए हैं।

- पलंग शब्द का तत्सम रूप पर्यंक है।

26(B). 'छलिया' शब्द में 'इया' प्रत्यय प्रयुक्त हुआ है।
वे शब्दांश जो किसी शब्द के अंत में जुड़कर उसके अर्थ में विशेषता ला देते हैं, प्रत्यय कहलाते हैं।
छल + इया = छलिया

27(A). वे शब्दांश जो किसी 'शब्द के पहले' जुड़कर उसके अर्थ में विशेषता उत्पन्न कर देते हैं, उपसर्ग कहलाते हैं। उपसर्ग दो शब्दों 'उप + सर्ग' से मिलकर बना है जिसमें 'उप' का अर्थ है- 'समीप' तथा 'सर्ग' का अर्थ है- सृष्टि करना।
जैसे- 'प्र'- प्रयत्न, प्रयोग, प्रहार, प्रभार, प्रयोजन आदि।

28(D). 'महत्त्व' में 'त्व' प्रत्यय का प्रयोग हुआ है। प्रत्यय वे शब्दांश होते हैं, जो किसी शब्द के अंत में जुड़कर उसके अर्थ में विशिष्टता ला देते हैं। 'त्व' प्रत्यय से बने शब्द इस प्रकार हैं-
'त्व'- महत्त्व, गुरूत्व, लघुत्व, व्यक्तित्व, देवत्व, अपनत्व आदि।

29(C). दिए गए विकल्पों में से अधः - उपरि सही विकल्प है।
अधः का अर्थ - नीचे, तले।
उपरि का अर्थ - ऊपर ।

30(B). दिए गए विकल्पों में से अनाथ - नाथ उचित विलोम शब्द का युग्म नहीं हैं।
अनाथ - नाथ का सही युग्म है अनाथ - सनाथ।
अनाथ का अर्थ है - असहाय।
सनाथ का अर्थ है - स्वामी रहित।

31(B). दिए गए विकल्पों में में 'विलक्षण अधीर शब्द का पर्यायवाची नहीं है।
'विलक्षण' के पर्यायवाची - अदभुत, अनोखा, विचित्र, अजीब।
'अधीर' के पर्यायवाची- आतुर, धैर्यहीन, व्यग्र, बेकरार, उतावला।

32(D). दिए गए विकल्पों में 'जलज' शब्द अंबुज का पर्यायवाची है।
जलज के अन्य पर्यायवाची - अरविन्द, शतदल, सरसिज, नलिन, पुष्कर, पुण्डरीक।

33(D). दिए गए विकल्पों में 'विद्युत' शब्द दामिनी का पर्यायवाची शब्द है।
'दामिनी' का पर्यायवाची विद्युत है।
विद्युत के अन्य पर्यायवाची शब्द बिजली, चंचला, चपरा।

34(A). वाक्य तीन प्रकार के होते हैं सरल वाक्य, सयुंक्त वाक्य तथा मिश्र वाक्य-
सरल वाक्य: सरल वाक्य में एक उद्देश्य के साथ-2 केवल एक ही समायिका और एक विधेय होते हैं सरल वाक्य कहलाते हैं।
उदाहरण:- बच्चे क्रिकेट खेलते हैं।
संयुक्त वाक्य: दो या दो से अधिक सरल वाक्य योजक शब्दों के द्वारा जुड़कर बनते हैं संयुक्त वाक्य को विभाजित करने पर पुनः सरल वाक्य प्राप्त होते हैं। उदाहरण:- राम आया और सो गया।
मिश्र वाक्य: जिन वाक्यों में एक प्रधान उपवाक्य और इस उपवाक्य पर एक या एक से अधिक आश्रित उपवाक्य होते हैं यह सभी आपस में कि, जो, की, इतना, उतना, इधर, उधर, कब, कितना, जब ,तब जैसा, वैसा, वह, आदि, शब्दों, से जुड़े होते हैं।

35(B). दिए गए प्रश्न में राधा का कुत्ता बहुत तेज दौड़ता है वाक्य में "का" शब्द सम्बन्ध सूचक शब्द है।
सम्बन्ध कारक- जो एक शब्द का दूसरे से सम्बन्ध जोड़े, जैसे- का, की, के, रा, री, रे

36(B). 'तुम कल को आओगे' अशुद्ध वाक्य है क्योंकि इसमें कारक संबंधी त्रुटि है।
इसमें कर्म कारक 'को' का अनावश्यक आगम है।

37(D). 'घात लगाना' मुहावरे का सही अर्थ है - मौके की तलाश करना, तत्पर रहना, उचित समय का इंतज़ार करना
वाक्य प्रयोग : जब बिहारी लाल अपने लड़के की सगाई करने होटल में गया तो पीछे से नौकर ने घात लगा कर कीमती चीज़ों की चोरी कर ली।

38(B). रेखांकित मुहावरे का अर्थ संदेह होना होता है।
वाक्य प्रयोग: ये दोनों कानाफूसी कर रहे हैं, दाल में जरूर कुछ काला है।

39(C). 'कंगाली में आटा गीला' प्रस्तुत लोकोक्ति का अर्थ है- मुसीबत में और मुसीबत आना।

40(D). 'जबरदस्ती चिपका हुआ' इसके अर्थ को दर्शाता सही मुहावरा दिए हुए विकल्पों में से गले पड़ना है।
वाक्य प्रयोग- मैंने उसे एक बार पैसे उधार क्या दे दिए, वह तो गले ही पड़ गया।

41(D). 'घड़ियाली आंसू बहाना' मुहावरे का सही अर्थ है – **दिखावे के लिए रोना** । अन्य विकल्प असंगत हैं।
वाक्य प्रयोग: शीला को अपनी सास के गुजर जाने का कोई दुःख नहीं है। वो तो लोगों के सामने सिर्फ घड़ियाली आंसू बहा रही है।

42(B). जहाँ एक शब्द अनेक अर्थों में प्रयुक्त होता है, वहाँ श्लेष अलंकार होता है।
जब किसी शब्द का प्रयोग एक बार ही किया जाता है पर उसके एक से अधिक अर्थ निकलते हैं तब श्लेष अलंकार होता है।

43(D). 'बल बिलोकी बहुत मेज बचा।' में 'अनुप्रास' अलंकार है।
अनुप्रास: जहां एक ही वर्ण की आवृत्ति एक से अधिक बार हो वह अनुप्रास अलंकार होता है।
उदाहरण: चारु चंद्र की चंचल किरणे, खेल रही थी जल थल में

44(C). "वन शारदी चन्द्रिका-चादर ओढ़े" इस पंक्ति में रूपक अलंकार है।
दिए गए उदाहरण में जैसा कि आप देख सकते हैं - चाँद की रोशनी को चादर के समान ना बताकर चादर ही बता दिया गया है।
इस वाक्य में उपमेय - 'चन्द्रिका है एवं उपमान – 'चादर' है। यहां उपमान एवं उपमेय में अभिन्नता दर्शायी जा रही है।

हम जानते हैं कि जब अभिन्नता दर्शायी जाती हो तब वहां रूपक अलंकार होता है।

45(B). दिए गए अवतरण में यमक अलंकार है क्योंकि अवतरण में "उरबसी" शब्द की आवृत्ति एक से ज्यादा बार हुई है।
एक ही शब्द, जब दो या दो से अधिक बार आये तथा उनका अर्थ अलग-अलग हो, तो वहाँ पर यमक अलंकार होता है।

46(B). 'पीपर पात सरिस मनडोला', पंक्ति में उपमा अलंकार है।
उपमा शब्द का अर्थ होता है – तुलना। जब किसी व्यक्ति या वस्तु की तुलना किसी दूसरे यक्ति या वस्तु से की जाए वहाँ पर उपमा अलंकार होता है।
अर्थात जब किन्ही दो वस्तुओं के गुण, आकृति, स्वभाव आदि में समानता दिखाई जाए या दो भिन्न वस्तुओं कि तुलना कि जाए, तब वहां उपमा अलंकर होता है।

47(B). एकार्थी शब्द का अर्थ: जिन शब्दों का प्रयोग अनेक शब्दो के स्थान पर किया जाए वे उन शब्दों को एकार्थी शब्द या एक शब्द कहलाते है ।
जैसे जिसकी ग्रीवा सुन्दर हो को सुग्रीव कहते है । सुलोचन का अर्थ होता है सुंदर आँखोंवाली।

48(C). 'जीवन' रस शब्द का अनेकार्थी नहीं है।
रस शब्द के अनेकार्थी शब्द – औषधि का अर्क, सार, जल, आनन्द, स्वाद, साहित्य से उत्पन्न आनन्द, षट्रस, नवरस।

49(C). 'अंक' शब्द का अनेकार्थी शब्द 'पृथ्वी' नही है।
अंक' शब्द का अनेकार्थी संख्या, गोद, नाटक का भाग, पत्रिका के अंक, भाग आदि है। 'पृथ्वी' अंक शब्द का अनेकार्थी नहीं है।

50(C). द्विगु समास का उदाहरण नवग्रह है।
नवरात्र: नौ रात्रियों का समूह
द्विगु समास: यदि किसी सामासिक पद में प्रथम पद संख्यावाचक शब्द हो एवं द्वितीय पद संज्ञा शब्द हो तथा समस्त पद समूह का बोध करवाए तो उसे द्विगु समास कहते हैं।

51(C). 'नर-नारी' में द्वन्द्व समास है क्योंकि इसके दोनों पद प्रधान हैं और दोनों संज्ञाएँ हैं और इसके विग्रह होने पर 'नर और नारी' बनेगा अर्थात 'और' शब्द प्रयुक्त होगा। शेष विकल्प असंगत हैं।
द्वन्द समास की परिभाषा: जिस समास में दोनों पद प्रधान हो तथा विग्रह करने पर उनके बीच 'तथा', 'या', 'अथवा', 'एवं' या 'और' का प्रयोग होता हो।

52(A). 'प्रतिदिन' में अव्ययीभाव समास है।
'प्रतिदिन' अर्थात हर दिन। इसमें 'प्रति' शब्द अव्यय है और 'दिन' शब्द संज्ञा है। इसलिए यहाँ अव्ययीभाव समास होगा।
जिस शब्द का पहला पद अव्यय और दूसरा पद संज्ञा हो, तथा समस्त पद अव्यय हो, वहाँ अव्ययीभाव समास होता है।

53(D). विकल्प (D) में दिये गये वाक्यांश तथा उसके लिए एक शब्द की जोड़ी सही नहीं है अतः इसके लिए सही शब्द इस प्रकार है- 'जो अनुकरण करने योग्य हो - अनुकरणीय'। शेष विकल्पों की जोड़ी सही है।

54(C). 'जो भेदा न जा सके' वाक्य के लिए एक शब्द 'अभेद्य' होगा। शेष शब्द इस प्रकार होंगे।
- जो सर्वशक्ति सम्पन्न हो-सर्वशक्तिमान
- जो पुरुष लोहे की तरह बलिष्ठ हो-लौहपुरुष
- जिसे भेदना/तोड़ना कठिन हो-दुर्भेद्य

55(A). 'जिसमें कोई दोष न हो' को 'निर्दोष' कहा जाता है।
भाषा को सुंदर, आकर्षक और प्रभावशाली बनाने के लिए अनेक शब्दों के स्थान पर एक शब्द का प्रयोग किया जाता है तो वह वाक्यांश के लिए एक शब्द कहलाता है।

56(A). उपर्युक्त विकल्पों में से ' जूता' एक देशज शब्द है। अन्य विकल्पों के शब्द विदेशज हैं। वे शब्द जो क्षेत्रीय भाषा में प्रयुक्त होते है तथा ये देश की विभिन्न बोलियों से लिए जाते है, वे शब्द देशज शब्द कहलाते हैं। इसलिए सही विकल्प ' जूता' है।

57(D). उपरोक्त विकल्पों में फुनगी देशज शब्द है क्योंकि यह शब्द आम बोल-चाल की भाषा का शब्द है।

फुनगी का अर्थ है, वृक्ष की शाखा या घास का अगला भाग या सिरा या ऊपरी नोक, पर्वत की चोटी।
ऐसे शब्द जो किसी स्थान विशेष के लोगों द्वारा अपनी आवश्यकतानुसार बना लिए जाते है तथा सीमित क्षेत्र में ही प्रयुक्त किए जाते हैं, देशज शब्द कहलाते हैं। इसलिए, स्पष्ट है कि फुनगी ही सटीक विकल्प है। अन्य विकल्प असंगत है।

58(A). 'बाजरा' अनुकरण रहित देशज शब्द है। अन्य सभी विकल्प विदेशज शब्द हैं।
अनुकरण रहित देशज शब्द वे शब्द जिनके निर्माण की प्रक्रिया का पता नहीं होता, उन्हें अनुकरण रहित देशज शब्द कहते हैं। जैसे – कपास, कौड़ी, बाजरा, अँगोछा, जूता, लोटा, ठर्रा, ठेस, घेवर, झण्डा, मुक्का, लकड़ी, लुगदी।

59(B). यक्ष देवों की एक जाति होती है। जाति शब्द यहाँ सार्थक और उचित विकल्प होगा। अन्य विकल्प असंगत है।
पूर्ण वाक्य- यक्ष देवों की एक जाति होती है।

60(B). उक्त वाक्य में मिश्रण या वाक्य की परिभाषा को प्रस्तुत किया गया है। हम जानते हैं की जिस वाक्य समूह में एक प्रधान वाक्य तथा अन्य आश्रित वाक्य होते हैं, उसे मिश्रण या मिश्र वाक्य कहा जाता है। इस प्रकार दिए गए विकल्पों में से सही विकल्प 'प्रधान, आश्रित' होगा।

61(D). 'देश में राजनीति के प्रति लोगो की उदासीनता को देखते हुए 25 जनवरी को देश में मतदाताओं को जागरूक करने के लिए राष्ट्रीय मतदाता दिवस मनाये जाने का संकल्प लिया गया है।'
उक्त वाक्य व्याकरणिक दृष्टि से शुद्ध और सार्थक है ।

62(B). ज्ञान शब्द यहाँ रिक्त स्थान की पूर्ति हेतु सार्थक है।इसलिए विकल्प (B) ज्ञान उपयुक्त विकल्प है। अन्य विकल्प असंगत है।
पूर्ण सार्थक वाक्य -साहित्य का ज्ञान प्रत्येक मनुष्य के लिए अनिवार्य है।

63(A). 'भगवान' शब्द का स्त्रीलिंग विकल्प (A) भगवती होगा। अन्य विकल्प असंगत है।
हिन्दी व्याकरण में लिंग के दो भेद होते है:
(1) पुलिंग
(2) स्त्रीलिंग
(1) पुलिंग: जिन संज्ञा शब्दों से पुरुष जाति का बोध होता है, उसे पुलिंग कहते हैं।
जैसे- कुत्ता, बालक, नाटक, लोहा, दुःख, लगाव, इत्यादि।
(2) स्त्रीलिंग: जिस संज्ञा शब्द से स्त्री जाति का बोध होता है, उसे स्त्रीलिंग कहते है।
जैसे- माता, रानी, सूई, कुर्सी, लज्जा, बनावट इत्यादि।

64(D). भर्ता का स्त्रीलिंग भर्त्री होता है।
भर्ता का अर्थ- पालन पोषण करने वाला।
भर्त्री का अर्थ- पालन पोषण करने वाली महिला।

65(C). 'विधुर' शब्द पुल्लिंग है जिसका स्त्रीलिंग शब्द 'विधवा' होगा।
जिस पुरुष की पत्नी मर गई हो-विधुर।
जिसका स्त्री का पति मर गया हो-विधवा।

66(C). 'भिक्षुणी' स्त्रीलिंग शब्द है जिसका पुल्लिंग शब्द 'भिक्षुक' होगा।
भिक्षुक के पर्यायवाची शब्द हैं – भिखमंगा, भिखारी, याचक।
भिक्षुणी अर्थात बौद्ध सन्यासिनी।

67(B). 'जाति' शब्द का बहुवचन रूप 'जातियाँ' होगा। बहुवचन शब्द 'जातियाँ' से एक से अधिक वंश, कुल, जन्म, उत्पत्ति का बोध होता है।

68(A). 'चाय' शब्द का प्रयोग एकवचन में होता है।

69(B). 'भारतीय' शब्द का बहुवचन 'भारतीयों' है। 'भारतीयों' शब्द का अभिप्राय भारत में रहने वाले लोगों से है।

70(C). 'दीपा ने खीर बनाई।' यह वाक्य पूर्ण भूतकाल का उदाहरण है।
क्रिया के जिस रूप से यह पता चलता है की कार्य निश्चित किये गये समय से पहले ही पूरा हो चूका था, उसे पूर्ण भूतकाल कहते हैं।

71(C). दिए गए विकल्पों में "यदि वर्षा होती तो फसल अच्छी होती" वाक्य में हेतु- हेतुमद भूतकाल है।

हेतु -हेतुमद भूतकाल: क्योंकि क्रिया के जिस रूप से यह पता चलता कि क्रिया भूतकाल में होती, पर किसी कारण के न हो न सकी ,वहाँ हेतु -हेतुमद भूतकाल होता हैं।

72(C). 'निरोग' का संधि-विच्छेद 'निः + रोग' होगा। इसलिए इसका सही उत्तर निः + रोग' होगा। अन्य विकल्प त्रुटिपूर्ण हैं।

विसर्ग संधि:

- विसर्ग के साथ स्वर या व्यंजन के मेल से विकार उत्पन्न होता है। जैसे- दुः + आत्मा =दुरात्मा, निः + कपट =निष्कपट
- 'निः+रोग' में विसर्ग से पहले 'इ' या 'उ' हो और बाद में 'र' आए तो विसर्ग का लोप हो जाएगा और 'इ' तथा 'उ' दीर्घ 'ई', 'ऊ' में बदल जाता है। इसलिए यहा पर विसर्ग संधि होगी।

संधि - दो शब्दों के मेल से जो विकार (परिवर्तन) होता है उसे संधि कहते हैं।

संधि के तीन प्रकार हैं - 1. स्वर, 2. व्यंजन और 3. विसर्ग,

संधि	परिभाषा	उदाहरण
स्वर	स्वर वर्ण के साथ स्वर वर्ण के मेल से विकार उत्पन्न होता है।	विद्या + अर्थी = विद्यार्थी, महा + ईश = महेश
व्यंजन	एक व्यंजन से दूसरे व्यंजन या स्वर के मेल से विकार उत्पन्न होता है।	अहम् + कार = अहंकार, उत् + लास = उल्लास
विसर्ग	विसर्ग के साथ स्वर या व्यंजन के मेल से विकार उत्पन्न होता है।	दुः + आत्मा = दुरात्मा, निः + कपट = निष्कपट

73(C). 'नायक' शब्द का संधि-विच्छेद 'ने + अक' (ऐ+अ=आय्+अ) होगा। यह अयादि संधि का उदाहरण है। **अयादि संधि-** जब ए, ऐ, ओ और औ के बाद कोई भिन्न स्वर आता है तो 'ए' का अय, 'ऐ' का आय्, 'ओ' का अव् और 'औ' का आव् हो जाता है।

अन्य विकल्प:

संधि	परिभाषा	उदाहरण
गुण संधि	जब संधि करते समय (अ, आ) के साथ इ, ई हो तो तो 'ए' बनता है, जब (अ, आ) के साथ (उ, ऊ) हो तो 'ओ' बनता है, जब (अ, आ) के साथ (ऋ) हो तो 'अर्' बनता है तो यह गुण संधि कहलाती है।	महा + ईश = महेश (आ +ई = ए) देव + ऋषि = देवर्षि (अ +ऋ = अर्)
वृद्धि संधि	अ या आ के बाद ए या ऐ आए तो दोनों के मेल से ऐ हो जाता हैं तथा अ और आ के पश्चात ओ या औ आए तो दोनों के मेल से औ हो जाता हैं।	महा + ऐश्वर्य = माहेश्वर्य

संधि - दो शब्दों के मेल से जो विकार (परिवर्तन) होता है उसे संधि कहते हैं।

संधि के तीन प्रकार हैं - 1. स्वर, 2. व्यंजन और 3. विसर्ग

संधि	परिभाषा	उदाहरण
स्वर	स्वर वर्ण के साथ स्वर वर्ण के मेल से वि	महा + ईश

र	कार उत्पन्न होता है।	= महेश
व्यंजन	एक व्यंजन से दूसरे व्यंजन या स्वर के मेल से विकार उत्पन्न होता है।	उत् + लास = उल्लास
विसर्ग	विसर्ग के साथ स्वर या व्यंजन के मेल से विकार उत्पन्न होता है।	दुः + आत्मा =दुरात्मा

74(D). 'से' (सहायता से के अर्थ में)' करण कारक के चिह्न होते हैं। इसलिए करण कारक इसका सही उत्तर है।

कारक- किसी वाक्य, मुहावरा या वाक्यांश में संज्ञा या सर्वनाम का क्रिया के साथ उनके सम्बन्ध के अनुसार रूप बदलना कारक कहलाता है। अर्थात् व्याकरण में संज्ञा या सर्वनाम शब्द की वह अवस्था है जिसके द्वारा वाक्य में उसका क्रिया के साथ संबंध प्रकट होता है उसे कारक कहते हैं। जो निम्नलिखित हैं-

कारक	चिह्न	अर्थ
कर्ता	ने	काम करने वाला
कर्म	को	जिस पर काम का प्रभाव पड़ रहा हो
करण	से	जिसके द्वारा कर्ता काम करे
संप्रदान	को, के लिए	जिसके लिए क्रिया की जाए
अपादान	से (अलग होना)	जिससे अलगाव हो
संबंध	का, की, के, न, नी, ने, रा, री, रे	अन्य पदों से संबंध
अधिकरण	में, पर	क्रिया का आधार
संबोधन	हे, अरे	किसी को पुकारना, बुलाना आदि

75(D). दिए गए सभी विकल्पों में से 'रामानुज' शब्द में संधि और समास दोनों है।

रामा का अनुज = रामानुज अर्थात तत्पुरुष समास

जिस समास में प्रथम पद गौण और उत्तर पद की प्रधानता होती है और समास करते वक्त बीच की विभक्ति का लोप हो जाता है।

राम + अनुज (अ + अ = आ) = रामानुज = दीर्घ संधि

76(C). 'अहोरात्र' का संधि-विच्छेद अहन् + रात्र होगा।

यह व्यंजन संधि का उदाहरण है।

यदि अहन् शब्द के बाद "र" वर्ण आ जाये तो अहन् को "अहो" हो जाता है यदि आगे "र" वर्ण को छोड़कर अन्य कोई वर्ण आ जाये तो अहन् को "अहर" हो जाता है।

77(A). दिए गए विकल्पों में से उपर्युक्त काव्य पंक्ति में 'संयोग रस' होगा।

- इस काव्य पंक्ति में नायक नायिका के मिलन की स्थिति है।
- संयोग रस शृंगार रस का एक भेद है।
- इस रस में नायक – नायिका के मिलन की स्थिति का वर्णन होता आई। इसके दो भेद हैं- संयोग और वियोग।

78(D). दी गयी पंक्तियों में 'हरिगीतिका' छन्द है। हरिगीतिका चार चरणों वाला एक सम मात्रिक छंद है। इसके प्रत्येक चरण में 16 व 12 के विराम से 28 मात्रायें होती हैं तथा अंत में लघु गुरु आना अनिवार्य है।

79(B). " मैया कबहु बढ़ेगी चोटी

किति बार मोहे दूध पिवाती भई अजहुँ हे छोटी।। "

उपरोक्त पंक्तियों में वात्सल्य रस है। अन्य विकल्प असंगत है। उपरोक्त पंक्तियों में श्रीकृष्ण अपनी माँ से पूछते है कि दूध पिलाने पर भी मेरी बाल क्यों नहीं बढ़ते, इस प्रकार के भाव में वात्सल्य रस दिखाई देता है।

वात्सल्य रस का सम्बन्ध छोटे बालक-बालिकाओं के प्रति माता-पिता एवं सगे-सम्बन्धियों का प्रेम एवं ममता के भाव से है।

वात्सल्य रस का स्थायी भाव वत्सलता या स्नेह है।

80(B). ' बुरे समय को देख कर गंजे तू क्यों रोय। किसी भी हालत में तेरा बाल न बाँका होय।' इस काव्य पंक्ति में हास का संचार हो रहा है जिस कारण इसका स्थायी भाव 'हास' है।

- 'हास्य रस' का स्थायी भाव हास है।
- इस रस के अंतर्गत वेशभूषा, आकार, शारीरिक चेष्टाएँ, वाणी आदि कि विकृति को देखकर मन में जो प्रसन्नता का भाव उत्पन्न होता है, उससे हास की उत्पत्ति होती है इसे ही हास्य रस कहते हैं।

81(A). According to the passage:
The correct synonym of the word "Extortionate" is Exorbitant.
Extortionate means extremely excessive, especially in reference to prices. A close synonym is exorbitant.
Exorbitant means exceeding the customary or appropriate limits in intensity, quality, amount, or size.

82(D). According to the passage:
They descend in a basket tourists reach the base of the crater. Volcano walkers are taken to the mouth of the crater from where they are lowered in a basket into the depths of the earth. It is the size of a cathedral and the Statue of Liberty could easily fit into the shaft. After 6 minutes and 120 metres, visitors arrive at the crater base.

83(C). According to the passage:
The given passage is descriptive passage.
The passage is describing the 'volcano walking' experience. Passage first describes about "Ami B. Stefansson" who made Thrihnukagigur volcano accessible. Then passage describes about the 'Thrihnukagigur volcano', how beautiful it is. Then passage describes about the journey of 'Volcano walkers', how Volcano walkers taken to the depth of volcano, what 'Volcano walkers' saw in the bottom of volcano.
Descriptive passage - A descriptive paragraph is a focused and detail-rich account of a specific topic. paragraphs in this style often have a concrete focus the sound of a waterfall, or the stench of a skunk's spray but can also convey something abstract, such as an emotion or a memory. Some descriptive paragraphs do both.

84(A). According to the passage:
The subterranean walls are scorched with colours from a divine palette: magenta red, vibrant purple, burnt orange, vivid green and honey yellow. The colour intensifies in certain places where 4000 years ago the magma was pushed out with brutal force. This is Mother Nature's secret place, her private art studio where visitors feel like trespassers. The protruding rock faces show a tapestry of patterns and formations that have been molded by heat, pressure and time. Floodlights illuminate the walls and draw attention to the beauty humans were never intended to see.

85(C). Agitation is the antonym of tranquillity.
Tranquillity meaning: Quality or state of being tranquil; calmness; peacefulness; quiet; serenity.
Agitation meaning: A state of anxiety or nervous excitement.
Antonym of wilderness: Metropolis
Antonym of repose: Action
Antonym of composure: Agitation

86(B). According to the passage: Ami B. Stefansson came up with the idea of making the volcano accessible to tourists.
"The idea of making Thrihnukagigur volcano accessible was the brainchild of Ami B. Stefansson, a doctor in Reykjavik and a lifelong cave enthusiast. He has been studying caves in Iceland since 1954 and some would argue that there is no one who has more experience. Thrihnukagigur has always been special to Stefansson ever since he was the first to descend down to the crater base in 1974."

87(D). According to the passage:
Volcano Walking A Unique Experience is the most appropriate title for the passage.
Over thousands of years, volcanic activity has yielded a breathtaking array of incredible features, from craters and calderas to lava flows and tubes. And these features aren't just terms from your elementary school science textbook. You can actually see them up close all you have to do is hike an active volcano. Volcano- On Earth, volcanoes are most often found where tectonic plates are diverging or converging, and most are found underwater.

88(A). According to the passage: The tone of the passage is laudatory.
Laudatory Tone: Descriptive passages adopt this kind of tone so as to discuss a particular subject along with certain justifications. It means expressing praise and commendation.
This passage is all about the experiences of 'Volcano walkers' visiting 'Thrihnukagigur volcano'.
Thrihnukagigur has always been special to Stefansson ever since he was the first to descend down to the crater base in 1974.
Volcano walkers are taken to the mouth of the crater from where they are lowered in a basket into the depths of the earth. At the bottom there is a reverent hush. People whisper in respect to the sleeping giant who has lain dormant for 4,000 years.
The author praises and commends the Mother Nature's secret place.
Therefore, the tone of the passage is "Laudatory."

89(C). According to the passage: The volcano is referred to as the 'sleeping giant' in the passage because it is a dormant volcano.
Dormant volcanos are the volcanos that are quiet but might erupt again in the future. If a volcano that has been silent for years erupts again or shows activity, it is called a "dormant volcano".

90(D). Present perfect tense uses auxiliary verb and past participle for the main verb i.e. verb + ed. This tense forms by have/has + the past participle. Thus, the tense of 'The men had milked the cows.' when changed to present perfect will be 'The men have milked the cows.'

91(B). If the statement is positive, the question tag must be negative and vice versa.
Correct Sentence: They gave up trying to defend themselves, didn't they?

92(C). According to the passage, Flung means to throw, especially with force or abandon.

93(D). Jones' men didn't bother to feed the animals because t hey just forgot to do the job assigned to them.

94(D). According to passage, when evening came the animals were still unfed. At last they could stand it no longer. One of the cows broke in the door of the store-shed with her horn and all the animals began to help themselves from the bins.

95(B). According to the passage, If we look at these lines of the second para, ' With one accord, though nothing of the kind had been planned before, they flung themselves upon their tormentors. Jones and his men suddenly found themselves being butted and kicked from all sides.'

96(D). Outrageous means shocking and morally unacceptable. If we look at these lines of the second para, we can conclude that the behaviour of the animals was frightening and bad, thus, outrageous is the apt answer.

97(D). According to the passage, They had never seen animals behave like this before, and this sudden uprising of creatures frightened them out of their wits.

98(A). According to the passage, " Write out your questions-Take a few minutes to jot down key questions about your health concerns. These are easy to forget if you rely on your memory alone. Also prioritizing questions helps us avoid irrelevant queries that can save time to discuss important issues."
Upon the perusal of the above lines, it is clear that jotting down and prioritizing the key questions will help us to remember the easy to forget questions and avoid irrelevant queries.

99(A). According to the passage, " Be there on time-reach 15 to 20 minutes before the appointment time. This will give you enough time to check-in and have your preliminary assessments done."
It can be concluded from the above lines that 'preliminary assessments can be done' is true as it is written that we have to reach before the appointment time so that we have enough time to check in and have our preliminary assessments done.

100(A). According to the passage, "Write out your questions-Take a few minutes to jot down key questions about your health concerns."
According to the passage, "However, seeing a team doctor contributes to better and more efficient care because minute details are picked up which could have been missed otherwise."
Upon the perusal, it can be concluded that before visiting the doctor we have to jot down means we have to write down key questions about health concerns is true and Seeing a team doctor is not helpful at all is false as in the passage it is described that seeing a team doctor contributes to better and more efficient care.
So, A is true and B is false.

101(B). The most appropriate antonym of insidious is sincere.
- Insidious means stealthily treacherous or deceitful, secretly causing harm.
- Sincere means free from pretense or deceit; not dishonest, genuine in feeling.

102(C). Bitterness: Sharpness of taste, lack of sweetness
Acrimony: Bitterness or ill-feeling

Sourness: Having an acid taste like lemon or vinegar
Hoarseness: Sounding rough and harsh, typically as the result of a sore throat or of shouting
Aspersion: An attack on the reputation or integrity of someone or something
Synonym of Bitterness is Acrimony.

103(C). The plural form of "Dictionary" is "Dictionaries". 'Dictionary' ends in 'y' and 'y' is preceded by a consonant; i.e. 'r', so, we should suffix 'ies' to pluralize it.

104(D). "Im-" prefix can be used before all the following words: proper, polite, mortar, movable. When we add 'Im-' to the given words: Improper, Impolite, Immortal and Immovable.

105(C). The correct order will be PQSR.
While arranging the parts of the sentence given in options, we have to find some grammatical or contextual connections between them, so let's find out.
In this sentence, we can see that there are different parts like Subject, indirect object, subject of subordinating clause and verb, indirect object and direct object.
The sentence must start with P as it is providing an introduction to the context with the help of "His numerous writings."
- P must be followed by Q as it is providing an indirect object to the subject "from 1823 onwards, were the reservoirs."
- Q must be followed by S as it is talking about "entire energy."
- R must be the last part as it is providing a conclusion to the sentence with the help of the preposition "of."
Correct sentence: His numerous writings, from 1823 onwards, were the reservoirs in which the entire energy of life was stored.

106(B). The correct order will be RPSQ.
'Management is a set of processes' acts as a subject. Thus, part R initiates the sentence.
The word ' that ' is a conjunction that connects two sentences. Thus connecting part R with part P.
The word ' and ' is a conjunction that two words, two phrases that are grammatically equal. Thus part S is followed by part Q.
The correct sentence is: 'Management is a set of processes that can keep a complicated system of people and technology running smoothly.

107(B). The correct order will be QSRP.
if a part consists of any articles like 'A', 'An', 'The', then it can be the starting of the sentence. Thus, part Q initiates the sentence.
Part S tells us about what the solar system is. Thus, comes next to complete the sentence.
The word 'which' acts as a pronoun that refers to the solar system. Hence comes in third place.
Part P concludes the sentence by telling the function of celestial bodies.
The correct answer is: 'The solar system is a centrifugal force bound system which consists of the sun and other celestial bodies that orbits it directly or indirectly.

108(B). **Correct Sentence is:** My uncle lives in **a** home for **the** elderly.
The definite article 'the' is used with the name

of things that are unique or already mentioned before. Whereas the article 'a' is used with the name of things that are not specific.

The article 'an' is used with the words having the sound of a vowel.

For example:

I met a person on my way to the office. The person turned out to be an old friend.

According to the rules given above, the article 'a' can never be used with a word starting with a vowel. The options (A), (C), and (D) will become invalid as the article 'a' cannot be used with 'elderly'.

Hence the (B) option will be the most appropriate choice in the current scenario.

109(B). The correct statement is: Without the advice of a doctor, taking medicines is dangerous.

From the given option 'taking' is a noun and also acting a verb + 'ing' form. None of the other option follow the required parameter of being a noun and also acting as a verb + 'ing' form. So, So, in the given sentence, 'taking' is the correct option.

110(A). Have you ever **seen** such a beautiful scene?

'Seen' is the past participle of the verb 'see' and the appropriate choice in the given sentence. 'Seen' is used as an expression of approval or agreement or when seeking confirmation of an utterance.

111(C). Smith's affection **for** camp and penchant for mixing performance art and film transformed his screenings into happenings.

There are two words that take different prepositions after them:

'Affection' takes the preposition 'for' after it.

For example, A mother has equal affection for all of her kids.

'Affectionate' takes the preposition 'to' after it.

For example, Samir has always been affectionate to his fellow beings.

So, in the given blank, 'for' will be the most appropriate choice.

112(B). The correct answer is "We were surprised about her failure to get admission in the Science stream".

- The given sentence is in the active voice and 'her failure' is the subject and 'us' is the object.
- When we convert this sentence into passive voice, the subject 'her failure' of the active voice becomes the object, the object 'us' becomes the subject 'we'.
- The passive format "were + V 3 (surprised)" should be used.
- This is the active and passive voice rule for the past simple tense.

113(C). Given sentence is grammatically incorrect.

Here, 'of students' should be used instead of 'of student'.

As per the 'subject-verb agreement' rule, after 'A number of/ A large number of/ A great number of' a plural countable noun is used and it is followed by a plural verb.

So, 'of students' should be used.

Correct Sentence: A large number of students have participated in this music video.

114(B). Here, 'when the passengers' should be used instead of 'than the passengers'.

We know that 'Scarcely/ Hardly' is followed by 'when'.

Thus, the erroneous part is 'than the passengers'.

Correct Sentence: Scarcely had the train stopped at the platform when the passengers started pushing each other to enter the train.

115(C). Here, 'from going abroad' should be used instead of 'to go abroad'.

We know that 'prevent' is followed by 'from' not 'to'. After the preposition, the gerund form of the verb is used.

Thus, the correct answer is 'to go abroad'.

Correct Sentence: His father prevented him from going abroad for higher studies.

116(B). Direct speech - Your sister will say, "I have lost my pen again."

Here, tense of the Reporting Verb is simple future, so according to rule tense of the r eported Speech will not change. Only 'has' changes into 'have'.

117(A). The meaning of the 'Palsy-walsy friends' is good friends, pals, or buddies.

Example: I'm surprised you haven't met Ravi's new palsy-walsy friends from school yet.

118(A). Wind down: (of a person) relax after stress or excitement.

For example: I sank into a hot bath in order to wind down.

119(A). 'Sanctuary' is a nature reserve for birds or animals.

Example: The animal sanctuary is a no-kill shelter that provides abandoned animals with safe homes.

120(D). Option (D) is correct grammatically and contextually. Because the statement talks about multiple people and thus 'are' is correct. And because of this, we can say that option (A) will be wrong because the verb 'is' is given in it which is wrong.

One is entitled 'to' something and not 'for'. This eliminates option (B).

Option (C) is incorrect as 'a rights' is incorrect grammatically.

Hindi Language

Ques (1-8): निर्देश: निम्नलिखित गद्यांश को पढ़कर नीचे दिए गए प्रश्नों के लिए सबसे उचित विकल्प का चयन करें।

हमारी हीनता और श्रेष्ठता का सम्बन्ध देश की हीनता और श्रेष्ठता से जुड़ा हुआ है। जब हम कोई हीन या बुरा काम करते हैं तो हमारे माथे पर ही कलंक का टीका नहीं लगता, बल्कि देश का भी सिर नीचा होता है और उसकी प्रतिष्ठा गिरती है। जब हम कोई श्रेष्ठ कार्य करते हैं तो उससे हमारा ही सिर नहीं ऊँचा होता, बल्कि देश का भी सिर ऊँचा होता है और उसका गौरव बढ़ता है। इसलिए हमें कोई ऐसा कार्य नहीं करना चाहिए जिससे देश की प्रतिष्ठा पर आँच आए।

क्या आप चलती रेलों में, क्लबों में, चौपालों पर और मोटरबसों में कभी ऐसी चर्चा करते हैं कि हमारे देश में यह नहीं हो रहा, वह नहीं हो रहा है और यह गड़बड़ है, यह परेशानी है? साथ ही, क्या आप अपने देश की तुलना किसी देश से करते हैं कि कौन-सा देश श्रेष्ठ और कौन-सा देश हीन है? यदि हाँ, तब आप को चिंता होगी कि देश की प्रतिष्ठा को बनाए रखने के लिए हमें क्या करना चहिए।

क्या आप कभी केला खाकर छिलका रास्ते में फेंकते हैं? अपने घर का कूड़ा बाहर फेंकते हैं? अपशब्दों का प्रयोग करते हैं? इधर की उधर, उधर की इधर लगाते हैं? अपने घर, दफ़्तर, गली को गन्दा रखते हैं? होटलों, धर्मशालाओं में या दूसरे ऐसे ही स्थानों में, जीनों में, कोनों में पीक थूकते हैं? उत्सवों, मेलों, रेलों और खेलों में ठेलम-ठेल करते हैं, निमंत्रित होने पर विलम्ब से पहुँचते हैं या वचन देकर भी घर आने वालों को समय पर नहीं मिलते और इसी तरह शिष्ट व्यवहार के विपरीत आचरण करते हैं?

यदि आपका उत्तर 'हाँ' है, तो आप के द्वारा देश के सम्मान को भयंकर आघात लग रहा है और राष्ट्रीय संस्कृति को गहरी चोट पहुँच रही है।

यदि आपका उत्तर 'नहीं', तो आपके द्वारा देश का सम्मान बढ़ेगा और संस्कृति भी सुरक्षित रहेगी।

1. हमारी हीनता और श्रेष्ठता का सम्बन्ध किससे जुड़ा है?
1. देश की हीनता और श्रेष्ठता
2. कोई हीन या बुरा काम
3. शिष्ट व्यवहार के विपरीत आचरण
4. देश की प्रतिष्ठा

(a) 1   (b) 2
(c) 3   (d) 4

2. शिष्ट व्यवहार का उदाहरण है:
1. वचन न निभाना
2. अपशब्दों का प्रयोग करना
3. कूड़ा बाहर फेंकना
4. समय का पाबंद होना

(a) 1   (b) 2
(c) 3   (d) 4

3. गद्यांश के अनुसार असल गड़बड़ है:
1. कमियों को उजागर करना
2. शिष्ट आचरण करना
3. दूसरे देशों की जानकारी रखना
4. केवल निंदा करना, सही व्यवहार न करना

(a) 1   (b) 2
(c) 3   (d) 4

4. लेखक की दृष्टि में सर्वाधिक महत्वपूर्ण है:
1. देश की श्रेष्ठता एवं प्रतिष्ठा
2. अपने देश की दूसरे देश से तुलना करना
3. शिष्ट व्यवहार की अनदेखी करना
4. राष्ट्रीय संस्कृति की उपेक्षा करना

(a) 1   (b) 2
(c) 3   (d) 4

5. 'श्रेष्ठता' से तात्पर्य है:
1. शुद्धता
2. उत्कृष्टता
3. स्वीकृति
4. सम्मान

(a) 1   (b) 2
(c) 3   (d) 4

6. 'इधर की उधर लगाने' का अर्थ है:
1. बातें बताना
2. हेराफेरी करना
3. चुगली करना
4. आदान-प्रदान करना

(a) 1   (b) 2
(c) 3   (d) 4

7. प्रत्यय की दृष्टि से भिन्न शब्द की पहचान अंकित कीजिए।
1. मधुरता
2. प्रभुता
3. हीनता
4. राष्ट्रीय

(a) 1   (b) 2
(c) 3   (d) 4

8. 'संस्कृति' का संधि-विच्छेद क्या है?
1. सस् + कृति
2. सम् + कृति
3. सं + स्कृति
4. सं + कृति

(a) 1   (b) 2
(c) 3   (d) 4

Ques (9-12): निर्देश: नीचे दिए गद्यांश को पढ़कर पूछे गए प्रश्नों के सही /सबसे उपयुक्त उत्तर वाले विकल्प को चुनिए।

मेरे बड़े भाई साहब मुझसे पाँच साल बड़े थे, लेकिन केवल तीन दरजे आगे। उन्होंने भी उसी उम्र में पढ़ना शुरू किया था जब मैंने शुरू किया, लेकिन तालीम जैसे महत्त्व के मामले में वह जल्दबाजी से काम लेना पसंद न करते थे; इस भवन की बुनियाद खूब मज़बूत डालना चाहते थे, जिस पर आलीशान महल बन सके। एक साल का काम दो साल में करते थे। कभी-कभी तीन साल भी लग जाते थे। बुनियाद ही पुख्ता न हो तो मकान कैसे पायदार बने।

मैं छोटा था, वे बड़े थे। मेरी उम्र नौ साल की थी, वे चौदह साल के थे। उन्हें मेरी निगरानी का पूरा और जन्मसिद्ध अधिकार था और मेरी शालीनता इसी बात में थी कि उनके हुक्म को कानून समझूँ। वह स्वभाव के बड़े अध्ययनशील थे। हरदम किताब खोले बैठे रहते और शायद दिमाग को आराम देने के लिए कभी कॉपी पर, कभी किताब के हाशियों पर, चिड़ियों, कुत्तों, बिल्लियों की तस्वीरें बनाया करते थे। कभी-कभी एक ही नाम या शब्द या वाक्य दस-बीस बार लिख डालते। कभी एक शेर को बार-बार सुंदर अक्षरों में नकल करते। कभी ऐसी शब्द-रचना करते जिसमें न कोई अर्थ होता, न कोई सामंजस्य। जैसे एक बार उनकी कॉपी पर मैंने इबारत देखी--स्पेशल, अमीना, भाइयो-भाइयो, भाई-भाई, श्रीयुत् राधेश्याम--इनके बाद आदमी का चेहरा बना हुआ था। मैंने बहुत चेष्टा की कि इस पहेली का कोई हल निकालूँ लेकिन असफल रहा और उनसे पूछने का साहस न हुआ। वे नवीं कक्षा में थे, मैं पाँचवीं में। उनकी रचनाओं को समझना मेरे लिए छोटा मुँह और बड़ी बात थी।

--मुंशी प्रेमचंद

9. उम्र में पाँच साल का और पढ़ाई में दो कक्षाओं का अंतर बताता है कि:
(a) छोटे भाई की उम्र घटा दी गई थी
(b) बड़ा भाई पढ़ने में तेज न था
(c) छोटा भाई एक वर्ष में दो कक्षाएँ उत्तीर्ण कर गया था
(d) बड़े भाई को देर से स्कूल भेजा गया था

10. कॉपी पर लिखे शब्दों व चित्रों से किस मनःस्थिति का पता चलता है?
(a) भटकाव   (b) एकाग्रता
(c) अध्ययनशीलता   (d) दत्तचित्त होना

11. 'तालीम' शब्द है:
(a) देशज   (b) आगत
(c) तत्सम   (d) तद्भव

12. छोटा मुँह बड़ी बात' मुहावरे का अर्थ है:
    (a) बात को बढ़ा देना
    (b) आयु में छोटा होना
    (c) छोटा होकर भी बड़ी-बड़ी बातें कहना
    (d) गुणी और समझदार होना

Ques (13-20): निर्देश : निम्नलिखित गद्यांश को पढ़कर पूछे गए प्रश्नों के सही/सबसे उपयुक्त उत्तर वाले विकल्प को चुनिए।

जिस विद्यार्थी ने समय की कीमत जान ली, वह सफलता को अवश्य प्राप्त करता है। प्रत्येक विद्यार्थी को अपनी दिनचर्या की समय-सारणी अथवा तालिका बनाकर उसका पूरी दृढ़ता से पालन करना चाहिए। जिस विद्यार्थी ने समय का सही उपयोग करना सीख लिया उसके लिए कोई भी काम करना असंभव नहीं है। कुछ लोग ऐसे भी हैं जो कोई काम पूरा न होने पर समय की दुहाई देते हैं। वास्तव में सच्चाई इसके विपरीत होती है। अपनी अकर्मण्यता और आलस को वे समय की कमी के बहाने छिपाते हैं। कुछ लोगों को अकर्मण्य रह कर निठल्ले समय बिताना अच्छा लगता है ऐसे लोग केवल बातूनी होते हैं। दुनिया के सफलतम व्यक्तियों ने सदैव कार्यव्यस्तता में जीवन बिताया है। उनकी सफलता का रहस्य समय का सदुपयोग रहा है। दुनिया में अथवा प्रकृति में हर वस्तु का समय निश्चित है। समय बीत जाने के बाद कार्य फलप्रद नहीं होता।

13. विद्यार्थी को सफलता प्राप्त करने के लिए आवश्यक है:
    (a) समय की दुहाई देना
    (b) समय की कीमत समझना
    (c) समय बर्बाद करना
    (d) समय के अनुसार काम न करना

14. कार्य किस स्थिति में फलप्रद नहीं होता?
    (a) समय न आने पर   (b) समय कम होने पर
    (c) समय बीत जाने पर   (d) समय अधिक होने पर

15. विद्यार्थी को सफलता प्राप्त करने के लिए क्या करना चाहिए?
    (a) समय-सारणी का पालन   (b) समय का दुरुपयोग
    (c) अकर्मण्यता का पालन   (d) दृढ़ता का पालन

16. कुछ लोग समय की कमी के बहाने क्या छिपाते हैं?
    (a) अपनी अकर्मण्यता व आलस
    (b) अपना निठल्लापन
    (c) अपनी कमियाँ
    (d) अपना बातूनीपन

17. "सदुपयोग"' का सही संधि-विच्छेद होगा :
    (a) सद + उपयोग   (b) सदु + उपयोग
    (c) सद् + उपयोग   (d) सदा + उपयोग

18. दुनिया के सफलतम व्यक्तियों की सफलता का रहस्य क्या है?
    (a) समय का दुरुपयोग
    (b) समय को बर्बाद करना
    (c) समय का सदुपयोग
    (d) सही समय पर आराम करते रहना

19. "दृढ़ता" का समानार्थी शब्द नहीं है :
    (a) अटल   (b) स्थायित्व
    (c) अडिग   (d) अस्थिरता

20. 'अकर्मण्यता' शब्द में मूल शब्द एवं उपसर्ग होगा :
    (a) अकर्मण्य + ता   (b) अ + कर्मण्यता
    (c) अक + कर्मण्यता   (d) अकर्म + अण्यता

21. 'पसीना' शब्द का तत्सम क्या होता है?
    (a) पशीना   (b) प्रस्विन्न
    (c) पश्मीना   (d) पषीना

22. निम्न में से तत्सम रूप _________ है।
    (a) भैंस   (b) बारह

23. निम्नलिखित में से कौन-सा युग्म सही सुमेलित नहीं है?
    (a) केला-कदली   (b) पसीना-प्रस्विन्न
    (c) ओझा-उपाध्यक्ष   (d) कपास-कपाट

24. इनमें से कौन सा शब्द तत्सम नहीं है?
    (a) अग्नि   (b) घोटक
    (c) घट   (d) मोती

25. निम्नलिखित में से कौन-सा शब्द तद्भव नहीं है?
    (a) दुआर   (b) सायं
    (c) गिरिस्ती   (d) पाँव

26. दुकाल में कैसा उपसर्ग है?
    (a) उर्दू   (b) फारसी
    (c) हिन्दी   (d) अरबी

27. धातु के अंत में जोड़े जाने वाले प्रत्यय हैं।
    (a) किया द्योतक प्रत्यय   (b) कृत प्रत्यय
    (c) तद्धित प्रत्यय   (d) भाव द्योतक प्रत्यय

28. उपसर्ग बताइए:
    अतींद्रीय
    (a) अति   (b) अतो
    (c) ब   (d) अत

29. 'चिरंतन' का विलोम शब्द है:
    (a) अंत   (b) आदि
    (c) निरंतन   (d) नश्वर

30. 'ठोस' का विलोम शब्द है:
    (a) सघन   (b) तरल
    (c) घन   (d) निर्धन

31. 'घर' का पर्यायवाची शब्द नहीं है:
    (a) निलय   (b) निकेतन
    (c) विलय   (d) सदन

32. इनमें से 'कोदण्ड' का पर्यायवाची कौन-सा है?
    (a) भाला   (b) तलवार
    (c) फावड़ा   (d) धनुष

33. 'अस्त' का विलोम शब्द है:
    (a) शाश्त   (b) सशस्त
    (c) शस्त   (d) वस्त

34. 'जीवन और साहित्य का घोर संबंध है' वाक्य का शुद्ध रूप कौन सा है?
    (a) जीवन और साहित्य में निकट संबंध है।
    (b) जीवन और साहित्य का घनिष्ठ संबंध है।
    (c) जीवन और साहित्य का पास का संबंध है।
    (d) जीवन और साहित्य में परस्पर संबंध है।

35. निम्नलिखित में से किस शब्द की वर्तनी अशुद्ध है?
    (a) अनंग   (b) परिहास
    (c) व्यंग   (d) हास्य

36. निम्नलिखित में से कौन सा वाक्य शुद्ध है?
    (a) एक फूलों की माला लाओ।
    (b) मेरी बात सुनने की कृपा करें।
    (c) नेता जी का का राष्ट्र आभारी है।

(d) यहां शुद्ध गाय का दूध मिलता है।

37. 'अति का भला न बरसना, अति की भली न धूप' लोकोक्ति का अर्थ है:
(a) अधिक बारिश होना।
(b) अधिक धूप निकलना।
(c) किसी भी बात या वस्तु का अधिक होना ठीक नहीं।
(d) बरसात में धूप निकलना।

38. 'आ बैल मुझे मार' इस कहावत का सही अर्थ बताइए।
(a) छेड़छाड़ करना।
(b) जानबूझ कर मुसीबत में पड़ना।
(c) बलशाली के सामने वीरता दिखाना।
(d) कायर होते हुए भी वीरता का प्रदर्शन करना।

39. 'बात का धनी' मुहावरे का अर्थ है-
(a) वायदे का पक्का।   (b) बहुत बातें करना।
(c) बात से धनी होना।   (d) समझदार होना।

40. **निर्देश** : नीचे दिए गए मुहावरा के लिए सबसे उचित अर्थ वाले विकल्प का चयन कीजिये।
छाती पर मूंग दलना
(a) असम्भव कार्य करना   (b) दुःख देना
(c) कठिन कार्य करना   (d) मूंग की दाल खाना

41. 'सीधी उँगली से घी नहीं निकलता' लोकोक्ति का भावार्थ है:
(a) उँगली टेढ़ी करके घी निकालना चाहिए
(b) कभी उँगली से घी नहीं निकालना चाहिए
(c) बहुत सीधा होने से काम नहीं चलता
(d) घी हमेशा चम्मच से ही निकलना चाहिए

42. 'लक्ष्य' का अनेकार्थक शब्द है:
(a) नाम, बल   (b) गति, चाल
(c) निशाना, उद्देश्य   (d) सही, गलत

43. 'सुधा' का अनेकार्थक शब्द क्या है?
(a) अमृत, पानी   (b) प्राण, प्रियतम
(c) बादल, बिजली   (d) सेना, शक्ति

44. 'सारंग' का अनेकार्थी शब्द समूह है।
(a) हाथी, वादा, रजामन्दी   (b) हाथी, कोयल, कामदेव
(c) दोगला, योग, कामदेव   (d) रजामन्दी, कोयल, वादा

45. दशानन में कौन सा समास है?
(a) बहुब्रीहि समास   (b) कर्मधारय समास
(c) द्वंद्व समास   (d) द्विगु समास

46. 'चार राहों का समाहार' का समस्त पद है:
(a) चौराहा   (b) चौपदी
(c) तिराहा   (d) चरवाहा

47. 'हथकड़ी' का सामासिक विग्रह है:
(a) हाथों की कड़ी   (b) हाथ की कंदी
(c) हाथ की कड़ी   (d) हाथ की कनी

48. "जिसे भय नहीं है" इस वाक्यांश के लिए एक सार्थक शब्द दीजिए।
(a) बहादुर   (b) श्रेष्ठ
(c) निर्दय   (d) निर्भय

49. कम बोलने वाले व्यक्ति इस वाक्यांश के लिए एक सार्थक शब्द दीजिए।
(a) मितभाषी   (b) व्याख्याता
(c) मितव्ययी   (d) वाचाल

50. **निर्देश:** दिए गए शब्दों के लिए एक शब्द बताइए।
'कार्य करने वाला व्यक्ति'
(a) कार्यकर्ता   (b) कल्पनातीत
(c) केन्द्राभिमुख   (d) कामचोर

51. निम्नलिखित में से आसार शब्द है:
(a) तत्सम   (b) विदेशज
(c) तन्द्रव   (d) देशज

52. निम्नलिखित में से कौन-सा शब्द विदेशज है?
(a) किरन   (b) सूप
(c) उपास   (d) फुनगी

53. 'अखरोट' शब्द किस विदेशी भाषा से आया है?
(a) पश्तो   (b) रोमन
(c) जापानी   (d) अरबी

54. सही शब्द का चयन करते हुए रिक्त स्थान की पूर्ति कीजिए।
भाषा के लिखने के ढंग को _____ कहते हैं।
(a) वर्ण   (b) शब्द
(c) वाक्य   (d) लिपि

55. निम्नलिखित वाक्य में उपयुक्त विकल्प के द्वारा रिक्त स्थान की पूर्ति कीजिये-
'हिमालय' संस्कृत के '_____' तथा '_____' दो शब्दों से मिलकर बना है जिसका शाब्दिक अर्थ 'बर्फ़ का घर' होता है।
(a) हिमा, लय   (b) आलय, हिम
(c) हिमानी, घर   (d) हिम, आलय

56. **निर्देश:** दिए गए विकल्पों में से सही विकल्पों का चयन करके वाक्य पूर्ण करें।
अर्थ के अनुसार _____ के कुल _____ भेद होते हैं।
(a) संबंध बोधक अव्यय, बारह
(b) समुच्चय बोधक, आठ
(c) क्रिया विशेषण, सात
(d) विशेषण, बारह

57. प्रस्तुत पंक्ति को पूर्ण करने के लिए दिए गए विकल्पों में से सही का चयन कर रिक्त स्थान भरें।
'एक _____ मोतियों से ____'
(a) बूँद, जड़ा   (b) थाल, भरा
(c) जाल, जड़ा   (d) घड़ा, खड़ा

58. 'कस्तूरी' शब्द _____ है ।
(a) पुल्लिंग   (b) स्त्रीलिंग
(c) उभयलिंग   (d) इनमें से कोई नहीं

59. **निर्देश:** निम्नलिखित प्रश्न में चार विकल्पों में से उस विकल्प का चयन करें जो दिए गए शब्द का सही स्त्रीलिंग वाला विकल्प है।
हंस
(a) हंसिनी   (b) हंसीनी
(c) हंसी   (d) हंसिया

60. **निर्देश:** निम्नलिखित प्रश्न में चार विकल्पों में से, दिए गए शब्द का सही स्त्रीलिंग रूप वाला विकल्प चुनिए।
कुम्हार
(a) कुम्हारी   (b) कुम्हारिन
(c) कॉम्हिन   (d) कुम्हरईन

61. निम्न में से कौन-सा शब्द स्त्रीलिंग है?
(a) आज्ञा   (b) मार्ग
(c) परिमाण   (d) गृह

62. निम्न में से कौन सा शब्द अपने विभक्ति रहित रूप में दोनों वचनों में समान रहता है?

(a) शाखा   (b) साधु
(c) बात   (d) सड़क

63. 'बाल' का उचित वचन है:
(a) एकवचन   (b) बहुवचन
(c) दोनों   (d) इनमें से कोई नहीं

64. निम्नलिखित में से किस शब्द का प्रयोग एकवचन में होता है?
(a) ताने   (b) जनता
(c) तोते   (d) कमरे

65. निम्नलिखित प्रश्न में, चार विकल्पों में से, उस सही विकल्प का चयन करें, जो वाक्य के काल के भेद का सही विकल्प हो।
मैंने खाना बनाया है।
(a) सामान्य वर्तमान काल   (b) आसन्न भूतकाल
(c) अपूर्ण वर्तमान काल   (d) संभाव्य वर्तमान काल

66. 'अभी-अभी एक लड़का ये समान रखकर वापस जा रहा था।' वाक्य में प्रयुक्त काल बताएं।
(a) वर्तमान काल   (b) आसन्न भूतकाल
(c) भविष्यत काल   (d) इनमें से कोई नहीं

67. "निसदिन बरसत नैन हमारे" इस पंक्ति में किस रस का वर्णन है?
(a) वीर   (b) भयानक
(c) वात्सल्य   (d) श्रृंगार

68. "विस्मय" स्थायी भाव किस रस में होता है?
(a) हास्य   (b) शांत
(c) अद्भुत   (d) वीभत्स

69. वीर रस का स्थायी भाव क्या है?
(a) रति   (b) हास्य
(c) उत्साह   (d) क्रोध

70. 'सुखार्तः' में कौन-सी सन्धि है?
(a) दीर्घ   (b) वृद्धि
(c) गुण   (d) अयादि

71. 'एचोऽयवायावः' सूत्र किस सन्धि का विधान करता है?
(a) दीर्घ   (b) गुण
(c) अयादि   (d) वृद्धि

72. 'विवाहोत्सव' शब्द का संधि विच्छेद होगा-
(a) विवा + होत्सव   (b) विवाह + त्सव
(c) विवाह + उत्सव   (d) विवाह + सव

73. 'मेरी भव बाधा हरो, राधा नागरि सोय। जा तन की झाँई परे, श्याम हरित दुति होय।' यह कौन-सा छंद है?
(a) चौपाई   (b) सोरठा
(c) बरवै   (d) दोहा

74. 'करुण रस' का स्थायी भाव क्या है?
(a) क्रोध   (b) शोक
(c) भयानक   (d) विस्मय

75. 'श्रृंगार रस' के स्थायी भाव का नाम बताइए।
(a) हास   (b) भय
(c) रति   (d) उत्साह

76. छन्द के कितने भेद है?
(a) 4   (b) 8
(c) 5   (d) 9

77. 'तीन बेर खाती सो तीन बेर खाती है' में कौन-सा अलंकार है?
(a) उपमा   (b) श्लेष
(c) उत्प्रेक्षा   (d) यमक

78. 'पिउ सो कहेव संदेसड़ा, हे भौंरा हे काग। सो धनि विरही जरिमुई, तेहिक धुवाँ हम लाग।' यहाँ कौन सा अलंकार होगा?
(a) उपमा अलंकार   (b) श्लेष अलंकार
(c) उत्प्रेक्षा अलंकार   (d) यमक अलंकार

79. 'बांधा था विधु को किसने, इन काली जंजीरों से, मणिवाले फणियों का मुख, क्यों भरा हुआ हीरों से।' इनमें कौन-सा अलंकार है?
(a) श्लेष   (b) विरोधाभास
(c) अतिशयोक्ति   (d) उत्प्रेक्षा

80. 'बीती विभावरी जाग री। अम्बर-पनघट में डुबो रही तारा-घट ऊषा नागरी।' इसमें कौन-सा अलंकार है?
(a) उपमा   (b) यमक
(c) रूपक   (d) उत्प्रेक्षा

English Language

Ques (81-89): Direction. Read the passage given below and answer the question/complete the statements that follow by choosing the best options from the given ones.

1. By absolute standards, people are slow readers. Yet, they differ widely in reading rates. Some gulp books by taking in a hundred words or more within a minute; others plod along through weeks or more. However, there is nothing to prove that slow readers retain and comprehend the reading matter better.

2. Now, it is a fast that the reading rate can be improved by exercise. Many techniques to teach people to read faster were undertaken, for the first time at Harvard University in the United States after the Second World War, and classes were organised for businessmen wishing to learn fast reading.

3. A widely held opinion is that when a person reads, his eyes sweep smoothly across the page. Actually during an hour of continuous reading, his eyes remain fixed for an average of 57 minutes, and only move in the remaining three minutes. The greater the number of words the reader can cover during a stop and the better he comprehends them, the faster the reading. Precisely this goal is sought in training people to read fast.

4. It appears that fast reading should be started at school when children have not yet picked up bad reading habits (especially subvocalising), that is the tendency to form words with their vocal chords. It is a well known fact that a drawing, a diagram or a photograph will usually carry more information than a printed text taking up the same area. A person grasps this graphic information all at a time. This ability is usually utilized in technical publications, but not to the full extent yet. Coupled with fast reading, this may raise the rate of information input tens or even hundreds of times.

81. Read the following statements:
(a) Some people read books very fast.
(b) However, they do not understand all that they have read.
(c) Slow readers have better understanding and retention of the materials that they have read.
1. (a) is true and (b) and (c) are false.
2. (a) and (b) are true and (c) is false.
3. (a) is false and (b) and (c) are true.
4. (a) and (c) are true and (b) is false.
(a) 1   (b) 2
(c) 3   (d) 4

82. Which of the following countries initiated the efforts to

make businessmen learn fast reading?
1. Germany
2. The United Kingdom
3. The United States
4. France

(a) 1 (b) 2
(c) 3 (d) 4

83. In one hour of continuous reading for how long do a person's eyes remain static?
1. 1 minute
2. 3 minutes
3. 57 minutes
4. All the time

(a) 1 (b) 2
(c) 3 (d) 4

84. The number of words a reader understands is __________ proportional to his reading speed.
1. directly
2. inversely
3. conversely
4. reciprocally

(a) 1 (b) 2
(c) 3 (d) 4

85. Read the following statements.
(a) Printed materials take up a lot a space.
(b) Graphic information can be used only for technical publication.
1. (a) is wrong and (b) is right.
2. (a) is right and (b) is wrong.
3. Both (a) and (b) are right.
4. Both (a) and (b) are wrong.

(a) 1 (b) 2
(c) 3 (d) 4

86. Some gulp books (para 1)
'Gulp' here means that they are:
1. Slow readers.
2. Fast readers.
3. Moderate readers.
4. Inconsiderate readers.

(a) 1 (b) 2
(c) 3 (d) 4

87. In vocal chords (para 4) vocal is used as a/an:
1. Verb
2. Noun
3. Adverb
4. Adjective

(a) 1 (b) 2
(c) 3 (d) 4

88. Others plod along. (para 1)
The underlined word is a/an:
1. Verb
2. Adverb
3. Noun
4. Adjective

(a) 1 (b) 2
(c) 3 (d) 4

89. In which of the following sentences is the word 'retained' used in the same sense as in (para 1) slow readers retain ....?
1. The police retained control of the situation.
2. Clay soil can retain water.
3. He retained a consultant for tax calculations.

4. He retained his freedom by strictly following the rules

(a) 1 (b) 2
(c) 3 (d) 4

Ques (90-92): Direction : Read the passage given below and answer the questions that follow by choosing the correct/most appropriate options:

Healthcare has become one of India's largest sector, both in terms of revenue and employment. Healthcare comprises hospitals, medical devices, clinical trials, outsourcing telemedicine, medical tourism, health insurance and medical equipment. The Indian healthcare sector is growing at a brisk pace due to its strengthening coverage, services and increasing expenditure by public as well as private players.

Indian healthcare system is categorized into two major components: public and private. The public healthcare system comprises limited secondary and tertiary care institutions in key cities and focuses on providing basic healthcare facilities in the form of primary healthcare centres (PHCs) in rural areas. The private sector provides majority of secondary, tertiary and quaternary care institutions with major concentration in metros and tier I and tier II cities.

India's completive advantage lies in its large pool of well-trained medical professionals. India is also cost competitive compared to its peers in European and Western countries. The cost of surgery in India is about one-tenth of that in the US or Western Europe India ranks 145 among 115 counters in terms of quality and accessibility of healthcare.

90. What accounts for the fast growth of the Indian healthcare sector?
1. Tax incentives for investing in the sector.
2. State - of-art infrastructure and foreign trained medical professionals.
3. Research work of high quality.
4. Quality treatment and liberal expenditure by public and provide players.

(a) 1 (b) 2
(c) 3 (d) 4

91. Which of the following is NOT TRUE according to the passage?
The popularity of the Indian healthcare sector in the world healthcare market is due to
1. quality treatment.
2. low cost of surgical procedures.
3. free rehabilitation services for two weeks.
4. a pool of highly experienced medical professionals.

(a) 1 (b) 2
(c) 3 (d) 4

92. Which part of speech is the underlined word in the following sentence?
India is also cost competive to its peers in western countries.
1. Adjective
2. Adverb
3. Pronoun
4. Conjunction

(a) 1 (b) 2
(c) 3 (d) 4

Ques (93-100): Direction : Read the passage given below and answer the questions that follow by choosing the correct/most appropriate options:
1. Chennai is on alert against quack doctors, whom officials say vex the city every year during its fever season. The news comes as a reminder of the epidemic of quackery in India: unqualified, unlicensed practitioners account for a staggering proportion of

the country's healthcare workforce.

2. In the past decade, an estimated 1,500 quack doctors have been booked in the Tamil Nadu state capital but official say that despite making arrests, it is difficult to effectively crack down on the phenomenon. The main reason is lax penalties: "They get bail or pay fine and restart practice", said Dr. K. Kolandaisamy, director of public health in the city." The only way to stop this is to book quacks for an attempt to murder or murder charges," adds Dr. T. N. Ravi Shankar, former head of the Tamil Nadu chapter of the Indian Medical Association (IMA).

3. Quackery is not a problem limited to Chennai, or to Tamil Nadu where 50,000 quack doctors operate according to the IMA. It is endemic throughout India.

4. At the national level, 25 percent of the healthcare workforce in India lacks the qualifications required: a network of quacks, "traditional birth attendants, faith healers, snakebite curers and bonesetters". Between one and 2.5 million people practice numerous other complications. One million Indians lose their lives to subpar healthcare every year, driven in part by a sizeable number of workers without training or qualifications. Often, these quack doctors are the only immediately available help for a significant proportion of India's population such as those in areas underserved by medical professionals. With a significant shortage of doctors, it is clear that the quackery epidemic did not originate in a vacuum - and as officials in Chennai point out, they can win over the trust of their patients.

93. According to the author many quack doctors in Chennai:
1. Are rendering a very useful service.
2. Correctly diagnose various ailments.
3. Send patients to private labs to help the latter to make money.
4. Vex the city during its fever season.
   (a) 1   (b) 2
   (c) 3   (d) 4

94. It is difficult to take effective measures against the quack doctors because:
1. They have the patronage of politicians.
2. They bribe the police to protect themselves.
3. They go underground when the authorities crack on them.
4. The laws of the land are not very strict.
   (a) 1   (b) 2
   (c) 3   (d) 4

95. The only way to curb these measure is to:
1. Chop off the hands of these quacks.
2. Hang them without trial.
3. To hang them publicly.
4. Book them for attempt to murder.
   (a) 1   (b) 2
   (c) 3   (d) 4

96. Read the following statements:
A. Quackery thrives in India because of less stringent laws.
B. There is an acute shortage of medical professionals in India.
1. A is true and B is false.
2. A is false and B is true.
3. Both A and B are false.
4. Both A and B are true.
   (a) 1   (b) 2
   (c) 3   (d) 4

97. The word "lax" used in para 2 means:
1. Lenient
2. Vague
3. Uncertain
4. Ambiguous
   (a) 1   (b) 2
   (c) 3   (d) 4

98. Which of the following words is opposite in meaning to the word, 'sizeable' as used in para 4 of the passage?
1. Unimportant
2. Small
3. Invisible
4. Inattentive
   (a) 1   (b) 2
   (c) 3   (d) 4

99. Which part of the speech is the underlined word in the following sentence?
In the past <u>decade</u>, an-estimated 1500 quack doctors have been booked.
1. Adjective
2. Noun
3. Adverb
4. Pronoun
   (a) 1   (b) 2
   (c) 3   (d) 4

100. Which part of the following sentence contains an error?
I will not/(a) go unless/(b) you do not/(c) come./(d)
1. (a)
2. (b)
3. (c)
4. (d)
   (a) 1   (b) 2
   (c) 3   (d) 4

Ques (101-102): Direction: Select the synonym of the underlined word in the given sentence.

101. I didn't come here today to <u>jeer</u>.
   (a) Compliment   (b) Hoot
   (c) Flatter   (d) Praise

102. The solicitors will submit a draft conveyance and <u>engross</u> the same after approval.
   (a) Dismiss   (b) Oppress
   (c) Absorb   (d) Endanger

103. Choose the correct suffix to get the noun of the word 'Engine'.
   (a) ir   (b) eer
   (c) or   (d) ion

104. Add the correct suffix to make noun from the given word 'assist'.
   (a) ent   (b) ant
   (c) ance   (d) Both (B) and (C)

Ques (105-107): Direction: Each of the following items in this section consists of a sentence, parts of which have been jumbled. These parts have been labeled as P, Q, R, and S. You are required to re-arrange the jumbled parts of the sentence and mark your response accordingly.

105. We should all die (P)/ work is the one thing that is (Q)/ necessary to keep the world (R)/ going and without it (S).
   (a) P Q R S   (b) Q R S P
   (c) P Q S R   (d) Q S R P

106. It needed for it everyday life (P)/ actually produced for (Q)/ there was a time when each family (R)/ itself most of the things (S).

(a) P Q R S   (b) P S Q R

(c) R Q P S   (d) R Q S P

107. As a disease affecting all ages (P)/ alcoholism leads to (Q)/ and breaks up marriages (R)/ accidents and suicides (S).

(a) P Q R S   (b) Q S P R

(c) Q S R P   (d) P Q S R

108. Direction: Choose the appropriate articles for the given sentence:

He has _____ nerve to publish _____ article that could cause friction among the different sections of society.

(a) a, a   (b) the, the

(c) an, a   (d) the, an

109. Direction: Choose the correct gerund from the options given below.

Lock the door before _________ out.

(a) going   (b) be going

(c) gone   (d) go

110. Direction: Select the most appropriate tense to fill in the blank in the given sentence.

The jury _____ its verdict in favor of the victim.

(a) has given   (b) have given

(c) gives   (d) are given

111. Choose the most suitable preposition.

When we get ready for dinner, I have to take my books _______ the table

(a) off   (b) From

(c) Out   (d) Of

112. Direction : Select the option that expresses the given sentence in active voice.

Has Rahul been declared fit to play the next match?

(a) Did they declare Rahul fit to play the next match?

(b) Has Rahul declared the next match fit to play?

(c) Have they declared Rahul fit to play the next match?

(d) Are they declaring Rahul fit to play the next match?

113. Direction : Parts of the following sentence are given as options. Identify the segment that contains a grammatical error.

A businessman at our colony was found COVID positive.

(a) at our colony   (b) A businessman

(c) was found   (d) COVID positive

114. Direction : Parts of the following sentence are given as options. Identify the segment that contains a grammatical error.

Walking on the road, a rickshaw hit him.

(a) on the road   (b) hit him

(c) Walking   (d) a rickshaw

115. Direction : Parts of the following sentence are given as options. Identify the segment that contains a grammatical error.

Either of these two roads lead to the post office.

(a) Either of these   (b) the post office

(c) lead to   (d) two roads

116. Direction: Select the most appropriate indirect form of the given sentence.

Amit said to me, "Your parents are waiting for you."

(a) Amit told me that his parents were waiting for me.

(b) Amit told me that your parents are waiting for you.

(c) Amit told me that my parents were waiting for me.

(d) Amit asked me if my parents were waiting for me.

117. Direction : Select the most appropriate meaning of the given idiom.

Forty winks

(a) A worthless object   (b) A hot day

(c) A short nap   (d) A brief statement

118. Direction : Select the most appropriate meaning of the given idiom.

Hold your horses

(a) Not get upset   (b) Aim high

(c) Fight trouble   (d) Slow down

119. Direction: In the question given below out of four alternatives, choose the one which can be substituted for the given word/sentence.

Operating below the surface of sea.

(a) Subterranean   (b) Pantomime

(c) Perspicacious   (d) Sobriquet

120. Direction: Which of the option (A), (B) and (C) given below, should replace the phrase printed in bold in the sentence to make it grammatically correct? If the sentence is correct as it is given and no correction is required, mark (D) as the answer.

A federal government climate-change report released last year shows the Pacific Northwest is already **seeing damage from rising temperatures.**

(a) Seen damages for rising temperatures

(b) Seeing damaging rising temperatures

(c) Seen damaging from rising temperatures

(d) No correction required

// Smart Answer Sheet //

Correct | Percentage of students who answered correctly.

Skipped | Percentage of students who skipped.

Q.	Ans.	Correct / Skipped	Q.	Ans.	Correct / Skipped	Q.	Ans.	Correct / Skipped
1	A	85.85% / 10.91%	2	D	87.01% / 10.03%	3	D	67.92% / 31.8%
4	A	79.12% / 19.27%	5	B	80.7% / 15.92%	6	C	81.23% / 13.52%
7	D	48.83% / 49.24%	8	B	55.6% / 40.51%	9	B	50.55% / 44.89%
10	A	87.78% / 10.2%	11	B	87.36% / 10.35%	12	C	42.33% / 47.81%
13	B	80.91% / 16.41%	14	C	89.94% / 10.04%	15	A	80.48% / 13.13%
16	A	56.49% / 35.29%	17	C	52.03% / 46.27%	18	C	83.73% / 10.98%
19	D	49.64% / 42.14%	20	B	87.7% / 10.65%	21	B	83.94% / 10.87%
22	D	56.48%	23	D	23.56%	24	D	56.83%

No.	Ans	%	%	No.	Ans	%	%	No.	Ans	%	%
		36.38%				67.41%				34.69%	
25	B	87.93%	11.91%	26	C	57.44%	39.36%	27	B	44.29%	55.34%
28	A	47.72%	41.33%	29	D	78.43%	10.99%	30	B	78.52%	18.95%
31	C	56.25%	35.19%	32	D	15.0%	84.25%	33	C	58.49%	37.45%
34	B	88.17%	11.45%	35	C	56.8%	37.57%	36	B	89.66%	10.33%
37	C	68.47%	30.45%	38	B	87.45%	12.04%	39	A	52.47%	44.42%
40	B	46.0%	34.55%	41	C	81.95%	17.18%	42	C	54.25%	31.84%
43	A	42.25%	32.33%	44	B	69.74%	30.14%	45	A	52.08%	37.33%
46	A	43.82%	38.05%	47	C	78.02%	11.22%	48	D	49.57%	31.92%
49	A	64.27%	34.39%	50	A	43.29%	34.79%	51	B	55.49%	32.02%
52	B	85.7%	12.96%	53	A	87.57%	10.17%	54	D	20.01%	69.86%
55	D	26.88%	68.2%	56	A	63.04%	34.98%	57	B	53.41%	31.6%
58	B	78.72%	19.03%	59	A	86.47%	12.51%	60	B	64.96%	31.99%
61	A	62.35%	36.71%	62	B	52.43%	32.43%	63	B	58.46%	30.15%
64	B	50.68%	42.03%	65	B	45.98%	40.15%	66	B	68.55%	30.54%
67	D	67.49%	31.74%	68	C	41.46%	33.64%	69	C	42.63%	39.85%
70	B	86.31%	12.53%	71	C	78.3%	18.72%	72	C	86.55%	10.4%
73	D	52.55%	35.48%	74	B	84.4%	11.06%	75	C	47.3%	44.18%
76	A	86.18%	10.06%	77	D	41.14%	43.38%	78	C	55.51%	35.78%
79	C	47.77%	36.11%	80	C	54.8%	40.33%	81	A	59.76%	39.08%
82	C	89.03%	10.17%	83	C	45.73%	52.07%	84	A	40.57%	44.81%
85	B	44.07%	42.62%	86	B	89.52%	10.21%	87	D	61.47%	32.06%
88	A	60.09%	33.45%	89	C	43.09%	56.71%	90	D	44.85%	51.66%
91	C	63.25%	36.25%	92	A	88.82%	10.45%	93	D	79.87%	15.78%
94	D	64.29%	32.99%	95	D	84.57%	13.2%	96	D	60.99%	34.91%
97	A	79.62%	14.04%	98	B	77.45%	20.48%	99	B	76.39%	23.09%
100	C	77.0%	19.8%	101	B	61.69%	30.53%	102	C	64.38%	31.02%
103	B	59.2%	33.67%	104	D	89.75%	10.04%	105	B	50.39%	43.02%
106	D	56.1%	40.79%	107	D	56.95%	34.32%	108	D	87.36%	12.24%
109	A	65.92%	31.05%	110	A	79.79%	18.74%	111	A	52.84%	37.28%
112	C	53.23%	31.59%	113	A	32.23%	67.17%	114	C	78.07%	15.16%
115	B	51.89%	48.07%	116	C	80.78%	11.86%	117	C	81.43%	15.82%
118	D	46.81%	32.55%	119	A	51.63%	30.01%	120	D	43.54%	35.05%

// Hints and Solutions //

1(A). उपर्युक्त गद्यांश के आधार पर हमारी हीनता और श्रेष्ठता का सम्बन्ध देश की हीनता और श्रेष्ठता से जुड़ा है।

2(D). शिष्ट व्यवहार का उदाहरण है समय का पाबंद होना।

3(D). गद्यांश के अनुसार, असल गड़बड़ वह है जहाँ केवल निंदा करना, सही व्यवहार न करना।

4(A). देश की श्रेष्ठता एवं प्रतिष्ठा लेखक की दृष्टि में सर्वाधिक महत्वपूर्ण है।

5(B). उपर्युक्त विकल्प में 'श्रेष्ठता' से तात्पर्य 'उत्कृष्टता' से है।

6(C). 'इधर की उधर लगाने' का अर्थ है चुगली करना।
वाक्य प्रयोग- विजय की बात का क्या भरोसा? वह तो सदा इधर की उधर लगाया करता है।

7(D). प्रत्यय की दृष्टि से भिन्न शब्द राष्ट्रीय है इसमें 'ईय' प्रत्यय लगा है जबकि अन्य विकल्पों मधुरता, प्रभुता व हीनता में 'ता' प्रत्यय लगा हुआ है।

8(B). 'संस्कृति' का संधि-विच्छेद सम् + कृति हैं। 'संस्कृति' में व्यंजन संधि है। दो शब्दों के मेल से बने शब्द को पुनः अलग-अलग करने प्रक्रिया को संधि-विच्छेद कहते हैं। विच्छेद का अर्थ होता है अलग करना।
दो वर्णों के मेल से होने वाले विकार को संधि कहते हैं। संधि तीन प्रकार की होती है:
- स्वर संधि
- व्यंजन संधि
- विसर्ग संधि

9(B). पढ़ने में तेज ना होने के कारण वह बार-बार एक ही कक्षा में रह जाता है। यही कारण है कि उम्र में पाँच साल का अन्तर होने पर भी कक्षा में केवल दो कक्षाओं का अन्तर है।

10(A). वह हरदम किताब तो खोले बैठे रहते है पर कभी कॉपी पर, कभी किताब के हाशियों पर, चिड़ियों, कुत्तों, बिल्लियों की तस्वीरें बनाया करते थे। इस प्रकार के कार्यों में संलग्न रहता है, जो भटकावपूर्ण मनःस्थिति के लोग करते हैं।

11(B). विदेशी भाषा से लिए गये शब्द आगत शब्द कहलाते हैं।

12(C). छोटा मुँह बड़ी बात' मुहावरे का अर्थ उम्र में छोटा होकर भी बातें बड़ों जैसी करना है।

13(B). विद्यार्थी को सफलता प्राप्त करने के लिए समय की कीमत समझना आवश्यक है।

14(C). कार्य समय बीत जाने पर फलप्रद नहीं होता।

15(A). विद्यार्थी को सफलता प्राप्त करने के लिए समय-सारणी का पालन करना चाहिए।

16(A). कुछ लोग समय की कमी के बहाने अपनी अकर्मण्यता व आलस छिपाते हैं।

17(C). "सदुपयोग" का सही संधि-विच्छेद सद् + उपयोग होगा।

18(C). दुनिया के सफलतम व्यक्तियों की सफलता का रहस्य समय का सदुपयोग है।

19(D). अस्थिरता, "दृढ़ता" का समानार्थी शब्द नहीं है।

20(B). 'अकर्मण्यता' शब्द में मूल शब्द एवं उपसर्ग अ + कर्मण्यता होगा।

21(B). पसीना शब्द का तत्सम 'प्रस्विन्न' होता है। ऐसे शब्द जिसे हम संस्कृत से बिना कोई बदलाव करे उपयोग में लाते है, तत्सम शब्द कहलाते हैं। पसीना शब्द प्रस्विन्न का तद्भव रूप होता है।

22(D). 'पाद' तत्सम शब्द है, इसका तद्भव 'पांव' अर्थात 'पैर' है। 'भैंस' तद्भव शब्द है, इसका तत्सम महिषी है, तथा 'बारह' तद्भव शब्द है, इसका तत्सम द्वादश होता है। 'सच' तद्भव शब्द है इसका तत्सम 'सत्य' होता है।

23(D). निम्नलिखित में कपास-कपाट युग्म सुमेलित नहीं है। कपास का तत्सम शब्द कर्पास होता है। ओझा का तत्सम शब्द उपाध्याय है। केला का तत्सम शब्द कदली है तथा पसीना का तत्सम शब्द

प्रस्वित्र है।

24(D). 'मोती' तन्द्रव शब्द है, इसका तत्सम 'मौक्तिक' होता है। 'अग्नि' का तन्द्रव 'आग' तथा 'घोटक' का तन्द्रव 'घोड़ा' होता है। 'घट' का तन्द्रव 'घड़ा' होता है।

25(B). संध्या, सायं (तत्सम)-शाम (तन्द्रव) शब्द हैं। शेष सभी तन्द्रव शब्द हैं।

26(C). दिए गए विकल्पों में से 'दुकाल' शब्द में 'दु' उपसर्ग है, यह हिंदी का उपसर्ग है, अन्य सभी विकल्प असंगत है। 'दु' का अर्थ – बुरा, हीन, आदि।

27(B). धातु के अंत में जोड़े जाने वाले प्रत्यय, कृत प्रत्यय कहलाते हैं।
कृत प्रत्यय - जो प्रत्यय क्रिया के मूल रूप (धातु) से जोड़े जाते हैं, कृत प्रत्यय कहलाते हैं।
उदाहरण: टहलुआ = टहल + उआ।

28(A). दिए गए विकल्पों में से 'अतींद्रीय' शब्द में 'अति' उपसर्ग है, अन्य सभी विकल्प असंगत है।
* अतींद्रीय - अति +इन्द्रीय
* ' अति ' उपसर्ग से बनने वाले अन्य शब्द - अत्याचार, अतिचार, अत्यल्प, आदि।

29(D). 'चिरंतन' का विलोम शब्द नश्वर है।
चिरन्तन का अर्थ - हमेशा रहने वाला
नश्वर का अर्थ - मर्त्य
विपरीत (उल्टा) अर्थ बताने वाले शब्दों को विलोम शब्द कहते हैं।
उदाहरण: रात-दिन, धरती-आकाश

30(B). 'ठोस' का विलोम शब्द तरल है।
तरल का अर्थ – बहने वाला/ अस्थिर
ठोस का अर्थ – ठस/पक्का
विपरीत (उल्टा) अर्थ बताने वाले शब्दों को विलोम शब्द कहते हैं।
उदाहरण: रात-दिन, धरती-आकाश

31(C). विलय शब्द घर का पर्यायवाची शब्द नहीं है।
घर के पर्यायवाची:
* निकेतन, भवन, आलय, निवास, गेह, सदन
* आगार, आयतन, आवास, निलय, धाम, गृह।

32(D). 'धनुष' शब्द 'कोदण्ड' का पर्यायवाची शब्द है। '
धनुष' के अन्य पर्यायवाची इस प्रकार हैं- धनु, कमान, मेहराब, शरासन, धनुक आदि।
ऐसे शब्द जिनके अर्थ समान हों, पर्यायवाची शब्द कहलाते हैं।
पानी के पर्यायवाची शब्द हैं जल, नीर, अंबु, तोय आदि।

33(C). 'अस्त्र' का विलोम शब्द 'शस्त्र' है।
अस्त्र का अर्थ – फेंके जाने वाले यंत्र
शस्त्र का अर्थ – हथियार
अन्य विकल्प:

शब्द	विलोम
शाश्त्र	शास्त्रेतर
सशस्त्र	शस्त्रहीन
वस्त्र	निर्वस्त्र

34(B). 'जीवन और साहित्य का घोर संबंध है' वाक्य का शुद्ध रूप 'जीवन और साहित्य का घनिष्ठ संबंध है' है।
निम्नलिखित विकल्पों का गहरा काला भाग वाक्य को अशुद्ध बना रहा है:
* जीवन और साहित्य **में निकट** संबंध है।
* जीवन और साहित्य **का पास** का संबंध है।
* जीवन और साहित्य **में परस्पर** संबंध है।

35(C). व्यंग शब्द की वर्तनी अशुद्ध है।
व्यंग्य शब्द शुद्ध शब्द है।
व्यंग शब्द में व्यंजन लोप की अशुद्धि (शब्द में किसी व्यंजन के

न लिखने के कारण) हुई है।

36(B). 'मेरी बात सुनने की कृपा करें।' यह वाक्य व्याकरण की दृष्टि से शुद्ध है।
* अशुद्ध वाक्य : एक फूलों की माला लाओ।
* शुद्ध वाक्य : फूलो की एक माला लाओ।
* अशुद्ध वाक्य : नेता जी का का राष्ट्र आभारी है।
* शुद्ध वाक्य : नेताजी का राष्ट्र आभारी है।
* अशुद्ध वाक्य : यहां शुद्ध गाय का दूध मिलता है।
* शुद्ध वाक्य : यहाँ गाय का शुद्ध दूध मिलता है।

37(C). 'अति का भला न बरसना, अति की भली न धूप' का अर्थ "किसी भी बात या वस्तु का अधिक होना ठीक नहीं।" है।

38(B). 'आ बैल मुझे मार' का अर्थ- "जानबूझ कर मुसीबत में पड़ना" है।

39(A). 'बात का धनी' मुहावरे का अर्थ- वायदे का पक्का है।

40(B). छाती पर मूंग दलना : दुःख देना
कोई व्यक्ति किसी के पास रह कर उसी व्यक्ति को दुःख पहुंचाने की कोशिश करता रहता है । तो वहां पर छाती पर मूंग दलना है इस कारण से यह कहा जा सकता है की जो पास रहता है वही कष्ट देता है ।
प्रयोग: मैं आपकी छाती पर मूंग दलने वालो में से नहीं हूं आप मुझ पर विश्वास कर सकते हो।

41(C). 'सीधी उँगली से घी नहीं निकलता' लोकोक्ति का भावार्थ 'बहुत सीधा होने से काम नहीं चलता' है।
लोकोक्ति का वाक्य प्रयोग – हमने राजी – वाजी से काम निकालना चाहा, पर ठीक ही कहते हैं – 'सीधी उँगली से घी नहीं निकलता'।

42(C). 'लक्ष्य' का अनेकार्थक शब्द 'निशाना, उद्देश्य' है।
अन्य अनेकार्थक शब्द

शब्द	अर्थ
अर्थ	धन , मतलब , कारण , लिए।
अक्ष	आँख , सर्प , ज्ञान , मण्डल , रथ , चौसर का पासा , धुरी , पहिया , आत्मा , कील।
हीन	रहित , दीन , निकृष्ट

43(A). 'सुधा' का अनेकार्थक शब्द 'अमृत, पानी' है।
ऐसे शब्द, जिनके अनेक अर्थ होते है, अनेकार्थी शब्द कहलाते है। दूसरे शब्दों में- जिन शब्दों के एक से अधिक अर्थ होते हैं, उन्हें 'अनेकार्थी शब्द' कहते है।

44(B). 'हाथी, कोयल, कामदेव' शब्द 'सारंग' के अनेकार्थी शब्द हैं। 'सारंग' के अन्य शब्द हैं- छाता, वस्त्र, बाल, शंख, शिव, कपूर। दोगला, योग और वादा, रजामन्दी ये अन्य शब्द 'संकर और संगर' के अनेकार्थी शब्द हैं।

45(A). 'दशानन' शब्द में बहुव्रीहि समास है।
* 'दशानन' का समास विग्रह होगा 'दस हैं आनन जिसके अर्थात रावण'।
* इसमें 'रावण' के सांकेतिक अर्थ को इंगित किया गया है।
* इसलिए, इसमें 'बहुव्रीहि समास' है।
बहुव्रीहि समास: जिस समास में दोनों पद प्रधान नहीं होते हैं और दोनों पद मिलकर किसी अन्य विशेष अर्थ की ओर संकेत कर रहे होते हैं, बहुव्रीहि समास कहलाता है।
उदाहरण: तीन आँखों वाला = त्रिलोचन अर्थत शिव।

46(A). 'चार राहों का समाहार' का समस्त पद चौराहा है।
* 'चौराहा' शब्द में द्विगु समास है।
* 'चौराहा' का समास विग्रह होगा 'चार राहों का समाहार'।
* इसमें 'चार' संख्यावाचक विशेषण प्रयोग हुआ है।
* इसलिए, इसमें ' द्विगु समास ' है।
द्विगु समास: जिस समास में पूर्वपद (पहला पद) संख्यावाचक विशेषण हो, द्विगु समास होता है।
उदाहरण: तीनों लोकों का समाहार = त्रिलोक।

47(C). 'हथकड़ी' का सामासिक विग्रह ' हाथ की कड़ी ' है।
- 'हथकड़ी' शब्द में तत्पुरुष समास है।
- इसलिए, इसमें 'संबंध तत्पुरुष समास' है।

तत्पुरुष समास: समास का वह रूप जिसमें द्वितीय पद या उत्तर पद प्रधान हो उसे तत्पुरुष समास कहते हैं। तत्पुरुष समास में प्रथम पद संज्ञा या विशेषण होता है और लिंग-वचन का निर्धारण अंतिम या द्वितीय पद के अनुसार होता है।
उदाहरण: तुलसीदास द्वारा कृत = तुलसीदासकृत।

48(D). 'जिसे भय नहीं है' वाक्यांश के लिए एक शब्द है- निर्भय
अन्य विकल्प-
- बहादुर- जो वीर हो
- श्रेष्ठ- जो पद में सबसे बड़ा हो
- निर्दय- जिसके अंदर दया नहीं हो

49(A). कम बोलने वाले व्यक्ति वाक्यांश के लिए एक सार्थक शब्द - मितभाषी होगा ।
अन्य विकल्पों का विश्लेषण:-
- व्याख्याता वह जो किसी विषय की व्याख्या करता हो
- मितव्ययी वह जो कम खर्च करता हो
- वाचाल बहुत अधिक बोलने वाला

50(A). 'कार्य करने वाला व्यक्ति' के लिए एक शब्द 'कार्यकर्ता' होगा। 'कार्यकर्ता' का विलोम 'आलसी' होता है।

एक शब्द	वाक्यांश
कल्पनातीत	जो कल्पना से परे हो
केन्द्राभिमुख	जो केन्द की ओर उन्मुख होता हो
खड्गहस्त	जो सदैव हाथ में खड्ग लिए रहता हो

51(B). 'आसार' शब्द **विदेशज** शब्द है, अन्य सभी विकल्प असंगत हैं।
विदेशज: विदेशी भाषाओं से हिंदी में आये शब्दों को विदेशी शब्द कहा जाता है। इन विदेशी भाषाओं में मुख्यतः अरबी, फारसी, तुर्की, अंग्रेजी व पुर्तगाली शामिल हैं। जैसे- अदा, अजब, अजीब, अमीर आदि।

52(B). "सूप" विदेशज है। "सूप" फ्रेंच शब्द है। जिसका अर्थ होता है एक प्रकार का पेय पदार्थ। अन्य विकल्प तद्भव शब्द हैं।
विदेशी भाषाओं से हिंदी में आये शब्दों को विदेशज शब्द कहा जाता है। इन विदेशी भाषाओं में मुख्यतः अरबी, फारसी, तुर्की, अंग्रेजी व पुर्तगाली शामिल है।

53(A). 'अखरोट' मूलतः पश्तो भाषा का शब्द है, जो हिंदी में सामान्य रूप से प्रचलित है।

54(D). पूर्ण वाक्य है - भाषा के लिखने के ढंग को लिपि कहते हैं।
- भाषा- भाषा वह साधन है जिसके द्वारा हम अपने विचारों को व्यक्त कर सकते हैं और इसके लिये हम वाचिक ध्वनियों का प्रयोग करते हैं।

विकल्प:
- वर्ण – अक्षर
- शब्द – वर्णों का सार्थक समूह, ध्वनि
- वाक्य – सार्थक शब्द समूह
- लिपि – भाषा के लघुतम ध्वनि अक्षरों का समूह।

55(D). उपर्युक्त वाक्य ''हिमालय' संस्कृत के '_______' तथा '_______' दो शब्दों से मिलकर बना है जिसका शाब्दिक अर्थ 'बर्फ़ का घर' होता है' के लिए उपयुक्त शब्द 'हिम, आलय' है।
- हिम का अर्थ – बर्फ़
- आलय का अर्थ – घर
- 'हिमालय' का संधि विच्छेद – हिम + आलय होगा, नियम – अ + आ = आ है, इस प्रकार यहाँ दीर्घ स्वर संधि है।

56(A). अर्थ के अनुसार संबंध बोधक अव्यय के कुल बारह भेद होते हैं।

अव्यय का शाब्दिक अर्थ होता है – जो व्यय न हो। जिनके रूप में लिंग , वचन , पुरुष , कारक , काल आदि की वजह से कोई परिवर्तन नहीं होता उसे अव्यय शब्द कहते हैं। अव्यय शब्द हर स्थिति में अपने मूल रूप में रहते हैं। इन शब्दों को अविकारी शब्द भी कहा जाता है।

57(B). एक थाल मोतियों से भरा यह निम्न पहेली की एक पंक्ति है:
एक थाल मोतियों से भरा, सबके सिर पर औंधा धरा। चारों ओर वह थाल फिरे, मोती उससे एक ना गिरे।

58(B). 'कस्तूरी' शब्द स्त्रीलिंग है।
वह संज्ञा शब्द जो हमें स्त्री जाति का बोध कराते हैं, वे शब्द स्त्रीलिंग संज्ञा शब्द कहलाते हैं। जैसे:
- सजीव : माता, लड़की, भेद, गाय, भैंस, बकरी, लोमड़ी, बंदरिया, मछली, बुढिया, शेरनी, नारी, रानी, राजकुमारी, बहन आदि।
- निर्जीव : धोती, टोपी, सड़क, सजा, भीड़, छत, किताब, ईंट, ईर्ष्या, मंजिल, परत, झोंपड़ी, गंगा, नदी, शाखा, कुर्सी आदि।

59(A). हंसिनी शब्द का सही स्त्रीलिंग वाला विकल्प है।
संज्ञा शब्दों के जिस रूप से उसके पुरुष या स्त्री जाति होने का पता चलता है, उसे लिंग कहते है।
जिस संज्ञा शब्द से स्त्री जाति का बोध होता है, उसे स्त्रीलिंग कहते है।

60(B). दिए गए विकल्पों में 'कुम्हार' शब्द का सही स्त्रीलिंग विकल्प 'कुम्हारिन' है।
संज्ञा शब्दों के जिस रूप से उसके पुरुष या स्त्री जाति होने का पता चलता है, उसे लिंग कहते है।
जिस संज्ञा शब्द से स्त्री जाति का बोध होता है, उसे स्त्रीलिंग कहते है।

61(A). दिए गए सभी विकल्पों में 'आज्ञा' शब्द स्त्रीलिंग है।
जिन शब्दों के अंत में ई, आवट, इया, ता, आई, आहट आदि प्रत्यय लगे हों, स्त्रीलिंग होते हैं। जैसे-मित्रता, थकावट आदि।

62(B). उपर्युक्त विकल्पों में से विकल्प 'साधु' सही हैं।
'साधु' शब्द अपने विभक्ति रहित रूप में दोनों वचनों में समान रहता है।
'साधु' शब्द का बहुवचन शब्द 'साधुओं' होता है, किन्तु विभक्ति रहित इसका बहुवन समान ही रहता है, जैसे - 'चार साधु गंगा स्नान कर रहे हैं' - यहाँ विभक्ति रहित 'साधु' शब्द का बहुवन में प्रयोग किया गया है।

63(B). दिए गए विकल्पों में से सही विकल्प 'बहुवचन' है।
कुछ पुल्लिंग शब्द ऐसे भी हैं, जिनका सदैव ही बहुवचन में प्रयोग होता है।
बाल शब्द भी सदा बहुवचन में प्रयुक्त होता है।
यदि उसका प्रयोग एक वचन में करना होता है तो उसके आगे एक लिखेंगे।
जैसे - मेरा एक बाल सफ़ेद हो गया ।

64(B). 'जनता' शब्द हमेशा एकवचन में ही प्रयुक्त किया जाता है।
वाक्य प्रयोग- जनता को मानवीय आचरण के रति जागरूक किया जाएगा।

65(B). 'मैंने खाना बनाया है।' इस वाक्य में क्रिया कुछ ही समय पहले पूर्ण हुई है। अतः यह आसन्न भूतकाल का वाक्य है।
आसन्न भूतकाल- क्रिया के जिस रूप से यह पता चले कि क्रिया अभी कुछ समय पहले ही पूर्ण हुई है या खत्म हुई है उस क्रिया को आसन्न भूतकाल कहते हैं।

66(B). 'अभी-अभी एक लड़का ये समान रखकर वापस जा रहा था।' वाक्य में प्रयुक्त आसन्न भूतकाल है।
आसन्न भूतकाल - क्रिया के जिस रूप से यह पता चले कि क्रिया अभी कुछ समय पहले ही पूर्ण हुई है।
जैसे - सोहन पढ़कर आया है।, अभी तो खाया है।

67(D). "निसदिन बरसत नैन हमारे" इस **पंक्ति** में श्रृंगार रस का वर्णन है। श्रृंगार रस: इसका स्थाई भाव रति होता है, नायक और

नायिका के मन में संस्कार रूप में स्थित रति या प्रेम जब रस कि अवस्था में पहुँच जाता है।

68(C). "विस्मय" स्थायी भाव अद्भुत रस में होता है। इसका स्थाई भाव विस्मय होता है।

69(C). वीर रस का स्थायी भाव उत्साह है। विभाव, अनुभाव तथा संचारी भाव के माध्यम से परिष्कृत होकर जब वह आस्वाद रूप में प्रकट होता है वहां वीर रस की प्रतीति होती है।

70(B). 'सुखार्तः' में वृद्धि सन्धि है।
सन्धि विच्छेद - सुख + ऋतः
वार्तिक - ऋते च तृतीयासमासे
स्पष्टीकरण - 'अ' से परे ऋत होने से 'ऋते च तृतीयासमासे' वार्तिक से 'अ' से परे ऋ के गुण का निषेध हो वृद्धि आदेश हो जाता है। (अ + ऋ = आर)
अतः विकल्पः (B) सम्यक् अस्ति।

71(C). 'एचोऽयवायावः' सूत्र अयादि सन्धि का विधान करता है। जिसे एक उदाहरण द्वारा समझा जा सकता है।
शब्द - नायकः
संधिविच्छेद - नै + एकः
अतः विकल्पः (C) सम्यक् अस्ति।

72(C). 'विवाहोत्सव' शब्द का संधि विच्छेद 'विवाह + उत्सव (अ+उ)' है।
यह गुण संधि का उदाहरण है।
गुण संधि स्वर संधि का एक भेद अथवा प्रकार है। जब संधि करते समय (अ, आ) के साथ (इ, ई) हो तो 'ए' बनता है, जब (अ, आ) के साथ (उ, ऊ) हो तो 'ओ' बनता है, जब (अ, आ) के साथ (ऋ) हो तो 'अर' बनता है तो यह गुण संधि कहलाती है।

73(D). 'मेरी भव बाधा हरो, राधा नागरि सोय। जा तन की झाँई परे, श्याम हरित दुति होय।' यह दोहा छंद है।
दोहा अर्द्धसम मात्रिक छंद है। यह दो पंक्ति का होता है इसमें चार चरण होते हैं। इसके प्रथम तथा तृतीय चरण में 13-13 मात्राएँ और द्वितीय तथा चतुर्थ चरण में 11-11 मात्राएँ होती हैं।

74(B). 'करुण रस' का स्थायी भाव शोक है।
जहाँ पर पुनः मिलने की आशा समाप्त हो जाती है, 'करुण रस' कहलाता है। उदाहरण- मुझसे मैंने ही आज स्वयं मुँह फेरा, हे आर्य, बता दो तुम्हीं अभीप्सित मेरा?
शोक का अर्थ - किसी आत्मीय की मृत्यु के कारण होने वाला दुख; मातम; पीड़ा; रंज 2. अंतर्वेदना; अफ़सोस; अवसाद 3. मनोव्यथा; ग़म; दर्द; दुखड़ा 4. आत्मीय दुख से उपजी संवेदना

75(C). **श्रृंगार रस** में नायक और नायिका के मन में संस्कार रूप में स्थित रति या प्रेम जब रस के अवस्था में पहुंच जाता है तो वह श्रृंगार रस कहलाता है। इसके अंतर्गत वसंत ऋतु, सौंदर्य, प्रकृति, सुंदर वन, पक्षियों श्रृंगार रस के अंतर्गत नायिकालंकार ऋतु तथा प्रकृति का वर्णन भी किया जाता है। श्रृंगार रस को रसराज या रसपति भी कहा जाता है।
स्थायी भाव - रति
आलम्बन (विभाव) - नायक या नायिका

76(A). छन्द के 4 भेद है-
1. वर्णिक छन्द
2. वर्णिक वृत्त छन्द
3. मात्रिक छन्द
4. मुक्त छन्द

77(D). 'तीन बेर खाती सो तीन बेर खाती है' इस पद में 'यमक' अलंकार है।
'तीन बेर खाती सो तीन बेर खाती है'- कवि भूषण द्वारा रचित काव्य।
इस पंक्ति का अर्थ है—वीर शिवाजी महाराज के आतंक से मुगल बादशाहों की रानियाँ महान कष्ट में जीवन बिता रही हैं।
जो रानियाँ दिन में तीन बार भोजन किया करती थी, वे जंगलों में भटकते हुए मात्र तीन बेर (फल) खाकर ही दिन काट रही हैं।

यमक शब्द का अर्थ होता है – दो, जब एक ही शब्द ज्यादा बार प्रयोग हो पर हर बार अर्थ अलग-अलग आये वहाँ पर यमक अलंकार होता है।

अलंकार का नाम	पहचान	उदाहरण
उपमा	भिन्न पदार्थों का साद्दश्य प्रतिपादन	मुख चन्द्र सा सुन्दर है।
श्लेष	एक शब्द में एक से अधिक अर्थ जुड़े हो।	रहिमन पानी रा खिये।
उत्प्रेक्षा	उपमेय में उपमान की सम्भावना	मुख मानो चन्द्र है।
यमक	शब्दों की आवृति हो और हर बार उसके अर्थ अलग-अलग हो।	कनक-कनक ते सौगुनी मादकता।

78(C). 'पिउ सो कहेव सन्देसड़ा, हे भौंरा हे काग। सो धनि विरही जरिमुई, तेहिक धुवाँ हम लाग।' यहाँ कौआ और भ्रमर के काले होने का वास्तविक कारण विरहिणी के विरहाग्नि में जल कर मरने का धुवाँ नहीं हो सकता है फिर भी उसे कारण माना गया है। अतः यहाँ उत्प्रेक्षा अलंकार है।
जहाँ उपमेय में उपमान की सम्भावना व्यक्त की जाए वहाँ उत्प्रेक्षा अलंकार होता है।

79(C). 'बांधा था विधु को किसने, इन काली जंजीरों से, मणिवाले फणियों का मुख, क्यों भरा हुआ हीरों से।' इसमें अतिशयोक्ति अलंकार है।
स्पष्टीकरण: यहाँ मोतियों से भरी हुई प्रिया की माँग का कवि ने वर्णन किया है। विधु या चन्द्र से मुख का, काली जंजीरों से केश का और मणिवाले फणियों से मोती भरी माँग का बोध होता है। बहुत बढ़ा-चढ़ाकर वर्णन किया गया है। इसलिए, यहाँ पर अतिशयोक्ति अलंकार होगा।

80(C). बीती विभावरी जाग री। अम्बर-पनघट में डुबो रही तारा-घट ऊषा नागरी।' इसमें रूपक अलंकार है।
यहाँ, ऊषा में नागरी का, अम्बर में पनघट का और तारा में घट का निषेध-रहित आरोप हुआ है। इसलिए, यहाँ रूपक अलंकार है।
रूपक अलंकार: जब उपमान और उपमेय में अभिन्नता या अभेद दिखाया जाए तब यह रूपक अलंकार कहलाता है।

81(A). As we can see in the first paragraph of the passage, it is clearly mentioned that "Some gulp books by taking in a hundred words or more within a minute ; others plod along through weeks or more". It can be concluded that statement (a) is true.
There is no mention in the passage whether faster readers understand all that they have read or not. Hence, statement (b) is false.
As we can see in the first paragraph of the passage, it is clearly mentioned that "However, there is nothing to prove that slow readers retain and comprehend the reading matter better ". It can be concluded that statement (c) is false.

82(C). As we can see in the second paragraph of the passage, it is clearly mentioned that "Many techniques to teach people to read faster were undertaken, for the first time at Harvard University in the United States after the Second World War, and classes were organized for businessmen wishing to learn fast reading ".
Thus, it can be concluded that the United States initiated efforts to make businessmen learn fast reading.

83(C). As we can see in the third paragraph of the passage, it is clearly mentioned that "Actually during an hour of continuous reading, his eyes remain fixed for an average of 57 minutes , and only move in the remaining three minutes".

Thus, it can be concluded that in one hour of continuous reading a person's eyes remain static for 57 minutes.

84(A). As we can see in the third paragraph of the passage, it is clearly mentioned that "The greater the number of words the reader can cover during a stop and the better he comprehends them, the faster the reading ".

Thus, it can be concluded that the number of words a reader understands is directly proportional to his reading speed.

85(B). As we can see in the fourth paragraph of the passage, it is clearly mentioned that "It is a well-known fact that a drawing, a diagram or a photograph will usually carry more information than a printed text taking up the same area ". It can be inferred that statement (a) is true.

We can also see in the fourth paragraph of the passage, it is clearly mentioned that "It is a well-known fact that a drawing, a diagram or a photograph will usually carry more information than a printed text taking up the same area. A person grasps this graphic information all at a time. This ability is usually utilized in technical publications , but not to the full extent yet". So, statement (b) is false as there is no mention in the passage that this technique is only used in technical publications.

86(B). Gulp means swallowing words quickly making them fast readers often audibly.

As we can see in the first paragraph of the passage, it is clearly mentioned that "Some gulp books by taking in a hundred words or more within a minute ; others plod along through weeks or more". It means that in short time readers read many words just like consuming words in large amount which make them fast reader.

Thus, it can be concluded that there gulping books mean reading them in a faster manner.

87(D). Here the underlined word ' vocal ' is an adjective i.e., a word naming an attribute of a noun, such as sweet, red, or technical.

Vocal means relating to the human voice.

For example:- Foley has been particularly vocal in his criticism of the government.

88(A). Here the underlined word 'plod' is a verb i.e., a word used to describe an action, state, or occurrence, and forming the main part of the predicate of a sentence, such as hear, become, happen.

Plod means to work or do something slowly and continuously in a tiring or boring way

For example: I could hear my roommate plodding up the steps to our apartment.

89(C). Retain means continue to have (something); keep possession of; absorb and continue to hold (a substance).

For examples:

- It was amazing how Alex could retain his composure. (to maintain someone's mental stability)
- A landlord may retain part of your deposit if you break the lease. (to keep or hold one's possession on something)

Thus, it can be concluded that retain can be used in different senses but in the passage, we are talking about the retention power of the readers and how well they are comprehending things after reading them .

90(D). According to the passage, quality treatment and liberal expenditure by public and private players are for the fast growth of the Indian healthcare sector.

The Indian healthcare sector is growing at a brisk pace due to its strengthening coverage, services and increasing expenditure by public as well as private players.

91(C). The popularity of the Indian healthcare sector in the world healthcare market is due to free rehabilitation services for two weeks.

The popularity of the Indian healthcare sector in the world healthcare market is due to quality treatment, the low cost of surgical procedures and a pool of highly experienced medical professionals but free rehabilitation services for two weeks is not the cause of its popularity.

92(A). The underlined word competive is an adjective. Competive is used to describe a situation in which people or organizations compete against each other

Example: Graduates have to fight for jobs in a highly competitive market.

93(D). According to the author many quack doctors in Chennai vex the city during its fever season.

94(D). It is difficult to take effective measures against the quack doctors because the laws of the land are not very strict.

95(D). According to the passage, the only way to curb these measures is to book them for an attempt to murder.

96(D). According to the Passage "it is difficult to effectively crack down on the phenomenon. The main reason is lax penalties: "They get bail or pay fine and restart practice", said Dr. K. Kolandaisamy, director of public health in the city."

97(A). The word "lax" used in para 2 means lenient.

98(B). 'Small' word is the opposite in meaning to the word, 'sizeable' as used in para 4 of the passage. The word "sizeable" means fairly large whereas "small" means a size that is less than normal or usual.

99(B). Here the underlined word 'decade' is a noun i.e., a word (other than a pronoun) used to identify any of a class of people, places, or things (common noun), or to name a particular one of these (proper noun).

100(C). The error part in the usage of 'do not' after 'unless'. The correct sentence is "I will not go unless you come".

101(B). Jeer: a rude and mocking remark.

Hoot: a shout expressing scorn or disapproval.

Compliment: a polite expression of praise or admiration.

Flatter: lavish praise and compliments on (someone), often insincerely and with the aim of furthering one's own interests.

Praise: express warm approval or admiration.

So, the word 'Hoot' has a synonym meaning as

'Jeer'.

102(C). Engross: absorb all the attention or interest of, to occupy completely, as the mind or attention
Absorb: take up the attention of (someone), interest greatly
Dismiss: order or allow to leave, send away, treat as unworthy of serious consideration
Oppress: to govern people in an unfair and cruel way and prevent them from having opportunities and freedom
Endanger: put (someone or something) at risk or in danger
So, the word 'Absorb' has a synonym meaning as 'Engross'.

103(B). "eer" is the correct suffix to the word 'engine'.
Suffix "eer" means 'someone related to' the root word.
The root word 'engine' means 'motor or machine'.
'Engineer' is a noun which means means 'someone who builds or handles engines, machines, etc.'.
Example: Mountain + eer = Mountaineer (a person who climbs the mountain)

104(D). Both these suffixes can produce different nouns when added with the verb 'assist'.
Assist + -ant = Assistant (someone who assists).
Suffix 'ant' means 'person who performs action'
Assist + -ance = Assistance (the act of assisting).
The suffix 'ance' shows the action and result of the verb.
Word 'assist' means 'to help'.
Example: The army arrived to assist in the search.

105(B). While arranging the parts of the sentence given in options, we have to find some grammatical or contextual connections between them, so let's find out.
In this sentence, we can see that there are different parts like Subject, Indirect object, subject of subordinating clause and verb, indirect object, and direct object.
The sentence must start with Q as it provides an introduction to the context with the help of 'work'.
The sentence proceeds to give more information about the work that is necessary to keep the world going and without it we should all die in R and then in S and finally ends with P.
The correct arrangment is Q R S P.
Correct sentence: Work is the one thing that is necessary to keep the world going and without it we should all die.

106(D). While arranging the parts of the sentence given in options, we have to find some grammatical or contextual connections between them, so let's find out.
In this sentence, we can see that there are different parts like Subject, Indirect object, subject of subordinating clause and verb, indirect object, and direct object.
The sentence must start with R as it provides an introduction to the context with the help of 'there was a time'.
The sentence proceeds to give more information about the time when each family used to produce for itself most of the things it needed for it everyday life in Q and then in S and finally ends with P.

The correct arrangment is R Q P S.
Correct sentence: There was a time when each family actually produced for itself most of the things it needed for it everyday life.

107(D). While arranging the parts of the sentence given in options, we have to find some grammatical or contextual connections between them, so let's find out.
In this sentence, we can see that there are different parts like Subject, Indirect object, subject of subordinating clause and verb, indirect object, and direct object.
The sentence must start with P as it provides an introduction to the context with the help of 'as a disease'.
The sentence proceeds to give more information about the disease of alcoholism which leads to accidents and suicides and breaks up marriages in Q and then in S and finally ends with R.
The correct arrangment is P Q S R.
Correct sentence: As a disease affecting all ages alcoholism leads to accidents and suicides and breaks up marriages.

108(D). He has the nerve to publish an article that could cause friction among the different sections of society.
The word 'nerve' means "the courage to do something difficult or dangerous". E.g. He's got a nerve asking us for money. In the first blank both 'a' and 'the' can be used. But in the second blank, only 'an' can be used. We cannot use the definite article 'the' as the sentence does not refer to any specific article and the word after the blank begins with a vowel sound. So only 'an' can be used in the second blank.

109(A). The correct statement is: Lock the door before going out.
A gerund is the noun form of a verb that ends in 'ing'. From the given option 'going' is a noun and also acting like a verb having the 'ing' form in the given sentence. So, in the given sentence, 'going' is the correct option.

110(A). The jury **has** given its verdict in favor of the victim.
The present perfect tense is used to indicate that an action is completed in the near past.
The structure is: Subject + has/have + V_3 + object.
When the subjects represent a single idea as a whole, the verb used is in the singular form. In the above sentence, the subject the 'jury' has given its decisions as a whole.

111(A). When we get ready for dinner, I have to take my books off the table.
Here, 'off' is the correct word to describe the action of removing or doing something.

112(C). Active voice - Have they declared Rahul fit to play the next match?
Present perfect continuous tense-
Active voice – subject +has/have +V^3 +object
Passive voice – object+has/have + V^3+by+ subject
Example –
- Active- Rishi has made the bed.
- Passive- The bed has been made by Rishi.
- Active- She has performed her duty well.
- Passive- Her duty has been performed well by her.

113(A). The given sentence is grammatically incorrect.
Here, 'in our colony' should be used instead of 'at our colony'.
The preposition 'in' is used to show place inside or to a position inside a particular area or object.
Correct Sentence: A businessman in our colony was found COVID positive.

114(C). Given sentence is grammatically incorrect.
Here, 'While he was walking' should be used instead of 'Walking'. In the given sentence 'walking' is a verb. If a sentence starts with the verb, it needs a subject to complete it. In the given sentence no subject is being discussed. Thus, the erroneous part is 'Walking'.
Correct Sentence: While he was walking on the road, a rickshaw hit him.

115(C). Given sentence is grammatically incorrect.
Here, 'leads to' should be used instead of 'lead to'. We know that 'either of/ neither of' is followed by a plural noun and singular verb. Thus, the erroneous part is 'lead to'.
Correct Sentence: Either of these two roads leads to the post office.

116(C). The correct answer is Amit told me that my parents were waiting for me.
The basic rules for changing or converting direct speech into indirect speech:
- The commas and inverted commas are removed and 'that' is added.
- The second person 'your' will be changed into the first person 'my'.
- The present continuous tense format 'Subject + are + V$_1$ (wait) + ing + Object' will be changed into the past continuous tense format 'Subject + were + V$_1$ (wait) + ing + Object'.

117(C). The most appropriate meaning of the given idiom is a short nap.
Example: I'm going to go grab a quick forty winks before everyone starts arriving for the dinner party.
He usually has forty winks going home on the train.

118(D). Slow down the most appropriate meaning of the given idiom.
Don't get mad: Not get upset
Aim high: to be ambitious
Example: Just hold your horses, Bill! Let's think about this for a moment.

119(A). Subterranean = being, lying or operating under the surface of the earth.
Pantomime = conveyance of a story by bodily or facial movements especially in drama or dance.
Perspicacious = having a ready insight into and understanding of things.
Sobriquet = a person's nickname.

120(D). The original sentence "A federal government climate-change report released last year shows the Pacific Northwest is already **seeing damage from rising temperatures** ." is grammatically correct in the given form and therefore the bold part needs no replacement.

Hindi Language

Ques (1-8): निर्देश: नीचे दाए गए पात्र का अंश पढ़कर पूछे गए प्रश्नों के सबसे उपयुक्त वाले विकल्प को चुनिए।

पूज्य पिताजी महाराज, दिल्ली जेल

वन्दे मातरम्! 26 अप्रैल, 1929

अर्ज़ यह है कि हम लोग 22 अप्रैल को पुलिस की हवालात से दिल्ली जेल में मुंताकिल कर दिए गए थे और इस वक़्त दिल्ली जेल में ही हैं। मुकदमा 7 मई को जेल के अंदर ही शुरू होगा। गालिबन एक माह में सारा ड्रामा खत्म हो जाएगा। मुझे मालूम हुआ कि आप यहाँ तशरीफ़ लाए थे और किसी वकील वगैरह से बातचीत की थी और मुझसे मिलने की कोशिश भी की थी, मगर तब सब इंतजाम न हो सका। कपड़े मुझे परसों मिले। मुलाकात आप जिस दिन तशरीफ़ लाएँ, हो सकेगी। आप ख्वाहमख्वाह ज्यादा तकलीफ न कीजिएगा। अगर आप मिलने के लिए आएँ तो अकेले आइएगा। वालिदा साहिबा को साथ न लाइएगा। ख्वाहमख्वाह वो रो देगी। घर के सब हालात आपसे मिलने पर ही मालूम हो सकेंगे। हाँ, अगर हो सके तो गीता रहय्य, नेपोलियन की मोटी सुआने-उमरी, अंग्रेजी के कुछ आला नावॅल लेते आइएगा। इस वक़्त पुलिस-हवालात और जेल में हमार साथ निहायत अच्छा सलूक हो रहा है। मुझे आपका एड्रेस मालूम नहीं है, इसलिए कांग्रेस दफ़्तर के पते पर लिख रहा हूँ।

आपका ताबेदार

भगत सिंह

1. भगत सिंह ने अपने पिता से क्या नहीं मँगवाया?
1. गीता रहस्य
2. हिंदी उपन्यास
3. नैपोलियन की जीवनी
4. अंग्रेजी उपन्यास

(a) 1 (b) 2
(c) 3 (d) 4

2. भगत सिंह ने अपने पिता को पत्र उनके पते पर क्यों नहीं लिखा?
1. घर का पता याद नहीं आ रहा था।
2. घर तक डाक भेजने की व्यवस्था न थी।
3. घर पर पत्र भेजने की अनुमति न थी।
4. पिता का पता मालूम नहीं था।

(a) 1 (b) 2
(c) 3 (d) 4

3. 'कपड़े मुझे परसों मिले'।
भगत सिंह जी को कपड़े किस तारीख को मिले होंगे?
1. 26 अप्रैल, 1929
2. 20 अप्रैल, 1929
3. 24 अप्रैल, 1929
4. 22 अप्रैल, 1929

(a) 1 (b) 2
(c) 3 (d) 4

4. पत्र लिखने के समय भगत सिंह कहाँ पर थे?
1. दिल्ली जेल
2. कांग्रेस कार्यालय
3. पंजाब जेल
4. मित्र के घर

(a) 1 (b) 2
(c) 3 (d) 4

5. 'एक माह में सारा ड्रामा खत्म हो जाएगा।' से आशय है:
1. दूसरी जेल भेज दिया जाएगा।
2. वकील का इंतजाम हो जाएगा।
3. निर्णय सुना दिया जाएगा।
4. सज़ा की अवधि घट जाएगी।

(a) 1 (b) 2
(c) 3 (d) 4

6. 'आला' का अर्थ है:

1. निकृष्ट
2. रोचक
3. पठनीय
4. उत्कृष्ट

(a) 1 (b) 2
(c) 3 (d) 4

7. कौन सा शब्द भिन्न है?
1. तब्दील
2. रहस्य
3. तशरीफ़
4. फ़िक्र

(a) 1 (b) 2
(c) 3 (d) 4

8. 'जेल में हमारे साथ निहायत अच्छा सलूक हो रहा है।' रेखांकित शब्द के लिए सही शब्द का चयन करें।
1. तिरस्कार
2. गुणगान
3. सम्मान
4. व्यवहार

(a) 1 (b) 2
(c) 3 (d) 4

Ques (9-12): निर्देश : नीचे दिए गए अनुच्छेद को पढ़कर पूछे गए प्रश्नों के सही सबसे उपयुक्त उत्तर वाले विकल्प चुनिए।

चिनार में पर्यावरण के साथ अनुकूलन करने की विशिष्ट क्षमता होती है। यह पर्यावरण प्रदूषण को भी सरलता से सहन कर लेता है। यही कारण है कि एक विस्तृत क्षेत्र में फैलने वाला वृक्ष बन गया है। वर्तमान समय में इसे एशिया के अधिकांश देशों के साथ ही यूरोप और अमेरिका के बहुत से भागों में भी देखा जा सकता है। इंग्लैंड में, विशेष रूप से लंदन में एक बहुत बड़े क्षेत्र में चिनार से मिलते-जुलते वृक्ष पाए जाते हैं। इन वृक्षों में चिनार के सभी गुण देखने को मिलते हैं, किंतु कुछ भिन्नताएँ भी हैं। इनके संबंध में यह कहा जा सकता है कि इन्हें अंग्रेजी शासन काल में अंग्रेजों द्वारा भारत से ले जाया गया है अथवा यह भी हो सकता है कि ये चिनार की संकर प्रजातियाँ हों।

30-40 मीटर ऊँचा और लगभग 1.2 मीटर घेरे वाला यह भव्य एवं शानदार वृक्ष कश्मीर की शोभा है। चिनार की गणना विश्व की सर्वाधिक तेजी से बढ़ने वाले वृक्षों में की जाती है। इसकी आयु भी बहुत लंबी होती है। यह वृक्ष 100 वर्षों में लगभग 30 मीटर की ऊंचाई प्राप्त कर लेता है एवं इसका तना 1 मीटर घेरे वाला हो जाता है। चिनार के वृक्षों को प्राकृतिक क्षति भी बहुत कम होती है। इसमें विभिन्न प्रकार की मिट्टी में अपना अस्तित्व बनाए रखने की क्षमता होती है तथा यह तेज हवाएं भी सहन कर लेता है। इसकी जड़ों से यदि कोई छेड़छाड़ की जाए तो भी यह नष्ट नहीं होता। चिनार की एक प्रमुख विशेषता यह है कि इसके पांच मीटर ऊँचे वृक्ष को भी एक स्थान से उखाड़ कर दूसरे स्थान पर लगा सकते हैं।

उत्तर भारत का यह शानदार विशाल वृक्ष पूरे वर्ष भर बहुत सुंदर दिखता है, किंतु सर्दियों के मौसम में अपने तने और फूलों के कारण यह सर्वाधिक सुंदर दिखाई देता है।

आजकल चिनार को उत्तर भारत के कुछ अन्य स्थानों पर लगाने के प्रयास किए जा रहे हैं। इस कार्य में कुछ सफलता भी प्राप्त हुई है। अब हमें कश्मीर के साथ ही नई दिल्ली, मेरठ, देहरादून, चंडीगढ़ आदि स्थानों पर चिनार वृक्ष देखने को मिल जाएंगे, किंतु इन वृक्षों में कश्मीर के चिनार वृक्षों जैसी ऊंचाई और फैलाव नहीं है।

9. विश्व में सबसे तेजी से बढ़ने वाला वृक्ष है:
1. पीपल
2. चिनार
3. बरगद
4. देवदार

(a) 1 (b) 2
(c) 3 (d) 4

10. चिनार वृक्ष की विशेषता नहीं है:
1. तेज हवाएँ सहन करना
2. अलग-अलग तरह की मिट्टी में जड़ें जमाना

3. प्राकृतिक क्षति का अधिक न होना
4. एक स्थान से दूसरे स्थान पर न लगना
(a) 1   (b) 2
(c) 3   (d) 4

11. चिनार वृक्ष कब सर्वाधिक सुंदर दिखता है?
1. सर्दियों में
2. गर्मियों में
3. वर्षा में
4. वर्षभर
(a) 1   (b) 2
(c) 3   (d) 4

12. उत्तर भारत में चिनार के वृक्ष कहाँ मिलेंगे?
1. पुरानी दिल्ली
2. पंचकुला
3. देहरादून
4. हरियाणा
(a) 1   (b) 2
(c) 3   (d) 4

Ques (13-20): निर्देश: नीचे दिए गए गद्यांश को पढ़कर सबसे उचित विकल्प चुनिए:

किसे कहूँ मैं शिक्षा? क्या है शिक्षा का सच? कैसा होता है शिक्षित व्यक्ति और कैसा होता है पढ़ा-लिखा समाज? मेरे गुरु श्री दयालचन्द्र जी सोनी तो पूरी एक काव्यात्मक पुस्तक लिख गये। इस पुस्तक का नाम है 'हूं अणभणियो शिक्षित हूँ'। उनका आशय स्पष्ट है कि हर पढ़ा-लिखा आदमी अनपढ़ है। उन्होंने जब यह पुस्तक लिखी तो साफ कहा कि यह किताब उनके पूरे जीवन की शिक्षा का सार है। तब फिर हमें यह भी मान लेना चाहिए कि हमारा पूरा पढ़ा-लिखा समाज खासा अनपढ़ है। अशिक्षित है। तब फिर बताइए कि शिक्षा को कहाँ खोजें। कहते हैं कि शिक्षा बालक के जन्म के साथ बालक को मिली प्रतिभा का विकास है। उसकी सोयी हुई शक्तियों को जगाने का नाम शिक्षा है। मगर ऐसा तो तब सम्भव है जब हम यह जान लें कि कौन-कौन सा बालक कौन-कौन सी प्रतिभा के साथ पैदा हुआ? उसके शरीर में एवं उसके मन-मस्तिष्क में कौन-कौन सी शक्तियाँ सोयी हुई हैं? इसका अर्थ यह हुआ कि जो-जो बालक शाला में आया है उसको हम पहले पढ़ें। हर बालक को पढ़-पढ़ कर पहचानें कि वह क्या है? उसकी प्रदत्त प्रतिभा क्या है? और कौन - कौन सी सुषुप्त शक्तियों को लिये हुए वह हमारे सामने उपस्थित हुआ है।

13. 'शिक्षा' का अर्थ है:
(a) बच्चों को जानकारी देना ।
(b) बच्चों को केवल अक्षर ज्ञान देना ।
(c) बच्चों को शक्तिशाली बनाना ।
(d) बच्चों में विद्यमान शक्तियों को प्रस्फुटित करना ।

14. बच्चों को शिक्षा देने के लिए सबसे पहले क्या जरूरी है?
(a) प्रतिभाओं के विभिन्न रूप जानना ।
(b) बच्चों को प्रतिभाओं के अनुसार वर्गीकृत करना ।
(c) बच्चों की समस्त क्षमताओं, प्रतिभाओं को जानने के लिए उन्हें पढ़ना ।
(d) बच्चों को पढ़ाना ।

15. इस गद्यांश में शिक्षा का कौन-सा सिद्धांत निहित है?
(a) सभी बच्चे समान रूप से प्रतिभाशाली होते हैं ।
(b) सभी बच्चों में वैयक्तिक भिन्नता होती है ।
(c) शक्तियाँ सदैव सुषुप्त अवस्था में ही रहती हैं ।
(d) पढ़े-लिखे लोग अनपढ़ होते हैं ।

16. "हर बालक को पढ़-पढ़ कर पहचानें कि वह क्या है? वाक्य में 'पहचानें' क्रिया का कर्ता हो सकता है:
(a) मैं   (b) हम
(c) तुम   (d) वह

17. 'उसकी प्रदत्त प्रतिभा क्या है?' वाक्य है:
(a) विधानवाचक   (b) नकारात्मक
(c) प्रश्नवाचक   (d) संदेहवाचक

18. 'शरीर' में 'इक' प्रत्यय लगने पर शब्द बनेगा:
(a) शरीरिक   (b) शारीरीक
(c) शारीरिक   (d) शारिरिक

19. लेखक के अनुसार शिक्षित होना और साक्षर होना:
(a) दोनों समान हैं ।
(b) दोनों में मूलभूत अंतर होता है ।
(c) दोनों पर्यायवाची हैं ।
(d) दोनों में थोड़ा-बहुत अंतर है ।

20. यहाँ 'पढ़ा-लिखा' होने से तात्पर्य है:
(a) शिक्षित होना   (b) अशिक्षित होना
(c) साक्षर होना   (d) निरक्षर होना

21. निम्नलिखित में तद्भव शब्द की पहचान कीजिए।
(a) लवंग   (b) लौह
(c) रत्ती   (d) रजनी

22. दिए गए विकल्पों में कौन-सा शब्द तत्सम है?
(a) पवन   (b) होंठ
(c) सच   (d) साँप

23. निम्नलिखित में से तत्सम शब्द का चयन कीजिये।
(a) कृतगृह   (b) पंछी
(c) किसान   (d) दिया सलाई

24. तत्सम और तद्भव शब्दों का सही मेल नहीं है।
(a) हरिद्रा – हल्दी   (b) मौक्तिक – मोती
(c) रसवती – रसोई   (d) युक्त – योगी

25. निम्नांकित विकल्पों में से कौन-सा 'तद्भव' शब्द है ? सही विकल्प बताए।
(a) रात्रि   (b) वेदना
(c) लोमश   (d) बिजली

26. किस विकल्प में 'इल' प्रत्यय का प्रयोग नहीं हुआ है?
(a) उर्मिल   (b) मरियल
(c) फेनिल   (d) जटिल

27. निम्नलिखित शब्दों में से किस शब्द में प्रत्यय है?
(a) निकाय   (b) ऊंचाई
(c) दुर्बोध   (d) आत्मकथा

28. ईय प्रत्यय योग से बना शब्द नहीं हैं:
(a) आदरणीय   (b) शासकीय
(c) भारतीय   (d) स्वर्गीय

29. निम्नलिखित में से कौन सा शब्द पत्थर का पर्यायवाची है?
(a) पाषाण   (b) सलिल
(c) अंबु   (d) सर

30. निम्नलिखित प्रश्न में, चार विकल्पों में से, दिए गए शब्द के विपरीत अर्थ वाला विकल्प चुनिए-
अर्पित
(a) समर्पित   (b) गृहित
(c) अपेक्षा   (d) अघ

31. निम्नलिखित प्रश्न में, चार विकल्पों में से, उस विकल्प का चयन करें जो दिए गए शब्द का सही समान अर्थ वाला शब्द है।
मुकुर

(a) मना करना   (b) खेद
(c) रंक   (d) दर्पण

32. 'विद्युत' शब्द के लिए नीचे दिए विकल्पों में से पर्यायवाची शब्द छाँटिए:
(a) यामिनी   (b) दामिनी
(c) चमक   (d) पयोद

33. 'भौतिक' के लिए विलोम शब्द होगा:
(a) प्रभौतिक   (b) आध्यात्मिक
(c) कृत्रिम   (d) इनमें से कोई नहीं

34. निम्नलिखित में से शुद्ध वर्तनी का चयन कीजिए:
(a) छुहाड़ा   (b) टोकड़ी
(c) घबड़ाना   (d) पिंजरा

35. निम्न चार विकल्पों में से शुद्ध वर्तनी वाला शब्द पहचानिए।
(a) पैतरिक   (b) पाइत्रिक
(c) पैतृक   (d) पैत्रिक

36. अशुद्ध वर्तनी का चयन कीजिये।
(a) दैहिक   (b) कवियत्रि
(c) दृष्टि   (d) घनिष्ठ

37. 'पुराने चावल' मुहावरे का सही अर्थ दिए गए विकल्पों में से कौन-सा है?
(a) आकांक्षी   (b) शातिर
(c) अनुभवी   (d) घमण्डी

38. 'गर्व करना' विकल्पों में दिए गए हुए में से किस मुहावरे का अर्थ है?
(a) ऐंठ कर चलना   (b) दिन काटना
(c) ओले पड़ना   (d) डींग हाँकना

39. 'आँसू पीकर रह जाना' मुहावरे का सही अर्थ है-
(a) आँसू बहने न देना।
(b) अन्न के अभाव में आँसू से भूख मिटाना।
(c) गुस्सा होना।
(d) चुपचाप दुःख सह लेना।

40. 'किताब का कीड़ा होना' का उपयुक्त अर्थ है-
(a) बहुमूल्य वस्तु को नष्ट करने वाला
(b) अनुपयुक्त जगह रहने वाला
(c) बहुत अधिक पढ़ने वाला
(d) ज्ञान का दुश्मन

41. 'भई गति साँप छछूंदर केरी' लोकोक्ति का उपयुक्त अर्थ है-
(a) एक-दूसरे से बचना   (b) दृढ़ संकल्प होना
(c) अपने को खतरे में डालना   (d) दुविधा में होना

42. जब किसी सामान्य बात का विशेष बात से तथा विशेष बात का सामान्य बात से समर्थन किया जाए, वहाँ कौन-सा अलंकार होगा?
(a) विरोधाभास   (b) सन्देह
(c) अर्थान्तरन्यास   (d) विशेषोक्ति

Ques (43-44): निर्देश: निम्नलिखित में कौन सा अलंकार है?

43. रहीमन जो गति दीप की, कुल कपूत गति सोय। बारे उजियारे लगै, बढ़ै अंधेरो होय।
(a) उपमा   (b) रूपक
(c) यमक   (d) श्लेष

44. कनक कनक ते सौ गुनी मादकता अधिक काय। या खाए बौरात नर, वा पाए बौराय।
(a) उपमा   (b) यमक

(c) अनुप्रास   (d) श्लेष

45. 'वह दीपशिखा-सी शांत भाव में लीन' इस वाक्य में प्रयुक्त अलंकार पहचानिए।
(a) मालोपमा   (b) उत्प्रेक्षा
(c) सांगरूपक   (d) रूपक

46. उपमेय में उपमान की सम्भावना किस अलंकार में होती है अथवा जहाँ उपमेय में उपमान की सम्भावना की जाए, वहाँ अलंकार होता है:
(a) सन्देह   (b) उत्प्रेक्षा
(c) भ्रान्तिमान्   (d) अतिशयोक्ति

47. 'शिव' का अनेकार्थी शब्द समूह है-
(a) दीर्घ, गुण, वृद्धि, सम्प्रसारण
(b) पवित्र, निर्मल, साफ़
(c) पवित्र, निर्मल, ठीक
(d) मंगल, महादेव, भाग्यशाली

48. नीचे दिये गये शब्द-समूह के लिए सही शब्द चुनिये। एक ही माँ की कोख से जन्मा
(a) सहोदर   (b) अग्रज
(c) अनुज   (d) साथी

49. अनेकार्थक शब्द एवं उनके द्वारा धारित अर्थों की दृष्टि से असंगत विकल्प का चयन कीजिए।
(a) जलज - कमल, मोती, मछली, चन्द्रमा, सेवार, शंख
(b) तत्व - सत्य, सार, धर्म, परिणाम, उद्देश्य, सूक्ष्म ज्ञान
(c) जीवन - प्राण, आजीविका, जल, पुत्र, गंगा
(d) जाल - रस्सी, बनावट, प्रकृति, स्वभाव, आदत

50. 'मृत्युंजय' पद में कौन-सा समास है?
(a) द्विगु   (b) कर्मधारय
(c) बहुव्रीहि   (d) द्वंद्व

51. 'गौशाला' में कौन-सा समास है?
(a) तत्पुरुष   (b) द्वंद्व
(c) बहुव्रीहि   (d) द्विगु

52. 'देशभक्त' में कौन-सा समास है?
(a) द्वंद्व   (b) कर्मधारय
(c) तत्पुरुष   (d) द्विगु

53. 'पाप करने पर, पाप (दोष)- मुक्त होने के लिए किया जाने वाला कार्य' इस वाक्यांश के लिए एक उपयुक्त शब्द इनमें से कौन सा है?
(a) प्रायश्चित   (b) पश्चात्ताप
(c) हवन   (d) तीर्थाटन

54. 'जो ईश्वर में विश्वास रखता हो' के लिए एक शब्द कौन-सा होगा?
(a) नास्तिक   (b) आस्तिक
(c) अविनीत   (d) मेधावी

55. 'सब लोगों से सम्बन्ध रखने वाला' वाक्यांश के लिए सही शब्द है:
(a) सर्वकालिक   (b) सार्वजनिक
(c) सार्वदेशिक   (d) सार्वभौमिक

56. निम्न मे योगरूढ़ शब्द है:'
(a) पीला   (b) जलज
(c) पर   (d) दूधवाला

57. निम्न में कौन सा शब्द देशज है?
(a) गोबर   (b) घोड़ा
(c) हल्दी   (d) कटोरा

58. निम्न में कौन सा शब्द विदेशी है?

(a) टिकट   (b) मध्य

(c) मयूर   (d) वचन

59. दिए गए विकल्पों में से सही का चयन कर रिक्त स्थान भरें-
इस ग्रंथ को इतिहास की _____ से भी एक महत्त्वपूर्ण रचना माना गया है।

(a) दृष्टि   (b) तुलना

(c) पन्ने   (d) ओर

60. दिए गए विकल्पों में से सही का चयन कर रिक्त स्थान भरें-
इस घटना के बाद आजादी हासिल करने की इच्छा और जोर से _____ पड़ी।

(a) गुमराह   (b) गरज

(c) उमड़   (d) भनक

61. निम्नलिखित वाक्य में आए खाली स्थान के लिये सही शब्द चुनिये-
अभिषेक _____ घर चला गया।

(a) किसके   (b) अपने-आप

(c) इस   (d) उस

62. निम्नलिखित वाक्य में आए खाली स्थान के लिये सही शब्द चुनिये-
गिलास _____ तोड़ा?

(a) तुमने   (b) उसने

(c) किसने   (d) इसने

63. जिन शब्दों में लिंग, वचन, पुरुष, कारक, काल आदि के कारण जो शब्द रूपांतरित होते रहते हैं, क्या कहलाते हैं?

(a) विकारी   (b) अविकारी

(c) वचन   (d) प्रत्यय

64. ननद का पुल्लिंग शब्द क्या होगा?

(a) ननदा   (b) ननदनोई

(c) ननदोई   (d) नंदन

65. निम्नलिखित में से पुल्लिंग शब्द छाँटिए:

(a) चाहत   (b) रंगत

(c) मेहनत   (d) आहार

66. कौन-सा स्त्रीलिंग शब्द है?

(a) छाछ   (b) तिल

(c) काढ़ा   (d) टेसू

67. निम्नलिखित में से किस शब्द का बहुवचन नहीं होगा?

(a) दूध   (b) रायता

(c) दही   (d) उपर्युक्त सभी

68. 'नदी' शब्द का बहुवचन रूप क्या है ?

(a) नदी   (b) नदियाँ

(c) नदियें   (d) नदियों

69. 'श्रीमती' शब्द का बहुवचन होगा:

(a) श्रीमतिनी   (b) श्रीमतीएँ

(c) श्रीमतीय   (d) श्रीमतियाँ

70. 'अब्दुल्ला ने नमाज पढ़ी।' इस वाक्य में कौन सा काल है? सही विकल्प बताइए।

(a) वर्तमान काल   (b) भविष्यत् काल

(c) भूतकाल   (d) भूताभूत काल

71. निम्न में से कौनसा वाक्य भविष्य काल का नहीं है?

(a) आशा है मैं फिर आपके काम आऊंगा

(b) राजू को बुलाया जाएगा

(c) आप आओगे, तो ही मैं भी आऊंगा

(d) आकाश कल ही घर लौटा है a

72. 'मनोयोग' शब्द किस सन्धि से बना है?

(a) वृद्धि सन्धि   (b) अयादि सन्धि

(c) व्यंजन सन्धि   (d) विसर्ग सन्धि

73. विसर्ग सन्धि का उदाहरण है:

(a) युधिष्ठिर   (b) निष्ठुर

(c) भयंकर   (d) मनोयोग

74. भारती वृत्ति का सम्बन्ध किस रस से है?

(a) वीर   (b) वीभत्स

(c) अद्भुत   (d) हास्य

75. रससूत्र के जनक माने जाते हैं:

(a) भरतमुनि   (b) अभिनवगुप्त

(c) तुलसीदास   (d) भट्टनायक

76. प्रति + आघात का संधि रूप क्या होगा?

(a) प्रत्याघात   (b) प्रतियाघात

(c) प्रतीयाघात   (d) प्रतीआघात

77. जो मासिक सम छंद है। प्रत्येक चरण में मात्राएं होती है उसे कहते है:

(a) चौपाई   (b) दोहा

(c) सोरठा   (d) रोला

78. 'निसिदिन बरसत नैन हमारे'' इस पंक्ति में किस रस का वर्णन है?

(a) वीर   (b) भयानक

(c) वात्सल्य   (d) श्रृंगार

79. शब्द "यद्यपि" में प्रयुक्त संधि का नाम बताये?

(a) गुण संधि   (b) अयादि संधि

(c) यण संधि   (d) दीर्घ संधि

80. 'भवन' में संधि है:

(a) यण् संधि   (b) अयादि संधि

(c) व्यंजन संधि   (d) दीर्घ संधि

English Language

Ques (81-88): Direction: The questions in this section are based on what is stated or implied in the passage given below. For each question, choose the option that most accurately and completely answers the question.

The words invention and Innovation are closely linked, but they are not interchangeable. The inventor is a genius who uses his intellect, imagination, time and resources to create something that does not exist. But this invention may or may not be of utility to the masses. It is the enterprising innovator who uses various resources, skills and time to make the invention available for use. The innovator might use the invention as it is, modifies it or even blend two or more inventions to make one marketable product. A great example is that of the iPhone which is a combination of various inventions. If an invention is the result of countless trials and errors, so can be the case with innovation. Not every attempt to make an invention is successful. Not every innovation sees the light of the day. Benjamin Franklin had the belief that success doesn't come without challenge, mistake, and in a few cases failure.

One of the world's most famous innovators, Steve Jobs says, —Sometimes when you innovate, you make mistakes. It is best to admit them quickly and get on with improving your other innovations.

Thus, inventors and innovators have to be intrepid enough to take risks; consider failures as stepping stones and not stumbling blocks.

Some inventions are the result of a keen observation or a simple discovery. The inventor of Velcro, also called the zipless zipper, is the Swiss engineer George de Mestral. He was hiking in the woods when he found burrs clinging to his clothes and his dog's fur. Back at home, he studied the burrs. He discovered that each burr was a collection of tiny hooks which made it cling to another object. A few years later, he made and patented the strips of fabric that came to us like Velcro.

The world of inventions and innovations is a competitive one. But the race does not end here; it is also prevalent in the case of getting intellectual property rights. There have been inventors who failed to get a single patent while there have been some who managed to amass numerous patents in their lifetime. Thomas Edison had 1,093 patents to his credit!'

We relate the telephone with Alexander Graham Bell. It is believed that around the same time, Antonio Meucci had also designed the telephone, but due to lack of resources and various hardships, he could not proceed with the patent of his invention. It is also believed that Elisha Gray had made a design for the telephone and applied for the patent at the U.S. patent office on the same day as Graham Bell did. By sheer chance, Graham's lawyer's turn to file the papers came first. Hence, Graham was granted the first patent for the telephone.

It is not easy, and at times almost impossible, for an inventor to be an innovator too. There are very few like Thomas Edison who graduated from being an incredible inventor to a successful manufacturer and businessman with brilliant marketing skills.

While innovations that have helped to enhance the quality of life are laudable, equally laudable are the inventions that laid the foundation of these very innovations.

81. The text in the passage can be best termed as

(a) narrative   (b) descriptive

(c) persuasive   (d) expository

82. The main idea of the author is to

(a) highlight the difficulties faced by innovators.

(b) focus on the hardships of patent -seekers.

(c) compare innovators to inventors.

(d) reveal the importance of inventors.

83. The author believes that

(a) innovators enhance the utility of inventions.

(b) innovators face fewer challenges than inventors do.

(c) every inventor has a patent for the invention.

(d) the invention is the same as innovation.

84. Benjamin Franklin and Steve Jobs, believe that

(a) there is no place for mistakes in the process of making an innovation.

(b) making a mistake before finding success is not unusual.

(c) failure is a permanent stumbling block.

(d) all innovators have to go through failure.

85. Velcro can be best described as

(a) a highly-planned and deeply researched invention

(b) the fruit of failure

(c) the need of the hour

(d) an accidental invention

86. It is believed that Graham Bell became the first patent holder of the telephone because of

(a) his ingenuity and good fortune.

(b) the carelessness of Elisha's lawyer.

(c) the clever trick played by his lawyer.

(d) the biased officials in the patent office.

87. Which of these words can replace the word intrepid?

(a) hasty   (b) intellectual

(c) daring   (d) rich

88. Which of these words is the antonym of laudable?

(a) praiseworthy   (b) challenging

(c) tiring   (d) disgraceful

Ques (89-91): Direction : Read the passage given below and answer the questions by selecting the correct/most appropriate options:

The Indian Premier League's suspension effective from Tuesday was an inevitable full stop considering India's continuing trauma with COVID-19 and the breach of the tournament's much-vaunted bio-bubble. Until the emergence of the COVID-positive results of Kolkata Knight Riders' Sandeep Warrier and Varun Chakravarthy; Sunrisers Hyderabad's Wriddhiman Saha; Delhi Capitals' Amit Mishra, Chennai Super Kings' bowling coach L. Balaji and a member of the squad's logistics staff, the Board of Control for Cricket in India (BCCI) was in denial-mode, firmly believing that its bio-bubble protocols cannot be breached. BCCI officials also insisted that the league is not a super-spreader like election rallies or other permitted activities where crowds were allowed to assemble. That both fans and the media were kept away from the venues was cited as an example of how strict the IPL management was with regard to social-distancing. Besides this, the constant testing of everyone in the bubble was seen as another fail-safe method to ensure that the league did not turn into a coronavirus hotspot. But before the final denouement, what jarred was the tone-deafness of having matches in Delhi while beyond the ground, the accompanying note was that of ambulances blaring their sirens while patients gasped for oxygen. Even if the league has its share of a massive television audience and offers a diversion to the viewers, having Delhi as a host was extremely insensitive.

The IPL's 14th edition is at the crossroads, a reality which it had avoided since its launch in 2008. The cash-rich league always found a way to sidestep obstacles. During three general elections, the championship either fully or partially leant on neutral venues. There was also the incident of low intensity blasts just outside Bengaluru's M. Chinnaswamy Stadium on April 17, 2010, ahead of a match featuring Royal Challengers Bangalore and Mumbai Indians. It is an event that has faded from public memory but on that ominous day, two bombs went off, injuring a few and a third was found, which was immediately defused. The contest started an hour late and the IPL continued unhindered. But the latest crisis due to a pandemic is something that humankind has never faced since the Spanish Flu in 1918. Meanwhile, the board officials are hinting about resuming the league later this year in the United Arab Emirates, which also hosted the 13th leg. But for that the virus should wane and most countries have suspended flights from India, with the Australian Prime Minister Scott Morrison not even permitting a chartered flight with the IPL's Aussie players. To find a window in a packed international cricket schedule will be arduous even if the last word on the IPL's tenuous resumption is yet to be spoken.

89. Read the following statements:

A. During an ongoing match between Royal Challengers Bangalore and Mumbai Indians, some bomb blasts were occurred outside the stadium on April 17, 2010.

B. The IPL had started in 2008.

(a) Both A and B are true.

(b) A is true but B is false

(c) B is true but A is false

(d) Both A and B are false

90. How many people had been found COVID-19 positive according to the passage due to which the IPL was suspended?

(a) 6; 4 cricketers, 1 coach, 1 member of logistic staff

(b) 6; 3 cricketers, 1 coach, 2 members of logistic staff

(c) 8; 4 cricketers, 2 coach, 2 members of logistic staff

(d) 4; 2 cricketers, 2 coaches

91. What arguments were put forward By BCCI in support of organizing IPL despite adverse Covid-19 situation in the country?
A. Its bio-bubble protocols can't be breached.
B. Both fans and media were not allowed at he venues.
C. the constant testing of everyone in the bubble to prevent the league from being a coronavirus hotspot.

(a) Only A

(b) Only B and C

(c) Only A and C

(d) All A, B and C

Ques (92-100): Direction: Read the following passage carefully and answer the question that follow.

Paragraph 1: The "who's who" of universities and research institutions published by the Human Resource Development Ministry, as the National Institutional Ranking Framework, 2018, should be viewed mainly as a proposition that data makes it possible to assign objective credentials to some aspects of education. Its assessment of some of the top institutions such as the Indian Institute of Science, the Jawaharlal Nehru University, the IITs and the IIMs is unsurprising, given their record of research, peer-reviewed publications and outcomes for graduates.

Paragraph 2: Even among the 3,954 institutions that participated, there is a clear skew towards southern, southeastern and western India. Participation levels are inadequate: there were 40,026 colleges and 11,669 standalone institutions according to the HRD Ministry's All India Survey on Higher Education for 2016-17.

Paragraph 3: To the faculty and students in many colleges, what matters is the vision of the administrative leaders and a commitment to excellence. The governing bodies should make available adequate financial and academic resources to colleges, particularly the younger ones, to help them improve performance. These are measured by the NIRF in terms of the percentage of faculty with doctoral degrees, papers published in credentialed journals, inclusivity and diversity of students, and median salaries for the graduates.

92. Which of the following is/are true with respect to the Trade Unions Act mentioned in the passage?
I. As per this law, Unions have the right represent workers in legal disputes with employers.
II. There is restriction on use of contract workers for certain tasks.
III. A minimum of 5 workers are needed to form a Trade Union.

(a) Only I

(b) Only III

(c) Only I and II

(d) Only II and III

93. As per the passage, the government has doubled import duty on which of the following?
I. Kites
II. Electronics
III. Edible items

(a) Only II

(b) Only I and II

(c) Only II and III

(d) Only I and III

94. As per the author, what could be some reasons for imposition of import duties on some products?
I. Lack of competitiveness
II. Lack of infrastructure
III. Restrictive government regulations

(a) Only I

(b) Only III

(c) Only I and II

(d) Only II and III

95. As per the passage, what can be inferred from India not being able to 'grasp its natural comparative advantage in labour-intensive products'?

(a) Indian producers find it cost-effective to use intensive capital-intensive production techniques.

(b) Indian producers find it cost-effective to use labour intensive production techniques.

(c) Indian producers may find it cost-effective to use some capital-intensive production techniques.

(d) All of the above

96. As per paragraph 1, what does the author mean when he refers to the universities and institutions as "Who's who"?

(a) He is trying to understand 'who' the list prepared by NIRF consists of.

(b) He is referring to the top institutions among all institutions mentioned in the list prepared by NIRF.

(c) He is asking the reader to fathom 'who' developed the list and the reasons behind it.

(d) Both (A) and (C)

97. As per paragraph 2, there is a skew towards which region/regions in terms of participation?
I. North
II. North-East
III. Western
IV. South –Eastern

(a) Only III and IV

(b) Only I, III and IV

(c) Only I, II and IV

(d) Only I, II and III

98. As per paragraph 3, which of the following parameter/s matter/s to faculty and students when determining the worth of an institution?
I. Vision of its leaders
II. Frequency of pay hikes
III. Availability of adequate academic resources

(a) Only I

(b) Only II

(c) Only I and II

(d) Only I and III

99. As per the passage, which of the following parameters is/are used by NIRF to judge institutions for ranking them?
I. Papers published in reputed journals
II. Number of highly qualified faculty
III. Diversity in terms of students

(a) Only II

(b) Only III

(c) Only I and II

(d) All of the above

100. Which of the following is/are true as per the passage?
I. There was a huge amount of participation seen in NIRF 2018.
II. The ranking approach has been critiqued for failing to capture the crucial metric of learning outcomes.

III. NIRF's assessment of the top notch institutions was expected.
   (a) Only III
   (b) Only I and II
   (c) Only II and III
   (d) Only I and III

Ques (101-102): Direction : This consists of a sentence with an underlined word followed by four words. Select the option that is opposite in meaning to the underlined word and mark your response accordingly.

101. His work is <u>praiseworthy</u>.
   (a) Admirable
   (b) Condemnable
   (c) Commendable
   (d) Creditable

102. His deeds had <u>retrograde</u> results.
   (a) Progressive
   (b) Negative
   (c) Retreating
   (d) Reverse

103. Which of the suffixes when added to the following adjectives will make them verb forms?
   Dark, weak, sweet, soft
   (a) -ly
   (b) -er
   (c) -en
   (d) -se

104. Which of the following prefixes is used to denote something wrong or bad?
   (a) Omni-
   (b) Bene-
   (c) Anti-
   (d) Mis-

105. **Direction:** Rearrange the following parts of a sentence to form a meaningful sentence.
   This is a letter
   P. from a young lady
   Q. who was lately wounded in a duel
   R. written in most passionate terms
   S. wherein she laments the misfortune of a gentleman
   (a) PRQS
   (b) PRSQ
   (c) RPQS
   (d) RPSQ

106. **Direction:** Rearrange the following parts (P, Q, R and S) in the proper sequence to obtain a correct sentence.
   P. Within but a few years, our notion of the natural world would be forever changed. A scientific and societal revolution quickly ensued.
   Q. From the dawn of humankind to a mere 400 years ago, all that we knew about our universe came through observations with the naked eye.
   R. Then Galileo turned his telescope toward the heavens in 1610.
   S. Saturn, we learned, had rings. Jupiter had moons. That nebulous patch across the centre of the sky called the Milky Way was not a cloud but a collection of countless stars.
   (a) QRSP
   (b) RSPQ
   (c) SPQR
   (d) PQRS

107. **Direction:** In the following question, the 1st and the last part of the sentence/passage are numbered 1 and 6. The rest of the sentence/ passage is split into four parts and named P, Q, R, and S. These four parts are not given in their proper order. Read the sentence/passage and find out which of the four combinations is correct.
   1. The next morning I found myself somewhat refreshed but very hungry.
   P. I asked him to let me help unload the vessel.
   Q. I noticed I was near a large ship.
   R. I went at once to the captain.
   S. It was unloading a cargo of pig iron.

6. I wanted to earn money for food.
   (a) PQRS
   (b) QSRP
   (c) PRSQ
   (d) SRPQ

108. **Direction:** Choose the appropriate articles to complete the given sentence.
   ____ super moon occurs when ___ moon's orbit is at its closest to Earth and at_____same time it is full.
   (a) A, the, the
   (b) A, the, a
   (c) The, a, the
   (d) The, an, the

109. **Direction:** Choose the correct gerund from the options given below.
   I detest __________ in public places.
   (a) smoke
   (b) smoked
   (c) be smoking
   (d) smoking

110. **Direction:** Select the correct form of the tense for the given sentence.
   Hari played basketball yesterday.
   (a) Simple Past
   (b) Future continuous
   (c) Present continuous
   (d) None of the above

111. Choose the most suitable preposition.
   Angel is famous ____________ English in Jasdan.
   (a) for
   (b) in
   (c) about
   (d) with

112. **Direction** : Select the most appropriate passive form of the given sentence.
   Granny had given Uncle Ken a good lecture on how to be a responsible adult.
   (a) Uncle Ken was giving a good lecture to Granny on how to be a responsible adult.
   (b) Granny was given a good lecture by Uncle Ken on how to be a responsible adult.
   (c) Uncle Ken was being given a good lecture by Granny on how to be a responsible adult.
   (d) Uncle Ken had been given a good lecture by Granny on how to be a responsible adult.

113. **Direction** : Identify the segment that contains a grammatical error.
   A misunderstanding has crept between he and his sister.
   (a) and his sister
   (b) between he
   (c) has crept
   (d) A misunderstanding

114. **Direction** : Identify the segment that contains a grammatical error.
   If I was you, I would not lose temper in this situation.
   (a) If I was you
   (b) in this situation
   (c) I would not
   (d) lose temper

115. **Direction** : Identify the segment that contains a grammatical error. If there is no error, select 'No error'.
   Scarcely had he took the medicine when his headache was gone.
   (a) when his headache was gone
   (b) No error
   (c) took the medicine
   (d) Scarcely had he

116. **Direction:** Select the most appropriate direct form of the given sentence.
   I asked Rahul why he was back so soon.

(a) I asked to Rahul, "Why was he back so soon?"
(b) I said to Rahul, "Why he was back so soon?"
(c) I said to Rahul, "Why are you back so soon?"
(d) I said to Rahul, "Why you are back so soon?"

117. **Direction:** Choose the correct meaning of the idiom.
Be in eclipse
(a) Less successful   (b) Feeling happy
(c) Very successful   (d) Being defeated

118. **Direction:** Select the most appropriate meaning of the underlined idiom in the given sentence.
Information technology has developed <u>by leaps and bounds.</u>
(a) very gradually
(b) at a rapid pace
(c) in far off places
(d) through unfair means

119. **Direction:** In the following question, out of the four alternatives, choose the one which can be substituted for the given sentence.
An independent person or body officially appointed to settle a dispute.
(a) Arbiter   (b) Mediator
(c) Agent provocateur   (d) Arbitrator

120. **Direction:** Which of the option (A), (B) and (C) given below, should replace the phrase printed in bold in the sentence to make it grammatically correct? If the sentence is correct as it is given and no correction is required, mark (D) as the answer.
The Bar Council of Delhi's directive to the Big Four accountancy firms not to offer legal services to their clients in India **has been a responsive move that is transparent protectionist in intent.**
(a) Is a rhetoric move that is transparent protectionist in intent
(b) Is a retrograde move that is transparently protectionist of intent
(c) Is a retrograde move that is transparently protectionist in intent
(d) No correction required

// Smart Answer Sheet //

Correct	Percentage of students who answered correctly.
Skipped	Percentage of students who skipped.

Q.	Ans.	Correct	Skipped	Q.	Ans.	Correct	Skipped	Q.	Ans.	Correct	Skipped
1	B	63.93%	35.27%	2	D	68.74%	30.13%	3	C	40.6%	43.31%
4	A	65.46%	31.24%	5	C	40.66%	55.67%	6	D	53.75%	39.85%
7	B	88.57%	10.21%	8	D	47.1%	35.92%	9	B	41.57%	54.89%
10	D	66.58%	30.57%	11	A	57.95%	31.4%	12	C	63.04%	31.57%
13	D	49.4%	48.51%	14	C	67.35%	32.5%	15	C	66.77%	31.46%
16	B	68.2%	31.12%	17	C	54.79%	32.85%	18	C	64.66%	32.86%
19	B	61.77%	35.61%	20	B	59.25%	32.69%	21	C	55.98%	35.15%
22	A	65.5%	32.84%	23	A	59.68%	38.6%	24	D	44.36%	32.98%
25	D	14.99%	81.47%	26	B	49.83%	43.42%	27	B	16.29%	83.7%
28	A	65.67%	30.78%	29	A	45.08%	40.03%	30	B	54.08%	35.71%
31	D	65.53%	30.29%	32	B	52.58%	34.57%	33	B	47.61%	48.75%
34	D	79.56%	11.21%	35	C	42.13%	54.73%	36	B	83.31%	14.02%
37	C	56.83%	31.2%	38	D	48.25%	38.36%	39	D	63.95%	35.03%
40	C	53.72%	36.64%	41	D	78.99%	18.16%	42	C	42.42%	39.99%
43	D	56.79%	33.83%	44	B	78.76%	19.07%	45	A	60.24%	36.05%
46	B	68.43%	31.3%	47	D	53.07%	43.46%	48	A	88.66%	11.26%
49	D	50.99%	37.71%	50	C	49.67%	31.87%	51	A	67.14%	30.39%
52	C	47.67%	40.59%	53	A	65.65%	30.71%	54	B	78.71%	20.26%
55	B	57.11%	41.97%	56	B	19.66%	76.74%	57	D	41.55%	51.16%
58	A	57.63%	34.57%	59	A	41.83%	42.04%	60	C	68.29%	31.64%
61	B	41.68%	34.82%	62	C	60.58%	32.17%	63	A	58.8%	36.42%
64	C	79.87%	15.88%	65	D	50.2%	35.2%	66	A	89.2%	10.1%
67	D	69.58%	30.41%	68	B	79.73%	11.28%	69	D	40.04%	34.3%
70	C	62.58%	31.09%	71	D	82.0%	14.2%	72	D	68.8%	31.0%
73	D	87.7%	11.36%	74	C	78.98%	19.15%	75	A	31.89%	67.73%
76	A	55.08%	35.36%	77	A	60.12%	39.81%	78	D	56.1%	33.41%
79	C	40.75%	35.48%	80	B	62.56%	34.14%	81	D	14.99%	68.48%
82	C	22.34%	76.76%	83	A	28.11%	68.85%	84	B	29.47%	70.1%
85	D	29.85%	68.96%	86	A	28.9%	67.48%	87	C	27.78%	68.09%
88	D	23.8%	74.06%	89	C	63.54%	32.48%	90	A	45.8%	35.21%
91	D	87.52%	10.05%	92	A	13.41%	71.26%	93	B	66.91%	32.25%
94	A	32.59%	67.34%	95	C	42.28%	36.05%	96	B	57.83%	38.6%
97	A	48.05%	41.97%	98	D	56.5%	34.89%	99	D	66.85%	32.97%
100	A	59.29%	31.83%	101	B	54.1%	32.96%	102	A	53.84%	35.22%
103	C	55.93%	33.5%	104	D	19.33%	73.22%	105	D	54.09%	44.06%
106	A	43.25%	34.66%	107	B	47.8%	30.16%	108	A	47.65%	33.78%
109	D	62.49%	30.01%	110	A	80.62%	17.42%	111	A	86.5%	10.69%
112	D	59.32%	32.14%	113	B	66.24%	33.54%	114	A	79.43%	16.8%
115	C	60.67%	39.25%	116	C	45.18%	31.4%	117	A	50.68%	33.73%
118	B	66.52%	33.24%	119	D	77.09%	11.29%	120	C	69.93%	30.04%

// Hints and Solutions //

1(B). गद्यांश के अनुसार, "हाँ, अगर हो सके तो गीता रहस्य, नेपोलियन की मोटी सुआने-उमरी, अंग्रेजी के कुछ आला नावॅल लेते आइएगा।"
इसलिए यह निष्कर्ष निकाला जा सकता है कि भगत सिंह ने अपने पिता से हिंदी उपन्यास नहीं मँगवाया।

2(D). गद्यांश के अनुसार, "मुझे आपका एड्रेस मालूम नहीं है, इसलिए कांग्रेस दफ्तर के पते पर लिख रहा हूँ।"
इसलिए यह निष्कर्ष निकाला जा सकता है कि भगत सिंह ने अपने पिता को पत्र उनके पते पर नहीं लिखा क्योंकि पिता का पता मालूम नहीं था।

3(C). गद्यांश के अनुसार, "कपड़े मुझे परसों मिले। मुलाकात आप जिस दिन तशरीफ़ लाएँ, हो सकेगी।"
इसलिए यह निष्कर्ष निकाला जा सकता है कि भगत सिंह जी को कपड़े 24 अप्रैल, 1929 को मिले होंगे।

4(A). गद्यांश के अनुसार, " अर्ज यह है कि हम लोग 22 अप्रैल को पुलिस की हवालात से दिल्ली जेल में मुंतकिल कर दिए गए थे और इस वक्त दिल्ली जेल में ही हैं।"
इसलिए यह निष्कर्ष निकाला जा सकता है कि पत्र लिखने के समय भगत सिंह दिल्ली जेल में थे ।

5(C). गद्यांश के अनुसार, "मुकदमा 7 मई को जेल के अंदर ही शुरु होगा। गालिबन एक माह में सारा ड्रामा खत्म हो जाएगा।"
इसलिए यह निष्कर्ष निकाला जा सकता है 'एक माह में सारा ड्रामा खत्म हो जाएगा।' से आशय है कि निर्णय सुना दिया जाएगा।

6(D). 'आला' का अर्थ 'उत्कृष्ट' है।
• निकृष्ट: नीच, अधम, तुच्छ, हीन, घटिया
• रोचक: प्रिय, रुचने वाला, अच्छा लगने वाला
• पठनीय: जो पढ़ने योग्य हो, पाठ्य

7(B). भिन्न शब्द 'रहस्य' है।
अरबी भाषा का शब्द तब्दील, तशरीफ़, फ़िक्र है।

8(D). 'सलूक' का अर्थ किसी के साथ किया जाने वाला व्यवहार, तरीका, ढंग, बरताव है।

9(B). विश्व में सबसे तेजी से बढ़ने वाला वृक्ष चिनार है।
गद्यांश के अनुसार , " चिनार की गणना विश्व की सर्वाधिक तेजी से बढ़ने वाले वृक्षों में की जाती है। इसकी आयु भी बहुत लंबी होती है।"

10(D). गद्यांश के अनुसार, " चिनार के वृक्षों को प्राकृतिक क्षति भी बहुत कम होती है । इसमें विभिन्न प्रकार की मिट्टी में अपना अस्तित्व बनाए रखने की क्षमता होती है तथा यह तेज हवाएं भी सहन कर लेता है। इसकी जड़ों से यदि कोई छेड़छाड़ की जाए तो भी यह नष्ट नहीं होता। चिनार की एक प्रमुख विशेषता यह है कि इसके पांच मीटर ऊँचे वृक्ष को भी एक स्थान से उखाड़ कर दूसरे स्थान पर लगा सकते हैं।"
इसलिए यह निष्कर्ष निकाला जा सकता है कि ' एक स्थान से दूसरे स्थान पर न लगना' चिनार वृक्ष की विशेषता नहीं है ।

11(A). गद्यांश के अनुसार, " उत्तर भारत का यह शानदार विशाल वृक्ष पूरे वर्ष भर बहुत सुंदर दिखता है, किंतु सर्दियों के मौसम में अपने तने और फूलों के कारण यह सर्वाधिक सुंदर दिखाई देता है।"
इसलिए यह निष्कर्ष निकाला जा सकता है कि चिनार वृक्ष सर्दियों में सर्वाधिक सुंदर दिखता है ।

12(C). गद्यांश के अनुसार, " आजकल चिनार को उत्तर भारत के कुछ अन्य स्थानों पर लगाने के प्रयास किए जा रहे हैं। इस कार्य में कुछ सफलता भी प्राप्त हुई है। अब हमें कश्मीर के साथ ही नई दिल्ली, मेरठ, देहरादून, चंडीगढ़ आदि स्थानों पर चिनार वृक्ष देखने को मिल जाएंगे, किंतु इन वृक्षों में कश्मीर के चिनार वृक्षों जैसी ऊंचाई और फैलाव नहीं है।"
इसलिए यह निष्कर्ष निकाला जा सकता है कि उत्तर भारत में चिनार के वृक्ष देहरादून में मिलेंगे ।

13(D). उपर्युक्त गद्यांश के अनुसार शिक्षा का अर्थ बच्चों में विद्यमान शक्तियों को प्रस्फुटित करना है। अर्थात शिक्षा के माध्यम से बच्चों की प्रतिभा को निखारना है।

14(C). उपर्युक्त गद्यांश के अनुसार बच्चों को शिक्षा देने के लिए सबसे पहले उनकी समस्त क्षमताओं पर प्रतिभाओं को जानने के लिए उन्हें पढ़ना जरूरी है। और बालक को पढ़ पढ़ कर पहचाने कि वह क्या है तथा उसकी प्रतिभा क्या है।

15(C). उपर्युक्त गद्यांश के अनुसार शिक्षा का सिद्धांत है कि शक्तियां सदैव शोषित अवस्था में ही रहती हैं। जिन्हें पढ़कर शिक्षक को जागृत करना होगा।

16(B). उपर्युक्त गद्यांश के अनुसार पहचानी गयी क्रिया का कर्ता 'हम' है। जिस शब्द से कार्य करने वाले पर ज्ञान होता है उसे कर्ता कारक कहते हैं। कर्ता का शाब्दिक अर्थ करने वाला होता है।

17(C). "उसकी प्रदत प्रतिभा क्या है?" वाक्य प्रश्नवाचक वाक्य है। वाक्य में "क्या" प्रश्न सूचक शब्द है तथा प्रश्नवाचक चिह्न हैं।

18(C). "शरीर" शब्द में "इक" प्रत्यय लगने पर शारीरिक शब्द बनेगा।
शरीर + इक :- शारीरिक

19(B). लेखक के अनुसार शिक्षित होने में और साक्षर होने में मूलभूत अंतर है। अर्थात पढ़े लिखे होने में तथा अपनी शक्तियों को पहचानने में अंतर है।

20(B). उपर्युक्त गद्यांश के अनुसार, "किसे कहूँ मैं शिक्षा? क्या है शिक्षा का सच? कैसा होता है शिक्षित व्यक्ति और कैसा होता है पढ़ा-लिखा समाज? मेरे गुरु श्री दयालचन्द्र जी सोनी तो पूरी एक काव्यात्मक पुस्तक लिख गये। इस पुस्तक का नाम है 'हूं अणभणियों शिक्षित हूँ'। उनका आशय स्पष्ट है कि हर पढ़ा-लिखा आदमी अनपढ़ है।"
यहाँ 'पढ़ा-लिखा' होने से तात्पर्य अशिक्षित होना है।

21(C). दिए गए विकल्पों में 'रत्ती' तद्भव शब्द है।
तद्भव: रत्ती
तत्सम: रक्तिका
अन्य विकल्प:

तत्सम	तद्भव
लवंग	लौंग
लौह	लोहा
रजनी	रैन

22(A). दिए गए विकल्पों में 'पवन' तत्सम शब्द है।
तत्सम: पवन
तद्भव: पौन
अन्य विकल्प:

तत्सम	तद्भव
ओठ	होंठ
सत्य	सच
सर्प	साँप

23(A). "कृतगृह" शब्द तत्सम शब्द है। क्योंकि यह संस्कृत से ज्यों के त्यों प्रयोग में लिया जा रहा है। अन्य विकल्प असंगत हैं।

तत्सम	तद्भव
पक्षी	पंछी
कृषक	किसान
दिपशलाका	दिया सलाई

24(D). **युक्त – योगी** तत्सम और तद्भव शब्दों का सही मेल नहीं है।
तद्भव= तत्+भाव जिसका अर्थ है विकसित या उससे उत्पन्न होना। अर्थात वे शब्द जो संस्कृत या उससे उत्पन्न हुए हैं। या ऐसे संस्कृत शब्द जो कुछ रूप परिवर्तन के साथ हिंदी शब्दावली में आ गए।
तत्सम= तत+सम उसके समान अर्थात ऐसे शब्द जो संस्कृत से हिंदी में आये और ज्यों के त्यों रहे, तत्सम शब्द कहलाते हैं।

25(D). **बिजली** शब्द तद्भव शब्द है अन्य विकल्पों का तत्सम रूप दिया गया है।
तद्भव= तत्+भाव जिसका अर्थ है विकसित या उससे उत्पन्न होना। अर्थात वे शब्द जो संस्कृत या उससे उत्पन्न हुए हैं। या ऐसे संस्कृत शब्द जो कुछ रूप परिवर्तन के साथ हिंदी शब्दावली में आ गए।
तत्सम= तत+सम= उसके समान अर्थात ऐसे शब्द जो संस्कृत

से हिंदी में आये और ज्यों के त्यों रहे, तत्सम शब्द कहलाते हैं।

तत्सम शब्द – तद्भव शब्द

- रात्रि – रात
- वेदना – बेदना
- लोमश – लोमड़ी
- विद्युत – विद्युत

26(B). 'इल' प्रत्यय का प्रयोग मरियल में नहीं हुआ है।

मर + इयल = मरियल।

इसलिए, 'मरियल' में 'इयल' प्रत्यय और 'मर' मूल शब्द है। वह इतना हट्टा कट्टा है पर उसकी बीवी मरियल सी है। यहाँ पर मूल शब्द 'मर' एक क्रिया है जिसमें कृत प्रत्यय 'इयल' जुड़ने से बना शब्द 'मरियल' कृदन्त शब्द कहा जाएगा।

27(B). दिए गए विकल्पों में 'ऊंचाई' शब्द में प्रत्यय है।

'ऊंचाई' शब्द 'आई' प्रत्यय के योग से बना है,

'ऊंचा' + 'आई' = 'ऊंचाई'

प्रत्यय वे शब्द हैं जो दूसरे शब्दों के अन्त में जुड़कर, अपनी प्रकृति के अनुसार, शब्द के अर्थ में परिवर्तन कर देते हैं।

28(A). आदरणीय शब्द में 'नीय' प्रत्यय है।

आदरणीय = आदर+ नीय

अन्य सभी ईय प्रत्यय के योग से बने शब्द हैं।

शासकीय = शासक + ईय

भारतीय = भारत + ईय

स्वर्गीय -= स्वर्ग + ईय

29(A). पत्थर का पर्यायवाची- पाषाण है।

पानी का पर्यायवाची- सलिल, अंबु, सर है।

30(B). गृहित, यहाँ उचित विकल्प है, अन्य विकल्प असंगत है।

शब्दार्थ:

अर्पित का अर्थ अर्पण करना या देना होता है, जबकि गृहित का अर्थ ग्रहण करना या लेना होता है।

31(D). स्पष्टीकरण:

दिए गए विकल्पों में 'मुकुर' का समान अर्थ वाला शब्द 'दर्पण' होगा।

समानार्थक शब्द: वे शब्द जिनका अर्थ एक समान होता हैं समानार्थक शब्द कहलाते हैं।

अन्य विकल्प:

1. मना करना – रोक देना

2. खेद - दुःख

3. रंक – कंगाल

32(B). विद्युत' दामिनी का पर्यायवाची शब्द है।

विद्युत के पर्यायवाची बिजली, तड़ित, चंचला, चपला, अशनि, इन्द्रवज्र, करका, क्षणप्रभा, क्षणिका, गाज, दामिनी, वज्र, शंपा, सौदामिनी, बीजुरी, कौंधा, घनप्रिया हैं।

33(B). दिए गए विकल्पों में 'भौतिक' का विलोम शब्द 'आध्यात्मिक' होगा।

'विलोम' शब्द का अर्थ है-उल्टा या विपरीत। अतः किसी शब्द का उल्टा अर्थ व्यक्त करने वाला शब्द विलोमार्थक या विपरीतार्थक शब्द कहलाते हैं।

34(D). दिए गए विकल्पों में पिंजरा शब्द की वर्तनी शुद्ध है। इसलिए सही विकल्प (D) 'पिंजरा' है। अन्य सभी शब्दों की वर्तनी त्रुटि पूर्ण हैं।

'पिंजरा' का अर्थ 'ऐसा स्थान जहां मुक्त होना प्रायः असंभव हो' होता है।

उपरोक्त सभी विकल्पों में 'र' और 'ड़' सम्बन्धी त्रुटियां इंगित की गई हैं।

35(C). उपरोक्त विकल्पों में सही विकल्प 'पैतृक' है।

पैतृक विशेषण शब्द है जिसका अर्थ पिता संबंधी, पुश्तैनी या पुरखों होता है।

36(B). दिये गए विकल्पों में अशुद्ध वर्तनी विकल्प 'कवियत्री' है।

'कवियत्री' शब्द में वर्तनीगत त्रुटि है, क्योंकि इसका सही रूप व्याकरणिक दृष्टि और राजभाषा मानकीकरण दोनों ही दृष्टि से सही नहीं लिखा गया है।

अशुद्ध रूप - कवियत्री

शुद्ध रूप - कवयित्री

37(C). 'पुराने चावल' मुहावरे का सही अर्थ अनुभवी होता है।

मुहावरा परिभाषा	उदाहरण
मुहावरा का शाब्दिक अर्थ 'अभ्यास' है। मुहावरा शब्द अरबी भाषा का शब्द है। हिन्दी में ऐसे वाक्यांशों को मुहावरा कहा जाता है, जो अपने साधारण अर्थ को छोडकर विशेष अर्थ को व्यक्त करते हैं।	अंक भरना- स्नेह से लिपटा लेना वाक्य- माँ ने स्नेह से अपने पुत्र को अंक में भर लिया।

38(D). 'गर्व करना' डींग हाँकना मुहावरे का अर्थ है।

वाक्य प्रयोग:

मधुमिता सारा दिन डींग हांकती रहती है।

39(D). 'आँसू पीकर रह जाना' मुहावरे का सही अर्थ चुपचाप दुःख सह लेना है। वाक्य- सबके सामने बिना वजह जली-कटी सुनकर भी राजू आंसू पीकर रह गया।

40(C). 'किताब का कीड़ा होना' का उप युक्त अर्थ ' बहुत अधिक पढ़ने वाला ' है। वाक्य- विद्यार्थी को केवल किताब का कीड़ा नहीं होना चाहिए, बल्कि स्वस्थ शरीर और उन्नत मस्तिष्क वाला होनहार युवक होना चाहिए।

41(D). 'भई गति साँप छछूंदर केरी' लोकोक्ति का उपयुक्त अर्थ ' दुविधा में होना ' है। वाक्य- रामलाल ने श्यामलाल को उधार देकर स्वयं को भई गति सांप छछूंदर केरी की स्थिति में डाल लिया है।

42(C). जब किसी सामान्य बात का विशेष बात से तथा विशेष बात का सामान्य बात से समर्थन किया जाए तो वहाँ अर्थान्तरन्यास अलंकार होता है।

जैसे- जे 'रहीम' उत्तम प्रकृति, का करि सकत कुसंग।

चंदन विष व्यापत नहीं, लिपटे रहत भुजंग।।

43(D). रहीमन जो गति दीप की, कुल कपूत गति सोय। बारे उजियारे लगे, बढै अंधेरो होय। उपर्युक्त पंक्तियों में श्लेष अलंकार है। यहां प्रस्तुत 'दीप के जलने' में अप्रस्तुत 'बुरे पुत्र का आरोप किया गया है। तात्पर्य है कि जिस प्रकार दीपक के जलने की गति से तेल समाप्त हो जाता है उसी प्रकार एक बुरा पुत्र संपूर्ण कुल को नष्ट कर देता है।

जहाँ एक शब्द अनेक अर्थों में प्रयुक्त होता है, वहाँ शब्द-श्लेष होता है।

44(B). उपर्युक्त प्रश्न में दी गई पंक्तियों में यमक अलंकार है। यहां कनक-कनक पद में एक कनक का अर्थ धतूरा और दूसरे कनक का अर्थ सोना होगा।

जिस काव्य में समान शब्द के अलग-अलग अर्थों में आवृत्ति हो, वहाँ यमक अलंकार होता है। यानी जहाँ एक ही शब्द जितनी बार आए उतने ही अलग-अलग अर्थ दे।

45(A). जहां उपमेय का उत्कर्ष दिखाने के लिये अनेक उपमान एकत्र किए जाए, वहां मालोपमा अलंकार होगा।

उपयुक्त अलंकार में मालोपमा अलंकार प्रयुक्त हुआ है। यहां उपमेय का उत्कर्ष दिखाने के लिए दीपशिखा उपमान का प्रयोग हुआ है। अन्य विकल्प असंगत है।

46(B). जहाँ उपमेय में उपमान होने की संभावना या कल्पना की जाती है, वहाँ उत्प्रेक्षा अलंकार होता है। इसके लक्षण है- जनु, मनु इव, मानो, मनो, मनहुँ, आदि। पहचान – मनो, मानो, मनु मनुह, जानो, इव, जनु जानहु, ज्यों आदि शब्द अगर किसी अलंकार में आते हैं तो वह उत्प्रेक्षा अलंकार होता है।

47(D). 'मंगल, महादेव, भाग्यशाली' शब्द 'शिव' के अनेकार्थी शब्द हैं।

'शिव' के अन्य शब्द हैं- वेद, गीदड़, भाग्यवान।

ऐसे शब्द, जिनके अनेक अर्थ होते है, अनेकार्थी शब्द कहलाते है। दूसरे शब्दों में- जिन शब्दों के एक से अधिक अर्थ होते हैं, उन्हें 'अनेकार्थी शब्द' कहते है।

पवित्र, निर्मल, साफ़, ठीक ये अन्य शब्द 'शुद्ध' के अनेकार्थी शब्द हैं।

48(A). सहोदरा जन्म के विचार से वे जो एक ही माता के उदर या गर्भ से उत्पन्न हुए हों।
सम्बन्ध के विचार से अपना और सगा।

49(D). अनेकार्थक शब्द एवं उनके द्वारा धारित अर्थों की दृष्टि से जाल असंगत विकल्प है।
जाल के अनेकार्थी शब्द - माया, छल, जाला, जानवरों को पकड़ने हेतु रस्सी की बनावट।

50(C). 'मृत्युंजय' पद में 'बहुव्रीहि' समास है। 'मृत्युंजय' का समास विग्रह 'मृत्यु को जीतने वाला' अर्थात शिव है। अन्य विकल्प असंगत हैं।

51(A). 'गौशाला' शब्द का विग्रह करने पर 'गाय की शाला' होता है जहाँ उत्तरपद प्रधान है तथा समास विग्रह के बाद 'की' विभक्ति का लोप होता है अर्थात यहाँ तत्पुरुष समास है।

52(C). 'देशभक्ति' में 'तत्पुरुष' समास है। 'देशभक्ति' का समास विग्रह देश के लिए भक्ति' होगा। 'देशभक्ति' में सम्प्रदान कारक छिपा हुआ है। इसमें कारक की चतुर्थी विभक्ति 'के लिए' है।

53(A). 'पाप करने पर, पाप (दोष)- मुक्त होने के लिए किया जाने वाला कार्य', वाक्यांश के लिए सार्थक शब्द 'प्रायश्चित' है।
अन्य विकल्प:
पश्चाताप: अपराध बोध से होने वाली ग्लानि
हवन: देवताओं को प्रसन्न करने के लिए अग्नि में घी, जौ आदि की आहुति देने की क्रिया
तीर्थाटन: तीर्थ की यात्रा

54(B). 'जो ईश्वर में विश्वास रखता हो' वाक्यांश के लिए एक शब्द है- 'आस्तिक'
अन्य विकल्पों का विवरण इस प्रकार हैं-
जो ईश्वर में विश्वास न रखता हो - नास्तिक
असाधारण मेधा (बुद्धि) वाला - मेधावी
जो दूसरों के साथ धृष्टतापूर्वक व्यवहार करता हो या धृष्टता से पेश आता हो - अविनीत

55(B). 'सब लोगों से सम्बन्ध रखने वाला' के लिए एक शब्द 'सार्वजनिक' होगा।
सार्वजानिक = सर्व + जन + इक
वाक्यांश- भाषा को सुंदर, आकर्षक और प्रभावशाली बनाने के लिए अनेक शब्दों के स्थान पर एक शब्द का प्रयोग किया जाता है तो वह वाक्यांश के लिए एक शब्द कहलाता है।

56(B). योगरूढ़ शब्द है। वे शब्द, जो यौगिक तो हैं, किन्तु सामान्य अर्थ को न प्रकट कर किसी विशेष अर्थ को प्रकट करते हैं, योगरूढ़ कहलाते हैं।
जलज = जल + ज (जल में जन्म लेने वाला) सामान्य अर्थ में प्रचलित न होकर कमल के अर्थ में रूढ़ हो गया है। अतः जलज शब्द योगरूढ़ है।

57(D). दिए गए विकल्पों में कटोरा शब्द देशज शब्द है अन्य शब्द विदेशी शब्द हैं।
देशज शब्द - जिन शब्दों की उत्पत्ति हमारे देश की भाषाओं से हुई है , उन्हें 'देशी शब्द' कहा जाता है।
जैसे:- लोटा, डोसा, इटली, धड़ाम

58(A). विदेशी शब्द - विदेशी भाषाओं से हिंदी भाषा में आये शब्दों को 'विदेशी' शब्द' कहते हैं।
दिए गए विकल्पों में टिकट शब्द विदेशी शब्द है जो अंग्रेजी भाषा से हिंदी भाषा में आया है।
अंग्रेजी शब्द - हॉस्पिटल, डॉक्टर, बुक, ट्रक, टेलीफोन, टिकट इत्यादि।

59(A). दृष्टि का अर्थ होता है नजर, जो इस वाक्य को सही अर्थ प्रदान करता है। इसलिए, वाक्य होगा-
इस ग्रंथ को इतिहास की दृष्टि से भी एक महत्वपूर्ण रचना माना गया है।
अन्य विकल्प दिए गए वाक्य को पूर्ण अर्थ प्रदान नहीं करते।

60(C). विकल्प उमड़ प्रस्तुत पंक्ति को उचित अर्थ प्रदान करता है।
उपर्युक्त सभी विकल्पों में उमड़ शब्द सार्थक अर्थ प्रदान करता है।
इसलिए, पूर्ण सार्थक वाक्य: इस घटना के बाद आजादी हासिल करने की इच्छा और जोर से उमड़ पड़ी।

61(B). उपरोक्त वाक्य में रिक्त स्थान की पूर्ति हेतु 'अपने-आप' शब्द का प्रयोग किया जायेगा। अतः पूर्ण वाक्य निम्न होगा- अभिषेक अपने-आप घर चला गया।

62(C). दिये गये वाक्य में रिक्त स्थान की पूर्ति के लिए 'किसने' शब्द का प्रयोग होगा। अतः पूर्ण वाक्य निम्न होगा -
गिलास किसने तोड़ा?

63(A). लिंग, वचन, पुरुष, कारक, काल आदि के कारण जो शब्द रूपांतरित होते रहते हैं, विकारी शब्द कहलाते हैं।
इसके अंतर्गत संज्ञा, सर्वनाम, विशेषण और क्रिया आते हैं जिनमें परिस्थिति के अनुसार परिवर्तन किया जा सकता है।

64(C). ननद का पुल्लिंग शब्द ननदोई होता है।
ननद पति की बहन को कहते हैं, ननद का पति बहनोई होता है।
संज्ञा के जिस रूप से किसी व्यक्ति या वस्तु की पुरुष अथवा स्त्री जाति का बोध होता हैं उसे लिंग कहते हैं।
जिन शब्दों से पुरुष जाति का बोध होता है उन्हें पुल्लिंग शब्द कहते हैं। जैसे- पिता, भाई, लड़का, पेड़, सिंह आदि।
जिन शब्दों से स्त्री जाति का बोध होता है, उन्हें स्त्रीलिंग शब्द कहते हैं। जैसे- माता, बहन, लड़की आदि।

65(D). आहार पुल्लिंग शब्द है। आहार का अर्थ है - भोजन। पुल्लिंग: जिन शब्दों से पुरुष जाति का बोध होता है उन्हें पुल्लिंग शब्द कहते हैं। जैसे: माता, बहन, पुस्तक, पार्वती, आदि।

66(A). 'छाछ' स्त्रीलिंग शब्द है। छाछ का अर्थ मट्ठा है ।

67(D). उपर्युक्त शब्द "दूध, रायता, दही" केवल एकवचन होते हैं। द्रव्यसूचक संज्ञायें सदैव एकवचन में प्रयोग होती है। जैसे- पानी, तेल, घी, दूध आदि।
वचन- संज्ञा, सर्वनाम, विशेषण और क्रिया आदि की व्याकरण सम्बन्धी श्रेणी है जो इनकी संख्या की सूचना देती है (एक, दो, आदि।)
हिन्दी में वचन दो होते हैं-
1. एकवचन- शब्द के जिस रूप से एक ही वस्तु का बोध हो, उसे एकवचन कहते हैं। जैसे-लड़का, गाय, सिपाही, बच्चा, कपड़ा, माता, माला, पुस्तक, स्त्री, टोपी बंदर, मोर आदि।
2. बहुवचन- शब्द के जिस रूप से अनेकता का बोध हो उसे बहुवचन कहते हैं। जैसे-लड़के, गायें, कपड़े, टोपियाँ, मालाएँ, माताएँ, पुस्तकें, वधुएँ, गुरुजन, रोटियाँ, स्त्रियाँ, लताएँ, बेटे आदि।

68(B). 'नदी' शब्द का बहुवचन रूप नदियाँ है।
वचन - संज्ञा, सर्वनाम, विशेषण और क्रिया के जिस रूप से संख्या का बोध हो उसे वचन कहते हैं।
हिन्दी में वचन दो होते हैं-
1. एकवचन - शब्द के जिस रूप से एक ही वस्तु का बोध हो, उसे एकवचन कहते हैं। जैसे-लड़का, गाय, सिपाही, बच्चा, कपड़ा, माता, माला, पुस्तक, स्त्री, टोपी बंदर, मोर आदि।
2. बहुवचन - शब्द के जिस रूप से अनेकता का बोध हो उसे बहुवचन कहते हैं। जैसे-लड़के, गायें, कपड़े, टोपियाँ, मालाएँ, माताएँ, पुस्तकें, वधुएँ, गुरुजन, रोटियाँ, स्त्रियाँ, लताएँ, बेटे आदि।

69(D). श्रीमती शब्द का बहुवचन श्रीमतियाँ होगा।
संज्ञा के जिस रुप से किसी व्यक्ति, वस्तु, प्राणी, पदार्थ आदि के एक से अधिक होने का बोध होता है या पता चलता है उसे बहुवचन कहते हैं। जैसे-लड़के, बच्चे कपड़े पुस्तकें स्त्रियां टोपियां, गाड़ियां, ठेले, नदियां आदि।

70(C). अब्दुल्ला ने नमाज पढ़ी, इस वाक्य में भूतकाल है।
भूतकाल :- भूतकाल का अर्थ होता है बिता हुआ। क्रिया के जिस रूप से बीते हुए समय का पता चले उसे भूतकाल कहते हैं। जैसे :-लड़का चला गया।

71(D). आकाश कल ही घर लौटा है' वाक्य आसन्न भूत काल का है। अन्य सभी विकल्प भविष्य काल के हैं।
भविष्य काल: भविष्य में होने वाली क्रिया का बोध भविष्य काल से होता है। इसके तीन भेद हैं-सामान्य भविष्य, संभाव्य भविष्य और हेतुहेतु मद भविष्य।

72(D). 'मनोयोग' शब्द "विसर्ग सन्धि" से बना है।
'मनोयोग' शब्द का उचित संधि-विच्छेद 'मन: + योग'।
यह विसर्ग संधि का उदाहरण है। विसर्ग से पहले अ, आ को छोड़कर कोई स्वर हो और बाद में कोई स्वर हो, वर्ग के तीसरे, चौथे, पाँचवें वर्ण अथवा य, र, ल, व, ह में से कोई हो तो विसर्ग का र या र् हो जाता है। विसर्ग के साथ 'श' के मेल पर विसर्ग के स्थान पर भी 'श्' बन जाता है।

73(D). विसर्ग सन्धि का उदाहरण "मनोयोग" है।
'मनोयोग' शब्द का उचित संधि-विच्छेद 'मन: + योग'।
यह विसर्ग संधि का उदाहरण है। विसर्ग से पहले अ, आ को छोड़कर कोई स्वर हो और बाद में कोई स्वर हो, वर्ग के तीसरे, चौथे, पाँचवें वर्ण अथवा य, र, ल, व, ह में से कोई हो तो विसर्ग का र या र् हो जाता है। विसर्ग के साथ 'श' के मेल पर विसर्ग के स्थान पर भी 'श्' बन जाता है।

74(C). भारती वृत्ति का सम्बन्ध अद्भुत रस से है। जहाँ संस्कृत बहुल कथोपकथन हो, उसे भारती वृत्ति कहते हैं। भरत मुनि ने नाटक की और नाट्य शैली की 4 वृत्ति मानी है, जिसमें भारती वृत्ति सर्वप्रथम आती है।
अन्य विकल्प:
वीर रस: जब किसी रचना या वाक्य आदि से वीरता जैसे स्थायी भाव की उत्पत्ति होती है, तो उसे वीर रस कहा जाता है।
वीभत्स: घृणा के भाव को प्रकट करने वाला रस है।
हास्य: सरल शब्दों में कहें तो किसी हास्यपूर्ण विशेष आकृति, क्रिया कलाप, बातचीत और वेशभूषा के कारण हमारे मन में जो हंसी का भाव उत्पन्न होता है उसे ही हास्य रस कहते हैं।

75(A). भरतमुनि रससूत्र के जनक माने जाते हैं।
भरतमुनि ने रस को आस्वाद प्रदान करने वाला तत्व मानते हैं- 'आस्वाद्यत्वात्'। भरतमुनि के अनुसार, "जिस प्रकार नाना प्रकार के व्यंजनों, औषधियों एवं द्रव्य प्रदार्थों के मिश्रण से भोज्य रस की निष्पत्ति होती हैं, उसी प्रकार नाना प्रकार के भावों के संयोग से स्थायी भाव भी नाट्य रस को प्राप्ति हो जाते हैं।"

76(A). प्रति + आघात का संधि रूप प्रत्याघात होगा।
यण संधि- इ, ई, उ, ऊ या ऋ का मेल यदि असमान स्वर से हो तो इ, ई का 'य्'; उ, ऊ का 'व्' और ऋ का 'र्' हो जाता है। जैसे - यदि + अपि (इ + अ) = यद्यपि, अनु + एषण = अन्वेषण।

77(A). जो मासिक सम छंद है। प्रत्येक चरण में मात्राएं होती है उसे चौपाई कहते है।
जिस रचना में मात्राओं और वर्णों की विशेष व्यवस्था तथा संगीतात्मक लय और गति की योजना रहती है, उसे 'छन्द' कहते हैं। ऋग्वेद के पुरुषसूक्त के नवम् छन्द में 'छन्द' की उत्पत्ति ईश्वर से बताई गई है। लौकिक संस्कृत के छंदों का जन्मदाता वाल्मीकि को माना गया है। आचार्य पिंगल ने 'छन्दसूत्र' में छन्द का सुसम्बद्ध वर्णन किया है, अत: इसे छन्दशास्त्र का आदि ग्रन्थ माना जाता है।

78(D). 'निसिदिन बरसत नैन हमारे" इस पंक्ति में श्रृंगार रस का वर्णन है।
श्रृंगार रस का स्वामी भाव 'रति' है, श्रृंगार रस के भेद होते हैं - संयोग एवं वियोग रस। वियोग रस में नायक-नायिका के विरह रूपी प्रेम का वर्णन होता है। 'निसिदिन बरसत नयन हमारे' में वियोग श्रृंगार रस है।

79(C). शब्द "यद्यपि" का विच्छेद होता है "यदि + अपि", यहाँ "इ" और "अ" मिलकर "य" हो जाता है, अतः यह एक यण संधि का उदाहरण है।

80(B). 'भवन' शब्द में अयादि संधि है।
'भवन' का संधि विच्छेद है = भो + अन।

संधि है = ओ + अ = अव (अयादि)
अयादि संधि की परिभाषा अनुसार जब ए, ऐ, ओ, औ, के बाद कोई (विजातीय) स्वर आए, तो वह क्रमश: अय्, आय, अव, आव हो जाता है। जैसे- ए + अ = अय्, शे + अन = शयन और ओ + ई = अवी, गो + ईश = गवीश आदि।

81(D). An expository passage tries to inform by an orderly setting forth of facts and ideas. It includes definition, comparisons and contradictions.
The passage revolves around innovation and invention. It highlights the difference between innovation and invention. The first paragraph states the definitions of the tw o terms. The next three paragraphs state that failure plays an important part in innovation and invention. The fourth paragraph states an example of the invention. The next two paragraphs state the biggest challenge in the world of invention and innovation. The last two paragraphs try to merge the lines between the two. Thus, the text of the paragraph can be best termed as expository.
A narrative passage (a) gives an orderly account of a series of related events or the successive particulars of an event.
A descriptive passage (b) is only describing a situation or process.
A persuasive passage [c] tries to persuade the reader to agree with the author's point of view; in a confident, convincing manner.

82(C). The main idea of the author in this passage is to compare innovators to inventors with the help of certain examples.
Inventor means who invent first time i.e. invention is the "creation of a product or introduction of a process for the first time."
Innovator- Innovation happens when someone (innovator) "improves on or makes a significant contribution" to something that has already been invented.
The words invention and innovation are closely linked, but they are not interchangeable.

83(A). The passage stales "The inventor is a genius who uses his intellect, imagination, time and resources to create something that does not exist. But this invention may or may not be of utility to the masses. It is the enterprising innovator who uses various resources, skills and time to make the invention available for use." This implies that it is an enterprising innovator that enhances the utility of an invention.

84(B). The passage states "Benjamin Franklin had the belief that success doesn't come without challenge, mistake, and in a few cases failure. . .One of the world's most famous innovators, Steve Jobs says. Sometimes when you innovate, you make mistakes. It is best to admit them quickly and get on with improv ing your other innovations." Thus making a mistake before finding success is not unusual.

85(D). The passage states "The inventor of Velcro, also called the zipless zipper, is the Swiss engineer George de Mestral. He was hiking in the woods when he found burrs clinging to his clothes and his dog's fur. Back at home, he studied the burrs. He discovered that each burr was a collection of tiny hooks which made it cling on to another object. A few years later, he made and patented the strips of fabric that came to us as Velcro." This implies that Velcro was discovered accidentally by George de Mestral. It also implies that besides observing and identifying things, inventors are very creative in using that observation to come up with practical solutions (inventions).

86(A). It can be deciphered from the following lines, "We relate the telephone with Alexander Graham Bell. It is believed that around the same time, Antonio Meucci had also designed the telephone, but due to lack of resources and various hardships, he could not proceed with the patent of his invention. It is also believed that Elisha Gray had made a design for the telephone and applied for the patent at the U.S. patent office on the same day as Graham Bell did. By sheer chance, Graham's lawyer's turn to tile the papers came first. Hence, Graham was granted the first patent for the telephone."

87(C). 'Intrepid' is an adjective that means fearless; adventurous. Among the options, the synonym of intrepid is 'daring'.
Example: She's coming to Tokyo with new, daring skills that show she is testing the very limits of what is humanly possible when it comes to twisting and flipping in the air.

88(D). 'Laudable' is an adjective that refers to an action, idea, or aim which deserves praise and commendation. The synonym of laudable is 'praiseworthy' while the antonym is 'disgraceful' which means 'shockingly unacceptable.'

89(C). According to the second paragraph of the passage, which states "There was also the incident of low intensity blasts just outside Bengaluru's M. Chinnaswamy Stadium on April 17, 2010, ahead of a match featuring Royal Challengers Bangalore and Mumbai Indians".
- The highlighted word 'ahead' means 'earlier than or before someone or something'. So we can conclude that the blasts were occurred before the match not during the ongoing match. Thus, statement A is false.

According to the first line of the second paragraph of the passage, which states "The IPL's 14th edition is at the crossroads, a reality which it had avoided since its launch in 2008".
- In the above line, it is clearly mentioned that IPL was launched in 2008. Thus, statement B is true.

90(A). According to the first paragraph of the passage, which states "Until the emergence of the COVID-positive results of Kolkata Knight Riders' Sandeep Warrier and Varun Chakravarthy; Sunrisers Hyderabad's Wriddhiman Saha; Delhi Capitals' Amit Mishra, Chennai Super Kings' bowling coach L. Balaji and a member of the squad's logistics staff, the Board of Control for Cricket in India (BCCI) was in denial-mode".
- It can be understood that 4 players (Wriddhiman Saha, Amit Mishra, Sandeep Warrier, Varun Chakravarthy), a coach (L. Balaji) and a member of logistics staff has been tested positive.

Therefore, there are total 6; 4 cricketers, 1 coach, 1 member of logistic staff people had been found COVID-19 positive according to the passage due to which the IPL was suspended.

91(D). According to the first paragraph of the passage, which states "the Board of Control for Cricket in India (BCCI) was in denial-mode, firmly believing that its bio-bubble protocols cannot be breached.

BCCI officials also insisted that the league is not a super-spreader like election rallies or other permitted activities where crowds were allowed to assemble. That both fans and the media were kept away from the venues was cited as an example of how strict the IPL management was with regard to social-distancing. Besides this, the constant testing of everyone in the bubble was seen as another fail-safe method to ensure that the league did not turn into a coronavirus hotspot".
Upon perusal of the above lines it is clear that all three arguments given in the question were put forward by the BCCI in support of its decision.

92(A). 'And the Trade Unions Act allows any seven employees to form a union, thereby using up a large proportion of the firm's managerial resources in dealing with several unions within itself. <u>Through this regulation, unions have the right to strike and represent workers in legal disputes with employers.</u> Last but not the least, <u>The Contract Labour (Regulation And Abolition) Act, 1970 restricts, and even prohibits, the use of contract workers for certain tasks.</u>'
Cleraly, I is correct.
As per the last highlighted statement, II pertains to The Contract Labour (Regulation And Abolition) Act, 1970 and not the Trade Unions Act. Thus, II is incorrect.
III is also incorrect as a minimum of 7 employees are needed to form a Union.

93(B). 'The government's recent doubling of duties on imports of beauty aids, watches, toys, furniture, footwear, and, surprisingly, <u>kites and</u> candles shows India's lack of competitiveness even in these entry-level labour-intensive industries. Also, a similar recent doubling of import duties on <u>electronics</u>, including related ....'
As per the highlighted statements, only statements I and II are correct.
Statement III has not been mentioned anywhere.

94(A). 'The government's recent doubling of duties on imports of beauty aids, watches, toys, furniture, footwear, and, surprisingly, kites and candles shows <u>India's lack of competitiveness even in these entry-level labour-intensive industries.</u>'
II and III have not been mentioned in the passage. Only I can be seen in the highlighted statement.

95(C). Option A is extreme as it uses the word intense. Even though India's labour laws are restrictive, they do not give any indication of changing the production pattern so drastically.
Option B is opposite to what the paragraph states. If the labour regulations are restrictive, that should logically prevent India from using labour intensive production techniques.
Option C is the best fit here. It is moderate in tone and also logical in thought process.

96(B). **Who's who** is basically used to refer to people/ entities who/ which are important in a particular group. In this case, NIRF ranks all institutions and the topmost here have been referred to as **who's who**.
Only Option B fits in as per the explanation above.

97(A). 'Even among the 3,954 institutions that participated, there is a clear skew towards <u>southern, southeastern and western India.</u>'
As per the statement highlighted, only III and IV are

correct.

98(D). 'To the faculty and students in many colleges, what matters is the <u>vision of the administrative leaders and a commitment to excellence. The governing bodies should make available adequate financial and academic resources to colleges,</u> particularly the younger ones, to help them improve performance.'
As per the highlighted fragments, only I and III are correct while II has not been mentioned.

99(D). 'These are measured by the NIRF in terms of the <u>percentage of faculty with doctoral degrees, papers published in credentialed journals, inclusivity and diversity of students, and median salaries for the graduates.</u>'
All of the statements above are correct as per the highlighted statement.

100(A). '<u>Participation levels are inadequate:</u> there were 40,026 colleges and 11,669 standalone institutions according to the HRD Ministry's All India Survey on Higher Education for 2016-17.'
I is incorrect.
II is not mentioned anywhere in the passage and is incorrect.
'Its assessment of some of the top institutions such as the Indian Institute of Science, the Jawaharlal Nehru University, the IITs and the IIMs is unsurprising, given their record of research, peer-reviewed publications and outcomes for graduates.'
III is correct.
Only III is correct.

101(B). The word Condemnable is the most appropriate word opposite to Praiseworthy.

102(A). The word Progressive is the most appropriate word opposite to Retrograde.

103(C). The suffix "en" is added at the eng of the given adjectives to make them verb form. The verb form of the given adjective are Darken, weaken, sweeten, and soften.
A suffix is a letter or a group of letters added to the end of a word to alter its meaning or to ensure it fits grammatically into a sentence. Suffixes (added to the back of words) contrast with prefixes (added to the front). Suffixes and prefixes are known as affixes.
Some suffix are: -able, -ible, -al, -ial, -ed, -en, and -er, etc.

104(D). The prefix 'mis-' is used to denote something wrong or bad. Examples: mistreat, mistake, misunderstand
A prefix is a half word (e.g., anti-, ex-, post-, pre-) added to the front of a word to modify its meaning. Prefixes contrast with suffixes, which are added to the back of a word. Prefixes and suffixes are known as affixes.
Some common prefixes are a-, an-, co-, and de-, etc.
Hence, the correct option is (D)

105(D). This is a letter written in most passionate terms from a young lady wherein she laments the misfortune of a gentleman who was lately wounded in a duel.
In the first sentence, the subject is given which is a letter' and the further explanation is given about the letter only in the sentence 'R' so it is going to be the first sentence of the passage.
In the second sentence, we need to write by whom it was written so it is written in the sentence 'P' so it is going to be the second sentence.
In the third sentence, we need to write what she has written in the letter so it is given in the sentence 'S'.
The fourth sentence is going to tell about the 'gentleman' which is written in the sentence 'Q'.

106(A). QRSP is the correct sequence.
While arranging the parts of the sentence given in the options, we have to find some connections between them.
Sentence Q is telling about how we do observations of our universe.
Hence, Option (A) is the only option that starts with "Q". The rest of the options are eliminated.

107(B). As we can see that the order QSRP is connected. The process was successive that the person was hungry then he saw a ship that was unloading a cargo of pig iron. He went to the captain and ask him to let him do the job in order to earn money for food.

108(A). **Correct Sentence is: A** super moon occurs when **the** moon's orbit is at its closest to Earth and at **the** same time it is full.
In the 1st blank, the article 'a' will be correct as an unspecified event of 'super moon' has been mentioned here.
In the 2 nd blank, the article 'the' will be correct as 'moon' is a celestial body.
In the 3rd blank, the article 'the' will be correct as the event mentioned here has already been talked about earlier.
Hence according to the rules given above, 1st option will be the most appropriate choice for the given blanks.

109(D). The correct statement is: I detest smoking in public places.
A gerund is a noun which act as verb also. In the given option smoking is a noun and also acting a verb + 'ing' form. Rest of the option does not satisfy the respective parameter as none of the given option is acting as a verb. Be smoking is not used here because it acts as a noun. So, in the given sentence, 'smoking' is the correct option.

110(A). The given sentence 'Hari played basketball yesterday.' is in the Simple Past.
We know that the structure of the Simple Past tense is:
Subject + 2nd form of the verb + Object.
Example: Reena went to the school.
By comparing the given sentence with this structure we can say that the sentence is in the Simple Past tense.

111(A). The preposition 'for' is used with famous.
So, the complete sentence is, "Angel is famous for English in Jasdan."

112(D). Passive form - Uncle Ken had been given a good lecture by Granny on how to be a responsible adult.
Past perfect tense –
Active voice – subject + had+ v^3 +object
Passive voice – object+had + been+ V^3 +by+ subject

Example –
- Active- A pilot had predicted such an accident.
- Passive- Such an accident had been predicted by a pilot.

113(B). The correct answer is- 'b etween he '.
Correct sentence: A misunderstanding has crept between him and his sister.
Here the rule of parallelism is used which says if we use possessive pronoun for first person in the sentence then we also have to use possessive pronoun for second person. That's why we use him in place of he.

114(A). The correct answer is - If I was you.
Correct sentence: If I were you, I would not lose my temper in this situation.
'Were' is used in place of 'was'.
'Were' is used when such incidents that cannot be possible in real world are mention. Here I can't be 'you' in real world but I can be 'you' for 'instance'.

115(C). The correct option is- ' Took the medicine '.
Scarcely had he taken the medicine when his headache was gone.
If we use scarcely in front position, we invert the subject and the verb.
If scarcely comes in starting of the sentence then it takes past participle with it. past participle of 'take' is 'taken'.

116(C). The correct answer is: I said to Rahul, "Why are you back so soon?"
When the indirect speech is in an assertive form:
- The reporting verb asked is converted into said to.
- Connectors 'whether/why' or 'if' are replaced by the comma and inverted commas.
- Change the reported speech from assertive to interrogative.
- The personal pronouns will be changed according to the subject and object of the reporting verb.
- Here the 3 rd person 'he' will change into the 2 nd person 'you' as per the object.
- Past simple tense (was) in indirect speech changes to Present simple in direct speech (are).

117(A). Be in eclipse means l ess successful.
For example: Even when her career was temporarily in eclipse she had no financial worries.

118(B). The correct answer is- at a rapid pace.
Given Idiom: By leaps and bounds means rapidly or in fast progress.
Example - Her French is improving by leaps and bounds

119(D). Arbitrator: an independent person or body officially appointed to settle a dispute.
Arbiter: a person who settles a dispute or has ultimate authority in a matter.
Mediator: a person who attempts to make people involved in a conflict come to an agreement; a go-between.
Agent provocateur: a person employed to induce others to break the law so that they can be convicted.

120(C). Option (C) replaces the bold part most appropriately.
The correct sentence will therefore be:
The Bar Council of Delhi's directive to the Big Four accountancy firms not to offer legal services to their clients in India **is a retrograde move that is transparently protectionist in intent.**
As we can observe that the sentence nowhere implies the context of a perfect tense and therefore the verb 'has been' should be replaced by 'is' here.
'Retrograde' means 'reverting to an earlier and inferior condition' does make sense in the sentence and therefore must replace the given adjective 'responsive' in the bold part.
Usage of the adjective 'transparent' in the bold phrase is also ungrammatical. It should be replaced by the adverb 'transparently'.
Besides, the usage of the preposition 'in' right before the noun 'intent' is absolutely correct.